丛书出版获以下项目支持

国家社会科学基金重大项目“大数据环境下信息价值开发的伦理约束机制研究”（17ZDA023）
国家社会科学基金一般项目“开源运动的开放共享伦理研究”（17BZX022）
中央高校基本科研业务费项目“大数据伦理问题及其对策研究”
大连理工大学学科建设项目“人工智能伦理问题研究”

互联网、大数据与人工智能伦理丛书

数据伦理与算法伦理

李　伦／主编

DATA ETHICS AND ALGORITHM ETHICS

科　学　出　版　社

北　京

图书在版编目（CIP）数据

数据伦理与算法伦理/李伦主编. —北京：科学出版社，2019.10

（互联网、大数据与人工智能伦理丛书）

ISBN 978-7-03-062440-6

Ⅰ. ①数… Ⅱ. ①李… Ⅲ. ①数据处理-技术伦理学-研究 Ⅳ. ①B82-057

中国版本图书馆 CIP 数据核字（2019）第 214426 号

丛书策划：侯俊琳　邹　聪

责任编辑：邹　聪　张　楠 / 责任校对：贾伟娟

责任印制：李　彤 / 封面设计：有道文化

编辑部电话：010-64035853

E-mail: houjunlin@mail.sciencep.com

科学出版社 出版

北京东黄城根北街 16 号

邮政编码：100717

http://www.sciencep.com

北京建宏印刷有限公司 印刷

科学出版社发行　各地新华书店经销

*

2019 年 10 月第　一　版　开本：720×1000　B5

2022 年　1　月第三次印刷　印张：18

字数：260 000

定价：98.00 元

（如有印装质量问题，我社负责调换）

互联网、大数据与人工智能伦理丛书
编委会

丛书序

互联网、大数据和人工智能是当代及未来发展的驱动力。互联网拓展了人类的生存空间，大数据是 21 世纪的"新石油"，人工智能成了社会发展的引擎。世界各国纷纷将互联网、大数据和人工智能的发展上升至国家发展战略层面。同时，互联网、大数据和人工智能的发展面临诸多现实的伦理和法律问题，如网络安全、个人隐私、数据权益和公平公正等。关于这些问题的伦理学研究常常是制定相关法律法规和政策的前置议程。和发达国家一样，我国在制定互联网、大数据和人工智能发展战略时，也极其重视伦理和法律问题的研判与应对。

2015 年 7 月，国务院发布《国务院关于积极推进"互联网+"行动的指导意见》，要求加快"互联网+"相关立法工作，落实加强网络信息保护和信息公开的有关规定，加快推动制定网络安全、个人信息保护、互联网信息服务管理等法律法规，逐步完善相关标准规范、信用体系和法律法规。

2015 年 8 月，国务院发布《促进大数据发展行动纲要》，高度重视数据共享、数据安全和隐私保护。《促进大数据发展行动纲要》要求明确数据共享的范围边界和使用方式，厘清数据共享的义务和权利，加强安全保障和隐私保护，界定个人信息采集应用的范围和方式，明确相关主体的权利、责任和义务，加强对国家利益、公共安全、商业秘密、个人隐私、军工科研生产等信息的保护，加强对数据滥用、侵犯个人隐私等行为的管理和惩戒，推动数据资源权益相关立法工作。

2017年7月，国务院发布《新一代人工智能发展规划》，对人工智能伦理问题研究提出了明确要求，将人工智能伦理法律研究列为重点任务，要求开展跨学科探索性研究，推动人工智能法律伦理的基础理论问题研究。《新一代人工智能发展规划》指出人工智能可能冲击法律与社会伦理、侵犯个人隐私、挑战国际关系准则，要求加强前瞻预防与约束引导，最大限度地降低风险，确保人工智能安全、可靠、可控发展。最引人注目的是，《新一代人工智能发展规划》关于人工智能伦理和法律制定了三步走的战略目标：到2020年，部分领域的人工智能伦理规范和政策法规初步建立；到2025年，初步建立人工智能法律法规、伦理规范和政策体系；到2030年，建成更加完善的人工智能法律法规、伦理规范和政策体系。

技术发展与社会环境息息相关。在大力发展高新技术的同时，必须高度重视可能的社会风险和伦理挑战，必须加强技术伦理学研究。技术伦理学是规范性的，也是建设性的。技术伦理学研究旨在揭示技术发展面临的伦理难题，为技术发展清理路障，同时为技术发展提供价值指引，确保技术在造福人类的轨道上发展。

随着互联网、大数据与人工智能对人类社会影响的普遍化，其伦理问题不再只是寓于哲学伦理学圈内的议题，已成为政界、业界、学界和公众高度关注的公共话题。对这些问题的研究也不再局限于哲学伦理学方法，搭建多学科交叉研究和交流的平台势在必行。

李伦教授主编的这套丛书是搭建这种平台的一种尝试。这套丛书将运用伦理学、法学、社会学和管理学等的理论与方法，关切人类未来，聚焦互联网、大数据和人工智能面临的现实问题，如网络内容治理问题、网络空间数字化生存问题、数据权和数据主权问题、隐私权和自主权问题、数据共享和数据滥用问题、网络安全和信息安全问题、网络知识产权问题、大数据价值开发的伦理规范问题，以及人工智能的道德哲学、道德算法、设计伦理和社会伦理等问题，并为治理互联网、大数据和人工智能的伦理问题提供对策建议。

郭东明
中国工程院院士、大连理工大学校长

代 序

面向人工智能时代的伦理策略*

段伟文

一、人工智能来了，未来需要我们吗?

21 世纪刚刚来临时，当时著名的太阳微系统公司的创始人、首席科学家比尔·乔伊（Bill Joy）发表了一篇题为“为什么未来不需要我们”（Why the Future Doesn't Need Us）的文章。他指出，在 21 世纪，人类拥有的最强大的三种技术——机器人技术、基因工程技术和纳米技术——正在使人类自身成为濒危物种。[1] 与此同时，雷·库兹韦尔（Ray Kurzweil）在《灵魂机器的时代：当计算机超过人类智能时》[2]《奇点临近》[3] 等书中则乐观地指出，人类将在机器的帮助下获得永生。在当前的人工智能热潮中，机器人和人工智能会不会超过人类智能、是否会取代人的问题再次备受关注。乐观主义者认为，全面超越人类智能的超级人工智能一旦出现，将为人类带来新的文明跃迁。悲观主义者则认为，人工智能对人类智能的超越将打破人类智能在我们这个星球上的绝对优势，即便不会出现“机器觉醒”——机器人和人

---

* 原载《当代美国评论》2019 年第 1 期。段伟文，中国社会科学院哲学研究所研究员，中国社会科学院科学技术和社会研究中心主任。

工智能统治人的情形，人工智能的发展也可能使人类自身变成多余的物种或无用的人。不论这些观点所描述的未来是乌托邦还是反乌托邦，我们都可以以它们为参照，立足人工智能发展的现实，系统地展开人文或哲学社会科学的反思，以此深入思考人工智能等未来科技发展的上限或下限，找到人类可以普遍接受的深度科技化的前景。

人类未来究竟会是一幅怎样的图景呢？未来图景之一是融合科技与后人类发展。依照这一图景，除了人工智能可能发展出超级人工智能之外，纳米科技、生物技术、认知科学和信息技术等融合科技将使人类的认知与智能增强成为可能，甚至与人工智能和机器人融为一体，乃至可以通过意识上传和身体替代而使人获得永生。例如，可以通过药物、基因等实现认知与智能增强，如服用“聪明药”可以使人的记忆力等智能在短时间内得到改善。此外，人类可以通过读心术、读脑术、认知介入技术、人机融合的“赛博格”技术等，走向后人类或超人类。例如，人和动物的记忆都有可能被移植。但这些技术若能得到开发并付诸应用，必将带来一些难以回避的问题。我们不得不思考的是，人之所以为人，一个最重要的因素是具有自主性，认知介入技术的发展会不会使人的自主性受到冲击呢？人还有没有认知上的自由？如果把别人的记忆移植到某人的大脑里面，怎么知道这是移植过来的还是某人自己的认知呢？

未来图景之二是机器掌控世界。机器智能超越人类智能，机器可以在无人监督的情况下自主学习、自行决策甚至自动升级，人类的命运因此可能在很大程度上为机器所掌握。如果机器智能在功能上超越人类智能，甚至从其心智中涌现出意识和自我意识，那么人类是否会被机器消灭，取决于人类赋予机器智能的伦理架构是否能在终极意义上使智能机器遵循“机器人三定律”等伦理义务或绝对的道德命令。即使机器智能在功能上超越了人类，也不可能生成意识和自我意识，很可能因为人对机器的依赖越来越强，而将越来越多和越来越复杂的任务交给机器处理，最终越来越无力掌控维持人类社会运转的复杂决策和行动，而不得不逐渐将命运在事实上完全托付给机器。在此不可逆的未来情境中，即便人类觉悟到不应该由机器掌控世界，也会因为对机器的高度依赖而无法通过关停机器来重获主导权。

未来图景之三是人类依然保持对机器的控制，但出现了难以消弭和日渐扩大的智能化鸿沟。在此未来图景中，机器和社会为少数掌握权力、资本和创新的精英所控制，人口中的大多数越来越多地放弃工作而成为社会系统中不必要的“累赘”，即出现所谓的“无用阶层”。而“无用阶层”无疑会给社会治理带来巨大的挑战：如何对其进行心理疏导和社会管控？如何从心理与精神层面对其进行智能化的引导和校正？但由此也可能会带来更为复杂的问题，特别是智能算法的非人格化权力对不同群体的赋能和授权的不平等，以及由此形成的渐行渐远的智能化鸿沟等根本性分歧。

透过这些可能的情景构想，人工智能和智能化的未来发展将呈现出诸多不易解决的难题。首先，人工智能与智能化发展可能会导致社会不平等的激化与极端化。与以往的自动化及网络信息技术一样，人工智能和智能化的发展日益呈现出对就业的冲击，“机器换人”可谓愈演愈烈，而这一冲击很可能加剧甚至激化社会群体的不平等。一般认为，自动化与信息化的发展既替代了一些劳动力，其创新红利也带来了就业的增加。从作为智能化先导的自动化与信息化的发展可以看到，的确出现了低报酬的简单技术职位与高报酬的高新科技职位同时增加的现象。但问题是，一方面，资本对利润的追逐使得高收入与低收入之间的差距越来越大。在巨大的资本投入的影响下，网络与金融结合下的科技金融进一步放大了这种不平等，使得互联网和金融等行业的分配体系十分扭曲。在“网红”经济中，某些“网红”与明星不合理的高收入，也是拜当下网络媒体或智能化的发展背后的巨大资本投入所赐。当前的大数据、人工智能热潮与互联网的发展一脉相承，在很多人工智能的应用领域，收入的差异与不平等也呈现出类似的两极化趋势。另一方面，智能化的发展将使职业变更日益频繁，因为低报酬的简单技术职位的知识与科技含量不高，而相关从业者的学习能力有限，所以其转换新职业的能力较弱。因此，人工智能等智能化发展对就业适应能力差的低收入从业人员的冲击尤其值得关注。

其次，人工智能对就业的冲击难免进一步引发人们对智能化未来带有一种根本性的忧思：面对人工智能与智能化的发展，人类还剩下哪些不会被机器取代的优势？这也可以说是一种危机意识。为此，我们不妨列一个所谓的“人类剩余优势清单”：智能化时代来临以后，到目前为止，人类至少在创造性与变通性、社会知觉、谈判艺术和论证能力等方面仍胜机器一筹。

最后，信息化与智能化的发展可能会或已经带来一系列困扰人类的问题，如虚拟现实成瘾、辨别现实障碍、身份认同焦虑、机械移植排异、超智能精神失常、机器人恐惧症、自我刺激成瘾、寿命延长倦怠等。在这些问题背后更为根本的一个问题是，近半个多世纪以来，多元主义与反基础主义等思想的滥觞固然有治疗激进主义和独断论之功效，但人类文明似乎已经在思想层面放弃了对人的发展和演进具有一定之规的统一陈述。

二、数据智能的兴起与解析社会的来临

从科幻和未来图景回到现实，人工智能当下发展的主要特征是数据智能的兴起与解析社会的来临。当前的人工智能热主要得益于数据智能即数据驱动的智能发展，各种人工智能应用方兴未艾的基础是对数据的认知计算和机器学习。所谓数据就是一切以电子化形式对人和世界的记录。随着移动智能终端、监控与传感技术、普适计算、身体与生物信息采集、大型科学装置与数据密集型科学等方面的发展，各种类型的数据呈指数增长，数据对人的状态和行为的记录无处不在，不管是主动还是被动，每个人和每种事物都是数据的贡献者。由此，数据与存在如影随形，甚至可以说“数据就是存在”“世界等同于数据”。

数据智能的实质就是透过对数据的自动化、智能化认知分析人的行为，建立在数据智能分析之上的人类社会可以被称为解析社会。就像 17 世纪，笛卡儿提出解析几何这一精确地分析运动轨迹的方法一样，数据智能可以对人的行为轨迹加以记录和解析，并实施相应的引导和调控。一切都将被记录，一切都将被分析，建立在数据智能之上的社会正在走向解析社会。

数据智能对人类社会的洞察如同透镜对自然界的透视，我们可以称其为“数据透镜”。13 世纪时，人们发明了透镜，后来又用它制造出了望远镜和显微镜，从微观到宇观，整个世界的自然图景得以呈现和改变。17 世纪时，统计学的早期倡导者威廉·佩蒂（William Petty）写了《政治算术》（*Political Arithmetick*），将数据的价值提升到了统治基础的高度。如今，人们开始运用数据智能这一数据透镜从各种可量化的层面，对个体和群体进行社会计算，在记录、解析、引导和调控人的行为的基础上，对个人和社会进行管理与治理。基于数据智能的计算社会学和新社会物理学认为，通过数据智能的解析，甚至可以站在“上帝的视角”来看整个社会和组织是怎样发展的。在城市管理中，数据智能的发展使网格化管理向“城市大脑”的方向发展。在组织管理中，对包括微表情在内的人的行为数据的记录，可以监测并建议人们在讲堂或会议中如何更加集中注意力、如何互动，而这种调控对人的控制力应该是很强的。换句话说，借助数据透镜可以对人的行为进行智能化的调节。

在数据智能的应用中，数据成为计算、分析、评价、预测人的行为的素材与资源。虽然各种数据在采集时本来只有单一的目的，但一旦被记录下来以后，根据需要就可以有多重目的与各种各样的用途。不同的数据整合后会带来意想不到的效果。比如，把一个人的医疗数据和他的犯罪数据结合在一起，可以判断这个人是否是真的因为有某种精神疾患，才去犯罪。有人在一些网站点击了某些商品，马上就会有推销的电话打过来，对方知道某人的电话可能是因为某人在注册时登记的，也可能是由网络服务商或第三方的不当的个人数据泄露所致。对不同的数据进行整合与分析，就使得它们成为反映和折射事实的素材，用于评价人的状况和行为。因此，数据智能所带来的解析社会首先表现为每个人的行为都会得到量化的评价。

在基于数据智能的评价型社会中，人类所产生的各种数据被当作事件与过程加以分析和调控，即数据智能通过对人的行为的评价来调节人类自身的行为。在网络购物和网约车的使用中，各种应用软件会对使用者进行评分，如果频繁取消叫车服务，软件会“记仇”——因为评分下降，在特别需要叫车时，可能会得不到派车。软件还可以根据某人是否愿意在着急的情况下加价支付以及每次加多少，评价某人的性格特征，甚至难免用于对某人的“算计”。由于各种数据都可以从不同侧面反映人的人格与行为特征，所以信贷、保险等行业已经开始使用行业之外的大数据评价客户。假如一个人有不当的“路怒”行为或在某些场所与他人发生冲突，保险公司有可能获得这些事件的记录数据并对其加以分析，某人很可能就要交数额较高的保险费用。其实，这种评分体系一直就有，不过是在数据智能出现以后，使用的大数据资源更广，分析与评价的自动化和智能化程度更高，其应用越来越朝着规模化的方向发展。美国的一些法院已经在使用一些特定的算法预测犯人再次犯罪的概率，并据此决定其是否可以假释。随着各种大数据集的建构以及数据智能的普遍应用，这种预测犯罪概率的算法将更为智能化和普及，甚至用于对潜在的嫌疑对象没有实施的犯罪的预测、控制和打击，而这种治未罪的做法显然不同于一般对嫌疑犯无罪推定的做法。但问题是，实行这些评价的数据模型和智能算法一般被当作行业及部门的机密，被评价者往往不知道它们的存在，对于非专业人员来说它们如同黑箱，他们对其一无所知。评价一旦出现偏差，不仅很难加以纠正，而且会被视为一种合理的结论，使偏差持续强化而造成恶性循环，甚至会通过数据的跨领域运用导致附加伤害。

近年来，基于数据智能的智能化生活已经初现端倪：其一是量化自我，在可穿戴技术的推动下，量化自我运动的实践者运用运动手环等各种可穿戴设备，对自我的健康状态和运动情况进行量化评价与管理，并在微信等社交软件上展示。但这在一定程度上也是人屈从于机器的一种表现，而实际上有很多东西是不可量化的。其二是智能陪伴，随着人工智能和机器人技术的发展，各种陪伴机器人、智能音箱、记忆管家将得到普遍应用。但这些技术还在发展之中，难免出现体验不佳、言行误导和使人成瘾等负面后果。尤其值得关注的是，智能陪伴将使个人的所有活动数据得到全面的采集，这些数据的采集与使用无疑将在法律和伦理层面带来巨大的挑战。

从信息化向智能化的版本更新的维度来看，正在兴起的智能化社会可以视为是控制革命的2.0版。20世纪80年代，信息社会的研究者、美国传播学学者詹姆斯·贝尼格（James Beniger）写过一本题为“控制革命：信息社会的技术与经济起源”的书。该书指出，19世纪以来，城市化带来的陌生人社会和现代工业化大生产导致了一系列控制的危机，信息技术的发展就是对它们的回应，由此从电报、无线电到计算机和互联网等信息技术的发展，导致了一系列控制革命。[4]在智能化的解析社会中，通过数据智能可以对社会和人进行最大限度的解析，形成观测、监视、预测、评价、诱导等全新的智能化控制手段。一个典型的反面案例是智能化赌场，通过对人的表情和行为精细的数据洞察设计，完全可以设计出一种智能化的上瘾机制使赌徒无法自拔。

透过对数据智能和解析社会的描述，我们已经可以清晰地看到其巨大的力量。这种力量的实质不仅仅意味着工具理性或某种自主性的技术力量，与掌控这种力量主体和被这种力量所掌控的主体休戚相关，而且更多地关涉尼采意味的权力意志与葛兰西式（Gramscian）霸权，故而应从主体能动性的维度，对作为数据智能和解析社会基础的智能算法展开必要的价值追问与伦理审计。

三、智能算法的伦理审计与争胜性策略

随着智能社会的发展，数据智能的应用日益广泛，其基础是能够对数据进行程序化、自动化处理而获得知识与做出决策的智能算法。最常见的智能算法是内容推荐算法，而内容推荐的基础是通过数据的收集和挖掘，对事物和人加以区分。区分事物最基本的方法是树状分类和标注。树状分类一般是建立在公共与专业知识之上的树状划分系统，具有静态、结构化和专业性等特征，如商品类型、教育背景、职称职位等。但一般而言，不论是从自然科学还是从社会科学知识出发，对各种自然和社会事物的树状分类在逻辑上很难完备。以生物学中的物种分类为例，很多动植物的分类存在歧义。标注方法又称大众分类法，源于人们在日常生活中运用某一属性或特征，对人和事物做出的临时性区分，如“开宝马车的”“背LV包的”等。标注方法往往

是经验性的，取决于动态的场景。故可以说标注是动态的分类，而分类是静态的标签。

随着大数据的出现，大量的多维度的数据都可以以很低的成本被用作标注，这使得数据的拥有者可以利用由大量数据标注组成的标签体系描述事物与人。在内容推荐等商业智能的应用中，标注所构建的标签体系既可用于描绘产品和服务等内容属性，也可用于描述用户即所谓的用户画像。用于描述用户画像的数据不仅包括性别、年龄、住址、教育背景等结构化的静态数据，还包括位置、搜索、点赞、评论、分享、关注、播放时长等体现用户行为特征的动态数据。值得指出的是，尽管各种智能算法貌似客观，但不论是分类还是标注都会受到算法设计和数据分析的主导者的价值取向的影响，即便是所谓的用数据说话也往往负载着相关主体的价值选择。在各种形式的陈述和表达中，语词和数据的选取往往带有相关主体的价值预设以及有意或无意的偏见。在餐馆的菜谱上，为什么商家称水煮鱼为“水煮鱼”而不是“水煮豆芽菜”或更客观的“水煮豆芽菜和鱼”？反观数据标注及由其所形成的用户画像，数据智能的分析者“断数识人”或对人进行分类，显然是服务于其特定目的的。

评价型社会与智能化生活的发展，将使得各种数据集与数据画像成为人的第二身体，既是在生命意义上的，也是在社会意义上的。通过各种生命和行为数据的精确采集、建模与分析，每一个个体都可以在个人层面上得到刻画和定义，个体由此投射为一种虚拟身体或数据孪生。也就是说，人们可以根据人的行为数据而不是人的行为本身研究其特征。随着各种人的行为数据的累积，可以运用相关性发现等数据智能方法，揭示出有意义的差异性和相关性等特征。例如，有研究者通过对大学生的“饭卡”打开水的数据的分析，可以发现打开水多的学生成绩好的比较多，很少打开水的学生可能患有孤独症或游戏成瘾。人的数据孪生意味着基于数据智能的身体既是透明的又必然是共享的。从身体到行为的数据化形成了一种由数据界定的透明的身体，而要解读每个人的透明的身体，必须以数据共享为前提。以人的生命医学数据为例，只有在既了解每个个体的数据又掌握了所有个体的数据时，才有可能找到每个个体数据的确切内涵，才能为每个个体开出特定的治疗方案，而这一切没有数据共享是难以想象的。

从价值和伦理反思的维度来看，数据画像或数据孪生非但不能等同于主体，而且在很大程度上是智能算法对人进行非人格化计算的产物，是一种将人作为计算与算计对象的“数字种性系统”（digital caste system）或“算法分拣程序”。后者使人联想到通过多维数据标注所形成的人的数据画像，人如同邮政地址一样变成了编码的集合。正如前文所述，通过智能算法，数据智能可以自动高效地“断数识人”或对人进行分类，进而对相关人群进行更具针对性的内容推荐、目标管理乃至行为引导与控制。由此，作为智能算法计算对象的主体的能动性受到了双重的挑战。

一方面，智能算法对主体的数据分析僭越了主体对其个体性的认同，剥夺了主体的个体化（individualization）权力。为了解释事物何以成为个体，法国当代哲学家西蒙栋（G. Simondon）曾提出“个体化”的概念，即主体可以在各种由人和物构成的异质网络中担当角色而成为某种个体——在不同的个体化过程中，主体的能动性使其不仅在个体化过程中具有一定的主导性，而且这种主导性使得特定的个体化并不排斥更多个体化的可能。反观基于智能算法的数据画像，被计算主体不仅对其数据画像或数据孪生的内容及其所意味的刻板印象一无所知，更不了解数据分析者的意图以及因此可能受到的行为引导和操控。有鉴于数据画像的过程中被描绘主体的能动性的缺席，数据孪生中所寄居的并非被描绘主体的心灵，而是非人格化的“机器之心”或居于其背后的操控者的他者之心，所以甚至可以说，所谓的数据孪生实质上是“数据幽灵”或“数据僵尸”。

另一方面，智能算法在精细的信息颗粒度层面对主体的数据标注与画像已然将其转化为无限多维的数据集，主体的个体性随之被消解为算法上可区分的特征数据。当代哲学家德勒兹（G. Deleuze）将此个体被信息技术消解的结果称为“分格”（dividuals），并将这种基于对个体的精细化信息治理的社会称为“管控社会”。在他看来，在以往的社会中，尽管在职场、学校和家庭等具体场所，人们的行为会因为受到关注而被规训，但依然存在一些免受管控的空间。而在管控社会中，管控不再置于具体的场景，而更多地基于由代码组成的数字语言——它们不仅决定了人们能否获得信息，并且使人置身于一种无处不在的、持续运转的网络之中，形同巨大的筛子上排列得错落有致的筛孔。[5] 比利时媒体理论家安托瓦内特·鲁夫罗伊（Antoinette Rouvroy）对德勒兹所预见的基于数字实在论（digital realism）和数据行为主义（data behaviourism）的算法治理术（algorithmic governmentality）进行了反思。她指出，在数据化的超精致社会中，新自由主义所谓的方法论的个人主义已经被指数化所取代：个体仅仅将其自身视为某种超量化的事物，从其与他人的表现关系中界定自身。[6]

透过德勒兹对个体被消解为分格的管控社会的预见及其“实现”的论述，他对尼采在《权力意志》和《道德谱系》中涉及的权力意志的探讨显得意味深长。在《尼采与哲学》一书中，德勒兹对尼采的权力意志做了深入的解读：力是所能，权力意志是所愿。权力意志既存在于能动和支配的力中，也存在于反动和服从的力中，能动力和反动力在起源的时候就存在着区别并在起源中共存。主动追求权力就是能动，能动力具有占有、征服和支配等特征，力图通过开拓环境来强加和创造形式，是一种转换的力量或酒神的力量，能动力肯定自己和自己的差异，并把差异变为享乐与肯定的对象。反动力否定意志或虚无主义，它拒绝生命的最基本生存条件，是一种虚无意志和反生命的意志，反动力即便在服从的时候也局限着能动力，将种种限制和不公平的约束强加于能动力。[7] 由此，反观智能治理术下个体消解为分格一旦成为一种存在论趋势，作为智能算法计算对象的主体将不再是能动的主体，其个体性可能为智能算法这种反动力所制约和塑造，主体的欲望和意志很可能受制于对数据驱动的行为的纯粹适应。进而导致的具有颠覆性的问题是，一旦这种建立在所谓算法理性之上的治理得逞其志，个体因此被消解为绝对客观，同时也必然是绝对独断的数据幽灵之后，那么当代社会基于个体的权衡、慎思与协作的社会知识的生产何以可能？若个体被多维的数据分格消解于无形，遑论作为个体的主体对其生活形式的反思平衡或参与审议式对话与商谈。

面对个体被消解为分格的智能治理术及其反动力，必须通过对能动性的检视引入一种使得能动力得以反弹的政治伦理策略。如果将智能治理术对个体生命、存在及其能动力的限制视为葛兰西式的霸权，那么主体在数据智能这一生活形式下的政治伦理策略的基本原则在于对此霸权的非对抗性反制，即缠斗（agonism）。何谓缠斗？当代政治学家墨菲（C. Mouffe）指出：每一种秩序都是政治性的，其建立有赖于霸权实践，而每一个秩序的霸权实践都会受到反霸权实践的挑战。霸权与反霸权实践预设了对抗（antagonism）的不可根除性与无限延伸性，双方对立的本质与其说是出于敌对的根本性对抗，毋宁说实乃非敌对的缠斗。参与霸权与反霸权实践的双方是对手（adversaries）而不是敌人，两者虽相互冲突却皆认同他们依然属于共同的政治联合体。[8]

从非对抗性的缠斗这一基本的原则出发，应对智能治理术的基本伦理策略是对智能算法及其权力施以伦理审计和争胜性策略。[9] 所谓智能算法的伦理审计的基本思路是从对智能算法应用及其权力实施中显见或严重的不当后果出发，反过来检视智能算法的设计和应用中存在的伦理上的不恰当性。其中，智能算法的伦理审计主要包括两个层面：其一为后果分析，即对智能算法应用中出现的各种负面的后果进行认真的分析和审视。例如，在内容推荐算法中时常出现的反复推荐、负面诱导、偏见放大、信息茧房、过滤气泡等现象，要研究和辨析其中的问题、危害及肇因。其二为价值揭示，即从相关主体的能动性出发，运用行动者网络分析方法，对相关群体和利害关系人在智能算法的运用中的主观意图、价值取向、利益与风险分担等展开系统深入的分析，使其中存在的偏见、歧视、对自主权和隐私权等权利的侵害等价值冲突与利益冲突得以充分的披露。

争胜性策略则主要包括价值纠偏、伦理引导和伦理增强等层面。价值纠偏分为价值制衡与争胜性设计两个相互关联的环节。价值制衡，就是在价值揭示的基础上，运用反思平衡、风险效益比较等方法重新权衡其价值合理性，使得智能算法在应用中所呈现出的具体的价值和伦理上的不当性得到具体而有针对性的价值制衡。争胜性设计则是价值制衡的落实机制。由此，“价值揭示—价值制衡—争胜性设计”的循环成为环环相扣的最基本的伦理审计和争胜性策略模式。

在伦理实践中，这一模式的启动往往是由社会舆论关注程度较高的危害性事件触发的。以“××顺风车”司机侵害女乘客事件为例，首先，可以从价值上去揭示平台的责任：平台为何将顺风车这一共享交通软件变成一个社交软件？与此相关的利害关系人有哪些？是否表明平台为了商业利益而牺牲女乘客的隐私与安全？其次，从价值制衡出发，充分考虑乘客等价值主体在共享交通中的安全性这一关键价值。最后，通过平台软件的改进，从设计层面扭转平台运行中出现的价值与伦理上的不当性。事件发生后，该平台暂停了顺风车服务，并通过增设联系人、报警按钮及全程录音等对平台软件的设计做了一些改进。但价值制衡是否得到了落实，还有待对其应用后果在价值与伦理上的恰当性的再检视，其后续的发展更将引入新一轮的“价值揭示—价值制衡—争胜性设计（争胜性策略的技术实现）”。例如，如何处理好全程录音与保护用户的隐私权等问题，有可能通过一些特定的事件演变为伦理审计和争胜性策略的关注焦点。此外，智能化的伦理引导和伦理增强等也可能成为重要的争胜性策略，其要义是在计算机说服技术的基础上，通过智能化的劝导和助推，对个体行为进行伦理上的引导，甚至借助智能化的道德矫正，提升主体的道德水准。但使问题变得尤为复杂的是，一方面，在伦理引导与伦理增强的过程中，数据智能等机器智能作为一种非人格化的权力，会不会与个体的自主性和主体的能动性发生冲突？另一方面，根据什么标准，可以由谁对谁实施伦理引导和伦理增强？

四、数据权利的彰显与人机关系的再平衡

面对人工智能在当前发展态势下的伦理冲突和风险挑战，有两个具体的问题值得展开切实的审度与调适：其一是数据权利与算法权力的再平衡，其二是人机共生时代人机关系的再平衡。

谈到数据权利，2018 年 5 月，欧盟颁布了《通用数据保护条例》

（General Data Protection Regulation，GDPR），明确指出，其保护的主体就是个人数据，而个人数据指与一个已被识别或者可被识别的自然人相关的任何信息。该条例对数据获取权、修改权、被遗忘权、数据可携带权、异议权等数据主体的权利做出了明确的界定。这些数据权利在一定程度上体现了在数据的商业智能等数据智能应用中的问题，可以视为是在价值和伦理层面对相关侵权行为的反制。但同时也要看到，这些权利也并非无条件的绝对权利，其都存在一定的限制。以对数据画像的异议权为例，只有当对用户进行画像等决策对用户产生法律或者其他重大影响时，用户才有权反对。但这一条例出台后，不论是从国际数据流通层面，还是从中国相关法律和伦理建设层面考虑，都必须对其基本内容进行系统的研究，对相关数据权利的合理性与局限性应该有一个全面的认识。

在数据智能得到普遍应用的解析社会，个人数据权利的重要性不言而喻。在解析社会中，不论人们主动与否，大家都是数据的贡献者，一切数据都被记录，一切行为都被分析。数据智能不断追踪着每个人的数据，数据与世界的等同性意味着对个体数据的追踪，实际上就是对每个人的价值观的追踪。因此，在理解了非人格化智能算法正在用人们的行为数据定义人们这一事实的情况下，每个人都应该更加主动地参与到此过程中，使主体的能动性影响到基于智能算法的数据分析和数据画像的过程与结果，通过必要的反馈与修正机制的构建，重获西蒙栋意味的个体化议程的主导权。

由此，数据智能和解析社会的未来发展必将面临数据权利和算法权力的再平衡。鉴于个人数据权利的缺失终将导致全局性的信任稀缺，我们是时候认真审视和从根本上改变当下普遍存在的不无侵略性的数据监控模式了。为此，应该认识到智能算法和数据分析技术的应用，不能不考量普通主体的利害权衡，以及这些技术的可接受性，从而由智能技术的可接受性的维度出发，构建全新的基于信任氛围的数据共享模式。首先，即便不能像欧洲的数据权利保护条例那样提出高标准的数据伦理规范，也要促使企业、机构对智能算法的应用承担起主要的责任。其次，致力于寻求有利于营造信任氛围的、务实的数据权利保护模式，促使数据交易各方对自己的行为负责，使每个相关主体知道自己的数据如何被处理，特别是用于其他用途的情形。使数据权利的主体在原则上有权决定对其数据的处理与洞察，以减少数据的滥用，杜绝对数据主体的严重伤害。更为重要的是，从负责任的、创新的观念出发，形成更具反思平衡性的数据观念。一方面，在提升数据主体的数据权利意识的同时，促使主体通过追踪自己的数据，能动地反省其内在的价值诉求和价值观念，并通过自我参与式的数据分析和数据画像不断改进自我；另一方面，至关重要的是，应该走出过度地攫取数据的迷思，树立数据有度的观念，对非人格化的算法权力加以必要的节制。尤其是应该在跨学科研究的基础上，充分揭示当下具有高度侵略性的数据监控模式对主体能动性的侵蚀，深入辨析其对个体行为的自由度及其自我修正和自由发展的潜在可能所形成的高度制约性。为此，应倡导一种基于“节俭理性”而非“全能神理性”的数据和智能观念[10]，使数据的收集、存储、处理和挖掘对主体权利的负面影响尽量减少，并以主体的可接受性作为数据智能应用的刚性边界，倒逼数据挖掘和分析技术的创新，使其更有效地发现有价值的数据模式。

就人机关系而言，在人工智能的未来情境中，即便未必会出现库兹韦尔等人所宣称的超级人工智能大爆发的奇点，我们依然应该借助各种理论资源对其可能带来的重大影响和深远后果及对策展开系统的分析与探究。以所谓的“无用阶层”的出现为例，马克思晚年就曾有所预见，马克思指出：“工人把工具当作器官，通过自己的技能和活动赋予它以灵魂，因此，掌握工具的能力取决于工人的技艺。相反，机器则代替工人而具有技能和力量，它本身就是能工巧匠，它通过在自身中发生作用的力学规律而具有自己的灵魂……科学通过机器的构造驱使那些没有生命的机器肢体有目的地作为自动机来运转，这种科学并不存在于工人的意识中，而是作为异己的力量，作为机器本身的力量，通过机器对工人发生作用。”[11] 91 马克思不仅强调指出，“机器无论在哪一方面都不表现为单个工人的劳动资料”[11] 90，甚至进一步预见到，“对象化在机器体系中的价值表现为这样一个前提，同它相比，单个劳动能力创造价值的力量作为无限小的量而趋于消失”[11]92。倘若“无用阶层”的出现难以避免，从社会风险防范的角度来看，一定要从创造性教育、人文素质培养上努力减少“无用阶层”的冲击波，通过系统的心理疏导和社会管控，从心理和精神层面展开智能化的引导和校正。

要规避机器掌控世界和智能化鸿沟等可能给人类文明带来的风险，必须对人类在自动智能系统中的地位和作用加以认真的审视。一般而言，如果将智能算法决策和自动智能系统的操作过程视为一个闭环，那么人类对自动智能系统的控制一般有四种方式：一是人在闭环之中——人定义—机器选择—人确认—机器执行；二是人在闭环之上——人定义—机器选择—人可以使之中止—如人未使之中止—机器执行；三是人在闭环之外——人定义—机器选择—机器执行，人无法中止；四是人与闭环无关——机器定义—机器选择—机器执行。通过这四种方式可以看到，随着自动驾驶和自动智能武器系统等的能力与威力的迅猛增长，人对系统的控制作用在逐渐弱化，其风险防范和责任追究必将成为社会关注的焦点。但想要克服这些风险并没有捷径，只能通过诸如“无人驾驶是否比人类驾驶更安全、更合乎道德”和“自动智能武器系统会不会比士兵作战更人道”等悖论的探讨，从具体的人机共生的可能情境中，不断展开对人机关系的再思考。

为了从根本上防范自动智能系统可能带来的风险，应考虑引入若干促进人机相互理解与协同的策略：其一，将人与机器之间的相互理解作为自动智能系统的基础和前提，其中既包括理性层面的认知方式与知识表达层面的人机相互理解，又包括人与机器之间的共情关系和同理心的构建；其二，一些重大决策和执行系统如果采用自动智能系统，应有多个备份和功能类似的替代性系统，以防范系统风险；其三，构建人工智能应用特区，在有条件的科技创新中心的部分地区，广泛、深入、充分地展开人机互动试验，探索面向未来人机共生社会的创新文化。

参考文献 >>

［1］Joy B. Why the future doesn't need us. Wired Magazine，2000，8（4）：238-262.

［2］Kurzweil R. The Age of Spiritual Machines：When Computers Exceed Human Intelligence. New York：Viking Books，1999.

［3］Kurzweil R. The Singularity is Near. New York：Viking Books，2005.

［4］Beniger J R. The Control Revolution：Technological and Economic Origins of the Information Society. Cambridge：Harvard University Press，1986：6-27.

［5］Deleuze G. Postscript on societies of control//Deleuze G. Negotiations：1972—1990. Joughin M trans. New York：Columbia University Press，1995：177-182.

［6］Rouvroy A，Stiegler B. From the actual algorithmic governmentality to new to rule of law it needs. https://digital-studies.org/wp/wp-content/uploads/2015/02/Repot-Digital-Studies-October-7-2014.pdf［2019-06-01］.

［7］吉尔·德勒兹. 尼采与哲学. 周颖，刘玉宇译. 北京：社会科学文献出版社，2001：58-105.

［8］尚塔尔·墨菲. 论政治的本性. 周凡译. 南京：江苏人民出版社，2016：15-17.

［9］段伟文. 数据智能的算法权力及其边界校勘. 探索与争鸣，2018，1（10）：92-100.

［10］徐英瑾. 唯物论者何以言规范：一项从分析形而上学到信息技术哲学的多视角考察. 上海：上海人民出版社，2017：373-389.

［11］马克思，恩格斯. 马克思恩格斯全集（第31卷）（第二版）. 中共中央马克思恩格斯列宁斯大林著作编译局译. 北京：人民出版社，1998：90-92.

目 录

人工智能哲学

数 据 伦 理

数据主义与人本主义数据伦理*

李 伦 黄 关

一、从数据化到数据主义

“数据化”（data fication）是肯尼斯·库克耶（Kenneth N. Cukier）和维克托·迈尔-舍恩伯格（Victor Mayer-Schöenberger）于 2013 年提出的概念。[1] 在他们看来，数据化是新技术的发展促成的一种新趋势，即将人类生活诸方面转换成计算机数据。一般而言，数据化是近代自然科学的基本特征，但这里的“数据化”不再局限于科学意义上的数据化，而是特指人类行为和社会活动的数据化，即将社会行为转换成在线量化的数据，从而能够对它进行实时跟踪和预测分析。[2] 我们也可将这种数据化称为社会数据化，其目的在于将人类行为和社会活动计算机数据化，通过数据挖掘和处理，创造新的价值，即将数据转换成新的价值形式。[3] 没有数据化，人类行为或社会活动就处于“自然状态”或“混沌状态”，就不能成为分析处理的对象，更不能产生效益和价值。数据化正是将以前不可见的过程或活动转换成计算机化的数据，使之可以被操控、跟踪、分析和处理，从而为新价值的产生奠定基础。例如，在网络购物中，购物网站常常会记录和统计客户的日常行为，如客户的搜索记录、购物记录、发布的信息等。网站对这些信息进行量化，分析客户的搜索、浏览和购买等行为产生的数据，获知

---

* 原载《伦理学研究》2019 年第 2 期。李伦，大连理工大学大数据与人工智能伦理法律与社会研究中心教授，湖南师范大学人工智能道德决策研究所教授；黄关，湖南师范大学人工智能道德决策研究所博士研究生。

客户购物的种类、价格等偏好，就能据此高效、精准地向客户推送经过筛选的信息。

数据化的观念、方法和实践由来已久，数据化与近代自然科学相伴相生，社会学等学科的产生和科学管理的兴起则是社会数据化的直接先驱。

早在19世纪，孔德就提出“社会物理学”的概念，认为人类社会秩序是自然秩序的延伸，可以运用自然科学的方法研究人类社会。也就是说，社会物理学将自然科学的方法引入社会领域的研究，通过将社会行为数据化，揭示人类社会的社会静力学和社会动力学规律。如今的大数据技术发展可以更加清楚地展示人类行为的轨迹和规律，为社会科学的深度数据化提供前所未有的工具。使用精确计算的方法对社会现象进行分析和建模，使社会物理学的理论更加定量化。借助数据化，阿莱克斯·彭特兰（Alex Pentland）将“想法流”（idea flow）的概念引入社会物理学，认为想法流对理解社会而言至关重要，传统的物理学旨在了解能量的流动与运动之间的数学关系，而社会物理学旨在了解想法和信息的流动与人类行为之间的数学关系。[4] 2002年提出的计算社会学（computational sociology）也是得益于数据化，运用计算机模拟、人工智能和复合统计方法，通过对社会交互作用进行建模，提出和检验各种关于复杂社会过程的理论。[5]

科学管理的兴起是管理数据化的里程碑，数据化使管理与决策活动开始摆脱纯粹的经验和直觉，通过对管理活动和人的行为的量化，实现对人财物的精确管理。这种管理和决策活动的量化与科学化转向，是数据化的早期实践。正如史蒂夫·洛尔（Steve Lohr）所指出的：“所有决策活动对经验与直觉的依赖将逐渐减少，而对数据与分析的倚重将与日俱增。在决策活动中，本能的作用逐渐减弱，而科学的重要程度将逐渐增强。”[6] 9

目前的数据化与以往的社会科学和科学管理的数据化相比，其广度和深度发生了巨大变化。这场数据化运动不再局限于社会科学研究和管理实践，已延伸至人类社会的各个方面，人类行为和社会活动日益数据化。同时，由于有了大数据等技术，数据化变得更加计算机化，以至于形成了万物互联的数据空间。因此，目前的数据化不只是科学数据化的简单延伸，而且是人类社会全面深度数据化的开端。它不再只是一种科学现象，更是一种社会现象，它带来的影响不只是技术变革，而且包括人类生存方式的变革，更重要的是它催生了新的观念或意识形态。

数据化对社会的影响全面而深远，数据成了一种新的资源，对新资源的推崇赋予数据和算法以权力与权威，最后内化为一种意识形态，植根于大数据社会之中。作为一种技术工具，数据化可以用来分析自然世界和人类社会，但它不再只是一种单纯的技术工具，它开始促成系统化的世界观、价值观和方法论，全方位地影响我们对世界的认识和把握。如果我们要对这样的“数据世界”进行学理性的分析，那么我们必须要为这个时代创造出一套稳健、可控、内容丰富且属于它自己的哲学。[7] 可以说，数据主义就是大数据、数据化和普适计算的一种哲学表达，是大数据时代产生的一种哲学或理念。

戴维·布鲁克斯（David Brooks）在 2013 年 2 月 4 日的《纽约时报》上发表《数据哲学》一文，首次使用了“数据主义”这个术语，用以表征数据时代的哲学。他指出：“在日益复杂的世界里，依靠数据可以减少认知偏差，揭示我们仍未注意到的行为模式。”“如果你要我描述当今正在出现的哲学是什么，我会说是数据主义。”[8] 数据主义描述的是大数据的巨大影响所产生的哲学或理念。

史蒂夫·洛尔考察了大数据是如何改变社会的，认为数据主义是大数据革命的结果。他指出：“大数据技术正在引导一场计量方面的革命……我们在考虑如何决策，或者说应该如何决策这个问题时，同样需要大数据为我们做出决策。”[6] 6 大数据这种创新可以帮助我们重塑世界观，他用“数据主义”一词概括这种新的世界观，描述这场大数据革命。当然，他也明确指出，他在《纽约时报》的同事戴维·布鲁克斯首先把这种观点称作“数据主义”。[6] 6

数据主义最初只是一种强调数据化之重要性的观点，并不是如今这种主张数据至上的思潮。赫拉利（Y. N. Harari）指出：“数据主义一开始也是一个中立的科学理论，但正逐渐成为要判别是非的宗教。”[9] 346

随着数据化的力量增大，数据至上的观念不断得到强化，数据主义应运而生。范·迪克（J. van Dijck）2014 年发表《数据化、数据主义与数据监视：科学范式与意识形态之间的大数据》一文，认为数据化反映了广泛传播的大数据的欲望和优越性的意识形态，即数据主义的趋势。[10]

数据主义的基本主张是数据流最大化、信息自由是至善。数据化正在突破自然世界的边界，深入人类社会领域，开始形成所谓的“数据世界”。一切人类行为和社会活动都可以数据化，因此形成的数据世界就是人类的生存空间，自然空间和数据空间合二为一，即赛博空间。赛博空间是数据化的，是可计算的。数据化建造了数据世界，数据世界适合数据分析，二者的相互强化导致了数据和算法至上的观念，形成了推崇数据流最大化和信息自由至善的数据主义。

首先，数据主义推崇数据流最大化。对数据主义来说，“最高的价值就是‘信息流’”[9] 346。数据主义要求一切都数据化，人类行为和社会活动都应成为数据流，应保证数据流的最大化，任何现象或实体的价值都在于其对数据处理的贡献。关于这一点，赫拉利归纳了“数据最大化”的两条律令：第一条律令是，数据主义者要连接越来越多的媒介，产生和使用越来越多的信息，让数据流最大化；第二条律令是，要把一切连接到系统，就连那些不想连入的异端也不能例外。[9] 347 数据主义要求所有设备和系统都相互联结，直至实现万物互联。

其次，数据主义信奉信息自由是至善。对数据主义来说，信息自由是最高的善。[9] 347-348 数据主义“相信一切的善（包括经济增长）都来自信息自由……如果想要创造一个更美好的世界，关键就是要释放数据，给它们自由”[9] 349。

数据主义的基本主张有不同的表述，但核心观点是一致的。例如，在史蒂夫·洛尔看来，数据主义的核心观点是数据优先（data-first approach）和普遍互联（ubiquitous connectivity）。[6] 事实上，数据优先和普遍互联是数据最大化及信息自由至善的另一种表达。

数据主义的两大主张具有内在关联性。数据最大化必然要求信息自由，只有保证了信息自由，才能实现数据最大化。存在信息不自由、信息限流的地方，不可能达到数据流最大化。信息自由也要求数据流最大化，没有数据流最大化的信息自由不是真正的信息自由，这样的信息自由实质上是不自由的，因为信息无法流通到更多的地方。数据主义相信，数据化是大势所趋，数据化是万能的，因此数据成了最高价值，算法成了万能钥匙。简言之，数据主义主张数据至上，一切都应成为数据，一切都要交由算法来处理。所有妨碍万事万物数据化和数据自由流通的行为都是不道德的。

数据主义对数据和算法的推崇，意味着数据的资源化、权力化和意识形态化。在这种观念下，只见数据不见其他，数据主义将政治、经济、历史和个体生活等都视为数据的收集与处理。

在政治方面，数据主义认为，所有的政治结构或社会结构都可看成数据处理系统，其区别不在于意识形态或伦理教条的不同，而在于数据处理系统的不同。在数据主义看来，有些政治结构或社会结构是分散式的处理系统，有些政治结构或社会结构是集中式的处理系统。[9]340政治结构或社会结构的变迁就是数据处理系统的更新换代。

在经济方面，数据主义认为，经济机制是收集关于欲望和能力的数据，并将之转化为决策的机制，与政治结构一样，不同的经济制度也不是意识形态或伦理教条的不同，而是数据处理系统的不同。[9]336例如，经济制度存在分散式处理系统和集中式处理系统的区别，就此而言，数据主义认为证券交易是人类迄今创立的最快、最有效的数据处理系统，任何自然现象、社会事件都能够以股价涨跌的形式表现出来，不管是国家政策、科研成果、天气变化还是股东的日常言行等。[9]337经济机制的效率取决于社会数据处理系统的效率，取决于数据处理系统的算法。

在历史方面，数据主义“把全人类看作单一的数据处理系统，而每个个人都是里面的一个芯片”[9]344。数据主义认为，人类历史是一个通过增加处理器/芯片（人）的数量和类型、增加处理器彼此连接的数量、提高已有连接的流动自由度，来提高系统效率的进程。[9]344也就是说，数据主义将整个人类历史过程看作增加处理器，将处理器互联，形成可以进行信息处理的网络，并为这个网络制定规则，从而形成各种不同的数据处理系统，即不同的社会结构、政治结构和经济结构。这些不同的数据处理系统在发展中相互博弈，在未来的竞争中可能会出现全新的数据处理系统或适应新环境的高效率的数据处理系统，即万物互联网。[9] 346 人类历史长河就是这样通过不同的数据处理系统的更替或迭代而形成的。

在个体方面，数据主义的箴言是“通过数据，认识自己”，从“认识你自己”到“量化自我”（quantified self）。[9] 299-300 数据主义认为数据时代的人生就是“数据人生”，即“记录—上传—分享”数据。行为即数据，数据即行为，数据的价值在于收集和分享。数据主义的座右铭是“如果你体验到了什么，就记录下来。如果你记录下了什么，就上传。如果你上传了什么，就分享”[9] 352；“我们该做的，就是要记录自己的体验，再连接到整个大数据流中，接着算法就会找出这些体验的意义”[9] 351。在数据主义看来，人生的价值在于数据的价值，数据的价值在于分享，而不在于单纯拥有体验。体验不分享就没有价值，不能转化为数据或转化的数据没有分享的人生是毫无价值的。如果说在苏格拉底看来，未经反思的生活不值得过，那么在数据主义看来，未经数据化的生活不值得过。

在数据主义看来，数据分享就是数据互联，数据互联就是人际互动，随时随地的连线或在线是数据人生的常态，掉线或失联意味着数据人生的休克或终结。“对于真正的信徒来说，要他们脱离数据流，就等于是要让其冒失去生命意义的风险。”[9] 351 他们总是担心自己掉线或失联，在社交网站上总是担心自己错过了什么，于是一遍一遍地刷新屏幕，仓鼠症和错过恐惧症（fear of missing out，FOMO）不再是少数人的生活样态。在数据主义者眼中，数据沉溺或数据依赖症，当属数据人生的常态。

二、数据主义的实质

数据主义的核心主张是数据流最大化和信息自由是至善，其实质是从以人为本走向以数据为本，用数本主义取代人本主义，从强调人的自由走向强调数据的自由，用数据主义取代自由主义。正如赫拉利指出的："在 18 世纪，人本主义从以神为中心的世界观走向以人为中心，把神推到了一旁。而在 21 世纪，数据主义则可能从以人为中心走向以数据为中心，把人推到一边。"[9] 354

数据主义是唯科学主义在大数据时代的化身。数据主义主张将科学的还原论方法扩展至人类行为和社会生活的所有方面。数据主义将生物体还原为生化算法，认为越来越复杂的电子算法将层出不穷，电子算法不仅可以解开生化算法之谜，而且终有一天能够超越生化算法。数据主义推崇电子算法，因为"数据的流动量已经大到非人所能处理，人类无法再将数据转化为信息，更不用说转化为知识或智能。于是，处理数据的工作应该交给能力远超人类大脑的电子算法"[9] 333。在这个意义上，人类只是创造电子算法的工具，电子算法将完胜生化算法，决定权将从人类手中转移到具备高度智能的算法中，因此，"智人就是个该淘汰的算法"[9] 347。

数据主义信奉电子算法，推崇算法黑箱，其实质是数本主义。人本主义主张人的自由，维护人的尊严，数据主义挑战这种观念，主张数据和算法至上，人的价值应让位于数据的价值。人本主义重视人的价值，但数据主义认为最高价值是数据流的最大化，人不过是保证数据流最大化的工具而已。数据主义推崇数据和算法至上，强调以人为本让位于以数据为本，直接将人进行了降级。为了实现算法至上，数据主义推崇算法黑箱，因为算法黑箱是算法至上的必要前提。算法黑箱是人无法理解的，电子算法的地位就这样超越了人的地位。这表明数据和算法的地位高于人的地位是数据主义的默认设置。

数据主义主张"信息自由是至善"，主张应赋予信息以自由。赫拉利对数据主义"信息自由是至善"的观点评价颇高，以至于将信息自由观与法国大革命的自由思想相媲美，认为"人类很少真正能够想出全新的价值观，上一次提出已经是 18 世纪，人文主义革命开始宣扬人类自由、平等、博爱这种令人激动的理想……数据主义是自 1789 年以来第一个真正创造新价值观的运动，而这个新价值观就是'信息自由'"[9] 348。需要强调的是，正如赫拉利所指出的："新的'信息自由'与过去自由主义所谈论的‘言论自由’不能混为一谈。言论自由赋予的对象是人类，保护的是人类思考及说出自己心中所想的权利……相较之下，信息自由赋予的对象并非人类，而是信息。而且在这种新价值观看来，信息自由流通的权利应该高于拥有并限制数据流通的权利，因此可能侵犯到人类传统的言论自由。”[9] 348 人的自由应让位于信息自由，数据主义想取代自由主义。

传统的言论自由保障自由表达的权利，“当然也保护缄默、把想法放在心中的权利”[9] 348。也就是说，言论自由隐含着自由不表达的权利。然而，数据主义主张信息自由是至善和数据流最大化，主张要把一切连接到系统，连那些不想连入的异端也不例外，认为只有保证信息流通自由和数据流最大化，才能创造更美好的世界，不表达显然违背了数据主义“信息自由是至善”和“数据流最大化”的原则，信息自由已凌驾于自由不表达的权利之上。这意味着信息自由高于人的自由，数据主义试图取代自由主义。

“数据主义既非自由主义，亦非人文主义。”[9] 352 数据主义挑战传统的人本主义和自由主义，人本主义和自由主义的许多理念遭到破坏，包括个人自由、人权等。如果推崇数据流最大化和信息自由是至善的数据主义不受限制地发展下去，则可能出现“数据巨机器”，压抑人的自由。[11] 因此，构建人与技术、人与数据的自由关系，一种人本主义的数据伦理必不可少。

三、人本主义数据伦理

数据主义偏离了人类核心价值，为了纠正这一思潮的偏颇、摆脱大数据之困，重塑人本主义势在必行。我们需要审视数据主义从人本主义那里夺去的东西，需要诉诸和回归人本主义数据伦理。人本主义数据伦理要求从数本主义回归到人本主义，从数据自由回归到人的自由，主张人的自由高于数据自由、人的价值高于数据的价值。

人本主义数据伦理主张以人为本，提倡以人的权利为本，反对以数据权力为本。人本主义数据伦理呼吁从数本主义回归到人本主义，维护人的尊严，尊重人的权利。在这里，人的权利包括基本权利和数据权利。基本权利包括人格权、自由权和财产权等；数据权利包括隐私权、知情同意权、删除权、被遗忘权、数据携带权等。这里的数据权利是指人关于数据的权利，是人的基本权利在数据领域的具体化。基本权利是数据权利的基础，同时，通过保护数据权利，可以实现对基本权利的保护。数据主义忽视人的基本权利，例如，数据主义不在乎自由主义所重视的自由权和隐私权等。要让这些权利重新回归，只有从数据领域入手，保障数据权利，才能实现数据时代基本权利的保障。

人本主义数据伦理主张尊重人的自由，提倡以人的自由为中心，反对以数据的自由为中心，主张有规范的数据共享，反对数据滥用。数据主义信息自由是至善的观念，把人的作用局限在为数据产生和流动的服务之中，无视人的自由意志和个体间的差异性，使人成为技术奴役的对象，最终成为数据巨机器一颗颗没有差别的螺丝钉。要摆脱数据巨机器的控制，需要提倡尊重人的自由的人本主义数据伦理。数据主义者眼中的数据自由的主体是数据，与此不同，人本主义数据伦理研究的数据自由的主体是人。当我们谈数据自由和数据权利时，主体是人而非数据。

人本主义数据伦理强调尊重用户的数据权和隐私权。数据的收集和使用需征得用户的知情同意，并实行最少原则或必要原则，用户应当有权知晓个人数据的收集范围和用途。人本主义数据伦理并不一味地反对数据共享，相反，它支持数据共享，它反对的是无序无度的数据共享，反对的是不顾个人权利的数据共享。

人本主义数据伦理主张算法应具有透明性，反对算法黑箱。数据主义主张数据和算法至上，算法黑箱因此获得合法地位。算法黑箱让人无从知晓算法是如何运行的，是如何收集和使用个人数据的，个人也无法得知数据是被合理共享还是被滥用了。人本主义数据伦理要求算法具有透明性，算法透明意味着算法是可见的，是可理解的。

人本主义数据伦理得到了多方面的支持和实践，例如欧盟 2018 年 5 月开始实施《通用数据保护条例》。《通用数据保护条例》基于人的权利，以人为本，并具体化了多项数据权利。例如，知情同意权要求数据收集和使用必须做到知情同意，一旦发生数据泄露事件，必须在知晓数据泄露事件发生后的72个小时内向主管监管机构报告，数据处理者还需要在第一时间通知用户和数据控制者；访问权规定数据主体有权从数据控制者那里获取信息，以确认数据控制者是否要对与他们相关的个人数据进行处理，控制者应以电子格式免费提供一份个人数据的副本；被遗忘权规定数据主体有权要求数据控制者清除其个人数据，停止进一步的数据传播，并尽可能使第三方停止处理数据，数据主体还可撤销之前授权同意的与数据处理相关的选择；限制处理权规定如果用户认为企业收集的个人数据不准确，或者使用了非法的处理手段，但又不想删除数据的话，可以要求限制它对个人数据的使用；可携带权规定数据主体有权接收与自己相关的数据，并有权将这些数据发送给另一个数据控制者；被解释权要求数据处理者必须提供数据收集情况，必须宣布数据处理的合法目的，说明保留时间，是否会和第三方进行数据共享，要求所有算法必须解释其输出原理。不难看出，这些数据权利都是人的基本权利在数据领域的具体化，旨在保障人的自由、人格和隐私等权利，是人本主义数据伦理的实践。

人本主义数据伦理不能只停留在理念上，它可以通过技术架构来实现，设计符合道德标准的算法是行之有效的解决方案。隐私保护设计（privacy by design，PbD）就是其中一种有益的尝试。隐私保护设计属于价值敏感设计（value sensitive design，VSD），价值敏感设计是华盛顿大学的巴蒂亚·弗里德曼（Batya Friedman）和彼得·卡恩（Peter Kahn）于20世纪80年代末90年代初开发的。价值敏感设计通过强调直接和间接利益相关者的道德价值，解决信息系统设计和人机交互领域中的设计问题，这种方法在整个设计过程中都考虑到了人的价值观。价值敏感设计通过概念阶段、经验阶段和技术阶段三个阶段，实现对人类价值的保护。概念阶段旨在了解技术涉及哪些利益相关方，以及利益相关方在使用这项技术时可能造成哪些价值冲突；经验阶段旨在调查用户的价值观和需求等；技术阶段旨在分析人们如何使用这项技术，设计一种符合用户价值观的系统。[12]

隐私保护设计是一种价值敏感设计，将人类价值纳入整个设计过程，将隐私保护算法嵌入产品或系统中。隐私保护设计蕴含七大基本原则：①隐私保护是主动的而非被动的，是预防性的而非补救性的；②隐私保护是默认设置，即在默认情况下使用最高可能的隐私保护设置；③将隐私保护嵌入设计中，即在设计过程中就要考虑到隐私保护，而非在系统运行时才考虑隐私保护；④隐私保护效应具有正效应而非零和效应；⑤隐私保护贯穿在全生命周期，是全程保护，而非仅在某几个时间点保护；⑥隐私保护具有可见性、透明性和开放性；⑦以用户为中心，尊重用户隐私。这七大原则反映了人本主义数据伦理观，是人本主义数据伦理的中观原则，是人本主义数据伦理的一种实践机制。

欧盟的《通用数据保护条例》将隐私保护设计作为基本要求。运用隐私保护设计，在产品或系统设计时就考虑到了人类价值，考虑到了用户的隐私保护，可以有效地避免数据主义重视数据价值甚于人的价值的弊端。同样，如果在技术设计过程中就已经考虑到了平衡数据处理者和数据提供者的价值冲突，那么就能有效避免数据滥用。隐私保护设计要求将人类价值嵌入系统的算法中，这有助于使产品开发者预先主动承担保护用户隐私的道德责任。这样的系统是嵌入了人类价值的技术架构，是实践人本主义数据伦理的一种有效途径。

人与数据的自由关系，或基于数据的人与人之间的自由关系，是数据伦理学的核心议题。人本主义数据伦理倡导从信息自由主义回归到自由人文主义，从数本主义回归人本主义，主张以人为本，反对以数据为本。人本主义数据伦理有助于消除数据主义对数据自由和电子算法的崇拜，重新确立人在大数据时代的主体地位，尊重人的基本权利和数据权利，建构人与技术、人与数据的自由关系，维护人类自由，增进人类福祉。[11]

参考文献 >>

［1］Cukier K，Mayer-Schoenberger V. The rise of big data：how it’s changing the way we think about the world. Foreign Affairs，2013，92（3）：28-40.

［2］Patrick B，Stephen R. Activity-Based Intelligence：Principles and Applications.

Norwood：Artech House，2016：151.

［3］O'Neil C，Schutt R. Doing Data Science. Sebastopol：O'Reilly Media，Inc.，2013：406.

［4］阿莱克斯・彭特兰. 智慧社会：大数据与社会物理学. 汪小帆，汪容译. 杭州：浙江人民出版社，2015：8.

［5］Macy M W，Willer R. From factors to actors：computational sociology and agent-based modeling. Annual Review of Sociology，2002，28（1）：143-166.

［6］史蒂夫・洛尔. 大数据主义. 胡小锐，朱胜超译. 北京：中信出版社，2015.

［7］卢西亚诺・弗洛里迪. 第四次革命. 王文革译. 杭州：浙江人民出版社，2016：x.

［8］Brooks D. The philosophy of data. https://www.nytimes.com/2013/02/05/opinion/brooks-the-philosophy-of-data.html［2013-02-05］.

［9］尤瓦尔・赫拉利. 未来简史. 林俊宏译. 北京：中信出版社，2017.

［10］van Dijck J. Datafication，dataism and dataveillance：big data between scientific paradigm and ideology. Surveillance & Society，2014，12（2）：197-208.

［11］李伦. "楚门效应"：数据巨机器的"意识形态"——数据主义与基于权利的数据伦理. 探索与争鸣，2018，（5）：29-31.

［12］Friedman B，Kahn P，Borning A. Value sensitive design：theory and methods. http://faculty.washington.edu/pkahn/articles/vsd-theory-methods-tr.pdf［2019-05-20］.

从积极伦理观看大数据及其透明世界*

黄欣荣

在互联网、物联网、云计算、人工智能等新技术的催生下，数据生产和处理实现了智能化与自动化，由此人们迎来了大数据时代。[1] 大数据技术试图把世间万物数据化，通过数据挖掘和处理既可认知过去，也可预测未来，被遮蔽的万物秘密可能完全暴露，整个世界将变成一个透明的世界。习惯于隐藏生活细节的人类在透明世界里一下子乱了阵脚，不知如何应对。科学哲学的观察渗透理论告诉我们，面对同一事物或现象，不同的理论或立场将看出不同的问题，得出不同的结论。面对大数据及其透明世界，不同的伦理观将做出不同的评价，并提出不同的应对之策。传统的伦理学基本上都从批判、规制的立场看事物，属于消极伦理（negative ethics）观，因此认为大数据及其透明世界将给人类带来诸多的伦理危机，必须规制大数据，让其回归到传统的伦理规范之中。但是，如果换一种立场，从积极伦理（positive ethics）观来看，大数据虽然可能带来隐私暴露等问题，但它也可能给人类带来新的机遇。因此，我们必须改变隐私观念、重建伦理体系，来积极迎接大数据时代的到来，并充分利用大数据来释放本真的人性。本文将从积极伦理观出发，挖掘大数据对伦理的积极意义，并提出积极主动的应对之策。

---

* 将刊发于《江西财经大学学报》2020 年第 1 期。黄欣荣，江西财经大学马克思主义学院首席教授。

一、消极伦理观下的大数据伦理问题及其应对

从观察、分析伦理现象的态度及其应对策略来看，伦理观大致可分为消极伦理观和积极伦理观。[2] 所谓消极伦理观就是对事物及其引发的伦理问题，侧重从负面、阴面看问题，多看到事物的消极作用，并希望用现有的伦理规则对其进行禁止和规制。"消极伦理代表着这样一种立场，即道德要和一系列的禁令联系在一起。换句话说，消极伦理认为，道德作为调节人与人之间关系的行为准则和规范，最好应通过道德禁令的形式来建立起清晰的行动边界。"[3] "消极伦理是各种禁令，其形式为，你不应该……"[4] 这就是说，消极伦理观更侧重于治理，提出一系列关于消极的、不应该做的事情的原则、规范来阻止事件发生，而不是用正面、积极的手段来应对，一般都与禁令联系在一起。总之，消极伦理观的目标是提出一种定位准确、边界清晰、操作性强的道德规范来描述对想要避免的某种后果的一种更为直接的禁令。传统的伦理观绝大部分都属于消极的伦理观，侧重观察事物阴暗、消极的一面，并提出各种道德禁令。

大数据革命是一场新的信息技术革命，它带来了数据采集、储存、传输与处理方式的大变革，也由此带来了世界存在方式、认知方式和生活方式的大变革。首先，世界被彻底数据化，形成数据世界。大数据通过智能手段将事物及其状态转换为可以存储、传输、计算的数据，彻底改变了数据的手工生产方式，实现了数据采集的智能化、自动化。大数据让万事万物最终还原为以 0 和 1 两种状态为标志的数据。事物在被数据化之前，虽然可被人类感知，但很难实现存储、传输与计算等操作，因此很难被精准认知。数据化让事物及其状态变化永久地被保存下来，万事万物都以数据的形式留下了历史过程，即数据轨迹，并由此形成数据世界。其次，世界被彻底透明化，成为透明世界。事物及其状态被数据化之后，事物就可方便地存储、挖掘、计算和分享，人类就可方便地发现隐藏于事物内部的秘密。利用大数据，人们既可发现事物过去的历史，又可预测未来行为，于是世界变

成了可存储、可计算、可认知的世界，一切遮蔽都被揭开，整个世界变成了透明世界。由此，人性必将被彻底暴露，人类将成为“透明人”。以往由于科学技术的落后，自然界和人类的秘密都隐藏在黑箱之中，人类长久生活在黑箱之中，已经完全适应了黑箱世界。借助于黑箱，人类得以保住了许多秘密。但是，大数据把一切遮蔽掀开，整个世界都变得彻底透明，人类由此不再有秘密存在，即大数据让每个人的一切举止言行都彻底暴露，因此大数据时代也被称为无隐私的时代。

面对大数据革命及世界的透明化，消极伦理观是怎么看待的呢？又将如何应对呢？总体来说，消极伦理观主要用消极、否定的眼光看大数据及其带来的透明世界。它们看到了大数据的阴暗面和消极面，认为大数据时代的来临打破了我们原有的生活规范，带来了关于隐私、安全、公正、平等、自由等的诸多问题，因此必须用我们已有的伦理道德进行防范和规制，并制定出针对大数据时代的各种禁令。

消极伦理观习惯于关注大数据的负面影响，虽然不同学者看出的问题有些差异，但目前学术界对大数据伦理问题及其危害观点基本一致，普遍认为数据权利、隐私、权限、安全与数字鸿沟是目前大数据时代的主要伦理问题，大数据将使传统伦理价值观遭到前所未有的解构与破坏，将给当代社会程序与人伦规范带来严重冲击，由此引发的社会问题将层出不穷。[5] 例如，美国学者戴维斯（K. Davis）和帕特森（D. Patterson）出版的国际上第一部大数据伦理问题著作《大数据伦理学》，就是用消极伦理观来分析大数据带来的身份、隐私、归属以及名誉等问题的。[6] 9 邱仁宗等学者所发表的国内第一篇大数据伦理论文看到的也是大数据所带来的数字身份、隐私、可及、安全和安保、数字鸿沟等一系列问题。[7] 有学者认为，大数据存在着“数据预判挑战自由、隐私披露挑战尊严、信息垄断挑战公平、固化标签挑战正义”等问题。[8] 有学者更是列举了大数据的“七宗罪”：数字身份暴露、被监控、隐私泄露、预测性骚扰、获取路径被限、数字鸿沟、数据崇拜。[9] 总之，持消极伦理观的学者看到的都是危害和问题，认为大数据将给人类带来大问题、大麻烦。

针对大数据所带来的问题、挑战，持消极伦理观的学者纷纷开出自己的“药方”。例如，宋吉鑫提出应建立针对大数据的法律、制度、管理的“三位一体”治理体系，规范网民、企业的网络行为。[10] 臧一博建议从法律、伦理入手，加强对大数据各方的约束、教育与监管。[11] 陈万求认为应建立一套法律、伦理、监督相结合的治理机制来调控大数据技术的发展。[12] 总之，学界已经普遍认为应该在“制定和完善大数据立法，并加强法治监管”“倡导行业自律，建立大数据伦理规制”“强化大数据技术创新，降低隐私泄露风险”“提高全民网络素养，消除数字信息鸿沟”“增强安全意识，维护自身数据权利”等方面展开全面治理。[5] 虽然学者们所开出的“药方”各有差异，但治理、禁止是其共同点。他们都希望采取禁止的办法，用小数据时代的法律与伦理约束大数据，认为“应该立足于现代道德哲学的基础制定出切实可行、行之有效的伦理原则和伦理框架，以规范大数据技术应用的各种行为活动”[12]。换句话来说，消极伦理观认为小数据时代的法律法规、伦理体系似乎放之四海而皆准，而大数据及其透明世界破坏了人类原来的生活方式和法律、伦理体系，因此必须将其约束在我们已有的道德体系中，由此为新技术发展画出了不可逾越的雷池。

二、从积极伦理观看大数据的积极意义

消极伦理观学者试图禁止大数据及其透明世界的各种越轨行为，“难言之隐，一禁了之”。积极伦理观则欢呼大数据时代的到来，肯定大数据时代是时代发展的必然，是时代的进步，我们要发现大数据的积极意义，发展和利用大数据来为人类服务，因此应该从正面、积极的视角看待大数据及其透明世界。

所谓积极伦理观就是侧重于事物的阳光、积极的方面，倡导伦理学的积极取向，以研究事物的积极作用、关注人类的健康幸福与和谐发展。[13] 持积极伦理观的学者更关注行为者应该做什么，通常的表述形式是：“我应该做什么。”与消极伦理观相比，积极伦理观的显著特点之一就是行为界限具有模糊性。[3] 从积极伦理观来看，由于大数据时代的到来，虽然世界变成了透明世界，人的隐私可能无处可藏，人

的自由可能受到挑战，但大数据及其透明世界可能更多地给人类带来许多过去从未有过的新机遇和新发展。例如，世界的透明可能带来人性的回归、新的安全感以及新的自由、平等，给我们一个全新的未来世界。

（一）大数据可能带来人性的真诚回归

人类本来就是诸多动物中的一种，从生物学角度来看与其他动物没有本质的差别。原始人类以打猎、采摘为生，赤身裸体而不知羞耻。但是，自从摘下第一片叶子遮羞开始，人类就开始了自己的文明，创造了自己特有的文化，由此拉开了与其他动物的差距。所谓文明，就是人类不再像其他动物一样纯粹赤裸地生活，而是学会了穿衣打扮，甚至学会了客套虚伪，于是人类就开始了戴上“面具”的生活。我们经常评价某人走向了成熟，其实就是孩提时代完全以本真示人，但随着其逐渐长大也就学会了像大人那样隐藏自己的真实想法，学会了伪装自己，戴着“面具”生活。古希腊和中世纪的欧洲，更有戴着面具跳舞的习俗，以使他人难以认识真实的自己。在小数据时代，人类没有相应的技术来识破他人的伪装，因此人们慢慢习惯了戴着“面具”的生活方式。大数据技术通过智能感知能够将“面具”背后的人类思想、情感、意志等变成连续的海量数据，通过数据的挖掘、分析和辨识，人们可以把隐藏在内心深处的思想、情感和意志变成容易识别与认知的数据。这也就是说，大数据成了一种科学读心术，不管人们把思想、情感隐藏得多深，其总会通过外在的某种行为、表情、心率、脉搏等生理或心理的微小变化表现出来，而大数据则时时刻刻将人体的各种变化状态记录、存储下来，成为人体及其心灵的数据轨迹。[14] 对这些数据轨迹进行分析，我们就能完整、全面地揭示出人们真实的想法。因此，在大数据面前，人们没法继续伪装自己。大数据把人类戴了数千年甚至上万年的神秘面具一下子全部揭开，人们的内心一下子就被赤裸裸地暴露在大众面前。可以说，大数据能够洞察人类的一切，可以窥视内部的心灵，因此在大数据面前，我们每个人可能完全“裸奔”，再也无法像过去一样，每个人都把自己的内心包裹得严严实实。被大数据揭去神秘面具的人类一开始肯定会无法适应内心“赤裸”的生活，甚至会诅咒“万恶”的大数据。但是，当人人都“赤裸”内心，不再戴着“面具”生活的时候，人们就不再需要伪装，不再需要“面具”，反而会轻装上阵，回归到原始人类那样赤诚相处的方式。因此，大数据作为一种科学读心术，让人类无处隐藏内心的想法，人类反而不再需要伪装，从而完全回归真诚。这就是说，大数据促使人类抛弃“面具”，以赤诚之心真诚相处，人类由此回归到本真状态，轻松自在地生活。

（二）大数据可能给我们增加新的安全感

消极伦理观认为，大数据技术为犯罪分子提供了新的犯罪手段，给我们带来了更多的不安全感。在小数据时代，犯罪分子必须出现在犯罪现场才能够实行犯罪行为，如抢劫、诈骗、金融犯罪等，无不需要通过正面接触、亲临现场才能够实施。然而随着大数据技术的出现，犯罪分子可以跨越空间，通过“隔空操作”就可以实施这些犯罪行为。特别是犯罪分子通过网络数据的收集，掌握了我们许多的隐私信息，他们可以轻而易举地实行各种犯罪行为。[15]因此，持消极伦理观的人会认为，大数据这些新技术带来了新的犯罪手段，人们更加防不胜防。然而，事实并非完全如此。近些年来，犯罪分子利用大数据等新兴技术实行犯罪是因为这些技术刚刚出现，大部分人尚未掌握，而犯罪分子却领先一步。更为重要的是，大数据时代的大幕才刚刚拉开，数据轨迹还时断时续，还没有形成完整的轨迹，因此犯罪分子尚能够利用轨迹断裂来逃避惩罚。因此，现在网络犯罪猖獗不是大数据技术的错，而是大数据时代还没有真正来临以及数据化、数据轨迹不完整的错。[15]如果大数据时代真正到来，那么万物皆被完全数据化，一切行为皆会留下数据轨迹，世界将变得完全透明。这样虽然我们的一举一动会暴露于网络云端，被“上帝之眼”时刻紧盯不放，但与此同时，犯罪分子的一举一动也被彻底透明化。在“上帝之眼”的监视下，他们的一切企图都会在实施之前就暴露无遗，在实施之后留下永远抹不去的数据轨迹。这样，他们犯罪前，智能系统可提前预警，犯罪之后警察可循迹而行、顺藤摸瓜，一切犯罪行为都会暴露在公众面前，因此犯罪者无处躲藏，真正实现了“莫伸手，伸手必被捉”的理想。[16]对犯罪者来说，大数据简直是他们的噩梦，就像有无数双眼睛永远盯着他们不放。因此，积极伦理观认为大数据就像“上帝”布下的天罗地网，它让企图犯罪者不再有犯罪的机会，让我们普罗大众获得更多的安全感。

（三）大数据可能给我们增加平等权

平等是人类的终极追求之一。中国文化里一直有不患寡而患不均的思想，西方文化里也一直强调人生而平等的观念。但是，在小数据时代，人们对社会组织成员占有社会资源的状况及其财富分配状况都不甚了解，即社会成员之间基本处于黑箱状态，彼此之间很难相互了解，很难做到公开透明，由此有部分人就会乘机多拿多占，很难实现真正的人人平等。大数据让整个世界透明化，于是人们的一切行为都被暴露在阳光下，信息被彻底公开，任何不平等都可能被社会所有成员知晓，因此，任何人都很难不平等地占有其他成员的财富或其他社会资源。例如，过去某些腐败分子贪腐国家财富，但由于信息不透明，民众很难了解内情，于是不少腐败分子逍遥法外，甚至还以清廉形象出现在大众面前。但是，随着大数据时代的来临，任何人的行为举止都无法隐藏，任何不平等行为或贪腐行为都可能被人们从大数据中挖掘出来，甚至成为舆论风暴。2018 年 5 月，四川省某幼儿园的李姓家长不满老师对女儿的教育方式，搬出了孩子爸爸“严书记”，在家长微信群中质问老师并要求道歉。广大网友进行搜索，将“严书记”暴露于网络，几天后，中共四川省纪委宣布“严书记”因涉嫌严重违纪违法被调查。在大数据时代，任何不平等都可能被曝光，任何人任何事都将被彻底透明化，于是特权、不平等被置于大数据的“上帝之眼”的监督之中，人与人之间逐渐走向平等。

（四）大数据可能给我们带来新的自由权

消极伦理观认为，大数据可能造成自由意志不再自由，人的自由权可能被剥夺。这样看来，大数据与自由好像是对立的，大数据时代，人类似乎不再有自由，或者是，大数据可能严重侵犯人的自由。但是，积极伦理观认为，大数据与自由并不一定是对立的两端，它们完全可以实现对立的统一。其实，按照西方哲学，自由本身并不是说随心所欲，并不是没有约束，而是相反，即所谓的自由正好是人在约束条件下的自我支配，凭借自由意志而行动，并为自身的行为负责。也就是说，自由存在的前提是约束，是在约束条件下求得最优解或利益最大化。大数据像“上帝之眼”一样盯着人们的一举一动，这样就保证了人们的利益不被他人侵犯，即在大数据时代，我们更能保护每个人的权益彼此不侵犯，这正是自由的体现。此外，在大数据这一“上帝之眼”的监督下，我们每个人都会更加检点自己的行为，并在不侵犯他人的前提下最大限度地发挥每个人的自由。因此，积极伦理观认为大数据时代约束条件下的自由更加符合自由的本意，我们每个人都在大数据的监视下获得一种新型自由，而且这种自由才是彼此互不伤害的真正自由。因此，积极伦理观认为大数据及其透明世界在带来约束的同时也带来了人类新型的自由权。

（五）大数据可能更加凸显个人的存在感

按照马克思主义唯物史观的观点，人民群众是历史的创造者与推动者，但是，在过去，人类的历史基本上都是帝王将相、英雄人物或名人名家的历史。从阶级与阶层来看，人民群众基本上都处于社会底层，其所从事的往往是所谓“卑微”和“琐碎”的具体工作，缺乏历史或全局的意义，因此很难被详细载入史册。从技术来看，在过去，数据的采集、存储、传输、处理等各个环节难度都很大，成本很高，因此不可能每个人的琐碎事件都被记录和储存，只有达到一定阶层的少数人才可能被记录和储存，才具有历史。一般的人民群众大多都活在当下，只有每日的琐碎生活，人死后历史一片空白，只剩下山上的坟茔和家谱上的名字，因此我们对祖先的认识仅仅停留在一个抽象的符号上。但在大数据时代，一切事件，不论大小都会留下数据轨迹，都会被数据化并存储于云端。无论你是多么平凡的人物，你的一言一行、一点一滴都会在不知不觉中被转化为数据并永久保留，这样就像每个人都配备了贴身秘书，时刻记录着一切言行。在大数据时代，每个人时刻都在自动生产数据，为大数据的汪洋大海提供涓涓细流，我们的语音、图像、视频、上网轨迹、位置信息、社交信息等都被永久地保留成为镌刻的历史。[17]当我们的子孙后代想了解我们的时候，只要从网络中挖掘相关数据，鲜活生动的形象马上就能展现在他面前，甚至可以跨越时空进行交流对话。许多宗教都有灵魂不死的理想，大数据技术让人们的灵魂永远不“死”，永远存在于数据世界中。大数据让芸芸众生都拥有自己个人的历史，凸显出每个人的存在，真正体现了马克思主义唯物史观中对人民群众地位的强调，从技术上实现了马克思主义群众观的崇高理想。

三、从积极伦理观看大数据时代的应对策略

消极伦理观为应对大数据及其透明世界开出了禁止和规制的“药方”，积极伦理观则以积极、乐观的态度迎接大数据时代的到来，认为这是人类迎来的新时代。与消极伦理观那种不需要行为者花费大量力气和精力就可以清楚界定行动范围与界限的道德规范相比，积极伦理观可能需要行动者花费应有的时间与精力来完成某种伦理行为。[3]与消极伦理观一禁了之相比，积极伦理观则积极调整心态，主动适应时代，扬弃旧的伦理规范并为新技术、新时代建构新的伦理体系。为此，积极伦理观为大数据及其透明世界所带来的问题提出了积极、主动的应对之策。

（一）保持开放心态

积极伦理观认为对待新技术首先要有一个开放的心态，能够接受新生事物。消极伦理观认为，大数据让世界透明化，人类将可能失去隐私，因此必须将其消灭在萌芽状态。其实，泄露人的隐私的技术不仅仅是大数据。从人类隐私的历史来看，技术发展的历史可以说是隐私不断暴露、公开的历史。人类语言的出现让隐私只可意会不可言传变成了隐私可以通过语言来传播，人类隐私出现了第一次大危机。文

字的出现，原来只能口口相传、难以久存的个人隐私出现了被文字记录、传播并保存的第二次大危机。印刷术特别是图书、报纸等的出现，局限于局部的个人隐私可通过印刷和报纸跨越时空，传播久远，个人隐私出现了第三次大危机。技术发展到现在，想挡住技术进步的脚步已经不太可能。我们的先辈都主动或被动地接受了蕴含隐私风险的语言、文字、印刷等，我们为什么不能以开放的心态接受大数据技术呢？积极伦理观认为，不管主动与否，大数据都将冲破一切障碍，将时代变为大数据时代，无非是愿意的人，被大数据领着走，不愿意的人，被大数据拖着走。

（二）提升数据挖掘能力

在大数据时代，数据成为一种新资源，"'数'中自有黄金屋"成了许多人的共识，因此拥有数据成了财富的象征，而从数据中挖掘出所需要的有用信息的能力成了一种新能力。因为大数据时代的帷幕刚刚拉开，许多人还不知道数据的重要性，因此对数据不重视。更为关键的是，大数据的海量性淹没了数据的价值，必须具备从海量数据中挖掘其潜在价值的能力才能从数据中挖掘出各种宝藏。例如，阿里巴巴、腾讯、百度等公司不但垄断了海量的数据，更为重要的是，它们具备了从这些数据中挖宝的能力，能从数据中发掘出数据的宝藏与商机，并从中掌控他人的思想和行踪。因此，这些公司可以迅速崛起，而更多的传统企业则是关门、消失。再如，近些年出现新型网络诈骗就是因为诈骗者率先掌握了大数据及其挖掘技术，他们看我们几乎完全透明，而普罗大众却既没有数据资源，更没有数据挖掘能力，于是人们不能从数据中发现骗子或者跟踪骗子。由于数据能力的不平等，骗子看我们几乎是透明的，而我们对骗子却一无所知，因此造成了新的信息不对称。在大数据时代，我们必须培养一种从数据中发现有用信息、从数据中"淘宝"的能力，我们可将其称为数据能力。在大数据时代，如果不培养和提高数据能力，就会像过去不识字的文盲一样，成为大数据时代的新文盲，或者可称为"数盲"。积极伦理观认为，在大数据时代，提高数据挖掘能力十分重要，谁具备了数据挖掘能力，谁就拥有了打开未来新世界的金钥匙。

（三）缩小数据鸿沟

所谓数据鸿沟，指的是在大数据时代由数据采集、存储、挖掘等能力的不同所造成的不同机构或个体之间数据利用能力的巨大差异，是信息富有者与信息贫困者在利用数据创造财富的能力上的差距。[6] 16-18 在大数据时代，数据成了新型财富，谁占有数据并从数据中挖掘出财富，谁就占领了大数据时代的制高点，因此数据的采集、存储、传输、处理和利用的能力也就代表着其创新能力与创富能力。但是，世界信息化的浪潮并不同步，不同国家、不同民族、不同机构或不同个人，其数据采集、存储、传输、处理和利用的能力是不同的，因此造成了进入大数据时代后不同主体之间又产生了新的不平等，即数据不平等。数据鸿沟的出现又带来了新的社会不平等，造成了新的公平正义问题。在工业化时代，不同主体之间的物质财富曾经一直存在着巨大的差距，公平正义问题成了整个工业化时代的重要问题。积极伦理观认为，在大数据时代刚刚启幕之时，我们就必须吸取工业化时代的经验教训，重视数据能力的培养和提升，尽量缩小不同国家、民族、机构或个体之间的数据鸿沟，建立大数据时代的公平正义体系，让整个人类都能够共同享受到大数据之光的普照，建立大数据时代的人类命运共同体。

（四）改变隐私观念

所谓隐私就是需要隐藏起来的私人信息，这些信息涉及个人私生活或私人领域，人们不愿意向他人或公众公开。所谓隐私观就是我们如何看待隐私，不同的隐私观对隐私的定义、范围、本质等都会有不同的看法。大数据技术让整个世界透明化，将人类用来遮掩或隐藏私人信息或领域的“面具”一把掀开，让人们突然感到无处隐藏、无所适从。我们该如何来面对这个透明、无隐私的大数据时代呢？积极伦理观认为，既然试图阻挡技术进步的脚步完全不可能，那么改变的只能是我们自己。当然，我们可以重新寻找能够隐藏、保护私人信息或领域的工具，其中包括新型信息保护技术，以及制定大数据时代的个人隐私保护法律法规，对人们的数据采集、存储、传输、处理和利用等环节进行可行的规制，重新制定大数据时代的“隐私游戏规则”。但更为重要的是，我们必须改变自己的隐私观念。原始人类习惯于赤身裸体，他们不觉得有什么需要隐藏。隐私是出现了“私”之后，才需要采取手段来隐藏。从采摘第一片树叶来遮羞开始，人们就有了隐私的历史。但隐私的内容却随着时代在不断地变化。例如，中国历史上有一段时期，人们认为女人的脚是高度隐私的部位，但如今大部分国家和民族都不觉得这有什么隐私可言。由此可见，人的隐私观变了，隐私的内容和范围也随之改变了。现在因为大数据时代刚刚来临，我们大家还习惯戴着“面具”生活，即习惯用小数据时代的隐私观来定义大数据时代的隐私。积极伦理观认为，当我们改变隐私观念，习惯于不戴“面具”生活的时候，我们也许会觉得，不戴“面具”生活对人类来说是一种解放，是一种新的生活方式。

（五）重建伦理道德体系

每个时代、每个国家或民族都有与之相适应的伦理道德体系。人类已经建立了一整套工业化时代的伦理道德体系，而且已经在这种体系下生活了数百年。人们已经沉浸其中，完全按照这个时代的伦理道德规范来工作与生活，因此难以接受这套伦理道德体系的改变。从工业化时代走向大数据时代，是人类社会时代的一场革命，是时代范式的彻底变革，因此工业化时代的世界观、价值观、思维方式、生活方式，特别是伦理道德体系必然会受到强大的变革冲击。当大数据带来了世界的数据化、精准化和透明化的时候，我们原来那套行为规范与隐私观念就难以适应这个新时代。是将新时代拉回旧时代以适应旧伦理还是重建伦理道德体系来适应新时代呢？消极伦理观很自然地选择了坚守原来的伦理道德体系，并站在旧体系的立场来审视新技术、新时代，试图将大数据这杯信息时代的“新酒”装回工业化时代伦理道德体系这个“旧瓶”之中，这显然是削足适履的不当做法。积极伦理观认为，大数据技术革命的洪流并不会被旧伦理体系所阻挡，必然会滚滚向前，因此我们必须采取主动、积极的态度和方法，必须根据大数据时代建构全新的伦理道德体系。[18] 换句话说，伦理道德体系也要跟随大数据来一场革命，重新构建大数据时代的伦理道德新范式。

（六）追求有限自由

随着大数据时代的来临，过去那种戴着“面具”生活、躲藏在无监控区域随性生活的日子也许一去不复返了。随之而来的是人们的所思所想、一举一动都处于大数据这一“上帝之眼”的监控之下，因此原来的“面具”失效了，人们会觉得无处躲藏，失去了安全感，随之也就失去了原来的自由。但是，过去那种生活虽然自由，但缺少有效的监督，仅凭人们自己的良心来约束自我，仅靠自我约束是不够的，因为有些人随时可能丢弃良心而随心所欲并损害他人的利益与自由。在大数据这一“上帝之眼”的监督下生活，人们开始会觉得不习惯、不自在，但是这一“上帝之眼”是客观的。我们每个人的言行在“上帝之眼”中都必须有所顾忌、有所约束。其实，只要人们遵守法律法规，遵循伦理道德规范，不损害他人的利益和自由，“上帝之眼”就可以完全忽视，习惯之后会根本觉察不到它的存在。所以人们又何必担心呢？正如俗话所说的，为人不做亏心事，半夜敲门心不惊。但是，一旦有人试图做出格之事，那么大数据这一“上帝之眼”就将全程监控、永久保存，并将其暴露于光天化日之下，成为难以抹去的污点。因此积极伦理观认为，在大数据时代，我们每个人都必须习惯在“上帝之眼”的约束下生活，遵循法律和道德，尊重他人自由，在大数据之光的普照下追求有限的自由，而这种有限自由才真正回归了自由的本质。

四、结　语

纵观现有的大数据伦理研究，大多数文献都从消极伦理观出发，揭露大数据及其透明世界可能带来的负面影响，由此提出对大数据发展的种种禁令，以便让其回归到传统的伦理轨道。但是，作为新时代的革命性新技术，大数据时代的步伐不可阻挡，因此我们应该从积极伦理观出发，发掘大数据对人类未来的积极影响，重点探索在大数据时代人类如何改变自身以适应新技术时代，重建透明世界的伦理新规范，并按“游戏新规则”来开始新生活。当然，任何事物都有消极与积极、负面与正面的一体两面，因此大数据及其透明世界的消极伦理和积极伦理研究都是有意义的学术探索，并具有辩证的互补关系。

参考文献 >>

［1］维克托·迈尔-舍恩伯格，肯尼斯·库克耶. 大数据时代：生活、工作与思维的大变革. 盛杨燕，周涛译. 杭州：浙江人民出版社，2013：9-15.

［2］夏洁. 从消极伦理走向积极伦理——论我国伦理体系的转型与创新. 天府新论，2005，(3)：24-27.

［3］马越. 消极伦理及其当代形态. 伦理学研究，2016，(2)：123-127.

［4］Howard R A，Korver C D，Birchard B. Ethics for the Real World：Creating a Personal Code to Guide Decisions in Work and Life. Boston：Harvard Business Press，2008：37.

［5］宋吉鑫，魏玉东，王永峰. 大数据伦理问题与治理研究述评. 理论界，2017，(1)：48-53.

［6］Davis K，Patterson D. Ethics of Big Data. Sebastopol：O'Reilly Media，Inc.，2012.

［7］邱仁宗，黄雯，翟晓梅. 大数据技术的伦理问题. 科学与社会，2014，4(1)：36-48.

［8］王永峰. 对大数据道德悖论的思考. 人力资源管理，2016，(1)：201-202.

［9］袁雪. 大数据技术的伦理“七宗罪”. 科技传播，2016，(4)：89-90.

［10］宋吉鑫. 网络伦理学研究. 北京：科学出版社，2012.

［11］臧一博. 关于大数据时代下隐私问题的伦理探究. 品牌，2015，(4)：43-44.

［12］唐熙然. 大数据的伦理问题及其道德哲学——第一届全国赛博伦理学研讨会综述. 伦理学研究，2015，(2)：138-140.

［13］Tara L K. Promoting positive ethics：an interview with Mitchell M. Handelsman. Teaching of Psychology，2003，30(4)：339-343.

［14］黄欣荣. 大数据：网络时代的科学读心术. 中国社会科学报，2015-01-

12（A7）.

[15] 黄欣荣. 大数据时代的精准诈骗及其治理. 新疆师范大学学报（哲学社会科学版），2017，（4）：86-92.

[16] 约翰・帕克. 全民监控：大数据时代的安全与隐私困境. 关立深译. 北京：金城出版社，2015：24-26.

[17] 维克托・迈尔-舍恩伯格. 删除：大数据取舍之道. 袁杰译. 杭州：浙江人民出版社，2013：14-16.

[18] 乔尔・古林. 开放数据. 张尚轩译. 北京：中信出版社，2015：247-251.

数据与记忆伦理的新面相*

闫宏秀

在关于记忆的哲学研究中，记忆伦理是一个相对比较新的研究论域。虽然自洛克以来，记忆在关于自我的同一性和连续性的哲学探讨中有至关重要的地位，但关于记忆的评价性追问却被哲学家忽略了。[1] 虽然在对自我的研究中，有关于记忆的评述性追问，但这并非在记忆伦理的意义上。第二次世界大战后，在历史学、政治学、档案学及文学领域中，出现了关于战争、创伤、灾难等的记忆伦理研究。例如，扬·阿斯曼（Jan Assmann）、阿莱达·阿斯曼（Aleida Assmann）、保罗·利科（Paul Riceour）等对记忆的内容、记忆与政治、日常生活等进行了分析，在这些历史记忆与文化记忆的分析中，伦理维度渐次呈现。2002 年，阿维夏伊·玛格利特（Avishai Margalit）明确指出“存在记忆的伦理”[2]。

伴随着技术对记忆的介入，斯蒂格勒（B. Stiegler）所言的“通过模拟和数字技术才得以彻底实现”的“记忆的工业化”[3] 3 已经悄然而至。特别是当今人工智能、数据科学与数据技术的飞速发展，使得数据与记忆的关联不再囿于技术手段维度的内容转化与存储，而是记忆呈现了寓居于技术之中的趋势且数据已经进入记忆的深层，如产生、构建等。2017 年，库肯·密歇连（Kourken Michaelian）和约翰·萨顿（John Sutton）曾将记忆伦理概括为“记忆和道德责任、记住的义务（the duty to remember）、被遗忘权（the right to be forgotten）、外部记

---

* 原载《道德与文明》2018 年第 4 期。闫宏秀，上海交通大学科学史与科学文化研究院副教授。

忆的伦理、记忆修改与增强的伦理”[4]等。因此，当数据变成了记忆的一种样式，且以一种更为本源的形式进入记忆的产生与构成之中时，对记忆伦理的探究就必然与数据相关联，且数据科学与数据技术的发展也将带来记忆伦理的新面相。

一、记忆的数据化与遗忘

记住的义务被视为记忆的核心问题。在一般的意义上，记忆侧重于记住，并力图规避遗忘。即使有遗忘出现，也是为了将遗忘弱化，将记住突显。“过去几千年，记忆和遗忘之间的关系一直很清楚。记住很难而且代价高昂，因此人类不得不谨慎地选择哪些值得记住。人类默认的状态是遗忘。”[5]231 从这句话中可看出，遗忘是默认值，而记住却是需要人类去追寻的。因此，在记忆的过程中，如梅勒在关于西方哲学传统的记忆结构评述中所指出的那样：“这样的一种记忆过程同时是一种过渡过程：从遗忘到记忆，从深渊到表面，从黑暗到光亮，从不在当前到在当前。”[6]218

但事实上，对记住的这种侧重恰好从另一个视角体现出遗忘存在的必然性。因此，遗忘的义务（a duty to forget）恰恰是记忆的另一个核心问题，且有着其独特的地位。“事实上欧洲的哲学思想，沿着希腊的思路，探索了真理在不遗忘……亦即在记忆……的方面，而只是到了现代才表现出一种比较犹豫的企图，即在另一方面承认遗忘也有特殊的真理价值。”[6]214 特别是在“‘记录’、‘存储’和‘完美回忆’这三大技术潮流的汇集使得‘全面回忆’的梦想即将成真”[7]的当下，智能陪伴式的数据记忆将数据的保存视为默认值，此时，记住成了常态，遗忘却变成需要去抉择的行为。面对海量的数据，遗忘的意义再次被突显出来。遗忘在记忆中存在的合理性与必然性问题变成了记忆伦理的核心问题之一。关于遗忘存在的合理性与必然性的考察可分为并非所有的一切都能被记住和并非所有的一切都想被记住两个维度。在这两个维度中，前者与个体的记忆能力、记忆的技术手段等相关，后者则与伦理相关。

从个体的记忆能力与记忆的技术手段来看，人类记忆除了生物学意义的自身之外，还包括对人类记忆生物属性的外化或者说技术化，这种外化或技术化有文字、图像等多种形式。在上述两种方式的互动中，记忆呈现出来。在这种呈现中，第二种方式常常被视为是对第一种方式的辅助或补充，且“生物体自身的程序外延到一种人为的程序中，这就是原初补余性的生命形式。外延之物恰恰在其外延过程中形成，而已在外延之前并不存在任何内在性——这便是‘补余的逻辑’”[3] 3-4。也正是在这种呈现中，补余与外延将一起产生新的记忆。

若依据“滞留有限性原则，那就是：无论其形式如何，滴水不漏的记忆都是不可能的，因为记忆就是遗忘”[3] 147，这里的遗忘是基于能力与手段的意义而言的，记忆痕迹或印痕因数据的可复制、易携带、易存储等技术特性而可以被全部永久性地留存时，遗忘的出场有其必然性。同时，在关于遗忘的合理性与必然性的考察中，伴随着技术对记忆存储的遗漏问题消解，并非一切都能被记住的维度也将随之消失，但伦理的维度则不然。即使是在一切都能被记住的技术意义上，数据获取、筛选等数据挖掘过程中的伦理问题也与记忆之遗忘问题紧密相关。

无论是从记忆作为印痕或痕迹的意义来看，还是从记忆作为信息编码、提取与激活过程的意义来看，数据都已经是记忆构成的一种样式。伴随着科学与数据技术特别是数据的智能化趋势，数据不再仅仅具有记忆存储的意义，还具有记忆生成的意义。“存储器是一种完全记忆，能够被销毁，但不能自我修正。它能被部分地或整体地、有意地或无意地替换，但被遗忘的将不会回来，没有记忆能打乱系统的完美秩序。”[8]——这一观点需要重新被审视。在云端的数据记忆存储将销毁的时间不断延长，遗忘的或被遗忘的或许将是局部的，数据的智能化趋势已经突破了自我修正的不可能性，系统的完美秩序与数据的存储机制紧密相关。在数据记忆的语境中，阿维夏伊·玛格利特在其记忆伦理中所探讨的是问题——“我们有义务记住过去的人和事物吗？如果有的话，该义务的性质是什么？”[2] 7，由于对数据的存储是数据科学与数据样本的缺省值，从而记住的义务也已经可以被无须选择地完成，这种义务的性质在这里已经被技术的义务取而代之。

然而，与此相关的另一类问题也随之跃然而出。“在数字时代，或许人类发生的最根本的改变，就是记忆与遗忘原有的平衡的反转。将信息提交给数字存储器已经成为默认状态，而遗忘则成了例外。”[5] 231 彼时，我们该遗忘什么？如果有的话，遗忘的性质是什么？数据记忆的留存比对其的选择性删除更容易的时候，记住的意义何在？遗忘的意义又是什么？是否存在完全的遗忘？数据记忆的局部性删除与遗忘及被遗忘之间的关系是什么？维克托·迈尔-舍恩伯格（Viktor Mayer-Schönberger）所言的被遗忘权、梅格·丽塔·琼斯（Meg Leta Jones）对 Ctrl+Z：The Right to Be Forgotten[9] 的解读更值得人类深思。

因此，在记忆伦理的研究中，一方面，记忆的数据化带来了遗忘（包括遗忘权和被遗忘权）问题，例如，谁有权遗忘、如何遗忘以及如何被遗忘等与传统意义的遗忘有所不同；另一方面，数据科学与数据技术对记忆的影响不仅仅是对记忆内容和记忆行为的外化，而且走向了记忆的构建之中，进而使得记忆伦理中的遗忘问题不再仅仅囿于人或集体，而是被延伸到了科学技术之中。同时，也正是记忆的数据化使得对记忆伦理的探究需要借助于关于数据伦理问题的研讨。

二、数据、记忆的主体与责任问题

当数据介入记忆之中时，记忆可谓是在人与作为一种记忆智能体的数据之间互动构建起来的。在当下，我们的记忆是在与数据的交互中形成的，并正在以数据的形式被扩展到个人设备或云端，而并非仅仅是在诸如文件、档案之类的某种通常可见的物质客体之中。“我们的记忆是一种杂合，源自各种各样的物质和非物质容器，其中，我们在广义上自愿或不自愿地存储经验和知识。”[10] 此处的杂合正是对新技术背景下的记忆与数据相混合的一种描述。

在这种杂合中，记忆的主体与客体的边界在不断被模糊或者消解。“‘谁’的记忆应当由载体来弥补，而载体不仅仅是保存记忆的手段，也是整理记忆的条件。随着拼写文字的出现，开始了背景解体的过程，而记忆的工业化则使之进一步加剧（迷失方向就是这种背景的解体，即场所的消失）。”[3] 8-9 这里，关于“谁”与“载体”的描述已经开启了关于记忆主体的追问。

阿维夏伊·玛格利特在对记忆伦理的考察中提出：“存在关于记住或忘记的道德赞美或道德谴责的适当主体吗？谁是那个有记住义务的‘我们’：‘我们’作为集体还是‘我们’作为某种集体的构成性要素使得我们有义务记住集体中的每一个人吗？”[2] 7 此时的“主体”所指向的是人。但当数据作为记忆的一种样式时，主体的指向是否依然如此呢？因为当数据既可以是对对象的被动性的描述与表达，也可以是依据某种逻辑能主动构建数据自然时，恰如戈登·贝尔（Gordon Bell）在对数据对人类记忆的影响的研究中所指出的那样：“数字记忆（e-memories）将是生物记忆（bio-memory）的无限延伸，所有的记忆也都能推陈出新。”[7] 62 因此，经典的主客体二元论模式需要予以进一步的审视。

关于这种审视需要将记忆置于数据科学与数据技术的框架之中来进行。从记忆产生的意义来看，人是记忆产生的主体；而从记忆表征的意义来看，数据是记忆的载体，且智能时代数据的创构性又呈现出产生意义的主体性。因此，在人产生数据的意义上，人是记忆伦理的主体，但人在与数据的交互中展开记忆构建时，人在记忆伦理中的主体地位减退；当在人面对一个被给予的数据记忆而进行记忆时，数据在记忆伦理中的主体地位呈现出来。

从记忆作为档案的这一经典理论来看，记忆是将过去在当下予以某种呈现。在这种呈现中，最终所能见到的呈现之物是源自人类主体自身的行为。因此，记忆伦理中的责任问题，恰如大卫·华莱士（David A. Wallace）所强调的那样，在这个过程中“需要对档案保管员和档案机构的伦理责任予以不断的审查”[11]。也就是说，个人的伦理和职业的伦理是记忆伦理的核心范畴，“档案机构和档案学家是如何通过他们的作为和不作为来影响社会记忆系统的”[11] 2 是记忆构建的伦理探讨的话题。但在数据与记忆的关联中，可发现记忆的主体不再仅仅是人，而是包含人及非人的要素，此时，记忆伦理中的责任问题也因记忆主体与客体边界的模糊或消解以及记忆主体的多元化而需要进行新的厘清。因此，关于记忆伦理研究就将涉及多主体以及主体与智能体间的伦理关系。

卢西亚诺·弗洛里迪（Luciano Floridi）将“分布式道德”（distributed morality，DM）引入了关于信息伦理[12]和数据伦理的探讨中，并试图提供一个由分布式道德行动（distributed moral actions，DMAs）所引发的分布式道德责任（distributed moral responsibility，DMR）分配的机制。因为“在分布式（distributed）环境中，代理（agent）网络，包括一些人、一些人工体（譬如程序）和一些混合体（譬如基于一个软件平台相互协作的一群人）通过一些既非善也非恶（道德中立）的局部交互，可能会导致一些善或恶（负载道德责任）的行为”[13]。与此相类似，当记忆行为是由数据和人共同合作而构成的时，数据和人都具有了行动代理的意义，进而在这种分布式的场景中，记忆伦理中的代理也因此出现了分布式的责任。数据的精确性、真实性及模糊性等数据质量问题是否应对记忆的真与假或对与错等问题负责？以大数据为基础的数据挖掘所呈现的数据记忆是否需要对记忆的真实性负责？若需负责，负责任的主体该如何界定？因为在数据挖掘的过程中，原始的数据已经渐渐退出，且数据挖掘不仅仅在于人类对已有数据的完全整合与描述式解读，更在于智能算法等所进行的预测、重构与建构，并且数据的这种智能化预测、重构与建构影响着记忆的构成。这种影响既包括对过去之人或事物所进行的记忆之数据化叙述与描述，也包括基于对上述数据的二次或多次挖掘而形成的数据对记忆的重塑和由智能数据所创建的新的数据文本所建构的新记忆。

关于这种重塑与建构，就个体记忆而言，手机、互联网、可穿戴设备以及应用程序等新兴技术，正在与生物学意义上的人类记忆一起构成着人类记忆。虽然“对于程序记忆来说，任何辅助品都不会有助于我们加强这方面的记忆。但是，我们的语义记忆和情景记忆却能通过数字记忆来扩展”[7] 57。这种扩展将伴随技术的发展而愈演愈烈；就社会记忆而言，“互动、文字记载、图片和空间”[14]被视为构成过去的四个媒介。伴随着数据日趋智能化，这四个媒介将出现新的特征，譬如互动和空间。“社会记忆范畴的‘互动’包括这样一些交往和沟通实践，它要么本身就涉及对过去事物进行回想的形式，要么附带地以过去为题目”[14]17，而空间主要是指“我们总是在历史的城市建筑群的框架之内活动”[14]18，这里的互动和空间主要是人与人之间在某个物理空间的互动，但在数据时代的记忆之中，互动和空间却可以是人与人、人与机器乃至数据与数据之间在虚拟空间的互动。在这些新的特征中，记忆主体、记忆主体的互动方式和互动空间都出现了与以往不同的情况。在某种意义上说，最终所呈现出的记忆是由人和数据共同交互的结果。然而，这种多元的模式是否会导致“在一个人机和网络互动的复杂性与长期影响呈指数级增长的世界，我们需要升级我们的道德理论来将日益普遍的高度分布式场景纳入其中予以考虑”[13]，但由于主体的多元化，而出现责任从“‘分布式’变成‘分散式’（diffused)：每个人的问题成为没有人的责任”[13]的情况呢？

因此，“当我们在处理由（潜在是混合式的）代理网络的道德中立的交互所引发的分布式道德行动时，如何分配责任？换言之，谁为分布式道德行动负责”[13]等诸如此类的问题也已相继而至。这些问题在记忆伦理中表现为谁对记忆的行为、内容和结果负责，又该负何种责任。而在这些问题中，“谁”因数据的智能化而出现的多元化带来了记忆伦理的新面相。

三、记忆伦理与技术伦理学的内在路径

加布丽埃尔·斯皮格尔（Gabrielle M. Spiegel）针对语言学转向对社会史学研究的影响指出：“在研究过去时从认识论上的努力转向伦理上的努力，这就为一种新的历史伦理学创造了一个场所（以及一种托词），使之不必——或许不能也不应——放弃对证据的探求，放弃研究过去时力求使之‘正确’的义务，或者放弃历史学家的根本实践，即坚持用批判的方法对待一切似乎确定无疑的知识形式。”[15]这里所提出的“新的历史伦理学”主要是探讨历史学家在关于记忆与历史的撰写中，如何将历史、记忆与伦理三者进行合理的整合。在这种整合

中，事实、真相及主体的能动性之间有着伦理上的关联，而这种伦理关联的核心要素是历史学家，即人的维度，人的伦理承载着记忆的伦理。但与此同时，一个不容忽视的现象是，“人类的记忆从一开始就是被外化的，这意味着记忆从开始就是技术性的”[16]。因此，记忆的技术性意味着关于记忆伦理的探讨离不开技术伦理的研究成果。

当人类的痕迹被数据科学与数据技术表征时，数据的质量与数量关系到记忆的事实维度和记忆之真的判别维度；对数据的处理（包括删除、保留、分类等）关系到记忆与自我的认同；而基于过去的数据所展开的预测将使得面向过去的记忆走向面向未来，因为在数据智能化的背景下，记忆不再仅仅“负责过去的事情”，不再仅仅是“储存数据和信息的容器。与之相反，我们认为，记忆是未来的规划者”。[17]因此，鉴于数据对记忆的多维度影响，需要将构成记忆的新要素——数据纳入关于记忆伦理的研究之中。

在将数据纳入对记忆伦理的考察过程之中时，需要从由数据引发的与记忆相关的伦理问题和数据自身的伦理意蕴两个方面切入，且这两个方面并非割裂的，因为“技术不仅塑形着我们的行动和诠释，而且还塑形着什么能被认可为一种道德义务，什么构成美好生活，以及我们如何拥有什么样的道德责任”[18]。

由数据引发的对与记忆相关的伦理问题诸如隐私权、被遗忘权等的解读以及对其的应对之策的研究是当下记忆伦理探讨的主要方式。这种方式主要包括从技术外部进入关于伦理的探讨之中的后思模式，即将技术视为被批判对象的外在路径，以及通过将某伦理观念纳入技术设计来辅助伦理解决的内在路径。此时，数据科学与数据技术主要是作为记忆伦理的背景出现。但事实上，数据科学与数据技术不仅仅是记忆伦理的背景，例如，在基于数据的记忆中，记忆伦理中所探讨的遗忘问题就需要通过人与技术的共同合作而完成。要达到遗忘，“一个非常有用的方法来考虑回忆与遗忘的数字关系就是通过自我与媒介的纠缠。这些不仅仅是人类记忆及其外部工具的最新的共同构建的延伸，而且是人与机器的共同纠缠”[19]。这意味着数据科学与数据技术更是记忆伦理的前景，其为记忆伦理提供了存在的场域，并将数据自身的伦理问题延伸到了记忆伦理之中。

因此，在对记忆伦理问题产生与解决的探讨中，若能从记忆构成的源头，即从本体论的视角发端，则将更为有效。简言之，在记忆伦理的研究中，需要从数据对记忆本质的影响着手，在对数据技术本身在记忆伦理学中的本体论地位予以分析的基础上，来展开对记忆伦理问题的探讨。这意味着记忆伦理的研究除了从外部进行伦理评估之外，即技术的伦理学外在路径；更需要直接面向数据本身，基于数据从内部展开对记忆本身伦理意蕴的分析，即技术伦理学的内在路径。这种内在路径也恰好开启了记忆伦理规范的内置之路。

四、小　结

记忆伦理的核心问题是“谁在记忆”“记忆什么”“如何记忆”“如何表述记忆”。当记忆以数据的方式进行并以数据的方式表述时，恰好回应了“如何记忆”和“如何表述记忆”这两个问题。同时，这种记忆方式对“谁在记忆”也进行了基于数据的一种新解读，且这种解读对传统记忆的主体与客体形成新的挑战，与这种挑战紧密关联的是技术伦理的主客体关系问题；更为重要的是什么样的数据可以被纳入数据记忆之中，即记忆的选择问题，数据的技术生成特性与外置化特性使得记忆伦理中对“记忆什么”这一问题的考察需要予以拓宽。因此，在数据学科与数据技术深度介入记忆之中时，记忆伦理的研究，应将如下问题纳入其中。

其一，数据与记忆过程中的伦理问题。一方面是指在数据产生、存储与管理过程中伦理意蕴与数据记忆的伦理之间的关系；另一方面则指在数据与记忆的内容选择过程中所涉及的价值预设、伦理冲突及其伦理判据。

其二，由基于数据的记忆而涌现出的新的伦理问题。例如，基于数据记忆自身的技术特性如可重复性、易获取性、易存储性、共享性对隐私的伦理争议问题；数据记忆与自我的构建之间的伦理问题，即如何看待在数据记忆中，数据的真实性与数据记忆的真实性、个体对自我数据的确认、基于数据算法而非个人体验而产生的记忆，以及由数据集合而成的集体记忆与对自我的构建的合理性问题。

其三，数据与记忆伦理规范的内置及再造。一方面是研究如何将伦理规范嵌入数据记忆的生产过程之中，进而将对伦理的探究推进到记忆源头之中；另一方面是根据数据对记忆所产生的相关社会伦理问题，探讨如何对现有的伦理规范进行动态的调整。

参考文献 >>

［1］Blustein J. The Moral Demands of Memory. New York：Cambridge University Press，2008：1.

［2］阿维夏伊·玛格利特. 记忆的伦理. 贺海仁译. 北京：清华大学出版社，2015：7.

［3］贝尔纳·斯蒂格勒. 技术与时间 2：迷失方向. 赵和平，印螺译. 南京：译林出版社，2010：3.

［4］Michaelian K，Sutton J. Memory. https://plato.stanford.edu/entries/memory/#EthiMemo［2017-04-24］.

［5］维克托·迈尔-舍恩伯格. 删除：大数据取舍之道. 袁杰译. 杭州：浙江人民出版社，2013：231.

［6］H. G. 梅勒. 中西哲学传统中的记忆与遗忘//上海中西哲学研究会. 时代与思潮 7：20 世纪末的文化审视. 上海：学林出版社，2000：218.

［7］戈登·贝尔，吉姆·戈梅尔. 全面回忆：改变未来的个人大数据. 漆犇译. 杭州：浙江人民出版社，2014.

［8］弗朗西斯科·德利奇. 记忆与遗忘的社会建构. 陈源译. 国外社会科学，2007，（4）：119.

［9］Jones M L. Ctrl+Z：The Right to Be Forgotten. New York：New York University Press，2016：21.

［10］Ghezzi A，Pereira Â G，Vesnić-Alujevi L. The Ethics of Memory in a Digital Age：Interrogating the Right to Be Forgotten. Hampshire：Palgrave MacMillan，2014：10.

［11］Wallace D A. Introduction：memory ethics—or the presence of the past in the present. Archival Science，2011，11（1-2）：1-12.

［12］Floridi L. Distributed morality in an information society. Science and

Engineering Ethics，2013，19（3）：727-743.

［13］Floridi L. Faultless responsibility：on the nature and allocation of moral responsibility for distributed moral actions. http://dx.doi.org/10.1098/rsta［2016-01-12］.

［14］哈拉尔德·韦尔策. 社会记忆：历史、回忆、传承. 季斌，王立君，白锡堃译. 北京：北京大学出版社，2007.

［15］加布丽埃尔·斯皮格尔. 过去之未来：历史、记忆与历史撰述的伦理职责. 张旭鹏译. 史学理论研究，2016，（1）：53-64.

［16］Mitchell W J T，Hansen M B N. Critical Terms for Media Studies. Chicago：University of Chicago Press，2010：67.

［17］汉娜·莫妮耶，马丁·盖斯曼. 忆见未来——记忆如何影响你的一生. 常晅译. 北京：中国人民大学出版社，2017：11.

［18］彼得·保罗·维贝克. 将技术道德化：理解与设计物的道德. 闫宏秀，杨庆峰译. 上海：上海交通大学出版社，2016：103.

［19］Hajek A，Lohmeier C，Pentzold C. Memory in a Mediated World：Remembrance and Reconstruction. Hampshire：Palgrave MacMillan，2016：18.

大数据时代的小数据会消亡吗？*

苏令银

在过去的几个世纪，学术知识的构建普遍是通过小数据的研究来实现的。也就是说，它是以严格控制的方式产生的数据为基础的研究，采用采样技术，限制它们的范围、时间、大小和种类，并试图捕捉和定义它们的误差、偏差、不确定性及来源水平。[1] 因此，小数据的特点是它们的容量一般有限、不连续地收集、种类很少，并且通常是为了回答特定的问题而生成的。相比之下，以信息通信技术（information and communication technologies，ICTs）为主要形式的大数据，其特征是体积大、连续生产、性质多样，尽管它们通常是系统的副产品，而不是用来研究特定现象或过程的。[2] 2009 年在《科学》上发表的一篇论文使得“计算社会科学”得到提倡。从那时起，通过大数据分析，社会科学取得了显著的进步，大数据为研究人类行为提供了前所未有的机会。大数据的快速增长和影响让一些人开始思考大数据是否会导致小数据的消亡，或者小数据的研究地位是否会因为其规模、时间和相对成本的限制而降低。正如索耶（Sawyer）所指出的，资助机构越来越多地将有限的资金和资源投入数据丰富的领域和大数据分析中，而忽略了小数据，这一趋势仍在继续。[3] 本文通过考虑小数据在大数据新时代的价值，以及在新的数据存储和共享基础设施的背景下，如何重新思考小数据在社会科学研究中的应用价值，主

---

* 原载《探索与争鸣》2019 年第 7 期。苏令银，上海师范大学马克思主义学院副教授，上海师范大学经济伦理研究中心副主任。

要研究了如何越来越多地将小数据汇集、链接和扩展到大数据基础设施中，使它们更像大数据。也就是说，虽然小数据本身并不具有大数据固有的本体论特征，但它可以与大数据结合，并可以使用大数据分析手段进行分析。当然，讨论大数据是为了帮助理解小数据发生的变化。

本文提出四个主要论点：首先，尽管大数据和相关分析快速增长，但小数据仍将继续蓬勃发展，因为它们在回答特定问题方面有着可靠的记录。其次，在社会科学研究中，大数据的应用仍面临着四个方面的主要挑战和问题。再次，小数据将越来越多地通过新的大数据基础设施进行汇集、链接和扩展，并试图通过相关的驱动器协调与数据标准、格式、元数据和文档相关的小数据，以便通过组合和共享增加它们的价值。最后，将小数据扩展到新的数据科学认识论中，并将它们纳入数据运营商开发的数十亿个新数据市场中。当然，也有可能将它们运用到有害的实践中，比如数据规避、社会排序、控制和预期治理，而这些都不是它们的本意。小数据会继续成为社会科学研究领域的重要组成部分，但它们的地位和作用却正在发生改变，大数据时代的小数据并不会消亡。

一、小数据与大数据的界分

（一）小数据和大数据的本体论差异

对小数据和大数据之间界分的讨论是最近 10 年才出现的。在 2008 年之前，人们很少考虑数据是“小”还是“大”，当时所有的数据都被称为“小数据”。由于成本、资源等因素，以及产生、处理、分析和存储数据的困难，有限数量的高质量数据是通过使用抽样框架精心设计的研究产生的，以确保其代表性。在过去 10 年左右的时间里，小数据发展成为大数据的条件得到了补充。大数据具有与小数据非常不同的本体论特征（表 1）。

表 1 小数据和大数据比较

特征	小数据	大数据
体积	有限的量	非常大
彻底性	样本	整个群体
分辨率和索引性	粗糙，弱	精致，强
关联性	弱	强
速度	慢、定格	快
多样性	窄	宽
灵活性和可扩展性	中等	高

正如基钦（Kitchin）所详细阐述的那样，大数据体积庞大、速度快、类型多样，包罗万象，分辨率精细，具有关系属性和灵活性，具有可扩展性和可伸缩性。[4]“大”这个词有点误导人，因为大数据的特征远不止数量。实际上，一些“小”数据集也可能非常大，比如国家人口普查，也力求详尽，具有很强的分辨率和相关性。然而，普查数据集往往缺乏时效性（通常每 10 年进行一次）、多样性（通常是涉及 30 多个结构化的问题），以及灵活性（一旦进行了人口普查并开始进行管理，就几乎不可能对问题进行调整或添加新问题或删除其他问题，而且通常情况下，字段固定且通常是跨序列人口普查，以便进行时间序列分析）。其他小型数据集也由有大数据特征的有限组合组成。例如，定性数据集（如访谈记录）通常规模相对较小（可能有几十个受访者），具有非连续的时间性（一次性访谈或几个月的序列），具有较弱的相关性，虽然它们具有很强的分辨率和灵活性，但它们在多样性（文本记录）方面却是有限的。

相比之下，大数据具有所有这些特征几乎都依赖于它们的形式，主要的特性是速度快和彻底性。大数据快速增长是由于其同时发展了若干关键技术、基础设施、技术和过程，以及它们在日常业务和社会实践及空间中迅速嵌入，比如，固定互联网和移动互联网，就是将计算嵌入各种联网的对象：机器和系统；数据库设计的进展，社交媒体的新形式、在线交互和交易，以及新型的数据分析设计都依赖于日常生活中产生的丰富而非稀缺的数据。实际上，日常生活的实践及我们生活的地方现在都被密集的数据和产生数据的基础设施，以及技术集合所加强、监测和管制。例如，交通和建筑管理系统、监测和警务系统、政府数据库、客户管理和物流链、财务和支付系统、定位和社交媒体。在这些社会技术系统中，许多数据都是通过算法控制的摄像机、传感器、扫描仪、智能手机等数字设备自动生成的，或者是网络交互的副产品（如在线交易记录），或通过社交媒体或众包活动由用户自愿提供。

总的来说，这些系统产生的大量详尽的、动态变化的、索引性的、相互关联的、低成本的由每个数据点汇聚成的数据集是灵活的、可扩展的。2011 年，脸书（Facebook）的活跃用户每月花在该网站上的时间超过了 93 亿小时[4]，到 2012 年，脸书每月处理 25 亿条内容、500 兆兆字节的数据、27 亿“喜欢”的动作，每天上传 3 亿张照片[5]，都伴随着相关的元数据。这些数据与传统的小数据不同，它们是由一系列快速连续的、带有索引性和关系性的、可伸缩的数据组成的。小数据集在很大程度上是数据沙漠中的数据绿洲，而大数据产生了真正的数据洪流，似乎能够使研究从“数据稀缺到数据丰富；从静态快照到动态展开；从粗糙聚合到高分辨率；从相对简单的假设和模型到更加复杂的模拟和理论”[3]。

然而，大数据的承诺可能会威胁到小数据的地位，因为大数据往往对学术和商业具有更大的价值与效用。这种框架误解了大数据的本质和小数据的价值。大数据可能力求详尽，但与所有数据一样，它们既是一种表征，又是一种样本。其所捕获的数据是由视图/采样帧的字段、使用的技术和平台、生成数据的情境、使用的数据本体，以及隐私、数据保护和安全方面的监管环境所决定的。[6] 所有的数据都提供了对世界的看法：从某些角度看，数据都使用特定的工具，而不是全面的、无懈可击的“上帝的视角”。因此，大数据构成了“一系列局部有序、局部化的总体，它们能够从某些方向而不是从所有方向观察”[7]。大数据无疑力求更加详尽，提供动态的、细粒度的洞察力，但它们的承诺永远无法完全兑现。大数据通常捕获容易捕获的——公开表示的数据、人的行动和行为、事物的运动，以及主要任务/输出的副产品

（“废气”）的——数据。通过大数据处理问题通常意味着重新利用数据，而这些数据并非旨在揭示对某一特定现象的洞见，同时还伴随着其他类似的问题，例如往往会创建生态谬误。

（二）小数据和大数据的挖掘方法差异

相比之下，小数据的数量和速度可能有限，但它们在科学、国家机构、非政府组织和企业中具有悠久的发展历史，具有既定的研究方法和分析模式，并有产生有意义答案的记录。小数据可以更精确地量身定做，以回答特定的研究问题，并深入探究人们互动以及理解世界的各种不同的、情境相关的、理性的和非理性的方式与过程。小数据可以聚焦于特定的案例，讲述个人的、微妙的和情境相关的故事。因此，小数据试图从狭窄的缝隙中开采“黄金”，而大数据则试图通过露天开采、挖掘和筛选大片土地来开采“黄金”。

有限挖掘和开放挖掘的这两种方法对数据质量、保真度和来源都有影响。由于小数据的样本容量有限，所以保障数据质量的干净、客观和一致，实现数据的真实性——数据的真实性及数据准确和忠实所代表的程度，以及建立数据出处和适合使用的来源文档等是非常重要的。应限制抽样和方法偏差，以及确保数据在分析或共享之前尽可能地严格和准确。相反，有些人认为大数据研究不需要相同的数据质量标准、准确性和数据来源，因为数据集的详尽特性消除了抽样偏差，而不仅仅是补偿了数据中的任何错误、空白或不一致、保真度的不足。这种观点的论据是“采样误差越小，人们就越能接受测量误差和容错”[8]。迈尔-舍恩伯格（Mayer-Schöenberger）和库克耶（Cukier）就认为，“更多的东西胜过更好的东西”[8]。当然，这假定大数据的所有使用都将容忍不可避免的结果，而实际上许多大数据应用都需要精度，或者至少需要具有可测量误差参数的数据。

（三）小数据和大数据的效用差异

我们应该看到，大数据研究本身也存在一系列的局限性。[9] 随着数据挖掘和人工智能的发展，预测技术已经相对成熟，甚至走向了广泛的应用。在过去的几年中，基于大数据的案例比比皆是，但其结果却喜忧参半。这些失败的大数据项目背后是对大数据寄予了过高的期望，反而忽视了对明确问题倾向的小数据的重视。而且，尽管大数据到处存在，但真正对个人有价值、对决策有意义的数据往往并不容易得到，而我们所知的大多数数据都是“垃圾”多于“价值”，这些数据往往是“有数据，无信息”。大数据为人们提供了许多人与人之间交互的数据和信息，但真正的大数据并不是排名和信息的发布，而是从数据中理性地找出内在的逻辑关系，并将这些逻辑关系应用于实践。如果不找到事物发展的规律的话，人们的决策往往会与期望相距甚远。迈尔-舍恩伯格就曾认为：由大数据带来对人的重新认识，不是在阿波罗神庙，而是在小世界网络中去认识你自己。从根本上来说，成就大数据的恰恰是无数努力造就小数据的人。大数据天生有一些弱点，具体如下。

首先，大数据本身具有“骄傲性”。所谓的“骄傲的大数据”，即人们认为大数据什么都能做，而小数据没有用。事实上，大数据的采集远远不如小数据那样“干净”。同时，所有大数据的应用都离不开算法，对大数据应用来说，“唯一不变的就是永恒变化的算法”。在运用大数据开展社会科学研究时，我们发现人的行为本身也会随着大数据技术的发展而变化。因此，仅仅基于大数据之间的相关关系，而忽视内在的逻辑关联，对预测来讲是远远不够的。为此，就需要用大数据去捕获规律，用小数据去匹配场景，从而实现精准预测和智能决策。徐英瑾教授就曾认为：“大数据信息处理机制存在两大弊端：经济成本太高；伦理与政治成本不可承受。正确的解决思路就是放弃对于‘大数据’的迷恋，转而思考如何建立能够在‘小数据’环境下从事临机处理的自动信息处理机制。”[10] 并且他还特别主张大数据和人工智能决策中应该遵循“有限理性”和“节俭性理性”原则。朱松纯也提出了“小数据、大任务”范式。[11]

其次，大数据集产生脏的、有缺陷的、有偏差的数据或低保真度的数据，因此将产生削弱有效性的分析和结论。从生产方法来看，大数据会受到所有这些问题的影响。数据可能由于仪器错误或由于抽样人口而造成偏差，或者数据可能通过虚假账户或黑客手段被欺骗或伪造。至于是否忠诚、社交媒体上的帖子在多大程度上真正代表了人们的观点，以及人们应该如何对待他们的信仰也存在疑问，正如曼诺维奇（Manovich）所警告的："人们的帖子、推文、上传的照片、评论和其他类型的在线参与都不是它们自己的透明窗口；相反，它们往往是被精心策划和系统管理的。"[12]

最后，现实生活中人们对小数据和大数据都有访问权限的问题。由学术机构、公共机构、非政府组织制作的小数据，在收费或许可下可以获得。除了卫星图像、国家安全和治安等少数外，类似公共机构的数据和学术数据倾向于越来越开放。而大数据主要由私营部门提供，访问通常被限制在付费墙和专有许可的后面，以确保竞争优势和通过销售或许可来利用收入。的确，只有少数的实体分享了海量数据，而移动互联网运营商、应用程序开发人员、社交媒体提供商、金融机构、零售连锁店、监测和安全公司等没有义务通过他们的操作来自由分享其收集的数据。在某些情况下，可以通过应用程序编程接口向研究人员或公众提供有限的数据。例如，推特用户允许少数公司访问它的"消防水带"（数据流），用于商业目的的付费使用，但是研究人员被限制在"花园软管"（10%的公众推文）、"鸡尾酒"（1%的公众推文）或不同的内容子集（"白名单"账户）中，所有情况下都不包括私人和受保护的推特。[13]人们担忧的是，私人拥有和商业销售的大数据所能提供的洞见，将仅限于商业领域，或者可能只向一群享有特权的学术研究人员开放，他们的发现无法被复制或验证。[14]

鉴于大数据的这些局限性和小数据的优势，小数据将继续成为研究领域的重要组成部分。然而，这样的数据将越来越多地承受压力。利用新的归档技术和数字数据比例增大的基础设施，结合其他小型和大型数据，更多的价值和洞察力可以从中提取并通过大数据分析得以应用。

二、社会科学研究中大数据应用的局限性

大数据为大规模了解人类行为提供了前所未有的机会。它越来越

多地被用于社会科学研究，揭示个体差异和群体动态。但在大数据研究中仍然存在一些应用的局限性，需要引起重视，如数据驱动方法、数据测量效度、数据分析层次和数据集成限度。它们代表了社会科学家在使用测量大数据时经常面临的突出问题。

（一）数据驱动方法

传统上，社会科学研究人员使用理论驱动的方法来解释现象，而不是简单地描述它们（如发生了什么事）。理论的焦点在于加强人们对心理过程中的因果关系和社会现象的潜在机制的理解。然而，随着大数据研究的出现，计算机科学家经常使用数据驱动的方法，如机器学习。社会科学家也开始采用自下而上的数据驱动方法，倾向于预测而不是解释。例如，施瓦茨（Schwartz）等人提出了一种开放词汇差异语言分析（discriminative locality alignment，DLA）方法，通过脸书状态更新来预测个性。克森斯基（Kosinski）使用脸书的“喜欢”（like）功能按钮开发了人格特征的预测模型。这些研究依靠机器学习算法在模型中选择变量来提高预测精度。吉森伯格（Ginsberg）等利用机器学习从 5000 万条查询中选择 45 条谷歌搜索词并开发出一种预测模型，能够比官方疾病控制与预防机构更快地准确预测流感大流行。然而，研究人员后来发现，该模型完全忽略了非季节性流感，它预测的是季节性的，而不是实际的流感趋势。大数据使用的失败强调了运用理论指导研究设计的重要性。如果根据理论相关性选择预测因子，那么季节性将被包括在模型中，因为众所周知，季节与流感大流行密切相关。

将理论相关的变量作为预测变量的做法在社会科学研究中已经确立，不应被自下而上的数据驱动方法所取代或损害。相反，与传统的实验室研究相比，大数据的异质性使研究人员能够掌握更多理论上相关的变量，如时间、位置或人口密度。例如，当使用社交媒体数据来预测个体差异时，控制变量是很重要的，因为研究已经发现，许多心理特征是地理上聚集在一起的。虽然建立具有理论相关性变量的模型可能会导致预测精度低于使用机器学习开发的模型，但它可以为感兴趣的现象提供有意义的解释，避免模型过于拟合。

（二）数据测量效度

传统的社会科学方法允许研究人员仔细设计他们的研究，并确定如何测量感兴趣的变量。然而，在大数据科学中，研究人员往往需要使用社交媒体或移动通信公司等他人收集的二手数据。有三个问题会导致测量误差，具体如下。

首先，大数据通常包含大量的噪音。研究人员需要仔细检查这些数据，并采取多项措施消除这些噪音。例如，社交媒体数据集通常包含非个人账户，如垃圾邮件发送者或新闻机构。在研究个人的语言风格时，研究人员需要删除这些非个人账户，因为它们产生的内容比一般用户多得多，而且会显著影响结果。研究人员可以使用诸如垃圾邮件检测器之类的软件来识别这些账户，或者使用传统的统计方法来查找异常值。删除这些账户后，需要删除任何非用户编写的文本，因为它们不反映用户的语言风格。虽然上述步骤可以减少数据中的关键噪声源，但数据中仍可能存在未预料到的噪声。

其次，用于处理数据的软件工具可能会导致测量误差。例如，语言探究和字数统计（linguistic inquiry and word count，LIWC）是一种广泛使用的软件工具，它通过计算预先定义类别中的字数频率来测量写作样本的心理过程。LIWC 分类是根据心理测量量表开发的，并经独立评委验证。然而，LIWC 仍然可能产生不准确的评估，从而导致对数据的不准确解释。计算机生成的编码和自报告的测量之间的不一致性可能是由软件产生的容易出错的结果。

最后，大数据人员需要使用他们感兴趣的变量主体。然而，这些主体如何准确地表示其相应的变量还不清楚。例如，社交媒体上的情绪表达往往被认为是用户日常生活中实际情绪状态的代表。但研究表明，用户的网络情绪表达受印象管理顾虑和社交网络结构的影响。与现实生活中的相比，他们在脸书上选择性地表达更多的积极情绪，表现出更好的情绪幸福感。因此，用户在网络上的情绪表达可能不是他们实际情绪状态的频率和效价的可靠衡量，需要实证研究来确定使用在线情绪表达作为离线情绪状态测量的有效性。

这三个问题在大数据研究中不可避免地会产生测量误差。它们对大数据方法论和理论提出了巨大挑战。当大数据的发现与现有理论不一致时，研究人员无法确定是测量误差还是理论本身存在问题。

（三）数据分析层次

在社会心理学研究中，大数据与传统数据有着相似的结构，数据往往具有纵向和层次性，因为它们反映了所研究的实质性现象的时序性和多层次性。这为研究个人、组织和环境之间的交互提供了很好的机会。然而，目前的大数据研究主要集中在个体层面的横断面研究。例如，研究使用大数据来检验个体的时间取向如何与人格和幸福感相关，以及政治取向如何影响主观幸福感。少数研究通过纵向分析来检验心理过程的变化。例如，关于员工的大数据是分层的，因为每个员工都属于公司的一个团队。为了了解员工情绪对公司绩效的影响，可以进行多层次的纵向分析。此外，随着时间的推移，固有的跨级别构造可能会发生变化，如人员-群组匹配，这是一个涉及两个级别的复合构造。更重要的是，随时间变化的不同方面应该被概念化和评估。例如，任何观察到的随时间变化的变量都需要分解为焦点变量中的随机波动和系统变化。当系统随时间变化时，变量的轨迹可能具有时变相关性，轨迹可能会影响或受其他变量轨迹的影响，因此我们需要多变量模型来指定和测试连接不同焦点变量变化的关系。最后，在随时间变化的一个或多个方面，可能存在组间差异，这些组可能是观察到的组，如性别和文化组，或者是未观察到的组，可以通过随时间变化的不同特征加以区分。要从对变化的纵向评价中做出充分的实质性推论，就必须从概念与方法两方面理解上述复杂性和随时间变化的各个方面。

（四）数据集成限度

虽然现有的大数据研究往往会考察大量的数据，但很少有研究获得并分析了全部数据（如脸书或推特上的所有数据）。研究人员应该尽可能多地分析数据，因为基于子集或特定类型数据的结论可能与来自完整数据的结论不同。目前，获取和处理完整数据涉及三个挑战。

首先，出于隐私和专有的考虑，组织或公司很少分享它们的原始数据。研究人员通常需要依赖来自单个数据源的数据子集。这大大限制了研究结果的生态有效性。

其次，合并来自多个平台的数据非常重要，因为个人经常使用多个平台，并且在每个平台上显示不同的行为。例如，一个人可能在脸书上表示“正在恋爱”，但在照片墙上保持沉默。然而，现有的研究主要依靠单一的数据源，如脸书或推特，因为很难匹配来自不同平台的用户。每个平台都有自己独有的特性，这使得研究结果不太容易一般化。例如，脸书和谷歌上的自动完成机制可能工作方式不同，导致用户输入的频率不同；消息位置的不同导致了不同的用户行为；他们的分享行为由于与平台相关的文化规范而不同。

最后，大数据包括各种各样的信息，包括用户生成的内容和“数字痕迹”。每种数据类型都包含独特的行为线索。例如，文本标志着语言风格，照片包含面部表情，视频显示手势和身体动作。这些行为线索反映了心理特征的不同方面。例如，对比推特和自拍照中的个性表达，外向性并不是通过自拍照中的线索来反映的，而是通过推特中积极情绪和社交相关词汇的频率来反映的。责任心表现在自拍中没有私密的位置信息，但与推特上的任何线索都无关。因此，要对人类行为有一个全面的认识，研究需要结合多种数据类型。多种数据类型的使用使得研究人员能够从不同的角度审视行为模式，并提高研究结果的可靠性。但它也带来了重大的技术挑战，因为研究人员需要在数据收集和处理中使用广泛的软件工具与技术。

三、社会科学研究中小数据应用的价值维度

（一）小数据是大数据基础设施架构的基础

大量数据被收集在一起，储存了许多有记录的历史，这种做法包含非正式的和正式的。前者仅由收集数据和存储数据组成，而后者则

由一组策展实践和制度结构组成，旨在确保数据为子孙后代而保存。前者为数据持有或备份，而后者是数据归档。数据归档是一种正式的数据集合，它们被积极地组织、管理和记录，并伴随着适当的元数据保存、访问和发现被集成到技术系统及机构中，以开展持续性的测试。[15] 数据档案明显地寻求长期的努力，保存完整的记录集——数据、元数据和相关的文件，以备将来再次利用。对数据进行数字化存储并在数据库中实现其结构化，从根本上改变了可存储、有效处理和查询的数据量，并使大量的数字财产和档案得以创建。数据基础设施是跨网络技术存储、共享和使用数据的数字化手段。特别是在过去的20多年中，人们在开发和促进数据访问与发现基础设施方面做出了相当大的努力，它采取了许多形式：目录、指南、门户、股票交易所和存储库。[16] 大数据基础设施不仅仅是数字档案馆和存储库的集合，它由一套专用的网络技术、共享服务、分析工具组成，并与共享政策等链接在一起进行分析。[17] 通过数据集的结合，知识构建的累积性和速度就大大提高了。

这些大数据基础设施中所形成的大数据，都是基于小数据架构而成的。大数据基础设施的数据来源无一例外地来自其门户网站、数据通信公司、社交媒体和个体用户所留下的“数据痕迹”。这些数据构成了大数据基础设施中的“元数据和主数据”。在过去的 30 多年中，诸如欧盟、各国政府、研究机构、慈善机构和公民社会组织等非政府组织在各种数据和网络大数据基础设施建设方面进行了广泛的投资，建立了一些重要的有代表性的大数据基础设施，比如空间大数据基础设施、英国数据档案、非营利性和慈善领域的数据基础设施、开放型大数据基础设施等，在其门户中发现的大数据都是基于小数据架构而成的。

（二）小数据对大数据时代社会科学研究的影响

1. 小数据扩展到大数据基础设施，影响了社会科学的研究方法

虽然将小数据扩展到大数据基础设施并不必然会产生大数据，但这些小数据仍然缺乏速度和动力，这使得它们有必要成为更大的数据，比如更广泛的、有关系的、相互关联的、变化的和灵活的数据。

这产生了两种效果：首先，它将小型数据扩展到新的认识论，尤其是新形式的大数据分析；其次，它促进小数据与大数据结合，产生更复杂、相互关联和广泛的大数据基础设施，这些基础设施目前正在推动商业数据经济业务的快速增长，包括迅速发展的地理人口统计行业（也称为定位目标营销工具）。这两者都对如何使用小数据和提出关于大数据基础设施的创建与使用的规范性问题产生了影响。

传统的小数据分析方法主要是被设计用来从稀缺的、静态的、干净的和弱的关系数据集中提取见解，这些数据集已经被采样，遵循严格的假设（如独立性、平稳性和常态），并在头脑中产生和分析一个特定的问题。大数据的挑战是应对丰富性和彻底性（包括相当大数量的数据效用和价值）、及时性和不确定性、高关联性、半结构化或非结构化内容，这一事实是生成时并没有考虑具体问题或其他活动的副产品。解决方案是新的数据分析，利用算法和计算力来处理与提供对数据集的洞察，而这些数据集将会花费太多时间来分析其他数据。这种数据分析方法扩大了现有的统计方法，如回归、模型构建、数据可视化和映射等，使用新的机器学习和视觉分析技术，从数据中计算挖掘意义并检测、分类和分割有意义的模式、关系、关联与变量之间的趋势，进而构建预测、模拟和优化模型。这些数据分析同样可以应用于规模较小的数据，以提取和建模洞察力。

数据分析反映了一种特殊的理解世界的方式，它们是特定认识论的表现。有人认为它们是经验主义的一种新形式，使数据能够在没有理论的情况下为自己说话。例如，安德森（Anderson）认为“数据泛滥使科学方法过时了”[18]。也就是说，人们可以分析数据而不用假设它可能显示什么。可以把这些数据放入世界上所见过的最大的计算集群中，让统计算法找到科学无法用相关性取代因果关系的模式，而科学即使没有连贯的模型、统一的理论，或者任何真正的机械论解释，它也能进步。换句话说，除了测试数据集内是否存在某些假设的模式或关系，算法还将利用大数据来发现数据之间有意义的关联，而不受假设的指导。在这一认识论观点中，规模较小的数据是通过纯粹的归纳方法来理解的。

相比之下，数据驱动的科学试图坚持科学方法的原则，但使用了溯因、归纳和演绎方法的结合来促进对一种现象的理解。它与传统的理论演绎方法不同的是，它试图产生来自数据的假设和见解，而不是“从理论中诞生”[19]。因此，它试图将归纳整合到由外部引导的研究设计的初始阶段中（基于既定理论的逻辑推理），尽管通过归纳的解释并不是预期的终点。在这里，通过初始数据分析确定的模式、关联和趋势被用来识别潜在的值得进一步检验的假设。因此，数据驱动科学中采用的认识论策略是使用指导知识发现技术来识别传统的“理论驱动科学”可能无法发现的有价值的洞见的，然后进一步研究这些见解。

关于社会科学，大数据基础设施、新数据分析和相关的认识论提供了改变研究领域的潜力。如前所述，大数据基础结构提供对大量数据的访问，以供重用和分析。这些数据可以以新的方式结合在一起，使用数据分析研究它们之间的关系和关联。对于结构化数据，可以生成更精细、更复杂的模型，并在大量的组、设置和场景中测试这些模型的准确性。这包括建立更加精细和强大的空间模型。非结构化数字数据的数量正在迅速增加，包括获取新的信息来源（如社交媒体）和迄今为止难以获取的信息来源（如数以百万计的书籍、文件、报纸、照片、艺术品和实物）。这些数据为计算能力打开了大门，包括处理、搜索、链接、共享和分析数据的复杂工具，这些工具试图补充和完善现有的人文方法以及传统的解释与理论构建形式，同时，利用新的数据分析提供新的手段来理解这些数据。一般来说，人文科学研究是通过仔细阅读一些资料而取得进展的，然而，新的机器学习技术意味着，只有在“阅读机器”的帮助下，成千上万的资源才可以被挖掘和绘制出来，并找到个人难以发现的模式和见解。[20]

这些方法并非没有受到批评，批评者认为数据分析是机械性的、还原主义的、功能主义的和狭隘的，将不同的个体和复杂的、多维的社会结构仅仅简化为数据节点，因此，培养了弱的、表面的分析，而不是深刻的洞察力；为了规模、自动化和广度，它们牺牲了具体性、语境和深度。事实上，布鲁克斯（Brooks）认为：数据分析与社会做斗争（人不是理性的，行为也不是可预测的；人类系统极其复杂，相互矛盾）；有了语境（数据在很大程度上减少了社会、政治、经济和历史语境）；创建了更大的“混乱线团”（包含更多虚假的相关性，使得我们很难识别“线头”）；难以解决大问题（尤其是社会和经济问题）；偏爱模型胜过现实结论（注重预测趋势）和模糊的价值观（数据生产者和分析它们及预测目标的人）。[21] 关于新分析和认识论的价值与恰当性，以及它们在小型数据上的应用的争论，似乎在可预见的未来将继续下去。

2. 小数据与大数据结合，影响社会科学研究的规范性

规模较小的数据作为一种商品也会增值，尤其是当它们可以与大数据相结合的时候。与学术的、以研究为导向的或政府的数据基础设施不同，数据代理商（有时称为数据整合者、聚合者或分销商）将数据收集到私有基础设施中，并以营利为基础进行转售。它们从公共和私有资源中获取数据。跨域链接数据的潜力很大。例如，荷兰数据保护管理局估计，平均每个荷兰公民都被包含在250～500个数据库中，其中有更多社交活跃的人被包含在了最多有1000个数据库中。[22] 最近，数据经纪人将这些数据与社交媒体（如推特和脸书）的元数据及内容结合起来。例如，脸书正与大型数据经纪人和营销人员合作，以便将其近10亿用户的个人资料、网络和上传内容（他们的喜好、评论、照片、视频等）与非脸书的购买及行为数据合并在一起。[23] 这些相互关联的大数据基础设施将大量的个人数据绑定在一起，用于构建一套派生数据产品，其中通过集成和数据分析增加价值，创建个人、群体和位置的概要，以及预测人们在不同环境下可能做什么。一般来说，个人资料用于微目标广告和小众市场营销活动，评估这些目标可能如何表现，并被推入特定的响应（如选择和购买特定的项目），评估信用价值和社会分类（确定一个人是否可能获得服务或设定个性化定价），提供详细的商业分析，同时减少风险投资造成的浪费和损失。例如，艾克西姆（Acxiom）试图将离线、在线和移动数据结合起来，以创建消费者的“360度视图”。使用这些数据创建详细的概要文件和强大的预测模型，并将其出售给相关方。[24] 比如，地理人口统计学分割是一种数据分析过程，它可以将小数据和大数据结合起来，以便在一个特定的地理分析单元（通常是邮政编码地理学）创建基于数量的人群分类系统。一旦分类系统被开发出来，主要是通过小的数据输入，像购买记录这样使用邮政编码作为唯一标识的大数据，就可以与这些分类相匹配，以评估消费模式和细化分组。

小数据的扩展与大数据的融合以及数据分析对公民、服务和机会都有深远的影响。有些人担心的是，一种“数据决定论”的形式正在实践中生成。[25] 一个新的概率市场正在兴起——尽管赌博行业的赔率编译器和证券市场已经存在了一段时间——这构成了概率思维时代的一个新阶段[26]。此外，有人担心规模较小的数据和大数据基础设施导致数据监视（通过处理和分析数据记录而实施的监视），侵犯隐私和其他人权，影响私人的健康保险及费率。[27] 因此，尽管扩展小数据确实有很多好处，但它们也会产生差异和负面影响。如果要使大数据基础设施的效益最大化，同时使其有害的影响最小化，那么就需要对大数据基础设施的生产进行紧急响应性考虑，从而出台一些基本的规范。

四、结　　论

人们目前正在见证数据方面的快速变化，不仅见证了一种新的数据形式以大数据的形式出现，而且传统的小数据也通过新的大数据基础设施不断发展，这些大数据基础设施使小数据能够以新的方式进行扩展和分析。本文比较了小数据和大数据，研究了小数据是如何被通过缩放而融合到大数据中并使大数据分析成为可能的。本文的结论有四个方面，具体如下。

第一，尽管大数据和相关的挖掘分析快速发展，但小数据仍将继续是研究领域的重要组成部分。在不久的将来，不太可能会出现大数据研究取代小数据的范式转变，小数据和大数据将相互补充，因为这样可以更有效地控制研究设计并回答特定的、有针对性的问题。因此，与其将研究资金引向那些能够获得大量数据的项目，倒不如希望它们能从本质上产生有用的见解，集中回答某些关键问题，无论这些问题是用小的还是大的数据处理的。[28]

第二，大数据越来越多地被应用于社会科学研究中，以揭示个体差异和群体动态。但在大数据研究中仍然存在数据驱动与理论驱动的方法、测量的有效性、多层次的纵向分析和数据集成等四个方面理论及方法上的挑战，需要引起重视。

第三，随着大数据基础设施的发展，小数据环境正在发生变化。当小数据可被再次利用并与其他数据集结合时，我们会获得其实用价值。因此，很多工作都是针对构建这样的基础设施的，在数据标准、格式、元数据和文档方面协调小数据，以确保它们与系统的兼容性，最大限度地提高可发现性，并促进数据集的链接。随着研究资助者寻求通过新知识和创新获得最大的投资回报，协调、共享和再次利用小数据的压力将继续增加。

第四，将小数据扩展成数据次结构有三个后果：一是通过池化和链接小数据来创建更大的、相互关联的数据集，小数据可以通过大数据分析进行分析。因此，小数据暴露在数据科学的新认识论中，促进了数字人文和计算社会科学等新方法的发展。二是小数据更容易与大数据结合，从而产生更多样化的衍生数据，使得分析更广泛和深入。数据环境的重新配置促进了数据代理和新数据产品的快速增长，包括详细的大数据挖掘分析。三是小数据的规模，以及它与大数据及大数据分析的结合，产生了一系列潜在的有害影响，如数据监督、社会分选、控制蔓延和预期治理，这些影响侵犯隐私与社会自由，并对个人生活产生结构性影响。因此，对小数据的扩展提出了关于如何管理和利用大数据的规范性问题。人们几乎还没有开始审查这些后果，事态的发展先于批判性和规范性，以及政治、政策和法律的反应。小数据将继续成为科学研究工作的重要组成部分，大数据时代的小数据不会消亡。然而，它们正在采取新的形式，对人们如何看待和利用这些数据产生影响。人们已经初步尝试了一些转变，但是需要进一步的批判性反思和规范性思维来理解所发生的变化及其影响。

参考文献 >>>

［1］Miller H J. The data avalanche is here. Shouldn't we be digging? Journal of Regional Science，2010，50（1）：181-201.

［2］Laney D. 3D data management：controlling data volume，velocity and variety. http://blogs.gartner.com/doug-laney/files/2012/01/ad949-3D-Data-Management-Controlling-Data-Volume-Velocity-and-Variety.pdf［2018-06-21］.

［3］Kitchin R. Big data and human geography：opportunities，challenges and risks. Dialogues in Human Geography，2013，3（3）：262-267.

［4］Manyika J，Chiu M，Brown B，et al. Big data：the next frontier for innovation，competition，and productivity. New York：McKinsey Global Institute，2011：10-18.

［5］Constine J. How big is Facebook's data? 2.5 billion pieces of content and 500+ Terabytes ingested every day. https://techcrunch.com/2012/08/22/how-big-is-facebooks-data-2-5-billion-pieces-of-content-and-500-terabytes-ingested-every-day［2016-07-24］.

［6］Kitchin R. The real-time city? Big data and smart urbanism. GeoJournal，2014，79（1）：1-14.

［7］Amin A，Thrift N. Cities：Reimagining the Urban. London：Polity Press，2002：92.

［8］Mayer-Schonberger V，Cukier K. Big Data：A Revolution that will Change How We Live，Work and Think. London：John Murray，2013：388-396.

［9］唐文方. 大数据与小数据：社会科学研究方法的探讨. 中山大学学报（社会科学版），2015，（6）：141-146.

［10］徐英瑾. 唯物论者何以言规范. 上海：上海人民出版社，2017：373-374.

［11］朱松纯. 正本清源——浅谈人工智能：现状、任务、框架与统一. https://mp.Weixin.qq.com/s/-wSYLu-XvOrs ST8_KEUa-Q［2017-11-02］.

［12］Manovich L. Trending：the promises and the challenges of big social data. http://www.manovich.net/DOCS/Manovich_trending_paper.pdf［2011-01-09］.

［13］Boyd D，Crawford K. Critical questions for big data. Information，Communication and Society，2012，15（5）：662-679.

［14］Lazer D，Pentland A，Adamic L，et al. Computational social science. Science，2009，（323）：721-733.

［15］Lauriault T P，Hackett Y，Kennedy E. Geospatial data preservation primer. https://ssrn.com/abstract=263985/［2015-11-11］.

［16］O'Carroll A，Collins S，Gallagher D，et al. Caring for digital content，mapping international approaches Nui Maynooth. https://www.dri.ie/caring-for-digital-contant-2013.pdf［2015-11-09］.

［17］Cyberinfrastructure Council. Cyberinfrastructure vision for 21st century discovery. http://www.nsf.gov/pubs/2007/nsf0728/index.jsp?org=EEC［2014-01-01］.

［18］Anderson C. The end of theory：the data deluge makes the scientific method obsolete. http://www.wired.com/science/discoveries/magazine/16-07/pb_theory［2016-03-12］.

［19］Kelling S，Hochachka W，Fink D，et al. Data-intensive science：a new paradigm for biodiversity studies. Bioscience，2009，59（7）：613.

［20］Ramsay S. Reading Machines：Towards an Algorithmic Criticism. Champaign：University of Illinois Press，2011：92-94.

［21］Brooks D. What data can't do. http://www.nytimes.com/2013/02/19/ opinion/brooks-what-data-cant-do.html［2018-09-26］.

［22］Koops B J. Forgetting footprints，shunning shadows：a critical analysis of the "right to be forgotten" in big data practice. Social Science Electronic，2011，8（3）：229-256.

［23］Edwards J. Facebook is about to launch a huge play in "big data" analytics. http://www.businessinsider.com/facebook-is-about-to-launch-a-huge-play-in-big-data-analytics-2013-5［2017-10-17］.

［24］Singer N. You for sale：mapping，and sharing，the consumer genome. http://www.nytimes.com/2012/06/17/technology/acxiom-the-quiet-giant-of-consumer-database-marketing.html［2018-10-06］.

［25］Rameriz E. The privacy challenges of big data：a view from the lifeguard's chair. http://ftc.gov/speeches/ramirez/130819bigdataaspen.pdf［2013-10-11］.

［26］Hacking I. The taming of chance. Cambridge：Cambridge University Press，1990：26.

［27］Canadian Internet Public Policy Interest Clinic. On the data trail：how detailed information about you gets into the hands of organizations with whom you have no relationship. https://www.cippic.ca/sites/default/files/May1-06/DatabrokerReport. pdf［2006-05-01］.

［28］Sawyer S. Data wealth，data poverty，science and cyberinfrastructure. Prometheus：Critical Studies in Innovation，2008，26（4）：355-371.

价值敏感设计与大数据伦理*

张贵红

价值敏感设计（value sensitive design，VSD）是一种以价值理论为基础的技术设计方法，它强调在整个设计过程中以价值为原则，并全面地解释人的价值在技术中的展现。它采用一种综合且递进的三元分析方法，包括概念分析、经验分析和技术分析。VSD 的出现是应用伦理学的设计转向（design turn）、信息伦理学以及大数据伦理等领域飞速发展的结果。本文首先梳理信息伦理学怎样从理论走向实践，即所谓的设计转向，再依据技术哲学的研究，分析价值敏感设计的兴起背景及其三个层面的内容，随后探讨 VSD 理论在大数据伦理中的应用，进而指出 VSD 理论在大数据技术与相关领域具有很强的应用性。

一、从理论走向实践的技术伦理学

应用伦理学，尤其是技术伦理学，在信息伦理学的推动下，正在逐渐超越传统伦理学中寻求普适理论的方法论辩护。在关注规范伦理理论、推理及其应用之后，一些学者正逐渐将研究重点放在与伦理的应用相关的制度、基础设施和技术设计上，因为它们是我们的生活和社会的构成因素。

到目前为止，技术、工程和设计在伦理学或道德哲学中往往被视为是纯理论的或思想实验的提供者，哲学家更关注伦理推理与理论中

* 原载《伦理学研究》2019 年第 2 期。张贵红，上海电力大学马克思主义学院副教授。

的反例，而忽视了具体的技术与经验层面的分析。传统的技术伦理学所关注的道德哲学也经常充满科幻情节，如失控的列车、缸中之脑、安卓机器人和脑外科手术等，这些都会使理论研究和生活现实不相契合。让我们详细地看一下在元伦理和规范理论中经常使用的一个思想实验——电车难题。假设你在一条铁路轨道的分叉路口，同时你发现一辆失控的列车正在向前滑行，马上将通过你站立的交叉口，你旁边刚好有一个可以操控的把手。如果你什么也不做，那么列车将直行，并会撞死被绑在轨道上的五个人。如果你拉动把手，列车将转向另一条轨道，而在另一条轨道上只有一个人被绑在轨道上。这个思想实验就产生了一个非常具有争议的悖论：道德观念是否允许你拉把手。许多哲学家对这一难题进行了伦理分析与各种推理，但却没有得出一个让大家都满意的结论。

然而，让我们换一个角度，如果一位工程师在看到这个问题之后，他将会如何进行思考呢？他很可能会想，要想使这个实验在现实中出现，那就还需要一个能让人在列车到达轨道交叉口刚好停下来的条件，同时还需要让这个人能够认识到当前轨道与列车的所有状况，以及能够告诉这个人关于轨道上被绑着的人的信息，最好是两者能巧妙地结合。他很可能会说，这么特殊的情况很难出现，所以整个难题是很难出现的。各种干预因素会让我们忽视这个思想实验的哲学观点，然后会认为哲学家只有在理想状态中才是对的，在现实中基本不会出现这样的难题。

电车难题虽然提出了道德理论方面深层次的问题，却忽视了实践层面的问题，然而，伦理学并不是以思想实验为基础才发展起来的。这些思想实验并没有关注实验的设计和难题的现实性，它们是从现实中的设计和难题中抽象出来的，所以以思想实验为基础产生的理论在应用到现实生活中就会忽视实践的维度，现实中的技术伦理学应该包含解决方案的实践和设计的层面。

医学伦理学和传统计算机伦理学中的难题和实验也受到了类似问题的困扰。专业医疗技术或信息技术常常会面临如下难题：提供两个选项 A 和 B，然后让你思考和推理，在理想状态下应该做什么。这些理论一开始就在折腾我们的大脑，经过伦理学训练的学者，会尝试使用实用主义或者功利主义的方法，并逐渐形成他们自己独特的解决方案。然而在实际的技术应用中，理想状态是一种很难出现的状态，更多的情况是我们直接面对具体的技术伦理问题，这些问题都是非常现实的。因此当前往往被忽视和混淆的情况，就是将现实和理想状态相等同。在信息技术中，情况尤其明显，信息技术尤其是大数据技术的兴起，使得伦理学越来越从纯理论推理转向实际问题，而不是只关注纯理论层面的探索。信息技术中的情况通常是“计算机支持的协同设计”，这种情况比单独软件或硬件更加复杂，专业人员面临的问题是数百个需要经过设计来决定的结果。对每一个设计过程相关的抽象概念进行的道德分析都会受到其伦理学理论背景的影响。技术伦理学家应该不断探索怎样超越特定的技术状态，并询问这种问题是如何产生的、它是如何设计和处理的，以及形成设计的决策过程是怎样的。

二、信息伦理学的设计转向

信息伦理学在实践的推动下，正逐渐转向对实际道德问题的分析，而不再对纯理论层面的思想实验着迷，例如，许多学者也逐渐转向对道德的制度层面的研究。现在比以往更常见的中心问题是，如果我们希望我们的应用伦理分析的结果在具体实施中取得成功，那么需要哪些体制和现实的物质条件，以及如何使我们的道德观点在广泛的反思中保持稳定；在信息技术中，应该如何设计系统、构件、基础设施和应用程序，在这些环境中用户将能够做他们应该做的事情，并使他们能够防止应该防止的事情。

这种显著的理论转变可被称为“应用伦理的设计转向”。霍温（Hoven）认为，正是罗尔斯的工作首次引发了伦理学中的设计问题。[1] 58 关于社会正义的思考可以在他的理论背景下，被描述为制定和证明我们应该如何设计社会基本制度的正义原则。托马斯·博格（Thomas Pogge）、拉塞尔·哈丁（Russell Hardin）、凯斯·桑斯坦（Cass Sunstein）、罗伯特·古丁（Robert Goodin）、丹尼斯·汤普森（Dennis

Thompson）等学者已经将应用伦理学向着“设计”这条道路逐渐推进。[1] 59 他们不仅要提供应用分析，还要考虑经济条件、制度和法律框架以及相关的激励机制。如果这种应用伦理分析能够在实施中保持一定的优势，就会有助于重新考虑现实世界中的道德问题。这些学者对技术设计的关注主要侧重于制度设计，但设计转向清晰地考虑了技术人工物和社会技术系统的设计。如果说 20 世纪 70 年代之前的技术，与设计的关联并非十分明显的话，那么随着信息技术的兴起，尤其是大数据技术的出现，设计已经与信息技术紧密地结合起来了，与之相关的伦理问题也离不开设计。这种现象的出现，我们可以称为“信息伦理的设计转向”。

信息技术，尤其是大数据技术之所以无法与设计脱离，原因在于，信息或者数据本身，是被赋予“意义”或者“价值”的，而这种赋予行为是因为人的设计而产生的。如果没有人，信息或者数据就是符号，毫无意义，人的行为是产生意义的关键，人的行为也正是信息或者数据的价值产生的根源。卢西亚诺 • 弗洛里迪（Luciano Floridi）在信息的标准定义（standard definition of information，SDI）中指出，信息的基本特性为可陈述的、客观的、语义的。最初的信息并未与主体和决策过程相联系，而是在后期的信息论发展中逐渐用语境的观点来解读信息，并将信息定义为：信息=数据+意义。弗洛里迪据此提出信息的语义解释，即语义信息（semantic information），将意义和真理引入信息的解释。[2] 有意义的信息，是从语境或者人的使用的角度来看的，而这个维度正因此与价值相关，可见语义信息也就是价值信息。用信息伦理的话语来讲，就是信息或数据的价值是在设计中体现出来的。

从信息技术本身的历史也可以看出，价值维度正逐渐渗透到信息技术中，信息技术也越来越需要其他学科、技术组织、人力资源和社会价值的关注。在信息技术发展的第一个阶段，即 20 世纪 50～60 年代，社会和用户在互联网技术应用与生产中并不重要，技术人员也不会考虑技术是否需要贴合人的价值和使用要求。几乎没有人想过要询问用户的使用和可用性，以及是否适合用户的环境，计算机技术只是在寻找问题的全新的技术方案。在 20 世纪 70～80 年代的第二个发展阶段，经历了许多失败的项目、无用的应用程序和不良投资后，信息产业逐渐关注人类用户和不同特性的社会组织的需求与愿望。当时很多人都认识到，在应用程序开发的早期阶段，尝试适应用户的需求和改善工作条件是明智且有利的。信息技术行业在这个时期得到了社会学和行为科学的帮助，但是，这也只是在最低限度层面考虑到用户、组织及社会的需求和利益，即仅仅作为限制技术系统成功的条件来考虑。在 20 世纪 90 年代的第三个阶段，设计的观念逐渐在信息技术行业中崭露头角，实际的社会组织和真实用户的反应与需求，对信息技术的发展开始变得至关重要。人类作为消费者或用户所具有的价值观、道德偏好和理想，以及社会上许多关于责任和道德的公共辩论，关于平等、财产和隐私的问题都开始被加以考虑。当前正在进入信息技术发展的第四个阶段，在这个阶段，人类用户在使用中的需求、想法和价值观以及人们遇到的某些社会问题的解决都被认为是自己的权利。[1] 60 这些价值考虑正在推动信息技术的发展，而不再被视为是对技术的限制。这个阶段最大的特征，就是大数据技术正在成为信息技术的核心技术之一，大数据技术领域也正逐渐成为道德问题与价值问题的多发地，且与我们的生活息息相关。这些道德和价值问题集中体现在当前的网络游戏、短视频程序以及社交网络软件和应用中。现在我们发现计算机越来越懂我们，儿童也越来越离不开手机娱乐。甚至我们也可以认为，大数据算法的兴起，正在影响着社会的价值观走向。例如，许多“网红”都是大数据技术的算法设计本身所推动产生的，许多网络热点，也是因为算法而产生的，并非人为加工而成的，而网络热点与“网红”也正成为社会价值观问题的集中体现。这些信息技术的新发展，正是大数据技术中的价值的设计作用所展示出来的，设计发展到极致就是：通过大数据技术就可以塑造全民价值观。这种状况的出现，与信息敏感设计的理论是一致的，可见 VSD 理论正体现出当前的大数据技术所具有的伦理与价值维度。

三、VSD 何以成为大数据技术的基石

由上文可知，随着应用伦理学和信息技术这两个独立领域的发

展，即伦理学层面的“理论-应用-设计”和信息技术层面的“技术-社会心理背景-道德价值”的进展，两方面的研究逐渐集中于 20 世纪 90 年代开始兴起的价值敏感设计理论或策略。VSD 的首次提出与信息和通信技术有关，信息技术依然是该理论的主要应用领域。

罗布·克林（Rob Kling）的社会信息学在推动与信息技术相关的社会研究方面发挥了重要作用，并不断强调信息技术的社会形态。在仁斯利尔理工大学，温纳（L. Winner）提出了著名的口号：“人工物具有政治性。”这意味着通过技术人工物的设计可以达到政治目的。黛博拉·约翰逊（Deborah Johnson）则进一步阐明了计算中的具体道德问题。所有这些都为信息技术领域的价值敏感设计理论做出了贡献。VSD 假定价值观和规范性的假设可以以某种方式被纳入设计中，巴蒂亚·弗里德曼（Batya Friedman）等人通过三个典型的研究来分析 VSD 在特点信息技术中的应用。[3] 70-75 第一项研究涉及网络浏览器中储存在用户本地终端上的数据（cookies）的信息和控制，以及其所蕴含的知情同意的价值。第二项研究关注在办公室环境中普遍使用的高清晰液晶显示器，它为主体与外界之间提供了一个“窗口”，并暗示了公共空间的身心健康和隐私权利。第三项研究涉及综合土地使用、交通和环境模拟系统，以支持公众对重要的土地使用和交通决策进行公众审议、公平辩论及民主支持的价值，以及高度多样化且由不同利益相关者所持有的价值领域，如环境的可持续发展、商业扩张和步行街开发等。弗里德曼等人提供了一个在实际操作中可使用的 VSD 建议，主要包括：从价值、技术或应用环境开始，识别直接和间接的利益相关者，确定每个利益主体与组织的利害关系，对利益和危害赋予对应的价值，对关键价值进行概念分析，识别潜在的价值冲突，将价值考虑融入组织结构中，将价值观引入系统设计中，启发性地去调查利益相关者，以及启发性地进行技术分析，等等。弗里德曼等人在研究中还展示了可在设计中使用的一些人类价值。[3] 90-91

几个重要的 VSD 支持者进行了相关的研究，首先，斯坦福大学的特里·威诺格拉德（Terry Winograd）、约翰·佩里（John Perry）、本·施耐德曼（Ben Shneiderman）和海伦·尼森鲍姆（Helen Nissenbaum）在

20 世纪 90 年代就开始研究这个领域，他们的研究表明信息与软件本身就可能产生偏见、假设以及制造商的特定世界观，这可能会以各种方式影响到用户的观念。其次，大约在同一时期，部分法律学者发现，社会监管正在通过计算机代码和软件进行。正如劳伦斯·莱斯格（Lawrence Lessig）曾指出的，代码开始起作用，因为法律和立法在未来可能会自由地直接被编码（encoded）。在荷兰和加拿大的数据保护办公室（Data Protection Office），正在提倡一种被称为隐私增强技术（privacy enhancing technology）的设计理念，鉴于法律和法规数量以及海量大数据的增加，我们在社会中处理大数据会变得越来越自动化，这可能是当前处理隐私与合规性等问题的唯一方式，因为律师不可能手工检查某些数据使用是否违反或合乎法律。从长远来看，软件必然代替我们处理这一问题，而这种技术的应用也不仅仅只在隐私领域。

由此可见，大数据技术的进展，使得 VSD 理论越来越重要，同样，大数据技术在社会生活领域的应用，需要 VSD 理论为其提供理论支撑，因为大数据本身具有难以处理与复杂等特性，不可能进行人工处理，这就必然需要利用大数据技术进行价值选择或价值塑造，正如当前已经开始使用的海量新闻信息处理、社会舆论引导和“网红”塑造等技术。在算法的设计中，必然会将价值与道德体现在技术中，而且应该体现正确的价值观，否则后果将不堪设想。在大数据治理、医疗大数据应用、网络生活，以及社会交往软件中，也需要使用 VSD 方法来进行价值考量。可以说，想要让用户拥有自主权、以患者为中心、隐私和安全不仅仅是一个空洞的承诺，这些价值理念就应该体现在系统的设计、架构和规范中。如果我们希望我们的信息技术及其使用能够实现社会正义、公平和安全，或者要想使技术产品具有这些价值属性，我们必须将它设计得能够实现我们的良好意图。VSD 理论说明技术能够具有这些价值或道德特征，能从价值层面来对不同的技术应用进行比较，并从政治经济与社会的层面进行合理选择。由此可见，VSD 理论正伴随着信息技术的进步而发展，VSD 理论正在成为对大数据技术进行道德与价值考量的基础。然而，如何将价值和道德维度设计到大数据技术之中，需要从三个层次来考虑。

四、VSD 理论与大数据伦理学的三个层级

如何让大数据技术体现价值和伦理维度，应该在价值敏感设计与大数据技术伦理本身的联系和对比中来加以分析。价值敏感设计主要建立在概念、经验和技术相结合的迭代分析方法基础之上。大数据伦理学则主要关注三个相关的层面：大数据伦理的概念、实践和算法。

概念分析主要关注诸如此类的问题：谁是受设计影响的直接和间接的利益相关者？这两类利益相关者如何受到影响？涉及什么价值？我们应该如何在信息系统的设计、实施和使用中，在互相竞争的价值之间权衡自主、安全、隐私与信任等内容？像隐私权这样的道德价值是否比审美这样的非道德价值更重要？通过仔细研究具体价值观的概念可以澄清类似的基本问题，并为跨学科的研究团队的不同观点进行比较提供基础。例如，弗里德曼等人在对在线系统设计中的信任进行分析后，提出了信息技术中的信任概念。[4] 从这样的概念出发，能够明确地定义我们在网上的信任意味着什么。此外，美国计算机科学与电信委员会在其出版物《网络空间的信任》中使用“信任”和“可信赖”这两个术语来描述信息系统，这些系统具有正确性、安全性和可靠性。[5] 这种将“信任”等同于机器性能的使用，明显不同于表示人与人之间关系的信任。

经验分析即对技术人工物所处的人类环境进行实践分析，这种分析也常常需要评估一个特定设计的成功与失败。经验分析可以应用于任何可以观察、测量或记录的人类活动。因此，社会科学研究中使用的全部定量和定性方法都可以适用于此，包括观察、访谈、调查、实验操作和收集，以及用户行为分析和心理学调研。经验分析主要关注如下问题：利益相关者如何在互动环境中理解个人价值？他们如何对相竞争的价值设计进行权衡考虑？他们如何优先考虑个人价值及其可实现性方面的因素？话语实践与行为实践相比，即怎么说与怎么做，两者之间是否存在差异？此外，由于新技术的发展会影响群体和个人，技术组织在考虑价值的设计过程中也会出现问题，例如，什么是

价值组织？应该使用何种传播方法，以及组织的激励机制是什么？

技术分析为，当 VSD 适用于某种特定技术时，根据技术特性提供价值适应性的分析，也就是说，分析给定的技术是否更容易支持某些道德价值，同时使其他价值难以实现。技术分析侧重于分析现有技术特性如何支持或阻碍特定的人类价值。例如，一些基于视频的协同系统提供了办公室设置的模糊视图，而其他系统则提供清晰的图像，显示关于谁在场以及他们的行为的详细信息，这两种设计可有差异地区分并对待隐私，并实现特定成员的价值取舍和活动。技术分析还涉及主动设计系统以支持概念分析中的特定价值。总之，技术分析关注技术本身，而经验分析则侧重对使用者的分析。

大数据技术为改善私人和公共生活以及我们的社会环境，提供了巨大的机会，不幸的是，这样的机会也伴随着重大的道德挑战。越来越多的通常是个人的敏感或非敏感的大数据被公开地大量使用，而且人们越来越依赖于算法来分析它们，以形成选择并做出决定，如机器学习、人工智能和机器人技术等。随着人类参与的逐步减少，对许多自动过程的监督也会引起公平、责任和尊重等道德问题，这些技术过程越来越体现出 VSD 策略的必要性。弗洛里迪在《何为数据伦理》一文中提出可从数据、算法和实践三个维度分析数据伦理问题。大数据技术的价值敏感设计同样也适用于这种分析，因此可以结合前文中的三个层面来分析：概念分析层面的数据伦理概念分析、经验分析层面的实践分析，以及技术分析层面的算法伦理分析。

数据伦理侧重于收集和研究从生物医学到社会科学的大数据分析[6]，以及开放数据[7]。在这种情况下，关键问题将是设计如何适用于大数据技术的数据挖掘、数据链接、数据合并及其重新使用，以避免“群体隐私”泄露的风险。例如，在不造成身份信息泄露的前提下识别个人身份，以避免更严重的伦理问题的出现，避免群体歧视和网络群体暴力等问题。而群体歧视在网络上非常容易出现，包括地域歧视、种族歧视和性别歧视等。[8]信任[9]和透明度[10]等概念也是数据伦理分析中的重要话题。例如，提高信息透明度往往被认为是可以促进信任的措施之一，然而数据工程师却不清楚应该透露哪些信息以及向谁透露这些信息。

实践伦理解决开发数据的流程、推广技术的策略和制定技术政策的人员或组织的责任及义务问题，其中不仅包括数据从业人员的职业道德与责任，还包括数据科学家的数据责任。其目标是完成并公布大数据道德准则并形成有关负责任的创新、发展和使用的专业规范，这样就会确保道德规范能促进数据科学的进步，并保护个人和群体权利等道德内容。在数据技术的实践问题中，有三个核心问题最为重要：知情同意、用户隐私和二次使用。

算法伦理解决算法技术中遇到的伦理问题，由于信息技术的日益复杂和自主性的提升，大数据的算法越来越复杂，如人工智能、仿真机器人与网络机器人等，引起越来越多的复杂伦理问题。特别是当前机器学习技术使得机器在某些方面越来越接近于人，在这种情况下，关键的难题为算法设计师和数据科学家的道德责任与相应的问责制度[11]。此外，道德设计和评估审核算法的潜在不良结果也需要引起更多的关注。

五、结　论

当前的应用伦理学正在经历设计转向，其主要理论基础就是VSD理论，VSD的兴起预示着技术设计本身越来越需要考虑使用者的价值和道德。VSD理论主要包括概念分析、经验分析和技术分析三个层面，虽然VSD的兴起来自伦理学家对于信息技术的价值分析，而同样的分析在大数据技术领域内更具有可行性。所以，大数据技术的伦理问题就可以从概念分析层面的数据伦理概念分析、技术分析层面的算法伦理分析，以及经验分析层面的实践分析进行研究。可见，VSD理论能够为大数据伦理提供基础的分析策略，并且VSD理论的发展能够推动大数据伦理学研究与大数据技术本身的发展。当前大数据技术正在迅速发展，而大数据伦理却显得捉襟见肘，以至于在大数据技术发展中遭遇到各种道德与价值问题，如用户信息大规模泄露等普遍性问题，当前大数据伦理需要研究的主要问题包括：首先分析哪些价值概念应该在大数据技术中进行考量，其次分析当前应用广泛的大数据算法如何进一步完善，以及尽快研究制定大数据技术伦理规范等约束性法规，对大数据技术的发展加以价值规范。

参考文献 >>>

［1］van den Hoven J. Moral methodology and information technology// Himma K E，Tavani H T. The Handbook of Information and Computer Ethics. Hoboken：John Wiley & Sons，Inc，2008：49-67.

［2］张贵红. 论数据的本质及其与信息的关系. 哲学分析，2018，9（2）：119-132.

［3］Friedman B，Kahn P H，Borning A. Value sensitive design and information systems//Himma K E，Tavani H T. The Handbook of Information and Computer Ethics. Hoboken：John Wiley & Sons，Inc，2008：69-101.

［4］Friedman B，Kahn P H，Howe D C. Trust online. Communications of the ACM，2000，43（12）：34-40.

［5］Schneider F B. Trust in Cyberspace. Washington：National Academy Press，1999.

［6］Mittelstadt B D，Floridi L. The ethics of big data：current and foreseeable issues in biomedical contexts. Science and Engineering Ethics，2016，22（2）：303-341.

［7］Kitchin R. The Data Revolution：Big Data，Open Data，Data Infrastructures and Their Consequences. Thousand Oaks：Sage，2014.

［8］Floridi L. Open data，data protection，and group privacy. Philosophy & Technology，2014，27（1）：1-3.

［9］Taddeo M，Floridi L. The case for e-trust. Ethics and Information Technology，2011，13（1）：1-3.

［10］Turilli M，Floridi L. The ethics of information transparency. Ethics and Information Technology，2009，11（2）：105-112.

［11］Floridi L. Distributed morality in an information society. Science and Engineering Ethics，2013，19（3）：727-743.

大数据时代的分配正义挑战与伦理规制*

张　煌

分配正义要求社会资源在社会成员中的分配最大限度地体现公正性或正义性。[1] 自古以来，人类社会如何公正地分配自然资源、物质财富、政治权利、发展机会、尊严荣誉等问题，成为不同时代、不同地域学者普遍关注的伦理课题，由此产生了一系列分配正义思想，其内涵随时代发展、历史演进而不断丰富。伴随着人工智能、大数据技术的广泛应用，人类进入大数据时代，数据作为与资本、劳动和自然资源并列的新生产要素，参与社会生产经营活动，开始改变全球经济增长模式与资源分配方式，围绕着数据资源以及数据产业所产生的财富、责任等一系列分配问题，体现了大数据时代分配正义观念面临的冲击与挑战。

一、大数据时代对分配机会正义的挑战

美国伦理学家罗尔斯指出："所有的社会基本价值（或者说基本善）——自由和机会，收入和财富、自尊的基础——都要平等地分配。"[2] 作为确保社会制度内在公正性的基础性原则，分配正义原则在制度设计与运行中的首要体现，就是对社会成员平等分配生存和发展机会。依据分配机会公正的原则，人们在获取数据资源、享有数据权利、享受数据开发收益等方面拥有均等机会。然而，由于数据伦理规范

* 张煌，国防科技大学文理学院副教授。

和分配制度设计的滞后，社会在实现分配机会正义方面面临着新挑战。

大数据时代分配机会正义面临的挑战，一方面体现为对基本机会公正的挑战。基本机会是人们参与社会分配活动必须满足的基本条件，基本机会公正地要求人们在社会资源和财富分配中的基本权利地位是平等的，不分种族、年龄、性别、社会地位、宗教信仰以及教育背景等因素差异，处于同一起跑线上。然而，大数据时代人们参与数据资源和财富分配的基本权利地位是不平等的。情况正如涂子沛先生所指出的："互联网企业是在我们认识到数据的价值之前，就完成了对数据的掠夺和积累。他们积累的方式是没有征得我们的同意，他们对数据的分析和使用也没有经过我们的授权。这就是我今天所定义的互联网原罪。"[3] 涂子沛先生提出"互联网原罪"，揭示了人们在享有数据资源分配基本权利上面临的挑战，具体如下。

首先，个人不享有数据资源的所有权。大数据时代，每个网民在互联网上的一言一行、一举一动，经由鼠标、键盘的每一次敲击变成数据，如同矿石一般沉淀在网络空间，形成大数据资源。目前，一些个人隐私数据未经个人授权，在个人不知情的状态下，被少数数据平台所垄断。

其次，个人不享有数据资源的开发利用权。各类数据平台无偿使用网络用户浏览、搜索、收藏、网购、社交等大量基础原始数据，进行深度分析、挖掘和整合，整个数据开发利用过程未经授权。

最后，个人不能分享大数据产业创造的财富。数据平台凭借数据垄断优势，独自占有数据经济带来的巨额财富，人们难以平等地享有参与财富分配的权利，"互联网原罪"是人们在基本机会层面遭遇不公正待遇的集中体现。

大数据时代分配机会正义面临的挑战，另一方面体现为对发展机会公正的挑战。发展机会公正有助于人们谋取职业的进一步发展，追逐更为幸福的物质与精神生活。在大数据时代，数据垄断成为影响普通民众向上发展的一道升高的隐形障碍，可能造成大数据社会中"强者愈强，弱者愈弱"的新"马太效应"，具体体现为以下两个方面。

首先，少数组织和个人凭借数据垄断优势，可以轻易地获取更多的职业机会、更广阔的发展空间以及更高的垄断利润，近十年以来，百度、腾讯、阿里巴巴不断进行股份收购和公司并购，一个重要的原因就是实现数据打通，持续扩大数据垄断优势。

其次，绝大部分小企业和普通社会成员没有掌握必要的数据资源，难以进入社会上升通道，在职业机会和发展空间上面临困境。安德鲁·塞伯斯特（Andrew Selbst）指出，警察根据数据挖掘技术来预测、预防和调查犯罪，可能会将有色人种与较高的威胁级别或更大犯罪嫌疑的特定犯罪联系起来。[4] 各种“数据歧视”，诸如基于信用数据的贷款制度、基于犯罪数据的预测性警务技术、基于任职数据的招聘筛选系统，进一步挤压普通民众向上流动的空间。

二、大数据时代对分配程序正义的挑战

分配正义不仅体现为机会分配正义，还必须保证分配过程的程序正义，即社会资源的分配标准和分配流程必须公正合理。大数据时代，数据资源和数据财富分配面临以下三个方面的程序正义挑战。

首先，挑战分配程序制定的合法权威。依据程序正义的原则，分配标准作为全社会资源分配所依据的根本准则，必须反映社会全体成员的利益，需要经由权威部门通过集体行为并以法律形式确定。当前，我国制定数据资源分配标准和分配程序的合法权威主要面临两方面挑战：一方面，数据归属权的法律界定缺失。在我国，大数据产业作为新兴的经济业态，权威部门对数据资源分配标准和分配程序的立法工作尚处于初始阶段，这导致少数数据平台巨头利用法律空白，成为数据资源和数据财富归属标准的实际制定者。另一方面，围绕着大数据采集、使用、分享、转移等方面的权责界定缺失。数据用户、互联网企业如何合法、合规地在大数据中“掘金”，实现大数据良性共享，需要进一步明确具体分配标准和分配程序，需要更为系统和完备的法律条款进行解读、落实。

其次，挑战分配标准和程序的统一性。依据程序正义原则，社会资源分配标准必须建立在全体社会成员共识的基础上。在大数据领域，缺

乏权威界定导致不同利益攸关方对分配标准的认知存在较大分歧。

一种观点认为，数据资源分配应由平台方主导，分配程序设计应当以实现数据价值最大化为目标，这体现了大数据平台方作为数据资源分配强势方的利益。他们奉行数据价值源于开发利用的数据财富理念，推行“数据在谁手里，数据就属于谁”的分配标准。他们认为，数据平台在采集、分析和处理数据的过程中投入大量成本，数据相关权利归属平台方，可实现收益最大化，激励数据产业加速发展。

另一种观点认为，数据资源分配应由产生数据的个人主导，分配程序设计应当以保护个人数据信息为主旨。这体现了网民阶层作为数据资源原始创造者维护自身数据权益的强烈意愿。数据不仅具有鲜明的经济属性，同时也是网民隐私的重要载体，广大网民迫切希望打击侵犯隐私数据的不法行为，维护个人对数据资源特别是隐私数据资源的支配权。

最后，挑战分配标准和程序的透明性。菲利普·哈克（Philip Hacker）等人认为，透明度在分配规则制定者的议程中占据突出地位。[5] 依据程序正义原则，数据资源的分配标准和分配程序必须是公开透明的，能够接受不同社会阶层的质疑和批评，从而不断修正完善。大数据时代对分配程序公开性的挑战主要体现在以下三方面。

一是数据评估模型不透明。莫伊拉·帕特森（Moira Paterson）等认为，基于人工智能和机器学习的数据评估模型，通过挖掘大量个人数据来发现相关性，这些相关性用于为影响个人资源配置的具体决策提供信息和依据。[6] 当前，以算法为基础的各类数据评估模型被视作严格保护的公司机密，如同“黑箱”一般不对外界公开。正如美国数据科学家凯西·奥尼尔（Cathy O’Neil）所指出的：“天生不透明的数学模型正从微观上掌控着整体经济，这些评估模型有很多相同的特点：不透明，不接受质疑，解释不通。”[7] 人们无从了解数据模型的具体运行规则，也就很难对其评估结果的公正性提出质疑和反馈。

二是数据平台的定价标准不透明。大型互联网公司为维护既得利益，在数据财富的分配过程中没有严格遵守程序公开性，而是以暗箱操作的方式来设计数据产品的定价标准，导致现行数据分配程序沦为少数人牟取私利的工具。近年来网络上热议的“大数据杀熟”事件，其本质就是互联网企业利用互联网数据信息的不对称性，非法获取和分析消费信息，依据消费者购买力的差异性，以不正当手段篡改产品价格信息，干扰大数据产业财富分配的正常秩序。

三是整个大数据产业链的收益模式尚不透明。一方面，少数互联网企业具有规模庞大的数据资产，其财富本身建立在收集网民点击、浏览、消费、社交数据信息的基础上，但在财富分配过程中只公开数据加工利用后获取的收益，刻意忽略用户原始数据的价值，没有构建“取之于民，用之于民”的利益回馈机制。另一方面，网络监控缺失给予不法分子可乘之机，催生以“暗网”为代表的非法数据产业链，依托“暗网”数据平台的网络黑市交易，进一步挑战了大数据产业分配程序的公开性。

三、大数据时代对分配责任正义的挑战

追逐利益、规避责任是人类的天性。在当下数据资源和数据财富的分配过程中，作为强势一方的互联网巨头倾向于更多地关注如何摄取利益，而较少关注责任分配问题，这导致了各类数据安全事件发生后的责任分配困境。

一是隐私数据保护的责任分配。丽贝卡·威尔逊（Rebecca Wilson）等人认为，在大数据时代，人们对大数据技术的依赖与大数据技术对个人隐私数据的收集是相伴而来的。[8] 大数据所蕴含的巨大价值，招致不法之徒垂涎，引发一系列非法收集和使用个人信息事件，造成个人隐私数据泄露屡禁不止，其背后体现了相关利益主体在保护隐私信息方面的责任分配困境。

首先，隐私数据主体和数据平台之间的责任分配困境。按照传统观念，个人隐私数据应当由个人保护。然而，在大数据时代，随着政府部门、医疗机构、企业以及其他机构的信息化平台发展完善，信息化数据采集规模急剧增大，个人身份特征、健康状况、收入水平、活动轨迹等隐私数据散落在不同的数据平台中，凯瑟琳·蒙哥马利

（Kathryn Montgomery）等人关注到，即便是微型可穿戴健身设备，也可以作为搜集个人健康信息的数据平台。[9] 单凭网民个人力量，难以真正实现全平台、全渠道的隐私数据防护，如何在数据主体和数据载体之间合理分配隐私数据保护的责任，这是当前亟待解决的问题。

其次，隐私信息非法售卖团体的责任追究困境。围绕隐私数据的责任分配，既要厘清数据保护的责任，又要追究非法数据售卖的责任。当前，个人隐私数据信息售卖的“黑色产业链”规模庞大、分工明晰，且呈现出跨地域、跨行业特征，这导致对售卖链条中源头、中间商以及使用者之间明确责任分配的难度倍增。

最后，隐私信息收集引发“数据歧视”的责任追究困境。温特（J. Winter）指出，人们各种日常隐私数据看起来微不足道，但越来越多地聚集在一起就可用于分析个人行为特征，基于大数据分析的行为判断可能会伤害个人或团体，使其在寻求就业、住房、移民、医疗、教育、贷款以及其他金融保险服务时遭遇“数据歧视”。[10] 然而，数据收集、分析以及决策过程的不透明，导致遭遇歧视的个人难以进行申诉和追究。

二是数据产品风险事故的责任分配。互联网企业是数据资产占有者，也是数据产品经营者、制造者、提供者，企业必须对数据产品风险负有社会责任。当前，企业对于承担数据产品风险的责任分配存在以下两个方面的问题。

一方面是数据产品内容虚假的责任分配。由于数据的资本化，在资本以追逐利润为目的的天性驱使下，资本对于数据的渗透导致数据产品的风险激增，互联网企业数据推送、数据引用和数据搜索等方面迎合资本需求，漠视数据产品潜在风险，造成诸多社会问题和追责困境。

另一方面是数据产品推送对象扩散的责任分配。网络的开放性和网民主体的多元化，使得同一种数据产品面对不同对象产生差异化风险，带来一系列责任分配困境。近年来频繁发生的未成年人沉溺网络游戏事件，暴露出大数据环境下未成年人保护的责任缺位。在传统意义上，家长是未成年人保护的责任主体，但是，对网络环境、网络数据信息了解相对欠缺的家长，难以充分履行未成年人网络保护的责任。互联网公司在提供数据产品的过程中，应该具有风险责任意识，杜绝赌博、暴力、色情内容泛滥的网络游戏产品流向未成年人群体，与家长、老师一道，履行对特殊对象数据风险防控的责任。

三是维护数据主权和数据安全的责任分配。科学技术发展到哪里，国家安全的战略空间就拓展到哪里，网络空间已经成为继陆、海、空、天之外的第五维战略空间，大数据平台运营商不仅是网络空间重要的行动者，更是网络数据资源的实际掌握者和经营管理者，具有维护国家数据主权和数据安全的责任。在当前网络空间成为国家安全新边疆的形势下，互联网公司在维护国家数据安全的责任分配上暴露出一系列问题。

首先，企业重大数据泄露事件的责任追究机制亟待明确。少数掌握国家安全重要数据的企业，数据主权和数据安全防护意识淡漠，成为敌对势力进行网络渗透、攻击的突破口。

其次，互联网公司恶意篡改、操控数据的责任追究机制亟待完善。互联网络的数据资源是国家数据主权的重要组成部分，网民合法、合规地发布数据信息受国家法律保护。少数互联网巨头从个体利益出发，利用其大数据平台和大数据技术优势，恶意篡改、操控互联网数据信息，侵犯国家数据主权。

最后，对外资渗透、控制国内数据平台的风险防范与追责模式亟待确立。当前中国的互联网企业主要是以股份公司形式存在的，多数具有外资背景，且在境外上市。因此，必须正视国外资本对我国数据平台渗透可能造成的负面影响，充分评估外资操控给国家数据主权和数据安全带来的潜在风险，尽早出台相应的风险防控与责任追究的法律法规。

四、大数据时代实现分配正义应当遵循的基本原则

社会集体主要依靠社会制度的合理设计和安排来反映人类对分配正义的普遍性诉求。作为大数据技术的受益者和大数据社会秩序的设

计者，人类如何设计数据资源和数据财富的分配制度，在很大程度上影响着大数据时代分配正义的实现。为了让数据资源的整个分配过程充分体现公正平等，必须用普遍有效的分配原则来引导分配正义观念深入整个社会和每个公民内心。

一是机会均等原则。首先是政治权利层面的机会均等。机会均等原则以承认社会成员在大数据经济中的平等主体地位为前提。历史上，人们追求分配公正的意愿与其追求政治平等的意愿紧密相连。因此，大数据时代人们要谋求经济权利上的机会均等，首先要求大数据产业链各环节中所有参与者具有平等的政治地位，每个社会成员的合法权益得到保护。其次是经济权利层面的机会均等。数据资源和数据产业财富的平等分配，关系到支配大数据经济和社会活动的基本秩序，每个社会成员在大数据经济竞争中都处在同一起跑线上，在保证公民隐私和数据安全的前提下，应当实施开放数据政策，促进数据作为生产要素在市场中充分自由地流动，催生“大众创业、万众创新”的数据经济盛景。最后是发展权利层面的机会均等。就发展机会而言，大数据时代机会均等的关键问题在于，人人都能够平等地拥有把握数据经济的机会和摄取数据经济财富的能力，从而能够不断利用数据能力素养改善自身待遇、地位。这要求政府和全社会合力弘扬数据文化和推进数据教育，正如涂子沛所指出的：“数据文化是尊重事实、强调精确、推崇理性和逻辑的文化。”[11] 相关部门需要合理调配社会资源特别是教育资源，将数据知识纳入公民常规教育培训体系，有针对性地补齐能力素质短板，确保机会平等不会流于形式。

二是分配标准与程序合理原则。当前大数据经济对分配程序正义产生冲击，根本原因在于规范大数据经济行为的法律体系尚未完善，大数据作为重要的战略资源，趋利避害的方式在于实现分配标准和程序的法制化：一方面是分配标准公正合理。针对当前数据资源分配中存在“数据在谁手里，数据就属于谁”“数据由谁开发，数据收益就属于谁”等不利于原始数据所有者拥有合法权益的分配标准，应当以法律形式明确“数据产权”，厘清大数据生成过程中生成主体的数据权利归属，确保数据来源的合法性，切实保障不同数据权利主体的合法权利。另一方面是分配程序的公正合理。按照统一和公正透明标准，应对数据资源分配过程中的每个环节进行程序设计，维护数据主体在数据收集、存储、分析、加工、利用、安全管理以及商业化运用中的正当权益，实现数据资源分配的实际操作规程合理合法。

三是利益与责任同等分配原则。在当前大数据经济生态下，少数既得利益集团仅享有数据资产带来的丰厚利益，不愿承担以数据资产造福社会的责任，从而造成分配过程的数据垄断、财富两极分化和责任缺位等问题。应在数据资源分配中恪守利益与责任同等分配原则，具体体现为：首先，明确利益和责任都是社会资源分配的重要内容。具体而言，社会数据资源的分配不仅涵盖数据资产采集、存储、使用、传播、交易、分享等利益性数据资源分配，还包括数据主权、数据隐私权、数据知识产权以及数据风险提示等责任性数据资源分配。其次，杜绝数据特权阶层的出现。享有利益就必须履行责任，绝不允许任何组织与个人只享受数据权利而不承担数据责任义务。最后，互联网巨头享有的数据利益越大，相应地越应当承担更多的责任，具体包括：同等享有收集、使用用户数据的权利与承担隐私数据保护的责任，同等享有出售数据产品利益与承担数据产品风险事故的责任，同等享有网络空间自由与承担维护数据主权和数据安全的责任，等等。

参考文献 >>

［1］向玉乔. 分配正义. 北京：中国社会科学出版社，2014：12.

［2］约翰·罗尔斯. 正义论. 何怀宏，何包钢，廖申白译. 北京：中国社会科学出版社，1988：7.

［3］涂子沛. 数据平权与互联网原罪. http://www.sohu.com/a/232686891_465213［2018-10-31］.

［4］Selbst A D. Disparate impact in big data policing. Social Science Electronic，2017，52（1）：109.

［5］Hacker P，Petkova B. Reining in the big promise of big data：transparency，inequality，and new regulatory frontiers. Northwestern Journal of Technology and

Intellectual Property，2017，15（1）：15.

［6］Paterson M，McDonagh M. Data protection in an era of big data：the challenges posed by big personal data. Monash University Law Review，2018，44（1）：1.

［7］凯西·奥尼尔. 算法霸权：数学杀伤性武器的威胁. 马青玲译. 北京：中信出版社，2018.

［8］Wilson R J，Belliveau K M，Gray L E. Busting the black box：big data，employment and privacy. Defense Counsel Journal，2017，84（3）：2.

［9］Montgomery K，Chester J，Kopp K. Ensuring fairness，preventing discrimination，and promoting equity in an emerging internet-of-things environment. Journal of Information Policy，2018，8：34.

［10］Winter J S. Digital inequalities and discrimination in the big data era. Journal of Information Policy，2018，8（3）：1-3.

［11］涂子沛. 数据之巅：大数据革命，历史、现实与未来. 北京：中信出版社，2014：1.

算法伦理

算法伦理是何种伦理?

——以“深度学习算法”为例*

孟令宇

随着科学技术的进步，越来越多的技术之间产生了交叉，计算机科学作为新时代的一种基础科学，成为各个交叉技术领域不可或缺的一环，从大数据到精准医学，无一不需要计算机科学的辅助，而算法作为计算机科学的基础，其伦理问题直接关系到整个计算机科学领域的伦理问题，并由此辐射到现代社会的方方面面。在信息社会中，以前留给人类的操作、决策和选择如今已经越来越多地被委托给了算法。例如，各类应用程序会通过推荐算法告诉用户何时锻炼、如何锻炼、买什么、走哪条路线、联系谁，等等。因此，对算法进行伦理考察，有助于我们解决一些基础问题，从而避免更多的以后可能出现在其他交叉领域的伦理问题。

一、算法概念厘清

当前学术界对各种高新技术的伦理问题研究颇多，但对算法伦理的问题却研究甚少。许多相关领域的相关工作只是在人工智能伦理、监视研究、计算机伦理和机器伦理等领域进行了简单的探讨。所讨论的主题可能只涉及特定类型的算法，而不涉及算法本身。可以看到，

---

* 孟令宇，复旦大学哲学学院博士研究生。

无论是在大数据伦理、精准医学伦理还是在人工智能伦理等领域，学者都提到了在这些领域中可能存在的算法伦理问题，但却几乎没有人将算法伦理单独作为一个领域来研究。事实上，通过对比分析我们就可以看到，无论是在大数据领域、精准医学领域还是人工智能领域，其所涉及的算法伦理问题既有各自的特殊性，也具有高度的相似性。对于这些相似的问题，我们不应当将它们埋没在具体技术伦理领域中，而应当将它们总结抽象出来，作为一种算法伦理集中讨论。李伦等认识到了这一点："代码是完成特定任务的计算机程序、软件或技术架构，代码处于信息开发活动的底层，常被视为单纯的技术现象，因此代码常常处于伦理约束的视野之外，成为一个'隐性问题'。代码既是信息价值开发行为的规范力，也是需要被规范的技术力量。这就要求我们揭示作为信息价值开发手段的代码的普遍性和隐蔽性，将这一'隐性问题'显性化，并将之纳入伦理约束的范围之内，提出包括规范代码的伦理原则、代码的伦理归责、代码的合理性评价标准等在内的伦理约束机制。"[1]这样做的好处是可以为各具体技术伦理领域提供一个基础的伦理参考，从而可以避免在每一个具体的技术伦理领域对类似问题进行重复讨论。

有三个核心概念需要厘清，即"算法""机器学习算法""深度学习算法"。厘清这三个概念及其之间的关系是讨论一切算法伦理问题的前提，如果不首先说明这三个核心概念，就无法对算法伦理下任何判断。因为本文接下来的一切论述都紧紧围绕着这三个概念展开，唯有如此才能确立算法伦理的独立性，而不是使其淹没在其他技术伦理讨论的海洋中。

算法的英文是 algorithm，来自 9 世纪波斯数学家花拉子密（即比阿勒·霍瓦里松，波斯语为خوارزمی，拉丁语转写为 al-Khwarizmi），因为比阿勒·霍瓦里松在数学上提出了算法这个概念。"算法"原为 algorism，即 al-Khwarizmi 的音转，意思是"花拉子米"的运算法则，在 18 世纪演变为 algorithm 并沿用至今。[2]

但正如希尔（Hill）所指出的，当今社会的算法概念已经远远超出算法的初始定义，他提出："我们看到的证据表明，任何程序或决策过程，无论定义多么模糊，都可以在媒体和公共话语中被称为‘算法’。”[3] 在信息时代，算法成了我们生活中不可或缺的一部分，它可以被简单地理解为一种解决问题的方法，不过它是通过计算机语言实现的。

机器学习算法是一类从数据中自动分析获得规律，并利用规律对未知数据进行预测的算法。在算法设计方面，机器学习理论关注可以实现的、行之有效的学习算法。很多推论问题属于无程序可循的难度，所以部分的机器学习研究是开发容易处理的近似算法。[4]

深度学习算法是机器学习算法的一种，指的是一种基于对数据进行表征学习的算法。我们可以使用多种方法来表示某一个观测值。而使用某些特定的表示方法更容易从实例中学到（例如，人脸识别或面部表情识别）。[5] 深度学习运用了这种分层次抽象的思想，更高层次的概念从低层次的概念学习中得到。这一分层结构常常使用贪心算法逐层构建而成，并从中选取有助于机器学习的更有效的特征。不少深度学习算法都以无监督学习的形式出现，因而这些算法能被应用于其他算法无法企及的无标签数据，这一类数据比有标签数据更丰富，也更容易获得。这一点也为深度学习赢得了重要的优势。[6] 澄清这三个概念是极其有必要的，这将在我们之后的分析中体现出来。

二、算法伦理的研究对象

当前学术界对各种高新技术的伦理问题研究颇多，但对算法伦理的问题却研究甚少。这是为什么呢？很大的原因就在于当我们单纯说到算法的时候、不与任何应用领域相结合的时候，我们通常认为算法是价值中立的。但现实是，任何应用领域的算法都会有各种各样的伦理问题。这又是为什么呢？这是因为，算法根本就不是价值中立的，而是价值负荷的！诚然，并不是所有的算法都是价值负荷的，因为并非所有的算法都能表达价值判断，但正如我们在本文第一部分所指出的，算法伦理关涉的是信息时代下通俗的算法概念，而这一类算法绝大多数（如果不是全部）都能够表达价值判断。因此，算法伦理所关涉的算法概念是价值负荷的算法概念，这种算法不仅存在，而且在信息时代普遍存在着。对于算法是否具有价值负荷的争论，其实质是对算法伦理的研究对象的争论，或者说是对算法伦理的类别的争论，即算法伦理应当是一种职业伦理还是一种技术伦理。算法伦理究竟是一种职业伦理还是一种技术伦理，关键就在于其自身是否具有价值负荷。当我们说算法伦理就是一种职业伦理时，实际上就是说如果我们有了一个善的程序员，那么我们就有了一个好的算法。而如果我们将算法伦理作为一种技术伦理，我们就是在说，算法本身是具有价值负荷的，一个算法导致了善或者恶的结果是不以人的意志为转移的。如果算法给出的答案就是真理，或者说所有人都 100%确信算法给出的答案，或许我们就可以忽视算法自身的价值负荷。但现实情况恰恰不是这样，算法通常部署在这样的环境中：更可靠的技术要么是不可用的，要么是实现成本太高，因此很少意味着是绝对可靠的。[7] 所以，讨论算法的伦理问题显然要基于这一现实情况，特别是算法已经发展到了以深度学习算法为代表的机器学习算法阶段。

以深度学习算法为代表的机器学习算法被认为是算法发展的未来，由于它能够像人脑一样工作，能够自主地调整自身的操作参数和决策规则，因此其会带极强的不确定性。随着这种不确定性而来的还有难解性，也就是说，即使我们事后想解释算法为何做出某一决定也成了不可能。学习算法具有不确定性和难解性，对于一个错误的或者说至少是有争议的决策来说，想要确定它仅仅是一个一次性的“错误”还是系统故障抑或是算法偏见是极其困难的。随着算法的自我进化，以及算法与算法之间的互动的增加，这一问题将会变成无解的难题。尽管如此，算法的设计和操作与我们对其伦理含义的理解之间产生的差距会对个人、群体和社会整体产生严重影响。在机器学习的情况下，机器智能不受任何程序或代码的控制。我们无法揭示机器是如何得出一个规则的，以及告诉它某些事情在道德上是正确的或不正确的。[8] 算法的深度学习是以数据为样本信息的，任何有偏差的或者说小概率的数据都有可能对算法的“成长”影响深远，但这是不可追溯的。因此，算法工具本身具有伦理负荷这一点是成立的。至少当一个算法工具面世之后，它就已经具备伦理负荷了，不再以人的意志为转移。

在这里笔者想反驳两种不同的观点：其一是算法价值中立的观点；其二是一种不彻底的算法价值负荷论。

认为算法是价值中立的学者认为，二进制选项，即1-0结构，仍然是所有计算机、智能手机和人工智能的基本架构，很明显1和0都是价值中立的，因而算法也一定是价值中立的，这是一个清晰的逻辑判断。[9]然而，这是一种还原论的思想，与将人类大脑还原为细胞构成，因为单个细胞没有思想，因而大脑也没有思想的逻辑是一样的。这条路是走不通的。事实上，英国布里斯托尔机器人实验室（Bristol Robotics Laboratory）的艾伦·温菲尔德（Alan Winfield）在2015年发表的一份机器人救援实验的研究报告中已经指出，机器人伦理可以被机器学习很成功地替代。我们提供给机器的内存越多，从实践中获得的数据越多，机器人就越能够评估其决策可能会产生的影响，而不需要事先清楚它将做什么。它本身创建了一个不受原始软件控制的算法。[10]认为算法是价值中立的观点或许曾经是有道理的，但现在已经过时了。随着以深度学习算法为代表的机器学习算法发展壮大，认为算法是由人设计的，因此算法的好与坏同程序员的素质直接相关的观点在如今显然已经没有了市场。

此外，还有一种不够彻底的算法价值负荷论。这一观点是由菲利斯塔斯·克雷默（Felicitas Kraemer）等人提出来的。他们认同部分算法是价值负荷的，也认同算法伦理的研究对象就应当是价值负荷的算法。但是他们对于算法的价值负荷说明得不够彻底。他们提出算法具有价值负荷的理由在于："许多（但不是全部）算法隐式或显式地包含基本的价值判断。所谓'基本价值判断'指的是：如果两种算法被设计来执行相同的任务，比如将一个细胞分类为患病或非患病，那么如果一个人不能在不明确或隐含考虑到伦理考虑的情况下理性地选择它们，那么这些算法本质上就是充满价值的。"[11]他们认为算法不可避免地承载着价值，因为操作参数由程序员指定并由用户配置，其目的实质上就是使某些价值和利益凌驾于其他价值及利益之上。他们以医疗图像识别算法为例，认为一个医疗图像识别算法对于图像识别的结果是偏假阴性还是假阳性与程序员在设计算法时设置的参数有关。而程序员在设置参数时就将自己的价值观置入了算法之中，算法也由此具有了价值负荷。这种观念是我们完全反对的，这也将会在之后对于算法伦理的研究内容的讨论中提到。使用这个例子来说明算法本身是价值负荷的实质上是一种倒退，在这种假设中，只要我们有一个好或善的程序员，那么我们就必然能够得到好或善的算法。也就是说，基于这种理由，算法的价值负荷仍然是由程序员所赋予的，算法仅仅体现了程序员的道德判断和价值观。而笔者想说明的是，算法的价值负荷与软件工程师的道德判断和价值观无关，至少在自主学习算法中，没有必然的联系。

需要说明的是，我们坚持认为算法本身就是价值负荷的，算法伦理是一种技术伦理而非一种职业伦理。但这并不是说我们不关注设计算法时程序员的作用。相反，算法伦理作为一种技术伦理，其本身也包含着与职业伦理相重叠的部分。正如刘则渊和王国豫在《技术伦理与工程师的职业伦理》一文中早已指出的那样，技术伦理也必须关注工程技术人员的职业道德和职业伦理，技术伦理学、职业伦理学与责任伦理学三者是带有一定共性的部分重叠交叉的关系。“技术伦理学的研究对象并不是技术与技术活动本身，而是技术活动引起的人与自然、人与人两种关系及其产生的伦理问题。”[12] 同样，算法伦理并非聚焦于程序员的个人道德品德，而是讨论与“算法”这一技术相关的伦理问题，尤其是算法技术自身的特殊性可能会对人类和社会造成的影响。

三、算法伦理的研究内容

在明确了算法伦理的研究对象是价值负荷的算法之后，接下来的任务是明确算法伦理的研究内容，即算法伦理是如何呈现出来的。

一种观点是算法伦理要设计出一种道德算法。这种观点认为：“算法伦理是使算法具有内在的伦理规定性，以一种伦理上的方式运行，并且给出有道德的结果。其主要目标是创建符合伦理准则的算法，在决策时能够遵循伦理准则做出正确的决定……算法伦理最基本的问题是如何使算法具有伦理属性，从而能够进行道德的判断与选择。”[13]不得不说，这一观点在机器学习算法的时代就已经过时了。这一观点建立在这样一种理解上：“随着人类所要解决的问题越来越多，过去算法一般是由几百行或者几千行、几万行代码组成就可以解决问题，而如今几十万行、几百万行等代码都不够，需要上亿行代码才能把问题解决，并且算法的规模还在逐步扩大，走向一种‘巨复杂’状态。”[13]但是显然，正如我们反复强调的那样，以深度学习为代表的机器学习算法与这一定义早已大相径庭。事实是，“多数学习算法可能只需数百行或者数千行代码。相比之下，传统程序则需几十万甚至上百万行代码，并且单个学习算法就可以导出无数个不同的程序”[14]。既然如此，我们不禁要问，当我们在说算法伦理时，我们究竟在说些什么？我们是在说算法应当被如何设计，还是在分析算法工具本身可能会存在的伦理风险？毫无疑问，算法应当被如何设计的问题是一个值得讨论的话题，但它并不具有特殊性。换句话说，无论是算法还是大数据或是其他什么技术，甚至是我们目前已经应用的手机、汽车等，它们都涉及应当被如何设计的问题。为什么算法的设计问题应当被单独提出来呢？或许有人会说，因为算法被设计得不好会带来比其他技术多得多的伦理风险。那么好，我们真正应当研究的是算法能够比其他技术带来多得多的伦理风险的原因，或者说算法会带来伦理风险的特征。也就是说，我们在讨论算法伦理的时候，不是在讨论一个算法应当如何被设计，而是在讨论算法作为一种技术其自身的某些特点要求我们注意某些不可避免的或者说大概率的伦理风险。借用托马斯·豪厄尔（Tomas Hauer）的一句话说就是：“我们关注的是AI会给社会带来什么样的变化，而不是你的智能手表几年后会是什么样子。”[15]同样，对于算法伦理笔者想说，我们关注的是算法对社会的影响，而不是一个道德算法是什么样子的。

还有一种观点主张将道德嵌入算法中去。笔者认为，这一主张是受了“道德物化”思想的影响。“道德物化”的思想由荷兰的技术哲学家维贝克（P. P. Verbeek）提出。他认为，在具体情境中技术物与人共同构成复合的道德行动者，技术物也就具有一定程度的意向性和自由，能够承担起道德调解的作用，因此主张对技术物进行负载伦理价值的设计，使技术物在道德实践中发挥“行动者”的作用，对使用者的行为产生道德引导和规范作用。[16] 这种观点和不彻底的算法价值负荷论是相关的。它们认为在算法的设计过程中会有意或无意地将程序员的价值转移到算法程序中去，或者说将程序员的价值嵌入算法程序中。例如，它们提出“社会偏见可以被个人设计师有意识地嵌入系统设计中，比如，人工调整搜索引擎索引和排名标准”[17]。但这是一种终将过时甚至已经过时的观点。从理论上来说，算法不同于维贝克所提出的那些技术，它并非是与人沟通构成复合的道德行动者。在道德行动中，算法和人不是复合的，而是分离的，在可以预见的未来，机器学习算法将会负责绝大部分的工作，而人类只负责执行算法的决定，这两部分相互独立，至少机器学习算法独立于人，因此“道德算法化”的期望不免将随着学习型算法的蓬勃发展而落空。从实践角度来说，由于算法的复杂性，程序员仅仅能在原则上对算法进行把控。[18] 这也使得将道德嵌入算法不具有现实性。

笔者认为，算法伦理作为一种技术伦理而非一种技术显然不是要设计出一种道德算法，而道德嵌入论在深度学习算法领域显然是无法实现的。算法伦理应当关注算法可能会带来的伦理风险和对人类、社会的影响。而为了应对这些风险和影响，通过与其他相类似的技术伦理类比，笔者认为算法伦理应当是由一系列的中层原则构成的。算法伦理与生命伦理类似，应当是一系列中层原则而不应当是传统伦理理论的套用，这是因为算法伦理和生命伦理尤其是临床伦理一样，通常情况下面临的是一种日常情景下的不确定性问题，在这种情况下通过宣布“我持有某种理论。因此，我的结论或选择是某某”的方式来解决问题是很难令人接受的。这是因为，我们在面对日常情景下的不确定性问题时，我们想知道的是怎样做才是善的，而不是某某理论说的是什么。与伦理理论的抽象说明相比，中层原则更像是日常的道德准则，它们表达了我们对善与恶、是与非的常识性理解。因此，我们可以认为，我们实施由普遍认同的中层原则所支持的决策会比实施基于一般伦理理论的决策更有信心，因为基于伦理理论的决策通常远离日常生活，因此不可避免地会引起更大的争议。[19] 这里我们也可以将算法伦理与大数据伦理做一个对比。对于大数据伦理来说，其核心问题可能是隐私，但对于算法伦理来说，核心的问题应当是公正。但是，正如隐私问题不是一个真正意义上的伦理问题一样（人们往往担心的是隐私被泄露后所带来的不好的结果），我们在讨论算法伦理问题时关注公正问题的目的不在于公正这一概念本身（尽管公正本身就是值得欲求的），而是关注公正背后的问题，即如果算法不公正会带来哪些伦理风险，因此算法伦理中的正当性也不应当诉诸一种讨论公正的伦理理论，而是应当诉诸一系列保证公正后果的中层原则。

对中层原则的使用，我们可以追溯到密尔。他在《功利主义》一书中写道："认为道德规则能加以改进，这是一回事，完全不理会中间层次的概括而试图直接用第一原理来检验每个行为，则是另一回事……无论我们认为根本的道德原理是什么，都需要一些次要的原则来应用它；一切道德体系都不可能没有次要的原则。"[20] 显然，算法伦理是一种技术伦理，也就是一种应用伦理。因此算法伦理的内容不应当是对第一原理的探究，而应当是由一些次要的原则构成，也就是我们说的一系列的中层原则。事实上，我们能找到的最早的有关算法伦理的规定可以追溯到艾萨克·阿西莫夫（Isaac Asimov）提出的"机器人三定律"，这一规定时至今日仍被奉为经典，甚至被与基督教的"十诫"相提并论。[13] "机器人三定律"的内容是：①机器人不得伤害人类个体，或者目睹人类个体将遭受危险而袖手不管；②机器人必须服从人给予它的命令，当该命令与第一法则冲突时例外；③机器人在不违反第一、第二法则的情况下要尽可能地保证自己的生存。[21] 由此可以看到，阿西莫夫的"机器人三定律"就是一系列简单的中层原则。而仅仅从这些中层原则出发，就可以规定机器人的行为标准，同时也为人工智能算法的设计划了界。在算法自我进化的今天，这种方法同样适用，我们只需要找到一些中层原则，一方面，在进行算法设计时将其用作伦理规约，正如我们之前所说过的，这是可以实现的。或许我们不得不承认机器学习算法终有一天会创造出自己的伦理道德标准，但是以这些中层原则作为底色，我们有理由相信这种伦理道德标准也符合人类的伦理道德标准，至少不会相差太远。另一方面，可以借鉴埃齐奥尼（A. Etzioni）等人的主张，在操作算法之外另设一套监督算法。[22] 以这些中层原则为参考设计监督算法，对偏离中层原则的算法及时纠正或停用，就可以最大限度地避免或以一种较好的方式应对算法带来的伦理风险。当然，这些只是架构层面的设想，具体应当选取哪些中层原则、中层原则之间发生冲突时应当以何为重，这些都是算法伦理将要研究的内容，在这里就不展开讨论了。

四、结　论

综上所述，算法伦理是一种技术伦理，它关注如何规约价值负荷的算法。笔者主张通过一系列中层原则来实现这一目的。这些中层原则在进行算法设计时为算法的设计划界，规定哪些可以设计、哪些不可以设计。笔者提倡在未来以这些中层原则为基础，设计出监督算法，对运行中的算法实施监督，避免机器学习算法的自主性使其走上歧途，及时规避可能的道德风险。

参考文献 >>

［1］李伦，孙保学，李波. 大数据信息价值开发的伦理约束：机制框架与中国聚焦. 湖南师范大学社会科学学报，2018，(1)：1-8.

［2］Wikipedia. Algorithm. https://en.wikipedia.org/wiki/Algorithm［2018-11-01］.

［3］Hill R K. What an algorithm is. Philosophy & Technology，2016，29（1）：35-59.

［4］Wikipedia. Machine learning. https://en.wikipedia.org/wiki/Machine_ learning［2018-11-04］.

［5］Glauner P O. Deep convolutional neural networks for smile recognition. IEEE/ACM Transactions on Audio Speech & Language Processing，2015，22（10）：1533-1545.

［6］Bengio Y，Courville A，Vincent P. Representation learning：a review and new perspectives. IEEE Transactions Pattern Analysis Machine Intelligence，2013，35

（8）：1798-1828.

［7］Miller B，Record I. Justified belief in a digital age：on the epistemic implications of secret internet technologies. Episteme，2013，10（2）：117-134.

［8］Weber-Guskar E. Boddington P. Towards a code of ethics for artificial intelligence. Zeitschrift Für Ethik Und Moralphilosophie，2018，1（1）：195-198.

［9］Finn E. What Algorithms Want：Imagination in the Age of Computing. Boston：The MIT Press，2017：15.

［10］Erbas M，Bull L，Winfield A. On the evolution of behaviors through embodied imitation. Artificial Life，2015，21（2）：141-165.

［11］Kraemer F，Overveld K，Peterson M. Is there an ethics of algorithms? Ethics and Information Technology，2011，13（3）：251-260.

［12］刘则渊，王国豫. 技术伦理与工程师的职业伦理. 哲学研究，2007，（11）：75-78.

［13］郭林生. 论算法伦理. 华中科技大学学报（社会科学版），2018，32（2）：40-45.

［14］佩德罗・多明戈斯. 终极算法：机器学习和人工智能如何重塑世界. 黄芳萍译. 北京：中信出版社，2017.

［15］Hauer T. Society and the second age of machines：algorithms versus ethics. Society，2018，55（2）：100-106.

［16］程海东，贾璐萌. 道德物化——技术物道德“调解”解析. 道德与文明，2014，（6）：111-116.

［17］Friedman B，Nissenbaum H. Bias in computer systems. ACM Transactions on Information Systems，1996，14（3）：330-347.

［18］Mittelstadt B，Allo P，Taddeo M，et al. The ethics of algorithms：mapping the debate. Big Data & Society，2016，3（2）：1-21.

［19］Rachels J. Ethical theory and bioethics//Kuhse H，Singer P. A Companion to Bioethics，Second Edition. Hoboken：Wiley-Blackwell，2010.

［20］约翰・穆勒. 功利主义. 徐大建译. 北京：商务印书馆，2017：29.

［21］Wikipedia. Three Laws of Robotics. https://en.wikipedia.org/wiki/Three_Laws_of_Robotics［2018-11-06］.

［22］Etzioni A，Etzioni O. Designing AI systems that obey our laws and values. Social Science Electronic Publishing，2016，59（9）：29-31.

算法中的道德物化及问题反思*

张 卫

一、引 言

“道德物化”（materialization of morality）是当前技术伦理领域中的一个新兴研究方向，其基本内涵是在技术中嵌入道德规范，助推人的行为向善。关于“道德物化”的研究目前主要集中在物理空间的技术上，如常见的减速阀、手推车、音乐楼梯等，而对赛博空间的算法还缺乏足够的关注。然而，随着人类社会智能化水平的提高，算法在人类生产生活中的重要性日益增加，算法已渗透到人类社会的方方面面，越来越多的领域正在被算法所占领。鉴于算法在当今智能时代的极端重要性，本文尝试把“道德物化”理念从技术领域移植到算法领域，其前提可能性如下：不论是技术还是算法，都是人类创造的“人工物”，从本质上讲，它们都是一种变换操作或函数映射，在输入与输出之间建立一种“关系”，按照预定的目的把输入变换为输出。从“关系本体论”的视角来看，技术和算法在本质上都是在信息与信息之间建立“关系”，是一种作为“关系”而存在的人工物，算法和技术一样，都具有结构和功能二重性。唯一的不同在于，二者分属不同的领域，技术存在于现实的物理空间，而算法存在于虚拟的赛博空间；技术处理的对象是“原子”，而算法处理的对象是“比特”。在某种意义

---

* 将刊发于《大连理工大学学报（社会科学版）》2020 年第 1 期。张卫，华中师范大学马克思主义学院副教授。

上我们可以说，技术就是物理空间中的算法，算法就是赛博空间中的技术。

二者本质的一致性为技术伦理领域的分析框架移植到算法伦理领域提供了可能性。借鉴技术伦理的分析框架，算法伦理也可以从“外在主义”和“内在主义”两种进路进行研究。[1]“外在主义”进路的算法伦理主要关注算法中违反伦理要求的方面（如定价算法中的价格歧视、搜索算法中的竞价排名等），其目标是对算法进行伦理的规约，使算法的设计与运行限制在伦理允许的范围之内，抑制其负面伦理价值的出现；“内在主义”进路的算法伦理学主要关注如何发挥算法在解决伦理问题中的积极作用［如共识算法对传统“拜占庭将军问题”（即系统存在可疑节点的情况下如何达成共识）的解决、加密算法对隐私问题的解决等］，其目标是积极主动地把道德规范嵌入算法之中，使算法在助推人们做出合理恰当的决策和行为上发挥更大的作用。当然，算法作为一种智能技术，它与一般技术不同的是，算法还有可能进化出完全自主的道德能动性（moral agency），能够独立地进行道德的推理与决策，甚至像人一样成为真正的道德主体（moral agent），此种情形既不能归入“外在主义”进路，也不能归入“内在主义”进路，而是算法领域中特有的一种运思路径，我们姑且称之为“第三种”进路。本文主要关注的是如何在算法中实现道德的物化，属于“内在主义”进路的算法伦理。

二、算法的价值负载性

与技术伦理类似，算法伦理面临的首要问题是：算法是价值中立的还是价值负载的？如果算法是价值中立的，那么算法伦理就没有存在的必要。因此，我们首先需要对算法的价值负载性进行论证。本文认为，算法与技术一样，也是负载伦理价值的，它既可以引发新的伦理问题或加剧原有的伦理问题，也可以消除和化解原有的伦理问题。算法的价值负载性主要体现在如下三个方面。

第一，算法中预设某种价值立场。人类活动总是伴随着价值维度，算法设计活动也不例外，不论是有意还是无意，算法设计背后都会体现设计者的某种价值预设，“运行参数由开发人员设定，并由用户进行配置，他们出于某种希望结果而把某些价值和利益置于其他价值和利益之上”[2]。例如，在自动驾驶汽车的算法设计中，设计者就不可避免地要在“功效论”和“义务论”等价值原则之间进行取舍，不论最终选择哪种价值原则，设计者总是要预先设定一种价值原则。如果设计者存在某种价值偏见，其算法也会相应地体现其价值偏见性。“人类文化是存在偏见的……算法仅仅是把这种歧视文化归纳出来而已。”[3] 比如，用算法进行面部识别来判断人的性取向、有色人种被算法当作嫌疑犯的概率更高、女性群体在算法设计中更容易被忽略、使用苹果手机的用户被收取更高的费用等，这些算法背后都存在着对某个群体的价值偏见与歧视，其对应的人群分别为 LGBT（女同性恋、男同性恋、双性恋、跨性别的合称）群体、有色人种群体、女性群体、高收入群体。更为严重的是，算法不仅会继承人类的偏见，这种偏见还有可能随着数据的积累和算法的迭代而被强化与放大。比如，在赛博空间中，种族歧视行为的基础不再基于生理特征，而是基于算法的计算结果，“由于网络使种族这种视觉信号变得不可见，因此不同种族的人遭遇伦理问题的可能性比之前任何时候都要大”[4] 42。凯西·奥尼尔（Cathy O’Neil）称这种预设有害偏见的算法为“数学杀伤性武器”[5] v。这些都是由算法背后的价值预设所导致的新的社会伦理问题。

第二，算法的运行结果具有伦理效应。算法被设计出来之后，其自身就具有了一定的相对独立性，甚至会产生一些设计者意想不到的伦理后果。以个性化算法所导致的“信息茧房”效应为例。通常而言，每个人都有属于自己的偏好，在信息内容的取舍上会存在一定的选择性，传播学称这种心理为“选择性心理”，这种现象本无可厚非，但是随着个性化算法的出现，其选择程度被人为地放大和加深了。个性化算法能够对个人的历史数据进行分析，得出个人的行为偏好，并以此为基础为他们提供与其喜好相适应的内容或服务，“从严格意义上讲，搜索算法无法提交不受意识形态影响的搜索结果，而且，这些搜索结果为了取悦我们的个人主义观念，往往会进一步加强我们对某些问题的‘既有看法’，同时，对于与我们现有观点格格不入的那些问题，则会降低其重要程度”[4] 38。个性化算法虽然为我们快速高效地获得想要的信息提供了方便，但这样做的潜在危险是，人们被特定的信息所包裹，无法获得此类信息之外的其他异质信息，世界的丰富性将会被压缩，从而造成人们对世界的感知出现偏差，与之相应的决策也可能出现问题。更为严重的是，它还可能导致社会在公共问题上无法形成共识的严重后果。[6] 8 在个性化算法面前，我们也许真正变成了柏拉图洞穴中的“囚徒”、楚门世界里的“楚门”。

第三，算法与社会规范具有一定的等效性。社会秩序的建构有两只手在起着作用，一只是“有形之手”（法律、伦理、制度等社会规范），一只是“无形之手”（技术、算法等软硬件环境）。社会规范可以建构某种社会秩序，规定人们可以做什么、不可以做什么；技术和算法也可以建构某种社会秩序，也可以规定人们能做什么、不能做什么。不同的是，前者是用语言文字符号来规定的，而后者是用技术、算法本身的构造和功能来实现的。所以，在这个意义上，劳伦斯·莱斯格（Lawrence Lessig）在《代码 2.0》一书中提出“代码即法律”（code is law）的观点。[7] 1 与此类似，技术哲学家卡尔·米切姆（Carl Mitcham）也提出“工程师是没有被社会承认的社会立法者”的观点。[8] 实际上，相比于物理空间的技术，伦理、法律、制度等更具有抽象性和不可见性，但在社会问题的解决路径上，我们更加倚重后者，反而使得前者成为陌生的存在，因此可见可感的反而成了“无形之手”，不可感不可见的反而成了“有形之手”。在此意义上，我们可以说，算法就是赛博空间的社会规范，它在赛博空间的秩序建构中发挥着独特的作用。正如任何社会规范都表现出一定的价值倾向，作为赛博空间社会规范的算法也必然体现一定的价值倾向。以配对算法为例，配对算法中有这样一条规定：只有男性可以主动向女性求婚，女性只能选择同意或拒绝，但可以在最佳人选出现时重新进行选择。从这条规定看，它的本质就是一种行为规则，和我们日常生活中的各种规定没有本质的区别。并且，这条规定明显对男性是有利的，而对女性是不利的。因为配对算法给予了男性更大的主动性，使得男性更容易得到最优的伴侣，而女性则相对处于被动地位，往往只能得到次优的伴侣。[4] 52

总之，算法是负载伦理价值的，其表现大致包括如下几个方面：不确定证据（inconclusive evidence）、不可预测证据（inscrutable evidence）、误导证据（misguided evidence）、非公正结果（unfair outcomes）、转化效应（transformative effects）和可追溯性（traceability）。[2] 其中，不确定证据会导致不正当的行为，不可预测证据会导致不透明性，误导证据会导致偏见，非公正结果会导致歧视，转化效应会对自主性和信息隐私产生挑战，可追溯性会导致道德责任等问题。

三、道德算法及其实现路径

面对算法中存在的伦理问题，我们可以采取上文提到的三种不同的进路来加以应对，但不论何种进路，其结果都是让道德成为算法的有机组成部分，实现算法的道德化，建构“道德算法”。所谓“道德算法”，是“指那些在道德上可接受的算法或合乎伦理的算法，它们使自主系统的决策具有极高的可靠性和安全性。从这种意义上讲，道德算法是实现人工智能功能安全的一项基本原则和技术底线”[9]。它可以从三个层面来被理解：一是算法本身符合伦理的要求，不引发伦理争议；二是算法作为人类道德决策的助手，助推人们做出符合伦理要求的决策；三是算法作为独立的道德主体，能够分辨善恶，并能自主地做出道德决策。这三种理解与瓦拉赫（W. Wallach）和艾伦（C. Allen）所说的“操作性道德”（operational morality）、“功能性道德”（functional morality）和“完全的道德能动性”（full moral agency）三个层次基本对应。当然，这三个层次并非截然对立，而是依次递进并相互关联的。就目前的技术水平而言，让算法拥有“完全的道德能动性”还有很长的一段路要走，甚至能不能最终实现还是一个未知数。

算法目前已经可以帮助人们做许多决策。比如，警察利用算法对高犯罪率地区进行精准预测，可以有效地在重点地区部署警力，从而降低犯罪率；乘客借助算法对飞机票价进行预测，可以以较低的价格买到机票；想减肥的人们借助算法对个人生理机能进行检测和分析，可以及时地改变自己的饮食和锻炼习惯，养成更加健康的生活方式。目前，股票交易、电子商务、自动驾驶、医疗诊断、律师事务、新闻写作、语言翻译、音乐制作、围棋对弈等领域的工作都可以依靠算法自动完成，甚至某些领域已经到了离开算法就寸步难行的地步，算法时代已经悄然来临。正如马克思说一个学科是否被“数学化”是衡量该学科是否成熟的标志一样，一个领域是否被“算法化”也可以作为衡量该领域智能化水平的重要指标。既然算法能够帮助人们在实用方面做出更合理的决策，那么算法可否在道德决策方面帮助人们做出更合理的决策呢？答案无疑是肯定的。算法设计者需要做的只是在算法设计中增加伦理的维度，让算法在决策中考虑进伦理的因素，就可以实现算法的道德化。但是，此项任务对于算法设计者而言，无疑是一种有难度的新挑战，这需要设计者具有“两栖性”，既懂得伦理学知识，又懂得实际的技术方法。在道德算法的实现路径上，目前比较流行的有三种：“自上而下”路径、“自下而上”路径和“混合式”路径。

“自上而下”路径的基本思路是：“如果道德原则或规范可以清晰地陈述出来，那么有道德的行动就转变为遵守规范的问题，人工道德行动者需要做的就是去计算它的行为是否由规则所允许。”[10] 71 这种想法可追溯到莱布尼茨，但是限于当时计算能力的水平，一直没能实现。当今随着超强计算机的出现，这一古老的想法再次焕发了生机。“知识工程”和“专家系统”就是这种思路的具体体现。该进路的优点在于，当所遇情景不超出算法预设的情景范围之时，它能够给出非常可靠的结果，因此该进路早期在人工智能领域十分流行。随着时间的推移，该进路的局限性也逐渐暴露出来：第一，把道德规则转换为形式化的算法存在难度；第二，在多样的道德规则（如功利论、义务论、德行论、阿西莫夫“机器人三定律”等）中选取哪种作为应遵守的规则不容易形成共识；第三，当规则与规则之间出现价值冲突时，需要求助于更高级别的规则，这有可能导致规则的无限后退；第四，算法模型中变量与变量之间的相关性以及对其权重进行赋值时容易带有主观性甚至价值偏见；第五，影响道德决策的相关参数范围不容易限定，这有可能会造成计算量的无限增长，导致所谓的“计算黑洞”。产生这些问题的根源在于，“自上而下”进路试图把所有的道德问题囊括在一个既定的伦理原则下，希望用一套伦理原则应对一切伦理问题，这使得算法的原则性很强，但变通性不足。因此，该进路在早期流行一时之后，目前已经逐渐式微，被后来居上的“自下而上”进路所赶超。

“自下而上”进路来自生物进化的启发，既然道德机制是生命系统经过亿万年的进化而产生的，那么可以让人工智能这一人工生命系统模拟这种进化，自发地产生类似于人的道德机制，即“通过机器学习和复杂适应系统的自组织发展与演化使机器人能够从具体的伦理情境生成普遍的伦理原则”[11]。“自下而上”进路与“自上而下”进路的区别是，前者是数据在先、算法在后，而后者则是算法在先、数据在后。[11] 相比于“自上而下”进路，“自下而上”进路的优势在于，它不需要事先设定伦理原则，只需通过不断的数据训练，学习算法就能够从中自动地生成稳定的道德推理模式，从而获得道德决策能力。这种进路由于更加符合人类自身道德能力的生成过程，因此对于道德算法的实现具有更强的可操作性和现实性。但这并不意味着“自下而上”进路就可以解决所有问题，它同样也有着局限性：第一，它会导致算法的“不透明”。通过机器学习获得的道德算法就像一个黑箱，我们不清楚里面的结构，只知道它能够把有效的输入转化成有效的输出，至于其原理是什么，我们并不清楚。正如伯克所说的，“我在做出对某些人不利的预测时，从来不会给出理由。无论得出什么结论，我都不会解释其中的原因，我的唯一目标就是做出正确的预测”[4] 115。第二，它会继承样本数据中的价值偏见。由于“严重依赖于训练数据样本和特征值的输入，不稳定的对抗样本重复出现可能导致智能机器被误导，基于虚假的相关性做出道德判断，从而做出错误的道德决策”[9]。第三，它的推理模式是一种盖然性关系。这会带来安全性和可靠性方面的担忧，从而影响算法的应用与推广。比如，在利用算法预测犯罪上，“要让预防犯罪部门正常运转，就不能让人们对他们的可靠性产生任何怀疑。无论这一刑事司法系统多高效，只要人们心存疑虑，就不会欣然接受这个系统”[4] 116。所以，“自下而上”的进路还需要结合和吸收“自上而下”进路的优点来弥补其自身存在的不足，“混合式”进路正是为回应这种要求而出现的。

“混合式”进路是结合“自上而下”的“规则驱动”进路和“自下而上”的“数据驱动”进路而形成的一种综合进路。该进路吸收了二者的优点，同时弥补了各自的不足，代表了目前人工智能算法设计的主流。实际上，“自上而下”和“自下而上”只是理论上的一种简单二分，现实操作中并没有这种清晰的分野，“对于复杂任务，工程师通常都是从自下而上的分析开始，去指导自上而下式地组装模块”[10] 102。这三种进路的关系好比是近代西方哲学中唯理论、经验论与康德哲学之间的关系，“自上而下”进路好比是唯理论，它重视先天的规则，而忽视后天的经验；“自下而上”进路则好比是经验论，它重视后天的经验，而忽视先天的规则；“混合式”进路则好比是康德哲学对经验论和唯理论的综合。虽然混合式进路结合了前两种进路的优点，但是也并不意味着就是完美的，它也存在着一定的局限性，依然存在着诸如如何弥合不同的哲学范式与相异的结构体系等问题。

不论采取哪种进路，都要求算法设计者拥有足够的“道德想象力”作为前提。所谓“道德想象力”，是指超越自我和情境的限制，拥有更加宽广的伦理视角和道德感受能力。[12] 202 它具有三方面的内涵：“一是通过情感投射‘设身处地’地为情境所牵涉的每个人的处境着想；二是洞察情境中所有可采取的行为方式和行为倾向，并尝试对其未来行为结果进行富有远见的预示；三是当道德困境处于一筹莫展或非此即彼时，仍继续寻求新的行为选择可能性。”[13]“道德想象力”不是道德知识的简单照搬与模仿，而是在具体的情景中灵活应用道德原则创造性地解决道德问题。用中国哲学的术语来讲，就是在遵守“经”的前提下进行“权”的调整，只有这样才能做到“时中”。这是需要设计者经过长期的实践与体悟才能达到的一种境界。目前，算法中的道德物化在实践中已取得一定的进展，来自不同领域的学者分别开拓出一些可操作的路径。例如，来自计算机领域的学者福戈提出

“劝导技术”（persuasive technology）设计理念和方法，对算法中的道德物化具有重要的指导意义。

四、结语：助推还是操纵？

让算法帮助人们进行道德决策，减少人们做出错误道德决策的机会，这听起来是一个不错的思路，但是，事情总是呈现出矛盾性的一面：如果人的道德决策是在算法的协助下完成的，甚至完全由算法来决定，那么算法对人的帮助究竟是一种“助推”还是一种“操纵”？二者的边界在哪里？比如，2018 年发生的剑桥分析公司以心理研究为幌子非法获得约 5000 万脸书用户个人信息的“剑桥分析事件”，其中所暴露出来的基于用户政治立场的分析而对其选举意向采取的操控行为，使政治选举受到了人为的干扰和影响。在算法全面渗透进人类生活各个领域的现实面前，这一问题担忧将会变得越来越严重。由此可见，与技术中的道德物化类似，算法中的道德物化同样也面临着来自“自由”立场的批评。持该立场的人把“自由”放在价值谱系的最顶端，任何限制或妨碍“自由”实现的行为都是值得怀疑的，哪怕该行为能够对当事人产生有利的结果，因为他们坚信，“不得动用政策或法律确立任何有关好生活的特点观念，而是应当提供中立的权利架构，使人们借以选择他们自己的价值和目的”[14] 5。因此，在这种立场下，不论是“助推”意义上的算法设计还是“操纵”意义上的算法设计都是有问题的，因为二者都妨碍了个人自由的实现。

面对“自由”的批评，我们当然可以从学理上进行反驳，论证自由主义者所说的那种绝对自由是不存在的，有时候甚至是有害的。另外，我们不妨顺着他们的思路，通过拓展“道德物化”的价值范围来实现与自由主义的和解，把他们所崇尚的“自由”价值本身当作一种价值目标在道德物化中予以实现，即把“自由”这种价值物化进算法之中，让算法在守护个人的“自由”中发挥其作用。试看下面这个案例：为了挽救失事飞机上的乘客，一位乌克兰的工程师设计出一种可分离的机舱，当遇到危险情况时，乘客可以通过座椅上的按钮进行投票，当投票结果达到算法规定的比率时，机舱可以与飞机分离，在降落伞和减速机制的保护下平稳着陆。在这种情况之下，算法所实现的目标既不是“助推”也不是“操纵”，而是为个人提供足够的选择空间，让个人自由地在这些可能性中进行选择，这或许是另一种层面的“道德物化”——既不助推，也不操作，而是提供自由。

参考文献 >>

[1] 张卫. 藏礼于器：内在主义技术伦理的中国路径. 大连理工大学学报（社会科学版），2018，(3)：116-121.

[2] Mittelstadt B D，Allo P，Taddeo M，et al. The ethics of algorithms：mapping the debate. Big Data & Society，2016，3（2）：1-21.

[3] 张玉宏，秦志光，肖乐. 大数据算法的歧视本质. 自然辩证法研究，2017，(5)：81-86.

[4] 卢克·多梅尔. 算法时代. 胡小悦，钟毅译. 北京：中信出版社，2016.

[5] 凯西·奥尼尔. 算法霸权：数学杀伤性武器的威胁. 马青玲译. 北京：中信出版社，2018.

[6] 凯斯·R. 桑斯坦. 信息乌托邦. 毕竞悦译. 北京：法律出版社，2008.

[7] Lessig L. Code and other Laws of Cyberspace（version 2. 0）. New York：Basic Books，2006.

[8] 卡尔·米切姆. 工程面临的真正重大挑战——自我认知. 尹文娟，黄晓伟译. 东北大学学报（社会科学版），2016，18（5）：457-463.

[9] 李伦，孙保学. 给人工智能一颗“良芯（良心）”——人工智能伦理研究的四个维度. 教学与研究，2018，(8)：72-79.

[10] 温德尔·瓦拉赫，科林·艾伦. 道德机器：如何让机器人明辨是非. 王小红主译. 北京：北京大学出版社，2017.

[11] 段伟文. 机器人伦理的进路及其内涵. 科学与社会，2015，(2)：35-45.

[12] 佩德罗·多明戈斯. 终极算法：机器学习和人工智能如何重塑世界. 黄芳萍译. 北京：中信出版社，2017.

[13] Johnson M. Moral Imagination：Implications of Cognitive Science for Ethics. Chicago：University of Chicago Press，1993.

[14] 迈克尔·桑德尔. 公共哲学：政治中的道德问题. 朱东华，陈文娟，朱慧玲译. 北京：中国人民大学出版社，2013.

伦理算法的困境本质与破解原则

——一种来自工程师的视角*

张玉宏　秦志光

一、算法的价值

以凯文·凯利（Kevin Kelly）为代表的数据主义认为，整个宇宙就是一个数据流，任何现象或实体的价值，都可体现在对数据处理的贡献度上。[1] 如果把数据处理的流程视作是一种算法的话，那么所有生物体在本质上都是某种生化算法（biological algorithm）。在过去的约 7 万年间，人类的经验是整个世界最为有效的生化算法。但自从阿兰·图灵（Alan Turing）提出“图灵机”概念以后，电子算法（electronic algorithm）开始大行其道，特别是人工智能的出现并获得高度发展之后，人类“生化算法”称霸的观点开始出现危机。[2]

原因并不复杂，随着大数据时代的到来，海量数据扑面而来，人类大脑这个处理器存在很多短板，如记忆力不够久、计算速度不够快等，已经很难胜任海量数据的高效处理。但人类是有智慧的，他们正设法把难以妥善处理的问题“外包”（outsource）给机器，让电子算法为我所用。也就是说，电子算法可视为人类思维的一种物化形式，是人类思维、意志和愿望的一种延展。

人类大脑主要由碳水化合物构成，因此可被称为“碳基大脑”。而

* 张玉宏，河南工业大学副教授；秦志光，电子科技大学教授。

目前机器的核心（即中央处理器或图形处理器）是由晶体硅构成的，故可将其归属为“硅基大脑”。因此，从高度抽象的角度来看，人工智能基本可视为一个由“硅基大脑”替代“碳基大脑”的过程。而“硅基大脑”的灵魂所在，正是一系列的电子算法。因此，从工程实践来看，人工智能的发展历程又可被视为一种电子算法替换人类生化算法的过程。[3]

人工智能专家吴恩达指出，大数据好比基础燃料，算法好比高级引擎，二者相得益彰发挥作用，才能让人工智能这艘火箭成功发射[4]。因此，对于人工智能而言，算法的重要性无论怎么强调都不过分。

二、算法的伦理困境

（一）经典的伦理难题

正如新锐历史学家尤瓦尔·赫拉利（Yuval N. Harari）所指出的，在过去的几千年时间里，人类相信权威来自神祇，只有到了最近几个世纪，权威的来源才从天上看不见、摸不着的神祇，变成有血有肉的人。然而，很快这个权威的来源可能会再次更迭——从人类转到算法。[5]因为人工智能技术的发展，算法在海量数据（也可理解为海量事前经验）的支撑下，其决策的可靠度和可信度已经媲美甚至超越了人类。

于是，世界可能不再是一个自主的、人们单凭努力就能给出精彩表演的剧场。或许有人会质疑，重要的决策通常涉及伦理与道德，而算法不懂这些，所以我们可能永远不会把重要的决定交给算法去处理。然而，就算是伦理和道德方面，也没有证据表明算法的表现会比一般人差。

时至今日，很多原本专属于人类的决定，如智能手机的智能导航系统、电商的协同推荐系统及自动驾驶系统已经开始接手人类的决策，因此困扰人类几千年的道德难题已经赫然摆在算法面前。目前，自动驾驶汽车是最接近大规模商用的人工智能应用。无论美国还是中国，已有多家公司（如谷歌、优步和百度等）开始上路实测自动驾驶技术。因此，找到一些伦理难题的解决方案，已经迫在眉睫。

举例来说，假设有五个孩子在追球玩耍，突然他们随球冲到一辆自动驾驶汽车面前，自动驾驶系统中的决策算法需要很快完成计算并做出判断：要避免撞到这五个孩子的唯一方法就是转进对面逆向行驶的车道上，但这会撞到迎面而来的大卡车，而根据算法推算结果，有80%的概率会让正在后座酣睡的车主丧命，是救违规的五个孩子呢，还是救无辜的车主，算法该如何抉择？

这是“电车难题”（trolley problem）的翻版，该难题是1967年英国哲学家菲利帕·福特（Philippa Foot）提出的思想实验。[6]之所以叫“电车难题”，是因为20世纪60年代哲学家讨论的问题场景是在轨道上行驶的电车，而现在行驶的主体变成了自动汽车。事实上，类似于“电车难题”及各类变种的伦理问题，哲学家已经讨论了几千年，至今并无公认的解决之道。

客观来讲，这类伦理难题自从它被提出之日开始，长久以来对人类行为的影响甚微。之所以会这样，一方面是因为这些所谓的伦理难题大多属于“思想实验”，即是一种没有机会“实践”的无法证实亦无法证伪的想法。此外，即使人们事先为此伦理争论出来一个所谓的“次优解”，人们在紧急情况下，情绪和直觉也会快速接管一切，什么伦理学等理性思维大多会被抛之脑后，基本无用。

上述伦理“思想实验”之所以不容易发生还有一个原因，就是我们假设做出决策的是人，而人是有自由意志的，且能够为自己的行为承担后果，我们通常不会让“两难”的伦理问题发生，从而来为难自己。而一旦驾车的主体是机器，做决策的是算法，则没有主体可以为它的行为承担后果。但随着诸如优步、滴滴等这样的大数据技术公司深入而广泛地渗透到我们的工作和生活之中，这个临时性的决策难题，就有可能变成了整个人类要面对的伦理难题。因此，这类议题必须被给予高度重视。

（二）伦理算法的困顿

哲学家康德（I. Kant）指出，我们永远不能“仅仅把人作为达到目的的手段，而始终要将之作为目的”[7]。这一道德箴言不仅是康德哲学的核心，也成为人们追求平等的本体论根据。这一点在他提出的“定言令式”（categorical imperative）中阐述得最为清楚。[8]定言令式是康德在1785年出版的《道德形而上学基础》一书中所提出的哲学概念。

按照康德的分类，类似于数学中的公理，定言令式是一条适用于任何时代、任何情况、任何场合的绝对道德要求，所有其他的义务和责任都由此产生。这种理性命令的程式就叫作“令式”。令式有两种：如果某种行为无关于任何目的，而出自纯粹客观的必然性，那么这种令式才是“定言令式”；如果行为是实现目的的手段，则被康德称为“假言令式”。在康德看来，每个人都只能把对方当作自由、平等的存在物来对待。“人是目的”的内涵就是一切为了人、以人为本。“而非手段”的意思就是不能把人当成可估价的工具。

回到“电车难题”的讨论上，在极端情况下，汽车非要撞人，撞一个人，还是撞五个人？依据康德的道德“定言令式”，答案就是没有答案。因为从康德的道德“定言令式”出发，很容易推导出，一个人对于全人类，至少在伦理重要性上，二者不分伯仲。因此，在康德看来没有任何理由说明一个人的生命价值就一定低于五个人的。

现在，我们把“电车难题”中的两个选择主体变换一下，是撞孩子，还是撞老人？是撞男人，还是撞女人？是撞科学家，还是撞流浪汉？诸如此类，如果按照康德哲学的讨论模式，前面提及的伦理难题，无论争论再久也同样不会有明确的答案。但是，对于机器而言，算法之所以能够被称为算法，其最重要的特性之一就是规则必须是明确的，答案必须是可判定的。因此，以康德道德哲学为基础构建的伦理算法，注定是无解的，且是不可行的。

哲学家很少对“什么是对的”行为有共识，诸如“电车难题”之类的伦理问题也不例外。比如，以密尔（J. S. Mill）为代表的后果论者的想法肯定不同于康德这样的义务论者。后果论的典型代表是功利主义（亦称效用主义）。功利主义主张，凡是促进最大多数人的利益的行为都是道德行为；反之，凡是减少最大多数人的利益的行为，都是不道德行为。

在功利主义者看来，对于整个人类社会而言，救多个人自然比救一个人更有效用，救人自然比救动物更有效用。因此，在现实世界中，我们绝大多数人是支持利用功利主义来给自动汽车编制算法的。

这个判断是有实验支撑的。2016 年，就有学者在著名的科学期刊《科学》（*Science*）上发表题为"自动驾驶的社会困境"（"The Social Dilemma of Autonomous Vehicles"）的文章[9]。研究者通过在麻省理工学院（Massachusetts Institute of Technology，MIT）网站（http://moralmachine.mit.edu/hl/zh）上做了一个"道德机器"（Moral Machine）的问卷调查，搜集了大量的人们在自动驾驶问题上的社会道德判断。问卷共涉及 13 种情境，提供了形形色色的人群组合和角色扮演：有老有小；有男有女；有好人，有坏人；有胖人，有瘦人；有人类，有动物。面对自动驾驶汽车，假设自己是乘客，在二选一的情况下，你希望牺牲谁而又拯救谁？统计结果并不令人意外，功利主义算法处于绝对支配的地位。

通过前面的讨论可知，康德的义务论并不能作为解决电车难题的算法设计依据，那与义务论针锋相对的功利主义又如何呢？答案还是不能！下面我们来分析一下其背后的原因。

我们知道，将人类的决策思维同步映射到机器世界，本身并不会让人们感到不适应，但问题在于人本身是个自相矛盾的智能生命体，具体到自动驾驶汽车这个议题上亦是如此。展开来说，按照效用主义者的观点，救多个人的确比救一个人更有效用，但如果那个乘客中包括自己呢？则判定的结果就大不一样。对于乘客而言，他们希望的是，自己坐的或买的是那种永远优先保护自己的汽车。也就是说，大多数人都支持自动驾驶汽车使用功利主义算法，支持别人买这样的汽车，但自己却不买。很显然，这会造成一种社会悖论。我们希望别人做的事，自己却不做。结果可想而知，谁也不会做。因此，这种按照功利主义理念设计的汽车，根本无人敢坐、敢买，进而这种汽车也没有方法研发和上市。[10]

然而，令人惊奇的是，作为充满矛盾体的人类群体，并没有因为有各种或隐或显的矛盾而停滞发展。作家菲茨杰拉德在《了不起的盖茨比》中甚至有一句广为流传的论断："同时葆有全然相反的两种观念，还能正常行事，是第一流智慧的标志。"著名的学者钱钟书先生也曾说过，智慧的代价是自相矛盾。于是，吊诡的地方出现了。以模仿人类智能为己任的人工智能，作为一种电子算法，一旦内含矛盾，它就逻辑混乱，寸步难行。因此，我们不能完全照搬人类对伦理的判断，而是要根据机器的特性，赋予算法特有的指导原则，来破解伦理算法的困境。但在此之前，我们需要先分析一下伦理难题的本质，只有这样，才能因地制宜，各个击破。

三、伦理难题的本质

在计算机操作系统中，有个概念叫作临界资源（critical resource）。通常，临界资源也是稀缺资源，它是一种一次仅允许一个进程（或任务）使用的资源。实际上，计算机的世界在某种程度上来说是物理世界的一个缩影。社会也有很多稀缺资源，在关键时刻也只能允许单方使用。每当这个时刻降临时，如果资源不足，那么没有分配到资源的一方，就意味着悲剧降临。例如，器官移植，谁优先获得器官？轮船撞上冰山，谁先上救生船？还有前文我们讨论的"电车难题"变种——自动汽车撞谁、不撞谁？诸如此类的伦理难题，之所以很"难"，在本质上都是把悲剧（如失去生命）分配给谁的问题。美国著名学者卡拉布雷西（G. Calabresi）在其名著《悲剧性选择：社会在分配悲剧性稀缺资源时面临的冲突》中给出了这样的观点[11]。

卡拉布雷西认为，在自然资源限度内，人们必须决定生产多少稀缺物品，同时又必须决定谁能得到这些稀缺物品。前者被称为一阶决定（first-order determination），而后者被称为二阶决定（second-order determination）。显然，伦理难题的难点在于，如何以最小的社会代价实施二阶决定。

通过前面的讨论可知，现在我们面临的困境是，不论是康德的道德算法，还是密尔的效用主义算法，在资源稀缺的前提下，悲剧是势必会上演的。难道我们的技术就此不再推进了吗？难道自动驾驶汽车因此就不上了路吗？当然不会！

在传统的伦理思辨模型中，我们常采用一个两层结构，即从伦理指导原则到人工智能产品（如自动驾驶汽车），而忽略了它的工程实践过程。如果在这个两层结构模型中添加一个工程实践层，用工程师的视角务实审视，谨慎操作，或许很多伦理难题都可以得到破解或者说得到一定程度的缓解。

四、伦理算法的工程处理原则

如何与人工智能和谐共处，或者说，在我们还有控制力的时候，如何给人工智能算法定规矩、划界限，已经不再是抽象的哲学思辨命题，而是极为具体的工程实践问题。对于人工智能算法的工程实践，通常有如下几个原则可供借鉴。

（一）鸵鸟算法原则

鸵鸟算法（ostrich algorithm）在计算机科学领域得到了广泛使用，其含义在于，当我们对某一件事情没有一个很好的解决方法时，那就忽略它，就像鸵鸟在面对危险时，会把它的头深埋在沙砾之中，佯作看不见。这样的做法看起来很笨、很天真，但客观地讲，它同样也是一种不是算法的算法，而且在目前广泛使用的现代操作系统（如Unix、Windows等）中被广泛采用。

鸵鸟算法原则成立且有效的前提是，它假设问题发生的概率很低。比如，在操作系统中，解决死锁（deadlock）问题就常采用这类办法。我们知道，数学家可以追求定理的完备性，哲学家也可以追求道德的“洁癖”，但在现实应用场景中，却很少有用户愿意为避免小概率发生的死锁事件而付出高昂的代价，运行一个极其安全却极其缓慢的操作系统。这就好比，一旦出门，就意味着存在发生意外的风险，但很少有人会因为避免这类极小概率事件的发生而不出门。同样，对于操作系统而言，用户宁愿要缺陷的存在，也不要完美的缓慢。事实上，我们整个社会的发展也是这样，通常我们并不会刻意追求“康德式”道德的达成，而阻碍整个社会的发展。

放到伦理算法的研究上，也有类似之处。诸如“电车难题”等伦理难题，大多都是一种思想实验，即便可能在现实生活中发生，也是极小概率的事件。如果揪住这些有极小概率发生的事件不放，而忽略大部分正常事件的良性发展，就如同“捡了芝麻而丢了西瓜”一样得不偿失。也就是说，在伦理难题的解决方案上，或许我们判断对了困境，却可能关心错了问题。

很多时候，人喜欢强调对与错，追求绝对的公平。但是，从工程师的角度来看，好和坏只是在固定成本下相对的表现。计算机系统内部的设计，无论是软件，还是硬件，都是性能和成本的平衡关系。因此，对于某些伦理困境难题，人工智能算法在工程实践上，采用鸵鸟算法原则，既有先例，亦有工程基础，因此未必不是一种好的策略。

（二）问题消灭原则

或许我们会认为，鸵鸟算法原则太过于被动，是一种无视问题的原则，那么另一种算法工程师容易采纳的原则，就是消灭问题原则。

这要分两个层面来说。第一个层面是，提高算法的性能，不让问题发生。比如，谷歌的算法工程师就认为，“电车难题”实际上是个伪问题。目前，包括机器视觉、深度学习、增强学习、机器人、传感器技术等在内的技术，它们支撑下的“自动驾驶”，仍处在“弱人工智能”范畴，而要实现真正的“自动驾驶”，就要在这些底层技术上获得突破，达到“强人工智能”。到那时，自动驾驶汽车能快速处理速度、距离、天气、路况等信息，采用激光雷达和各类传感器提前感知，提前计算出最合理的方案，那么那些难以抉择的困境，就没有机会发生。这样一来，没有问题发生，自然就无须为解决问题犯难。

第二个层面是，优化问题场景，提高两难伦理难题发生的门槛。我们知道，在现实生活场景中，人们设计了高速铁路和高速公路等封闭或半封闭的运行场景，这大大提高了火车和汽车的运行安全性。在未来，人们完全可能为自动驾驶汽车构建特定的车道，最大限度地杜绝不相干人或物的干扰。在这种封闭或半封闭区域的场景下，由于排除了很多干扰因素，所以问题也可以在很大程度上得以缓解，从而能最大限度地发挥人工智能相关技术的功效。

（三）责任回归原则

前面提及的伦理难题，之前没有获得广泛关注，之所以不是一个大问题，是因为我们假设驾驶者是人，人是有自由意志的，因而可以为自己的行为承担后果。但是如果驾车的是机器，就没有一个可以对自己的行为承担后果的主体了。按过去的理解，这些伦理问题如果得不到解决，自动驾驶汽车是难以上路的。对此，工程师也有自己的处理原则。简单来说，就是责任回归原则，即“谁的孩子谁抱走，谁的问题谁解决”。原来的伦理问题之所以“难”，是因为需要算法替人做出选择。因此，这个问题由人而始，也应因人而终。

于是，工程师可以把这个“烫手山芋”还给问题的提出者——用户自己。就如同我们现在购买一台新的智能手机，在首次开机时，要自主选择语言和界面设置一样，在用户开启自动驾驶模式之前，汽车厂家也会让用户做一套类似于前文所述的 MIT 学者设计的“道德机器”判断题，没有选择完毕之前，汽车是不会开启自动驾驶模式的。一旦选定，那么自动驾驶汽车就会忠实地执行用户的指令。虽然发生车祸时用户并没有选择，但是之前已经做了预判，自动驾驶汽车实际上就是用户的“分身”，用户仍需对自己的选择承担后果。

表面看起来，责任回归原则好像是算法工程师推卸责任之举，但细细思量，其实未必。计算机科学家吴军博士在其著作《智能时代：大数据与智能革命重新定义未来》一书中指出，人工智能从本质上讲是设计者意志的体现，它越强大，人性中的各种品质，如残忍和善良、脆弱和坚强，越会在技术力量的驱使下得到放大。[12]但责任回归原则体现出来的底色是什么呢？那就是人工智能算法的终极裁判权，最终还是由人来做出的。在未来，或许并非技术在代替人类承担责任，而更可能是，人类要在无比强大的技术工具背后，承担更重的道德责任。

（四）多元融合原则

前面的几条原则，都是以算法工程师作为主体而实施的原则，这似乎并没有发挥出机器独有的计算思维特征。下面我们就讨论一下道德算法在计算思维视角下的多样性原则。

通常我们会认为，算法思维只是人类思维的一种物化形式（比如用代码的形式），一旦思维塑造完毕，算法只会坚持原则，而没有灵活性。但事实上，恰恰相反，算法思维不仅可以有原则，而且能够更好地兼顾更多的原则，多原则并存，实际上就是灵活性的体现。而这一点，在某些伦理的约束下，恰恰是人类做不到的。

比如，我们在银行排队办理业务，通常依据的是什么原则呢？一般来说，就是先来先服务（first come first served，FCFS）原则，即谁排队靠前，谁先办业务。这里的伦理约束在于，大家都是平等的。不管你的业务量多少，不管你的业务是否是紧急情况，都不能插队。这就是单一的原则。银行面对众多顾客也没有额外的选择，因为多原则业务办理法，会让某些顾客觉得自己的“合法”利益受到侵犯，哪怕调整一下规则，能在整体上提升全体顾客业务办理的效率也是不行的。理论已经证明，单一原则（如 FCFS）下的社会算法，是最为低效的算法，当然也很难达到全局最优解。

但是，在机器的世界里恰恰相反，因为计算资源稀缺是常态。为了最大限度地获取和利用资源，人们通常会设计多种原则同时使用，除了先来先得原则之外，还有短作业优先原则（即谁的业务量小，谁先办理）、优先权原则（谁的业务重要，谁先办理）、高响应比优先原则（谁等待时间长，谁先办理）。这样一来，某个任务一开始并不是很重要，但由于等待时间已经很长了，它还是有机会（即优先权提升）先办理业务。

在计算机操作系统中，多级反馈队列（multilevel feedback queue，MFQ）调度算法就是这样一种融合多种调度原则的算法。此外，算法思维没有历史惯性，完全可以采纳马尔科夫优先权原则思维行事，采纳多种任务调度方式而毫无负担，所以可以体现出更多的灵活性，更易考虑全局利益，从而可以实现在整体上资源开销最小的情况下，任务完成的效率也最高。

上述算法思维的多样性原则和前面提及的伦理困境解决有什么联系呢？下面我们来分析这个问题。前文我们提到，按照卡拉布雷西的观点，伦理难题的本质是把悲剧分配给谁的问题。类似于计算机临界资源的稀缺，相对于人的欲望，社会资源的稀缺也是一种常态。对稀缺资源的分配，在实际操作中不存在满足各种公平正义要求的正解，但这并不妨碍稀缺资源随时随地都在分配，问题在于如何分配才能使社会代价最小化呢？卡拉布雷西认为，回答这些问题只能是全社会的责任。社会分配悲剧有四个原则——市场分配原则、政府分配原则、随机抽签原则和习俗文化分配原则，但没有哪个原则能长期维持分配的稳定性。

（1）市场分配原则。简单来说，就是价高者得。这种原则透明，不易作弊，但不可避免地把人们认为不可定价的东西，比如生命，也贴上价格的标签。此外，在询价过程中，不可避免地将已有的财富不平等，延展到当下分配的不平等。陈胜吴广的高呼，“王侯将相，宁有种乎”，在某种程度上，就是对这种原则的质疑，因为目前没有任何一个社会，完全允许利用市场的手段来分配一切稀缺资源。

（2）政府分配原则。由于政府执政的基础来自民意，因此也应由政府出面分配稀缺资源。其好处在于政府的决策较能反映民意，但民意如潮汐，有涨亦有落，因此政府的决定随民意而动的话，那么稀缺资源的分配方式就没有一致性，从而导致社会混乱。

（3）随机抽签原则。就是说，把稀缺资源的分配都交给运气，这样看上去是绝对平等，但可能抹杀了被社会珍视的其他伦理观，这种失配会导致另一种不和谐。

（4）习俗文化分配原则。当上述原则难以解决问题时，社会通常也认可用习俗、文化来掩饰悲剧选择的不公。悲剧是一种文化现象，何为悲剧、以何种恰当的方式来处理悲剧，在不同的社会中亦表现得不同。比如，100 多年前的奴隶制度、留存至今的印度种姓制度，在习俗文化的裹挟之下，社会底层的奴隶“心甘情愿”地让渡（或减少）稀缺资源的分配权，但随着社会的变迁，觉醒只是个时间问题。

总而言之，上述原则都有其适用的场景，没有任何一个单一原则能够长期地解决问题。卡拉布雷西认为，单一原则的效果往往不如混合策略的效果来得好。[11] 这个情形和我们前面提及的计算机的多级反馈队列调度算法有非常类似的地方。也就是说，社会的道德算法必然在多个原则中周期性地切换。在某个阶段，某个原则（伦理观）可以占据上风，直到它承载的负能量过多，而其他原则蓄势待发太久（如同某个算法等待时间太长，它的优先级会逐渐提高），于是，当前的稀缺资源分配算法就会被另一种伦理算法所取代。社会道德算法的跨时多元化策略，为相互矛盾但皆有价值的伦理留下了“火种”，并在适时“挺身而出”，以缓解社会冲击。

五、小　　结

人工智能已在我们的工作和生活中扮演着重要的角色。学者多从伦理本身来论证人工智能应该承担的社会责任，但一些伦理难题已在哲学领域争论了数千年，即使视角切换至当前的人工智能大背景，一时也难有服众的结论。但我们知道，人工智能之所以能落地影响我们的工作和生活，这离不开它的工程实践，离不开把人类的“生物算法”物化为计算机使用的“电子算法”。

所有的算法无不是从工程实践的角度出发来落实的，因此本文浅析了缓解人工智能伦理算法的困境所在，并指出伦理难题的本质在于面对稀缺资源进行悲剧性分配时所面临的冲突。然后针对算法的工程实践特性，给出了破解伦理算法困境的几个原则，如鸵鸟算法原则、问题消灭原则、责任回归原则和多元融合原则。

需要承认的是，面临资源稀缺（如生命权）时，悲剧性选择是注定的，或者说所谓伦理困境破解也只是暂时性的缓解，但通过结合人机特性的研究，让人工智能背景下的伦理算法，最大限度地减少全局社会代价，营造社会和谐之美，有着重要且积极的意义。

参考文献 >>>

［1］Kelly K. What Technology Wants. London：Penguin Books，2010.

［2］尤瓦尔·赫拉利. 未来简史. 林俊宏译. 北京：中信出版社，2017.

［3］张玉宏. 深度学习之美：AI 时代的数据处理与最佳实践. 北京：电子工业出版社，2018.

［4］Garling C. Andrew Ng：why“deep learning”is a mandate for humans，not just machines. https://www.wired.com/brand/ab/2015/05/andrew-ng-deep-learning-mandate-humans-not-just-machines/［2019-05-01］.

［5］尤瓦尔·赫拉利. 今日简史——人类命运大议题. 林俊宏译. 北京：中信出版社，2018.

［6］Foot P. The problem of abortion and the doctrine of double effect. Oxford Review，1967，5（4）：5-15.

［7］伊曼努尔·康德. 实践理性批判. 韩水法译. 北京：商务印书馆，2003.

［8］戴维·埃德蒙兹. 你会杀死那个胖子吗？一个关于对与错的哲学谜题. 姜微微译. 北京：中国人民大学出版社，2014.

［9］Bonnefon J-F，Shariff A，Rahwan I. The social dilemma of autonomous vehicles. Science，2016，352（6293）：1573-1576.

［10］王烁. 新电车难题：用算法来分配社会悲剧. https://cloud.teuceut.com/developer/news/180772［2019-05-01］.

［11］盖多·卡拉布雷西. 悲剧性选择：对稀缺资源进行分配时社会所遭遇到的冲突. 徐品飞，张玉华，肖逸尔译. 北京：北京大学出版社，2005.

［12］吴军. 智能时代：大数据与智能革命重新定义未来. 北京：中信出版社，2016.

自动驾驶汽车的事故算法及其限度*

余　露

一、伦理困境与事故算法

“摩尔定律在起作用，墨菲定律也是。”[1] 辛格（P. W. Singer）一语道出很多人对人工智能的隐忧。随着人工智能技术日新月异，更便利、更安全的自动驾驶汽车替代传统汽车逐渐走进我们的生活已成为不可逆转的趋势。然而，无论是因为未知的技术漏洞、微乎其微的故障概率，还是因为糟糕的道德运气（如突如其来的坏天气、猛然闯入的行人或动物），自动驾驶汽车遭遇事故情境在所难免。一如现今日常情境所表明的，刹车并非最安全的、最好的选择；而且，人类由于反应速度的限制，在事故发生的瞬间不可能有足够的时间将自动驾驶汽车的控制权交还给有能力的乘车人（更不论那些没有能力的残障人士或老人等）[2]，因此，自动驾驶汽车在工程者设计、生产厂商出品、使用者上车之时就必须置入相应的道德决策算法，以应对事故情境中的困难选择：按照既定行车轨道撞向行人？拐弯撞向其他路人/动物？拐弯撞向障碍物牺牲乘客？抑或其他选择？

为此，工程师、伦理学家纷纷献计献策，掀起了关于自动驾驶汽车事故算法的讨论热潮。大体而言，这些讨论可以区分为研究方法和实践操作两个层次、“采用何种方法进行探讨”“谁来决定事故算法”

---

* 原载《自然辩证法通讯》2019 年第 1 期。余露，湖南师范大学道德文化研究中心暨人工智能道德决策研究所讲师。

“应用何种规范伦理理论到事故算法中”三类问题。

在研究方法上，讨论围绕如下问题展开：在剖析事故算法的伦理相关点以及探讨事故算法时，我们应该以何种方法进行讨论，方可对实践有所助益？当前大多对自动驾驶汽车事故算法的讨论都借助“思想实验”展开，通过一些经典的思想实验（如电车难题、囚徒博弈）及其变体来呈现自动驾驶汽车可能遭遇的事故类型，分析其中涉及的伦理争议，进而探析可能的诸算法之间的优劣对比。尼霍姆（S. Nyholm）与斯米兹（J. Smids）对此种方法却颇为怀疑。他们指出，自动驾驶汽车的事故算法与电车难题所展示的伦理问题存在如下的差异：“①［多利益主体］集体做出前瞻性规划，规划虑及大量的情境特征 vs 诸个体做出想象的瞬间性决定，决定只涉及少部分直接相关的情境特征；②重视有道德责任和法律责任相关的紧迫问题 vs 将这些问题视作如约定般不相关的问题搁置起来；③关于可能性、不确定和风险管理的推理 vs 关于‘何为已知的完全确定的事实’的直觉判断。”[3] 但是，帕特里克·林（Patrick Lin）却认为这种诉诸真实情境与思想实验之间差异的异议不是好的反驳，它“错失了实验的要点”，“我们的思想实验在刻画那些需要检验的、特定的伦理直觉和原则时依旧有用”[2]。虽未直接参与争论，但另外一些利用网络平台进行问卷调查的方式也提供了一种可能的进路。2015 年 6～11 月，博纳丰（J.-F. Bonnefon）、谢里夫（A. Shariff）和拉万（I. Rahwan）利用“亚马逊土耳其机器人”（Amazon Mechanical Turk，MTurk）平台就自动驾驶汽车的事故算法进行了六组在线调查，获得了 1928 份数据，其数据显示：大多参访者认为功利主义的事故算法更为道德，与之相反，参访者却更愿意购买置入自保算法，而非功利主义算法的自动驾驶汽车。[4] 其后，拉万联合麻省理工学院媒体实验室的其他同事进一步拓展此方法，上线了“道德机器”（Moral Machine）网站（http://moralmachine.mit.edu/），该平台图文并茂地展示了若干事故场景，参访者就随机出现的 13 种场景进行两难选择。该调查旨在“加深我们对人们如何看待机器道德的科学理解……比如，在其他条件相同的情况下，人们是否倾向于将乘客看得比路人重？人们会惩罚非法过马路的行人吗？”[5]

在实践操作上，分歧的焦点主要落在事故算法由谁来决定以及适用何种伦理理论这两个方面。关于前者，分歧在集体强制设定与个人自由选择中彰显；关于后者，目的论与义务论两个阵营的对立延展至此。

康提萨（G. Contissa）、拉吉亚诺（F. Lagioia）和萨尔托尔（G. Sartor）旗帜鲜明地为个人自由选择模式辩护。他们认为，当遭遇不可避免的事故时，自动驾驶汽车采取何种伦理进路的决定应该交由使用者或乘客做出。他们提供了一种伦理上个性化定制的自动驾驶汽车模型，这种自动驾驶汽车有一个伦理旋钮（ethical knob），旋钮可半圈连续旋动：最左侧档位为“利他”，即牺牲乘客以拯救他人；最右侧档位为“利己”，即牺牲他人以自保；居中档位为“不偏不倚”，即赋予乘客或其他人以同等的道德分量，然后依据功利主义原则决策。使用者可依据乘客的数量和年龄或其他因素随时旋动旋钮，确定乘客和第三方在事故决策函数（$x+y=1$）中所占的权重，相应地，使用者也应该承担责任。[6] 但是，帕特里克·林、哥格尔（J. Gogoll）和缪勒（J. Müller）皆对此颇有异议。帕特里克·林指出，个人自由选择可能会带来更多伦理难题，而且会让个体不堪重负。[7] 哥格尔和缪勒则认为个人自由选择事故算法会带来“囚徒困境”，只有政府介入进行强制性的伦理设定方可使得社会全体利益最大化。他们指出，政府应该给自动驾驶汽车生产商引入新的行业标准，即最大化安全、最小化伤害——“功利主义式的自动驾驶汽车”[8]。然而，无论是个人化还是强制性的伦理设定都面临着相当多且颇具挑战性的异议。一种更有前景的进路是孙保学博士提出的。他在分析上述两种可能进路之后，提出了一种混合进路——情境归责的伦理设定。他主张，在以“保护生命安全”原则、非歧视原则为限制性条件的基础上，依据特定情境引入特殊的社会价值因素（如事故责任方承担更多责任、儿童和孕妇享有优先权等），以此作为第二序列参量来进行决策。[9]

无论是支持个人自由选择，还是提倡集体强制设定，人们几乎一致地同意应该依据某些伦理理论提供备选事故算法。然而，究竟应该依据何种伦理理论呢？最可能的选择是目的论，尤其是功利主义式的，它符合我们希望最小化伤害的日常伦理直觉。较早将功利主义引入机器伦理的是格鲁（C. Grau），在他看来，功利主义在历史上遭遇的最具挑战的两大异议——威廉斯（B. Williams）的“完整性异议”和罗尔斯（J. Rawls）的“个人分离性异议”在机器伦理领域都将失去效力，对于没有自我边界的人工行为者（artificial agent）而言，功利主义的道德理论是最好的伦理理论。[10] 自此之后，功利主义式算法被理论家广泛地适用于关于人工智能道德决策尤其是自动驾驶汽车事故算法的讨论中。如上所述，讨论者都不同程度地引入了功利主义式算法，而且，它也是被公众最广泛赞许（虽不接受）的事故算法。但是，科卡-维拉（I. Coca-Vila）通过对当前与事故处理相关的刑事法律的分析指出，功利主义原则无法作为自动驾驶汽车的事故算法依据，事故算法应以义务论为基础。[11] 实际上，早在 2006 年，鲍沃斯（T. Powers）就援引康德的“绝对命令”的三种表现形式——纯粹一致性、常识实践推理和连贯性，提供了一种康德式的机器伦理学。[12] 这种机器伦理学对于普遍性的强调完美地契合了算法的形式化诉求，因而，也被理论家填充进各式内容（如自主性原则、一致性原则等）而适用到事故算法中。2017 年，康德哲学最负盛名的发扬者罗尔斯的理论亦被引入事故算法的设计中。雷本（D. Leben）借助《正义论》中所阐释的“最大化最小值”原则，为自动驾驶汽车设计了一套颇具操作性的罗尔斯式算法。[13]

二、基于伦理理论的事故算法之局限

从上述关于自动驾驶汽车事故算法不甚全面的概观中，我们可以窥视到其所具有的鲜明特征。第一，虽然存在些许异议，但绝大多数讨论都借助思想实验进行。帕特里克·林的回应不无道理，思想实验确实有助于我们澄清和检验那些伦理直觉与原则。现实不容试错，而思想实验则可以让我们发挥想象力去模拟一些特定情境，然后逐一让我们的伦理直觉或特定的伦理理论起作用，静待结果的发生并予以评判。在自动驾驶汽车事故算法的讨论中，无论是科卡-维拉对利己式和功利主义式自动驾驶汽车的批评、雷本对罗尔斯式算法的检验、康提萨等人对伦理旋钮的演示，还是 MTurk 网站和 Moral Machine 网站的问卷调查，都是借助思想实验完成的。思想实验让我们直观地获悉在事故算法中援引不同的伦理理论所产生的结果，进而予以反思。

第二，在思想实验中，“生命”被视为唯一的“目标价值”。哥格尔和缪勒在比较强制性伦理设定与私人化伦理设定的优劣时，便是依据个体的生存概率进行计算的。康提萨等人所设想的伦理旋钮给予了每个个体分配道德分量的自主性，然而，死亡仍是唯一被考量的伤害，结果则依据个体所选择的权重（乘客或第三方在事故函数中的权重）以及死亡的概率予以估算。雷本的罗尔斯式算法虽虑及诸如骨折、颈部扭伤等身体局部伤害，但他指出在挑选最小值时，沿着生存概率的单一维度进行计算（其他身体局部伤害都被换算成生存概率）是可被辩护的，有些看似违背直觉的结果要么并不真正违背直觉，要么是伦理理论必须做出的努力（一定意义上也是必须付出的代价）——伦理理论的系统性、一致性势必会排除那些相互矛盾的诸直觉中的一方。[14] 当然，将生命作为唯一的目标价值，并不意味着关于自动驾驶汽车事故算法的讨论认为生命是唯一相关的价值。正如帕特里克·林所言的，“我们仍然在谈论正义和其他伦理考量，要点是：它不仅仅是个数字游戏”[2]。对生存与否的考量、对风险的分配，本身就是正义问题。而且，在麻省理工学院所进行的问卷调查中，事故场景通过文字描述纳入了很多其他价值考量，诸如社会身份或地位（无家可归者、运动员、总经理等）是否应被赋予道德重要性？藐视交通法规是否应承担相应的责任？年龄（未成年人、成年人）、性别（男性或女性）、物种（人、猫或狗）是不是事故算法的相关要素？

当以生命为指向时，思想实验便在诸生命之间的排他性冲突——“你死我活”中被构建起来，这便是关于自动驾驶汽车事故算法的第三个特征。除孙保学的文章外，实践操作层次的讨论几乎都将生死的对立当作了其面临的问题：在伤亡无法避免的情况下，我们应该尽量减少死亡还是保护乘客？而对于这一问题的回答便凸显了自动驾驶汽车事故算法的最后一个特征：使用规范伦理理论来解决冲突。个人自由选择伦理算法中的“不偏不倚”档位、政府进行强制性的伦理设定是功利主义式算法的“盟友”，它们将功利主义理论算法化：将不同决策下涉事个体按照生存概率、权重等因素所得的生命数值加总后进行对比，择取最大值。伦理旋钮的“利他”档位、康德式机器、罗尔斯式算法是义务论理论的拥趸，援引不同形式的目的论为生命的冲突提供解决原则：“利他”档位表示，在任何情境下，拥有该算法的自动驾驶汽车都会牺牲乘客去拯救他人；罗尔斯式算法则服从“最大化最小值”原则，置入此算法的自动驾驶汽车总是会采取“最小生命值”最大化的那种行为。与此相异却在某种意义上为此提供佐证的进路是MTurk 网站和 Moral Machine 网站的工作，它们收集了大量的数据，却仅仅旨在澄清普通大众关于自动驾驶汽车的伦理直觉，而且，数据的分野恰恰表明我们的伦理直觉是如何得复杂且相互冲突。

理论家为什么倾向于援引理论去为自动驾驶汽车提供事故算法呢？伯纳德·威廉斯的如下说法或许能提供一种解释：“理论所寻找的典型考虑是十分一般的考虑，其特殊内容越少越好，因为理论要做的是系统化，因为理论要把尽可能多的理由当作另一些理由的应用……理论有一个典型的设定：我们也许拥有太多的伦理观念，其中有一些很可能到头来只是成见而已。”[15] 就目前的讨论而言，我们可以从相互关联的两个层次来进行分析。

人们之所以援引理论，是因为我们的伦理直觉过于多元化，有时甚至相互矛盾。当我们面对那些被构想的关于自动驾驶汽车事故的思想实验时，每个道德健全的理性人都会自发地就“我们该怎么做”形成信念，这便是伦理直觉。然而，正如博纳丰等人的调查数据所显示的，我们的直觉是如此得不融贯、不一致：人们普遍认为拥有功利主义式事故算法的自动驾驶汽车最具道德性，但却鲜有人想购买此款汽车。一方面，在道德准许上，我们的伦理直觉偏向于赞许那些确保最大多数人最大功效的行为；另一方面，在理性选择上，我们的伦理直觉又容许我们更偏爱自己——即便牺牲自己，可以创造更多的利益，我们也仍然只追求自己的利益。这两类伦理直觉在不同的情境中很好地引导着我们的伦理评价和行动：当听到消防员不顾自身危险数次冲进熊熊大火中拯救老弱幼小时，我们给予消防员伦理赞许；当获知捐出我们的购房款，可以为非洲人民大大改善卫生条件以降低婴幼儿的死亡率时，绝大多数人仍会选择买房，而且这一选择并不会招致伦理谴责。然而，当这些伦理直觉相遇，共同在自动驾驶汽车的事故算法中起作用时，便可能会导向令人不悦的结论。因此，人们倾向于诉诸伦理理论而非伦理直觉去设置事故算法。

伦理直觉的不一致与冲突促使人们去寻求系统化的理论思考。伦理理论追求系统化，这体现在两方面。首先，提供可辩护的理由去消解冲突："伦理学理论的目的毋宁在于消解冲突，更强意义上的消解冲突：它应该提供某种令人信服的理由去接受这种而非那种直觉。"[15]其次，排斥特殊的考量而追求普遍性、精简化。功利主义、康德式伦理学、罗尔斯式的契约理论典范性地呈现了伦理理论系统化的特征。以功利主义为例，无论是何种版本（行为功利主义、规则功利主义或整全的功利主义等），这一理论都认可两大原则：第一，一切价值都可还原为特定的功效/福利（快乐、偏好的满足、善的客观清单等）；第二，衡量行为对错的标准或为规则、倾向等辩护的理由是最大多数人的最大功效/福利。这一理论极为精简，也不用费劲地调和直觉间的冲突，因为它直截了当地提供了价值标准和通达价值的方式。伦理理论的系统化特征使得它们成为自动驾驶汽车事故算法的宠儿。如上所言，事故算法旨在消解诸生命之间的冲突：我们该将不可避免的伤害分配给谁？无论援引何种理论，它都会为这一冲突提供解决之道。而且，同样吸引人的是，理论普遍性、精简化的特质也有利于算法的实现。

但是，这是否意味着这一关于自动驾驶汽车事故算法的讨论进路可被辩护呢？并非如此。进一步反思，我们将会看到，事故算法的上述特征之间的不兼容性导致了它们的失败。伦理理论都有其不能普遍化的理论假设，依赖于某些特定的伦理直觉。"我们的常识假设一旦联合起来就会迅速导向荒谬的结论，这些假设的一部分必须被抛弃；而不同的理论家在抛弃哪些假设、保留哪些假设方面可能会做出不同的决定。"[16]正如威廉斯所言，即便精简如功利主义，也依赖于两条伦理直觉：一是，只要力所能及，理性存在者必须追求普遍的善，而非部分的善；二是，除第一条原则外，不再需要其他伦理考量。[15]那么，那些倡导功利主义式事故算法的理论家显然错误地设想了他们的问题，减少伤亡和保护乘客之间并没有实质性的对立，因为在功利主义看来，追求普遍的善是理性存在者应尽之责，乘客并不会因其是自己或者与自己亲近的人而获得更多的道德分量，也就是说，保护乘客不可能成为与减少伤亡原则相对立的另一方，它只是减少伤亡原则之下的具体实现而已，与保护乘客相冲突的是撞向行人或第三方。与功利主义类似，罗尔斯的契约理论也会依赖于某些特定的伦理直觉，其中很重要的一条就是，正义原则只适应于分配由社会合作所产生的利益。或者用罗尔斯的话来说就是，正义的主题是社会的基本结构，即“决定社会合作产生的利益之划分的方式”[17]。那么，雷本将“最大化最小值”原则（正义原则之差别原则）应用到自动驾驶汽车的事故算法中则不甚恰当，因为事故算法中作为唯一目标价值的“生命”并不是社会合作所产生的利益，因此它也就不是罗尔斯正义原则（包括差别原则）的适用对象。

三、基于批评性反思的事故算法

大多关于自动驾驶汽车事故算法的讨论因其诸特征彼此冲突而趋向失败。要想为之辩护，我们有两条进路：一是修正目标价值及相关冲突；二是不再诉诸伦理理论。自动驾驶汽车事故算法之所以被热议，就是因为死亡在预想的事故中不可避免，因而，将生命视作唯一的目标价值并将生存冲突视作要直面的问题也就是题中之意了。本文将采取第二条进路，即放弃伦理理论而仅仅诉诸批评性反思（critical reflection）来讨论事故算法。批评性反思与系统化的伦理理论不同，它并不旨在消除冲突，而是希望“在每一个问题上都寻求尽可能多的共享理解，利用所有的伦理资源，只要它们对反思和讨论这个问题有某种意义并能够调动起某种忠诚”[15]。

将自动驾驶汽车事故算法的讨论限制在批评性反思层面而非进一步走向伦理理论的范畴，原因有三。首先，自动驾驶汽车所面临的事故情境复杂且多样，这并非一味追求精简化的理论所能涵盖的。虽然思想实验的方法有助于我们澄清伦理直觉和原则，但正如尼霍姆与斯米兹所言的，自动驾驶汽车的事故情境远比思想实验所呈现的复杂得多，事故算法是多主体、不确定、高风险的前瞻性决策。无论是多个涉事主体、还是多方决策主体，主体的多元化也就意味着其持有的整全性的伦理理论以及行动方式的多元化。另外，未来的不可精确预知源于起作用的价值要素和伦理直觉都随情境发生变化，Moral Machine网站随机所展示的那些纷繁的情境便直观地呈现了这种变化性、不确定性：年龄和性别（女人、老幼会被在道德上优先对待）；遵守法律与否（违反交通法则的人应该承担相应的责任）；社会身份（产生更大社会影响的人可能会拥有更大的道德重要性，反之，流浪汉可能会被给予相对较少的考量）……所有这些价值因素以及与之相应的多样的伦理直觉可能都在发挥作用，自动驾驶汽车所面临的复杂情境显然不是单一的伦理理论所能穷尽的。或者这也是孙保学博士要求在其混合版本的伦理设定中加入第二序列价值考量的重要理由。

其次，存在着不可消解的冲突、不可解决的困境，自动驾驶汽车遭遇的某些事故情境就可能是这样的困境。伦理理论尤其是功利主义、康德式理论和契约理论都试图消解冲突，绝大多数理论家都相信他们可以为困境给出正确的选择，这也正是其理论的要旨所在。然而，如赫斯特豪斯（R. Hursthouse）正确指出的那样，有些冲突是不可消除的，有些困境确实不可解决，“不存在更倾向于采取这个行为而不是那个行为的道德依据”[18]。

最后，伦理理论出现相互融合之势。如赫斯特豪斯所注意到的那样，三种伦理学理论的界限变得越来越模糊。规则功利主义的出现宣告着功利主义对义务论的吸收；康德式的伦理学也不再完全拒斥后果的考量；义务论者和功利主义者承认美德的重要性，并试图在自身理论框架内为其留有空间。比如，德莱夫（J. Driver）就为美德提供了一种后果主义的解释，而奥尼尔（O. O’Neill）则将康德主义与美德伦理学关联起来。赫斯特豪斯期待着“经过所有这三种思路训练而成长起来的未来的道德哲学家，不再有兴趣将自己划分为是遵循这条思路而不是那条思路的群体；这样，所有三种标签可能就仅仅具有历史意义”[18]。这种期许或许不能完全实现，即便实现也需要相当长的时间。但不同伦理理论的彼此吸收、相互融合却正在发生，这一过程实际上也是伦理理论对自身局限性的认识和回应。这无疑给了我们强有力的理由留在批评性反思的层次去讨论自动驾驶汽车的事故算法，我们应该尽可能地调用一切伦理资源，而不管它是何种理论。

因此，我们在设计自动驾驶汽车的事故算法时，应该遵循两大原则：综合化和个性化。首先，我们应尊重复杂的伦理直觉，调用一切伦理资源，因情境采用相应的伦理规则而非伦理理论，正如美国电器和电子工程师协会（Institude of Electrical and Electronios Engineers，IEEE）在谈及A/IS适用经典伦理理论应遵循的三条原则时，既提倡将目标导向的行为（美德伦理学）应用到A/IS，也强调在实际的编程中应采取以规则为基础的伦理学（义务论提供形式系统；目的论可评估行为结果；案例推理进路积累丰富的数据）。[19]我们确实应该充分地吸收与利用美德伦理学、义务论和目的论，与此同时，也应纳入宗教伦理、儒家伦理等伦理理论形态，将所有这些伦理理论形态中的核心思想和重要原则规则化，去除相似、相容的诸规则，以形成备选规则系统库。值得注意的是，这一规则库并不排除相互冲突的规则，也不排除特殊性的规则（只要明晰规则适用的范围），它容许一切可被理性辩护的理论规则和伦理直觉。但是，一些绝对的禁令仍被排除在外，诸如为了取乐而撞向行人或动物。

其次，我们要个性化地对待拥有正常理性（以现行法律为依据）的乘客以及事故场景。并非所有的规则都适用于自动驾驶汽车的事故算法，如上面提到的罗尔斯的“最大化最小值”原则；一条规则也不可能适用于所有的事故场景，需因情境调动规则；每个有能力做出合理的道德决策的乘客也不一定采取相同的规则，应尊重乘客的自主性。

自动驾驶汽车必须预先置入事故算法以应对伤亡不可避免的伦理困难。对此，工程师、伦理学家从研究方法和实践操作两个层次给出了纷繁复杂的方案。其中，绝大多数的方案都将消解诸生命间的排他性冲突作为其目标，进而援引系统化的伦理理论来设计事故算法。但是，这些方案因没有处理好内部诸特征之间的关系而趋向失败。因而，我们应采取不同的进路，即不再倚赖伦理理论，而仅仅诉诸批评性反思。基于批评性反思的事故算法应遵循两大原则：综合化——调用一切伦理资源，形成备选规则库；个性化——乘客自主地因情境采用不同的伦理规则。

参考文献 >>

［1］Singer P W. The robotic revolution. http://www.brookings.edu/research/opinions/2012/12/11-robotics-military-singer［2018-10-01］.

［2］Lin P. Why ethics matters for autonomous cars//Maurer M，Gerdes J C，Lenz B，et al. Autonomous Driving：Technical，Legal and Social Aspects. DOI：10.1007/978-3-662-48847-87，2016：69-85.

［3］Nyholm S，Smids J. The ethics of accident-algorithms for self-driving cars：an applied trolley problem? Ethical Theory and Moral Practice，2016，19（5）：1275-1289.

［4］Bonnefon J，Shariff A，Rahwan I. The social dilemma of autonomous vehicles. Science，2016，352（6293）：1573-1576.

［5］Reese H. MIT's "Moral Machine" crowdsources decisions about autonomous driving，but experts call it misguided. https://www.techrepublic.com/article/mitsmoral-machine-crowdsources-decisions-about-autonomous-driving-but-experts-call-it-misguided/［2018-10-01］.

［6］Contissa G，Lagioia F，Sartor G. The ethical knob：ethically-customisable automated vehicles and the law. Artif Intelligence and Law，2017，25（3）：365-378.

［7］Lin P. Here's terrible idea：robotcars with adjustable ethics settings. https://www.wired.com/2014/08/heres-a-terrible-idea-robot-cars-with-adjustable-ethics-settings/［2018-10-01］.

［8］Gogoll J，Muller J. Autonomous cars：in favor of a mandatory ethics setting. Science and Engineering Ethics，2017，23（3）：681-700.

［9］孙保学. 自动驾驶汽车事故的道德算法由谁来决定. 伦理学研究，2018，（2）：97-101.

［10］Grau C. There is no "I" in "Robot"：robots and utilitarianism. IEEE Intelligent Systems，2006，21（4）：52-55.

［11］Coca-Vila I. Self-driving cars in dilemmatic situations：an approach based on the theory of justification in criminal law. Criminal Law and Philosophy，2018，12（1）：59-82.

［12］Powers T. Prospects for a Kantian machine. IEEE Intelligent Systems，2006，21（4）：46-51.

［13］Leben D. A rawlsian algorithm for autonomous vehicles. Ethics and Information Technology，2017，19（2）：107-115.

［14］余露. 自动驾驶汽车的罗尔斯式算法——“最大化最小值”原则能否作为“电车难题”的道德决策原则？未刊稿.

［15］B. 威廉斯. 伦理学与哲学的限度. 陈嘉映译. 北京：商务印书馆，2017.

［16］Gutman N. Fact，Fiction and Forecast. Indianapolis：Bobbs-Merrill，1965：68.

［17］罗尔斯. 正义论（修订版）. 何怀宏，何包钢，廖申白译. 北京：中国社会科学出版社，2009：6.

［18］赫斯特豪斯. 美德伦理学. 李义天译. 南京：译林出版社，2016.

［19］IEEE. Ethically Aligned Design：A Vision for Prioritizing Human Well-being with Autonomous and Intelligent Systems（Version 2）. 2017：214-216.

自动驾驶汽车的“道德责任”困境*

白惠仁

一、导论：归责的困难

2016年以来，人工智能的突破式发展促进了自动驾驶汽车商用化，进而对人类的伦理规范提出了新的挑战。自动驾驶汽车的商用化趋势迫使人类面对以下至关重要的伦理问题：我们应当把多大的控制权交给自动驾驶汽车？如果自动驾驶汽车在公共道路上致人伤亡，道德责任应如何分配？

2016年5月，一辆特斯拉电动车在美国佛罗里达州以自动驾驶模式行驶时与一辆横穿公路的货车相撞，事故导致电动车车主丧生，这是首例使用自动驾驶功能的交通死亡事故。经过长时间调查，2017年1月，美国国家公路交通安全管理局（National Highway Traffic Safety Administration，NHTSA）公布了调查报告，结果显示事故原因与特斯拉的自动驾驶系统无关，这也意味着特斯拉公司无须承担相应的法律责任。2018年3月19日，在美国亚利桑那州，一辆优步自动驾驶汽车撞到一名女性行人并致其死亡，这是世界范围内首例自动驾驶汽车撞击行人致死事件。事件发生时，优步自动驾驶汽车配有安全驾驶员，且处于自动驾驶模式。事故发生时，这辆优步自动驾驶汽车在最高时速35英里①的道路上以时速38英里行驶，安全驾驶

---

* 原载《大连理工大学学报（社会科学版）》2019年第4期。白惠仁，西安交通大学人文社会科学学院副教授。

① 1英里≈1609米。

员没有收到任何信号，因此未能采取刹车措施。根据警方调查，这起事故的主要责任可能不在优步自动驾驶汽车。

这两起事件已经显示出了自动驾驶汽车引发交通事故的法律责任界定的困难，完全自动驾驶汽车实现商用后，一旦发生交通事故，势必挑战现行的事故归责体系，其中包含设计、制造、用户的多重关系。德国联邦交通与数字基础设施部的《伦理委员会关于自动驾驶及网联汽车的报告》（*Ethics Commission's Complete Report on Automated and Connected Driving*）中明确提出："在自动及网联化驾驶系统中，原先由人承担的责任，转移到了制造商、技术系统运营商，以及基础设施、政策及法律的决策机构之上。关于法律责任的规定，以及在实务中的具体操作，必须充分考虑到这一转变。"[1]

黑文科（A. Hevelke）指出，即使自动驾驶汽车只能减少部分道路交通的伤亡，政府也有义务推动其发展，然而一旦完全无人驾驶汽车上路，就必须明确谁对可能产生的交通事故负有责任。[2] 尼克·贝雷（Nick Belay）分别考察了制造商、个人、保险公司及立法机构在自动驾驶汽车的事故中所发挥的不同作用和承担的不同法律责任，他认为在无人驾驶汽车上市之前，必须要通过法律明确"行使权"和"驾驶权"问题，在此基础上，他进一步提出，新的法律框架应以保护车主或车中乘客的利益为基本原则。[3] 与其结论类似，格雷斯（S. Gless）首先承认了当前人工智能的发展在各个领域所产生的机器决策现象，但同时他认为机器还无法作为现行法律的惩戒对象，因此任何人如果允许机器做出自主决策，都应该能预见到机器总是会失控并且应当为此承担责任。[4] 李（J. Li）等设计了两个网络思想实验，考察了美国公众对于自动驾驶汽车所涉及的事故责任持有怎样的态度，结果显示，公众倾向于认为自动驾驶汽车比人类驾驶者应承担更少的责任，并且他们倾向于认为汽车制造商和政府应承担相应的法律责任，因为他们无法将汽车视作能够为自己行为负责的独立道德主体。该研究还显示，公众倾向于认为应当由相关的伦理研究者和汽车制造商为自动驾驶汽车设计伦理及法律规范。[5] 马克·克凯尔伯格（Mark Coeckelbergh）持更加激进的态度，他认为人工智能技术运用于汽车后，重新塑造了车主和其他交通事故参与者的主体性，通过发现这一经验变化的道德蕴含，他认为这从根本上改变了“责任”的意义，如果承认或部分承认了机器的道德主体地位，自动驾驶汽车自身也作为主体参与到未来可能的交通事故中，那么事故的道德责任界定将被彻底颠覆。[6]

一旦自动驾驶汽车发生交通事故，应当由谁承担责任以及分别应承担怎样的责任？与其相关的事故风险应当如何分配？对这些问题的回答都直接影响到自动驾驶汽车监管及事故追责的立法原则。[7] 例如，德国交通部伦理委员会的《自动化及网联汽车报告》指出：“因激活的自动驾驶系统产生的损害责任，与其他产品责任适用同样的原则。”[1] 这就会直接影响德国自动驾驶汽车事故责任法律的立法方向。本文将首先审视关于自动驾驶汽车事故是否真正存在道德归责的问题，是否需要通过归责的方式才能解决未来可能面对的自动驾驶汽车的事故问题。其次，将讨论在智能系统做出自主道德决策背景下新技术对责任主体的重塑，具体来说，将分别回答：具有智能决策系统的汽车能否成为道德归责的对象；与传统汽车事故的道德归责相比，自动驾驶汽车的使用者将如何承担道德责任。

二、是否存在道德归责问题?

在考察自动驾驶汽车的道德责任主体和道德责任分配之前，需要首先考虑：是否真的存在归责的问题？在自动驾驶汽车的可能事故的处理中是否存在其他替代方案？自动驾驶汽车将通过取代并淘汰驾驶员的方式从根本上改变驾驶这项实践活动的性质，对于自动驾驶汽车来说，在编程没有携带恶意、软件也没有被破坏的情况下，要将它们所造成的危害归类为道德错误是很困难的。当我们决定在道路交通中引入自动驾驶汽车时，也就包含了对其所造成的意外伤害的接受。如果自动驾驶汽车造成的意外伤害不能被视为道德上的过错，那么就可以断言这种责任与自动驾驶车辆的运作无关。虽然自动驾驶汽车可能对造成某种因果意义上的特殊伤害负有负责[8]，但应以自然常态的方式看待这种伤害。在这种情况下，对事故更合理的处理方式似乎是尽量弥补所形成的伤害，即对自动驾驶汽车的伤害采取补偿方式。

补偿机制应该尽可能地消除受害人所受的损害，并且采取保险或其他集体化减轻风险的方案。从这个角度来看，受害者可以随时获得足够多且合理的补偿，而不需要诉诸法律机制，法院也不需要扩大现有的责任模式，以确保受害者能得到补救。因此，将责任排除在讨论之外的好处是在不损害法律原则的前提下，可以顺利地解决实际问题。然而，尽管有充分的理由可以完全回避棘手的责任问题，但由于围绕自动驾驶汽车行使自由决定权的可能原因有很多，所以自动驾驶汽车引起危害的原因界于伤害与破坏之间。换句话说，道德和法律问题的产生是汽车自主运行的直接结果：在众多行动方案中致力于一种方案，并根据一套参数做到这一点。因此，自由决定权是自主性的关键，并通过建立自动驾驶汽车的参数和实际行为程序引入责任概念。然而在实际运行中，自动驾驶汽车的功能性和自主性却由于自主车辆在行驶中伴随的潜在危害而被消解了。实际上，不寻求道德责任而实施补偿机制的前提是，自动驾驶汽车事故并不掺杂任何制造商或编程人员的失误，也并非由使用者或其他传统车辆的驾驶员的错误所引起。换句话说，赔偿机制是基于自动驾驶汽车的完全自主性的，道德上对自动驾驶汽车的不追责是建立在其承担完全道德责任的基础上的，但是，人工智能的道德能动者并不存在。[9]

以上这种观点为政策提供了依据，这些政策可以通过补偿模式来弥补自动驾驶汽车造成的危害，该模式规避了因果关系造成的责任难题，但因为依赖于过度理想化的前提条件而难以成立。那么，另一种不归责的选择是预设统一的规则或政策，所有的自动驾驶汽车均照此行事，那么预先确定的行动准则和政策可能会绕过复杂的责任辩论，这种方式实际上是抛弃了个人主义的责任观念，诉诸一种集体行动。而行动中的自主决策可以用某种统一的算法来代替，该算法决定了自动驾驶汽车在任何特定情况下的行为，并且可以广泛应用和定期更新。[10]

然而，通过规定统一的规则和政策把责任推到一边是有很大风险的，这种做法可能使得不平等观念有变得难以消解的风险。一般的道德责任问题，仍然是以个人自由决定权和自主性为核心的，这代表着一种灵活多变的行动方式。从某种意义上说，责任的关系维度要求对特定情境下与特定行为过程相关的理由进行说明。然而，如果实行统一规则的算法，行为和结果的差异有可能受到严重制约。行动范围的缩减和自由决定权的集中，构成了细微的结构性修正，有可能削弱平等并使不公正永久化，即形成算法歧视。

具体而言，规定行为或不作为的偏好是不可避免的，而潜在的后果是这些预先设定的价值观在实践中会保持一致。这种趋势可能会发展成结构性偏差，在这种偏差中，某些行为会在某些条件下表现出来。这种趋势虽然含糊不清，但这导致了第二个问题，即对自动驾驶汽车的决策将不再是个体松散式的或反应迅速的，而是变得集中、协调和主动。正是由于这些影响的可能性，围绕责任的问题才会被边缘化，因为只有在存在斟酌和偏差的可能性时，问责机制才是必要的。换句话说，人的决定是个人的选择，不需要受到他人在类似情况下的行为影响，也不一定影响到将来面对类似情况的其他人。正是人类做抉择有独立性和意向性的特点，使得人们需要承担责任：依靠自由决定权，人们需要在特定情况下为自己的行为辩护。

统一算法规则的设定避免了个体主义的归责难题，却可能将算法规则中对某一群体的结构性歧视嵌入整个系统并延续下去。诺亚·古德尔（Noah Goodall）提出了统一汽车“道德算法”可能面临的一类悖论：假设一辆自动驾驶汽车马上要撞到障碍物，它可以选择向左或向右急转弯，但左边的“目标”是一个戴头盔的摩托车手，右边的“目标”则不戴头盔，这种情况下应当如何为汽车编程呢？[11]按照直觉，我们会预设算法，让汽车撞向那个在撞击后生存概率最大的目标，即戴头盔的摩托车手。从统计数据来看，不戴头盔的车手发生意外的概率更高，一个好的算法当然应该将概率计算在内，因为任何一家汽车制造商都不希望自己的车发生致命的事故。但这一选择显然是不公平的，一个车手负责任地戴上了头盔，却要受到我们所预设的“道德算法”的“惩罚”，而不戴头盔者却获得了生机，要知道在绝大多数国家不戴头盔都是违反交通法规的。这种“算法歧视”不但违反了道德原则，而且不利于交通管制，随着自动驾驶汽车的商用，此类“道德算法”可能导致一些类似摩托车手的人为了不被当成“靶子”而减少道路安全防护措施。

综合考虑这些因素，自动驾驶汽车的引入可能会带来系统性且基于规则的缺陷，这些缺陷可能会形成算法歧视现象。避免归责的统一政策的方案根植于孤立的、去形式化的思想实验，忽视了现实世界的结果，这些结果来自从个体化的、基于行动角度出发的聚合偏好。这一方案将目光集中在单一情景的原因和后果上，忽略了结果产生模式的多样性，而这些模式是通过孤立伦理学思想实验所无法预测的。以上方案的伦理视角使得累积效应无法被识别，因此，累积效应可能会导致法律上的错误，而最终会造成伤害，甚至导致法律问责的困难。无论是补偿方案还是统一规则的方案，其都试图避免面对自动驾驶技术带来的归责难题，都会带来更加严重的理论困难，更为重要的是，以上的避免问责方案很难应对下游的法律责任。因此，对于自动驾驶汽车的事故责任，在制定明确的法律法规之前，第一步或许是发起一场对自动驾驶汽车道德责任的公开讨论，让参与各方认清问题所在。

三、汽车自身能否作为归责对象？

随着汽车自动化程度的不断提升和未来的商用化，人们对自动驾驶汽车的事故归责也开始从传统的驾驶员逐渐转移到车辆自身。而车辆即使具备智能特征也仍摆脱不了其物的属性，那么自然也不可能拥有与人同等的责任主体地位。在自动驾驶汽车事故中，讨论由汽车自身承担责任在目前看来似乎是一个荒谬的问题。而且，公众似乎也很难在心理上接受一场交通事故的责任人是一辆汽车，当然这一点还需要社会心理学的经验研究结论的支撑。关于自动驾驶汽车道德责任的讨论不应局限于使用自动驾驶汽车及其所谓的客观风险有关的一般责任，也不应局限于汽车的行为、智能、自主性问题，以回应抽象交通状况的客观特征。相反，这些讨论应该反映出用户体验的转变，即新技术如何重塑用户的主观性，以及由此产生的道德后果。具体来说，本部分将讨论自动驾驶技术介入驾驶行为后所造成的“搅动”，以及其对责任主体和责任概念的重塑，从而提出传统的责任概念无法满足当前非完全自主性的自动驾驶汽车的道德追责问题，这就产生了使用者与汽车自身的责任界定的困难。

责任的概念是哲学史上一个长期讨论的问题，需要分析的是责任的条件：实行和追究责任所需要的是什么？在什么条件下才可以实行和分配责任？亚里士多德在《尼各马可伦理学》中已经对此做了经典的描述，他认为，至少在对自己所做的事情负责的意义上，履行责任要求至少满足以下条件。首先，责任人需要控制自己的行为，如果我们缺乏控制，我们就没有责任。例如，我对天气缺乏控制，所以我不对天气负责。相反，为了更接近眼前的问题——我确实可以控制我的车，因此我要对我的驾驶负责。其次，责任人需要知道他在做什么。例如，如果我在睡觉，那么我对我所做的事情不负责；如果我完全清醒，而且我看到我的车正朝一个行人的方向驶去，如果我不改变方向或踩刹车，他很可能会受伤甚至死亡，那么我做任何事情都是有责任的。更普遍地说，了解正在做的事情不仅包括知道如何操作一台机器，还包括了解整个环境。

通常在讨论关于责任的问题时，所有这些都是由伦理学家和法学家从第三人称的角度来判断的，甚至是通过某种“上帝视角”来概述的。然而，责任也可以通过一种不同的、更社会化的、关系性的方式来理解。例如，它可以理解为可回答的[12]，而且在一般情况下责任总是相关的，它是对某人的责任[13]。下面我们将沿着这样一种对责任理解的路径进一步发展一种强调认知和社会关系的责任概念。可以说，责任的要点是我们对他者需要负责，因此我们不应该把注意力集中在责任人身上，而是责任人所需要负有责任的对象身上。而这里的前提条件是：存在我与他者的关系，并且我能够意识到这种关系。这种关系中的他者可以简单地说是人，或者可以有额外的和特定的关系，而特定的关系将影响到我所承担的特定责任。例如，我可能不仅有责任不伤害别人，而且也有责任为那个人提供照顾，因为他是我的家庭成员。交通参与者作为人类不应该伤害别人，这是交通参与者的特定关系赋予他们的特定责任。例如，作为一名司机，我负责我的车里其他人的安全，以及可能参与交通的行人的安全，我将采取行动来确保我所涉及的两种人的安全。此外，在所有这些情况下，如果我和另一个人之间确实存在一种道德上的关系，并且我也知道这种关系，那么我才会承担这种责任。例如，如果有人把一个活人的特征都伪装起来，躺在漆黑的道路上，司机甚至都发现不了他，那么就不可能为撞他的行为负责了。

因此，关于归责问题，关键要看以下两个责任条件是否得到满足：责任人必须能够控制行为并知道自己在做什么；存在一个或一些能够被责任人感知的他者与其在道德上相关。只有当我们知道我们在做什么并且知道我们在为别人做什么时，我们才有可能行使和分配责任，那么研究我们可以知道的东西就变得很重要。例如，驾驶是一种涉及默会知识的技能，我们知道自己在做什么，但也许我们无法向自己和他人解释。这是责任的问题吗？这一疑问在自动驾驶中将变得更为显著。首先，如果我们试图应用亚里士多德的条件，那么自动驾驶汽车可能具有自主做出决策的能力，但基于当前的技术条件，自动驾驶汽车还远没有具备完全的能动性，即它无法“知道”它在做什么，这涉及虚假意识的问题。

当然，有人会说，人工智能的突破式发展也许终将解决这一问题。如果我们承认自动驾驶汽车可以满足上述归责的第一个条件，即其能够控制自己的行为并对该行为具有自我意识，那么面对归责的第二个条件时就会产生困难。在使用者与自动驾驶汽车的交互中，如果因为自动驾驶汽车满足了以上第一个条件而将其视为责任人，那么，问题不仅在于没有意识的机器不能感受到责任，不能真正认识到与道德相关的关系，也不能辨识真正的他人，而且人类会将汽车及其行为视为“机器”行动，也就是说，人类根本不会将汽车及其机器驾驶员视为“他人”。这意味着，就当前汽车的情况而言，使用者已经感觉不到什么是责任了，而且在自动驾驶的条件下，道德责任的关系条件完全缺乏。除非汽车被认为是他者，否则遇到无人驾驶车的人类驾驶员将无法以道德相关的方式与之相关联，而社会关系自治也无法实现。

而如果仍将使用者视为责任人，那么，与机器交互的人类将难以了解新的行为和环境，他们可能无法知道汽车的“意图”，而且，如果他们遇到了机器，他们将很难去承担责任。具体而言，虽然使用者很明显能意识到使用自动驾驶汽车在一般情况下是危险的，但在驾驶的特定情况下，使用者显然是无法控制机器且并不知道机器真正在做什么，更不用说了解环境及其与道德有关的特征。在这种情况下，用户不再是司机，而是成为乘客，而乘客对司机所做的事情不负责，同时司机又已被一台机器取代。这意味着，所有能动性都被转移到机器身上，作为自动驾驶汽车的使用者，我们既不能履行责任，也不能将道德责任归于我们。

以上，我们根据亚里士多德的思路为道德责任设定了认知条件和关系条件，基于目前的技术状况，将自动驾驶汽车作为责任人显然还无法满足认知条件。而如果立足于未来技术发展的可能性，承认机器能够控制行为并知道自己在做什么，就将产生一个基本矛盾：如果将汽车视为责任人，那么其他传统汽车的驾驶员将无法与自动驾驶汽车产生道德关联，除非将自动驾驶汽车视为他者；而如果仍将使用者视为责任人，那么自动驾驶汽车的完全能动性，将导致使用者无法履行责任。因此，在当前的自动驾驶事故归责议题中，机器还无法跨越技术和概念框架的困难，无法作为道德责任的归责对象。[14]

产生上述归责困难的原因在某种程度上是由于人工智能等新技术对传统责任概念的重塑，面对日益增加机器使用及其相关的自主决策情境，我们越来越难以达到道德责任的认知条件和关系条件，也就难以进行明确的归责。负责任的机器使用，需要能够应对机器和人类的不同经验特征的责任概念。从这个意义上说，责任概念是将行为者与行动后果联系在一起的纽带。因此，责任概念在很大程度上取决于其关系背景，责任的适用背景为概念的内容和局限性确定了基调。责任的概念可以被看作是一个总体框架，由环境所决定的适当的和相关的概念构成。不同的含义、限制和后果附属于不同的责任概念，这些概念的反馈决定了“责任”在任何特定情况下的内容和轮廓。因此，利用这些概念可以调整我们对责任问题的期望，并揭示出设定这些概念固有的可能性的界限。总之，草率继承现有的责任概念，可能造成自动驾驶汽车和人类的关系日益脆弱，也无助于缓解对新兴技术的广泛担忧和解决随之而来的责任难题。

四、使用者如何承担道德责任?

正如前文所述，作为新兴技术的自动驾驶在一定程度上重塑了汽车与使用者的内涵界定以及二者之间的关系。因此，对使用者道德责任的讨论也可以区分为两种情况：使用者可以介入汽车控制的非完全无人驾驶和使用者无法介入汽车控制的完全无人驾驶。

在使用者可以干预汽车运行的情况下，使用者自然有义务注意道路和交通，并在必要时进行干预，以避免发生事故。相应地，使用者在发生事故时的责任将基于他没有及时察觉异常并进行干预。当然，如果是这样的话，自动驾驶汽车将因此失去大部分效用：我们不可能让车辆自己去找停车位，也不可能在需要的时候叫车，不能在喝醉的时候用它安全地回家，甚至不得不在自动驾驶功能运行的时候保持高度警惕。然而，这些问题并不具有直接的伦理意义。

只要有证据表明在发生事故的次数方面，人们必须进行干预的系统比自动驾驶车辆的系统做得更好一些，那么就有很多理由支持这样的义务。如果自动驾驶汽车的出现使事故减少了 5%，而让用户承担干预责任将使死亡率再降低 5%，那么这似乎就为使用者创造了一种道德义务，即让使用者警惕自动驾驶汽车可能出现的事故。当然，这项干预的责任仍须限于司机可以合理地预料到危险和及时做出反应的情况。此外，这种归责的做法还能够给予技术一个逐步发展的机会，自动驾驶技术可能会渐进式地发展，从目前的自动化水平到更高阶段，再到完全自动驾驶阶段。然而不利的一面是，在这种情况下，身体有缺陷的人或老人并不适合使用自动驾驶汽车。但是，一旦发展到真正的自动驾驶汽车的阶段，它至少和普通的人类驾驶员一样安全，我们就不得不问这样一个问题：我们是否能够在现实中期望用户在紧急情况下进行有效的干预。当然，这个问题只能在经验数据的基础上得出结论。

然而，事故通常并不容易预见，尤其是在如果使用者没有明显的疲劳、愤怒或分心的情况下。因此，可能很难识别自动驾驶汽车可能发生的危险情况，通常自动驾驶汽车无法控制，更难及时干预这些状况。如果驾驶员必须干预的问题往往是可预见的，那么这就不是问题。但是，如果可能发生的情境已经被写入了系统算法，而使用者在没有事故发生的危险情况下就替换了系统，那么由此会导致更危险的情况。[15] 随着自动驾驶汽车的复杂程度不断提高，使用者干预导致的事故可能会更多。要知道，完全自动驾驶的汽车只有在比一般人驾驶更安全的情况下才会进入市场。如果使用自动驾驶汽车的事故数量更少，那么那些有闲散精力的用户就不太可能完全集中注意力，这就造成了一种两难。因此，与完全的自动驾驶相比，只要随时观察道路并在危险情况下进行干预的行为能够减少交通事故，这种道德归责的做法就是合理的。当然，我们此处讨论的使用者承担干预责任的前提条件能否在实践中成立还需要经验数据的支撑。

那么，当自动驾驶技术发展到完全无人驾驶阶段，使用者无法对汽车进行操作时，使用者对可能的事故是否还要承担道德责任呢？笔者认为，无论使用者能否有效干预自动驾驶汽车的实际运行，他们都对相关事故负有一定的道德责任，这种责任来源于“使用者”这个概念，即只要他们决定使用自动驾驶汽车，他们就承担了可能发生事故的道德责任。这样做的理由是，使用者冒着使用这辆车可能发生事故的风险，并知道和接受了它可能造成事故的风险，使用汽车对他本人和他人都构成了威胁。我们越频繁地使用汽车（特别是在没有必要的情况下），即使我们尽力去安全驾驶，我们也越可能让别人处于危险之中。这是一个被哲学家忽视的道德问题，道格拉斯·胡萨克（Douglas Husak）认为从人驾驶汽车到智能系统驾驶汽车的转变不太可能改变这一点。[16] 当然，驾驶自动汽车出事故的人除了不走运以外，与其他自动驾驶汽车的用户并没有任何区别。如果我们假设自动驾驶汽车的使用是更安全的选择的话，那么他们起码比使用传统汽车的人做得更好。

为了让使用者对事故本身负责，我们必须假定他的坏运气与道德相关，这是托马斯·内格尔（Thomas Nagel）的一个假设。赞成真正的道德运气的论点具有以下简单结构：给出了一个例子，其中的道德评价是没有争议的，但是部分依赖于机会。由于所做事情的具体后果超出了行为者的控制范围，因此，对他所做事情的道德评价似乎也取决于他无法控制的事情，然而这却是一个偶然性的问题。例如，一个人在开车过程中，遵守交通规则、没有喝酒且注意力很集中，但还是发生了交通事故，原因是一个孩子从一排停在街边的汽车后面突然跑到道路中间，司机无法及时停车而造成孩子遇难。内格尔对这种情况的解释是：如果司机完全没有过错，他会对自己在事故中扮演的角色感到很糟糕，但却不必责备自己。因此，这个例子还不是道德上的坏运气。[17]

根据内格尔的观点，只有当司机在一开始就做错了事情，才有可能与道德运气相关。我们只需要为上述例子加入一个前提条件，即司机粗心驾驶，比如速度过快。那么，当孩子遇难后，司机同样会感觉很糟糕，但同时他会意识到如果他开得小心一点，也许孩子就不会死而只是受伤。内格尔的立场是，在这种情况下，无论他是否撞到了孩子，都会造成道德上的差异。粗心驾驶给了些许责备自己的理由，但如果粗心驾驶导致了一个孩子的死亡，责备自己的理由将是非常明显的。因为司机无法预判他的粗心驾驶最终是否会导致交通事故，这似乎就成了一个真正的道德运气的例子。

以上内格尔的立场基于这样一种假设：在无过失的司机和有过失司机之间划清界限是可能的，然而，遵守规则、小心驾驶只会降低他人受到伤害的风险，但却无法将风险降低为零。即使限制其他人的风险，其他人受到伤害的风险也不会降低到零。出于同样的原因，如果一个人使用一辆复杂的自动驾驶汽车发生事故，使用者至少负有部分责任，因为他决定用车时，完全能意识到他可能会撞到其他人。这意味着，如果他的车撞上了另一个人，那么任何一个司机都不会“绝对没有过错”，这是他知道用车要承担的风险。当使用车辆会伤害他人时，某种责任总是可以在道义上得到证明。从我们的直觉出发这可能不是一个大问题，但对于内格尔式的道德运气观点来说却是很要紧的，因为在他看来，只有当使用者"绝对没有过错"时，坏运气在道德上才是无关紧要的，而驾驶行为从来都不是这种情况，无论是传统驾驶还是自动驾驶。

以上我们讨论了在非完全无人驾驶和完全无人驾驶情况下使用者的道德责任。在有责任干预的情况下，这取决于司机是否有机会有效地预测和预防事故，如果使用者从来没有真正的防止事故发生的机会，他都不应对此负责。对此，德国交通部伦理委员会的《自动化及网联汽车报告》明确要求："必须明确区分是无人驾驶系统在工作还是拥有否决权的驾驶员在负责。在非无人驾驶系统中，人机接口的设计必须在每一刻都能清晰辨别：哪一方应该拥有哪种权限，尤其是哪一方应该掌握车辆的控制权。对权限以及相应责任的分配，应该被记录和保存下来，如按照时间点及访问规则的形式。这一点尤其适用于人与系统之间的交接程序。应该形成一套交接流程以及数据记录的国际标准，以确保在汽车与数字技术的国际推广中协议或相关记录文件的兼容性。"[1] 以上这种干预的归责方式立足于自动驾驶技术发展的现实情况，引入了讨论归责问题的"临时"方案。而一旦自动驾驶汽车的发展到了人们无法再有效干预的地步，那么这样做的反事实义务在道义上就是站不住脚的。即使自动驾驶汽车的使用者无法影响汽车的运行，也应该要求他们对这类车辆造成的任何损害负有集体责任。但是，这种责任不应超过使用车辆所承担的一般风险的责任，而实现这一目标最简单有效的方式就是税收或强制保险。

五、结　　论

在自动驾驶汽车可能面临的交通事故中，以前由使用者承担的责任，转移到了制造商、技术系统运营商、使用者、汽车智能系统以及政策和法律的决策机构之上。关于法律责任的规定需要以这一转变为基础，也就是要回答在自动驾驶汽车交通事故中，应当由谁承担责任以及分别应承担怎样的责任。在立法之前，需要充分考虑相关参与各方的道德责任。在讨论自动驾驶汽车事故处理方式时，我们可以选择是否诉诸道德归责。避免道德归责有两种方案——补偿方案和统一规则方案：补偿方案是基于自动驾驶汽车的完全自主性的，道德上对自动驾驶汽车的不追责是建立在其承担完全道德责任的基础上的，而基于当前的技术发展，还无法成立；统一规则方案避免了个体主义的归责难题，却可能将算法规则中对某一群体的结构性歧视嵌入整个系统并延续下去。两种避免道德归责的方案都面临理论困难，因此，参与者承担一定的道德责任是必要的，其中，汽车自身作为机器还无法跨越技术和概念框架的困难，不能作为道德责任的归责对象；而基于道德运气，如果使用者决定使用一辆自动驾驶汽车，这表明他知道用车要承担的风险，一旦发生事故，使用者至少负有部分责任。

参考文献 >>

［1］Federal Ministry of Transport and Digital Infrastructure. Ethics Commission’s complete report on automated and connected driving. https://www.bmvi.de/SharedDocs/EN/publications/report-ethics-commission.html?nn=187598［2018-06-05］.

［2］Hevelke A，Nida-Rümelin J. Responsibility for crashes of autonomous vehicles：an ethical analysis. Science and engineering ethics，2015，21（3）：619-630.

［3］Belay N. Robot ethics and self-driving cars：how ethical determinations in software will require a new legal framework. The Journal of the Legal Profession，2015，40（1）：119-155.

［4］Gless S，Silveman E，Weigend T. If robots cause harm，who is to blame? Self-driving cars and criminal liability. New Criminal Law Review：In International and Interdisciplinary Journal，2016，19（3）：412-436.

［5］Li J，Zhao X，Cho M J，et al. From trolley to autonomous vehicle：perceptions of responsibility and moral norms in traffic accidents with self-driving cars. SAE Technical Paper，2016-01-01（64）.

［6］Coeckelbergh M. Responsibility and the moral phenomenology of using self-driving cars. Applied Artificial Intelligence，2016，30（8）：748-757.

［7］Coca-Vila I. Self-driving cars in dilemmatic situations：an approach based on the theory of justification in criminal law. Criminal Law and Philosophy，2018，12（1）：59-82.

［8］Hart H L A. Punishment and Responsibility：Essays in the Philosophy of Law. Oxford：Oxford University Press，2008.

［9］Wynsberghe A，Robbins S. Critiquing the reasons for making artificial moral agents. Science and Engineering Ethics，2019，25（3）：719-735.

［10］Contissa G，Lagioia F，Sartor G. The ethical knob：ethically-customisable automated vehicles and the law. Artificial Intelligence and Law，2017，25（3）：365-378.

［11］Goodall N. Ethical decision making during automated vehicle crashes. Transportation Research Record，2014，2424（1）：58-65.

［12］Duff R A. Answerability for Crime：Responsibility and Liability in the Criminal Law. Oxford：Hart Publishing，2007.

［13］Coeckelbergh M. Criminals or patients? Towards a tragic conception of moral and legal responsibility. Criminal Law and Philosophy，2010，4（2）：233-244.

［14］Etzioni A，Etzioni O. Incorporating ethics into artificial intelligence. The Journal of Ethics，2017，21（4）：403-418.

［15］Douma F，Palodichuk S A. Criminal liability issues created by autonomous vehicles. Santa Clara Law Review，2012，52（4）：1157-1169.

［16］Husak D. Vehicles and crashes：why is this moral issue overlooked?. Social Theory and Practice，2004，30（3）：351-370.

［17］Nagel T. Moral luck//Watson G. Free Will. Oxford：Oxford University Press，1982：174-186.

人工智能设计的风险及其规避*

闫坤如

人工智能在21世纪不断取得理论和实践突破，成为最有前景的新兴技术之一，但是一些智能机器在实际应用过程当中却造成了意想不到的后果，带来了许多风险。由于技术的双面性，人工智能具有不确定性，人工智能应用后果可能违背人工智能设计者的初衷，这些原因都可能导致人工智能风险。例如，无人驾驶汽车的诞生是为了解放人的双手，却可能潜藏着安全问题；云计算是为了数据挖掘统计的方便，却潜藏着隐私泄露的风险，等等。人工智能在推动社会发展与人类进步的同时，也不可避免地造成了负面影响：对劳动者就业产生了冲击，使一些劳动者面临失业；同时导致社会财富分配的不平衡，进而拉大贫富差距；人工智能还可能影响社会稳定以及人的主体性地位的丧失等；除此之外，技术异化还会带来新的伦理问题。

一、设计是人工智能风险之源

设计是一个问题解决过程，或者说是一个决策过程，是设计主体根据自己的需要，有意识地创造出技术人工物（artifacts）的过程。设计不但是一个科学的发展过程，还是一个创造新物体的技术过程。西蒙（H. A. Simon）提出，“（设计）考虑的是人工物应该是怎样的，也就是什么样的人工物才能实现目的，才能发挥其作用”[1]。人类技术

---

* 原载《理论探索》2018年第5期，收录时有改动。闫坤如，华南理工大学马克思主义学院教授。

行为的主要结果是设计和制造了各种人工物。设计具有两个属性：首先，进行设计是为了达到设计者某一方面的目的，设计望远镜是为了观察浩瀚的夜空，设计情感机器人是为了满足人类的情感需求，设计无人驾驶汽车是为了安全以及在驾驶中解放人类双手，等等；其次，设计体现了主体的意向，在设计主体进行设计之前就有了设计理念与设计思路。冯·赖特（von Wright）也提出从设计主体的目的与意向等方面去阐释的设计逻辑。他认为：如果把 x 称为目的，而 y 是实现目的的手段与行动，那么设计可以用如下表达式表示：

> 某人想得到 x，除非得到 y，否则不可能得到 x，因此必须得到 y。[2]

按照冯·赖特的观点，设计就是为了达到主体的目的而进行的一系列活动，设计必须遵循自然界的规律，违背物理规律就不能制造出人工物，人工智能的设计也不能违背自然科学的规律。人工智能的设计需通过工程师、程序员编写程序、设计算法实现，使设计出来的人工智能产品实现设计者的目的，在设计、制造过程中必须遵循这些科学的规律。

人工智能设计会给个人和社会带来风险，小则造成经济损失，大则威胁社会稳定与生命安全。人工智能风险与设计息息相关，并且可以把设计作为人工智能的风险根源。之所以把设计作为人工智能的风险根源，是因为以下几点原因。

首先，人工智能设计具有目的性。人工智能在制造之初先具有设计理念与设计思路，设计者为了达到目的，在设计中把人工智能的工具理性与价值理性结合起来，价值是设计的核心，人工智能在设计之初已经负载了设计者或者设计团队的意愿与愿望。人工智能产品的设计离不开设计者的努力，设计程序与算法凝聚着设计者的心血和智慧，但是并不是所有的设计者都是“完人”。由于受设计者或者设计团队的偏见、错误认知、价值判断及利益追求等因素的影响，所设计出来的人工智能产品可能存在一定程度的缺陷。人工智能风险很多时候源于设计之初的程序错误或者算法误差，例如，特斯拉自动驾驶汽车伤亡事故，机器人伤人事件，脸书数据预测事故等都涉嫌存在偏见。

这些失败案例可以归结为人工智能系统在设计阶段的错误，从而导致了人工智能风险的产生。人工智能技术探索除了与客观的真理和法则相关，而且其还是包含着人类目的性的社会建构活动。“科学超越了其界限并且将社会及生活的生活条件作为一个实验室，一方面新的知识借助于理论和实验得以有效产生，另一方面却又发生了科学与社会之间的位移，人们可以将此位移尽最大可能地浓缩为一句话：研究上的风险将变成社会风险。”[3]

其次，设计具有不确定性以及不可预测性。技术不但促进了人类进步，还改变了人类的生产生活方式。伽达默尔曾经说过：“20 世纪是第一个以技术起决定作用的方式重新确定的时代，并且开始使技术知识从掌握自然力量扩展为掌握社会生活，这一切都是成熟的标志，或者也是我们文明的标志。”[4] 人工智能技术作为新兴技术具有不确定性，人工智能技术的不确定性可以理解为人工智能技术后果的难以预见性以及难以量化评估性。人工智能的风险还可能由人类的有限理性所致，人类对于风险的评估和预测与风险发生的客观概率之间存在偏差，此外，设计者的初衷和设计出来的产品的实际使用情况并不是完全一致的，有时甚至大相径庭。例如，汽车的设计者与使用者没有想到汽车的使用会发生交通事故以及环境污染的问题，但是汽车的设计和使用确实导致了交通事故与环境污染。人工智能风险源于设计者的有限理性。人工智能产品的设计一般是根据市场需求、设计者的能力、使用者的需要等因素复合而成的。设计者和使用者通过人工智能产品实现一种特殊的“互动”，设计者可以有意地引导使用者使用某些功能或者避免使用某些功能，如在人机交互界面优先推荐本公司的产品。设计者通过使用者的意见和反馈，对算法和程序进行修改，从而实现一个良性互动，但是这种互动往往并不能够真实地反映使用者的意图，相反，在很大程度上是设计者意图的强化，因为存在所谓的“设计黑箱”，使用者是看不到关键的算法和程序的，因此设计的风险不仅仅在于产品的风险。

最后，人工智能设计的特殊性易导致风险。人工智能的功能与设计者的目的有关，而设计者的设计行为是中立的，目的是设计出人工智能的物理结构，让智能机器具有一定的功能，满足人类某一方面的需要。“功能描述自身与结构描述自身都不能完整地描述一个技术人工物的设计；功能设计忽视结构设计的同时，结构设计也缺少了功能设计特性，这就表明在描述人工物时，结构与功能特性都是工程实践中必不可少的。”[5] 人工智能自身有推理能力，并且拥有能够独立做出决策的能力。美国机器伦理学家帕特里克·林（Patrick Lin）认为机器具有“自制能力”，他说：“一旦机器的一部分启动，那么该机器就根据外部环境进行自我反馈运行，而具备在一定时间内不受外部控制的能力。”[9] 智能机器具有不完全受制于人的自主性。人工智能的算法与程序可能带来风险。瓦拉赫（W. Wallach）与艾伦（C. Allen）在《道德机器：如何让机器人明辨是非》中提到：“现今在美国死于医疗事故的人每天有 100～200 人，而且许多医疗事故都与计算机有关系。这些错误诸如发错药、算错药物剂量，每天都导致 100～200 人死亡。我并不确切地知道你们将其中多少人的死因归咎于计算机的错误，但是这个原因占有一定的比例，可以肯定地说，每隔 2～3 个月我们死于计算机错误和医疗事故的人数就抵得上一次‘9·11’。”[6] 通过上述例子我们可知，人工智能的算法错误或者程序错误等特殊性方面可能造成风险。

二、人工智能设计的理论基础分析

人工智能设计与制造的结果是产生具有自我推理能力智能机器，对其风险的研究应该基于对人工智能设计的理论基础的挖掘，我们主要从人工智能是否是道德行动者以及人工智能“道德嵌入”（moral embeddedness）的合理性方面进行分析。

（一）关于人工智能是否具有道德行动者地位的思考

随着智能机器在技术方面不断取得新的突破，智能机器的深度学习能力、面部表情和语音识别能力、大数据和云计算处理速度等能力不断加强与运用，智能机器人在社交、知觉、创造力、自然语言理解等能力上不断突破，可以说，机器越来越像人，那么，智能机器是否像人类一样具有道德主体地位呢？人工智能的功能由人工智能的算法决定，智能机器通过算法对环境中的数据进行分析，从而做出相应的决策与表现出同样的行为。“可以看出这种方法并未假设计算机和大脑在‘硬件’上的相似会超出这样一个范围，即认为两者都是通用的符号处理装置，而且能为计算机变出程序来进行一些基本的信息处理，使它们的功能与大脑的十分相似。”[7]

人与机器有本质的区别，人具有理解能力，而机器不具有理解能力。人具有意向性（intentionality），机器不具有意向性，“意向性被看作是区分个体的人与机器的根本特征之一：机器和人可以做同样的事情，但是人有意向性，而机器没有”[8]。意识只是脑的一种属性，机器与人类可以拥有相同的功能，但是机器没有意向性。虽然人工智能不是道德主体，但是人工智能与人类具有共同的行为。如果人工智能获得与人类相近或者相同的思维能力和推理能力，那么界定人工智能和人类的道德地位也会是难题。人工智能可能导致数据鸿沟、导致对于隐私的忽视；机器学习与图像识别技术让无人驾驶汽车轻松上路，却带来机器设计道德上的伦理困境的思考；等等。人类行为具有复杂性，并不能简单地还原为大脑的结构，人类的大脑到现在为止还是一个未知的“黑箱”。

人工智能技术改变了传统的人与技术的关系，按照美国技术哲学家唐·伊德（Don Ihde）在其《技术与生活世界》一书中从人对技术的感知出发，用“人-技术-世界”的结构分析三者关系问题，提出了人与技术的具身关系（embodiment relations）、诠释学关系、它者关系和背景关系（background relations），四种技术情境下的人、技术与世界的互动关系图式，分别是：

具身关系：（人-技术）→世界

诠释学关系：人→（技术-世界）

它者关系：人→技术-（-世界）

背景关系：人（-技术/世界）[9]

伊德认为：“越接近于技术所允许的隐形性和透明性，就越能扩展人的身体感觉，就越是好的技术。值得注意的是，设计的完善不仅仅与机器有关，还与机器和人的组合有关。机器沿着一个身体的方向完善，并且是根据人的感知和行为塑造的。”[9]设计者在人工智能中占据重要地位，因此，必须关注智能机器的设计主体。

（二）人工智能机器设计“道德嵌入”的合理性分析

人工智能的研究不同于其他的技术人工物的研究，人工智能伦理研究不仅仅关注设计、制造主体的责任，更应该思考人工智能体是否具有道德意识，并且应该关注如何在人工智能体中嵌入与人类主体行为相似的伦理规范。因此，应该在计算机程序中嵌入人类道德，像约束人类行为一样约束人工智能的行为。

人工智能不仅仅是伦理规则的被动中转者，还在现有的道德生态中与其他施事者互动。士兵排雷引发新伦理产生的可能性，如何权衡机器人及其生物的生存地位等伦理问题将成为规范与约束人工智能技术发展的一个重要方面。例如，如果人工智能获得与人类相近或者相同的思维能力和推理能力，如何界定人工智能和人类的道德地位的道德伦理挑战；人工智能可能导致数据鸿沟，导致对于隐私的忽视；机器学习与图像识别技术让无人驾驶汽车轻松上路，却带来机器设计道德上的伦理困境的思考；等等。

人工智能设计不是一个闭环系统，对于人工智能的价值反省与伦理追问也处于发展阶段。如何让人工智能体像道德自主体那样去行动呢？如何为人工智能编写道德代码也被纳入哲学学者的视野。例如，丹尼尔森（P. Denielson）在其著作《人工道德：虚拟游戏的道德机器人》（*Artificial Morality：Virtuous Robots for Vitual Games*）中关注人工智能的道德问题；霍尔（J. S. Hall）关注设计道德机器，2007 年他撰写了《超越 AI：让机器产生良知》（*Beyond AI：Creating the Conscience of the Machine*）；瓦拉赫与艾伦撰写了《道德机器：如何让机器人明辨是非》，试图从道义论、效果论和美德伦理学解决人工智能体的道德问题。

人工智能体的价值可以从外在性与内在性两个层面去分析，人工智能的外在价值表现在人工智能对于公共福祉的贡献，人工智能的内在价值表现在人工智能技术如何形成它对于人类的意义。对于人工智能设计有两种不同的规范进路：一种是职业伦理进路，这是一种“外在主义进路”；还有一种是由荷兰技术哲学家依波·普尔（Ibo van de Poel）等人提出的“内在主义进路”，即人工智能设计应“致力于关于技术发展的一种更加内在主义、经验性的观察，考虑设计过程本身的动态性并探讨该语境下产生的伦理问题”[10]。学者也从内在主义进路出发寻找解决传统伦理问题或者新伦理问题的途径。例如，弗里德曼（B. Friedman）与卡恩（P. Kahn）在1992年提出价值敏感设计（value sensitive design），设计者在设计中保持对技术价值的敏感性，在技术设计中“嵌入道德”。人工智能设计也需要“道德嵌入”，所谓“道德嵌入”是将特定群体认可的价值观与道德标准程序化为道德代码，嵌入人工智能系统，同时内置道德决策场景的指导性抉择标准。对智能系统进行道德训练，使其具备类人的道德推理能力，并利用机器学习算法投射使用者的道德偏好。设计者越来越意识到自身的价值观对设计进程的影响，以及在此过程中他们对于他人价值观的敏感度。设计者在设计想象阶段就应该负载价值，在设计中应该保持对技术价值的敏感性，在技术设计中进行“道德嵌入”。在人工智能设计之初就应该赋予其“善”的设计理念，需要在设计之始就把“善”的观念嵌入智能机器中。旧式的技术哲学家多半是被动反应的，新一代技术哲学家主动出击，他们力图使工程师意识到工程师带来的设计进程的价值，并希望以此去影响技术的价值与设计。

三、基于设计的人工智能风险规避

（一）人工智能设计理念应该立足于规避风险

人工智能设计首先保证智能机器更好地为人类工作与服务，这优先于智能机器的工作效率与功能。人类与智能机器之间的关系不再是过去简单的人与技术人工物之间的主客二分关系，而更多的是协作者甚至更私密的关系。由于人类思维和情感的复杂性与多元性，所以人机关系并不是一个简单的课题。机器人技术要想处理好人与世界的关系，必须把道德嵌入机器人的设计、研发与制造过程中，必须用“善”的理念设计智能机器，约束与规范智能机器的发展。阿西莫夫（I. Asimov）最早提出“机器人三定律”来规范智能机器人的发展：“机器人不可以伤害人类；或者，通过不作为，让任何人受到伤害；机器人必须遵从人类的指令，除非那个指令与第一定律相冲突；机器人必须保护自己的生存，条件是那样做与第一、第二定律没有冲突。”[11]后来又加上第四条准则：机器人不得伤害人类，或者，因为不作为，让人类受到伤害。阿西莫夫机器人定律是康德式的道德律令，认为人类应该制定需要智能机器遵守的道德准则，这是一种自上而下的伦理规范方法，所谓自上而下获得道德的方法是把规范化的价值观当作在自主体的活动中隐含的内容，而不是被抽象地表征出来。除了自上而下的伦理规范，还需要根据人工智能的具体情境设计相应的伦理。通过自上而下与自下而上的伦理规约共同作用，规范人工智能设计。

人工智能在很大程度上取决于程序与算法的学习模型的设计水平，在设计中必须把价值转变成具体的设计要求。机器学习、专家系统、模式识别、自然语言处理、人工神经网络、机器人人工智能技术的应用给自动驾驶、安检等领域带来了新的机遇。人工智能技术应用的快速发展，也带来了很多风险。人工智能设计需要建立一种预防性、前瞻性的责任意识，以责任约束人工智能技术的发展。人工智能设计技术以机器为中心，注重功能设计；以人工智能产品为中心，属于价值创新过程。在人工智能设计中应该以设计者为中心，注重设计的责任问题。

（二）设计公平有利于规避人工智能的社会风险

1880 年，温纳（L. Winner）通过罗伯特·摩斯（Robert Moses）在美国长岛设计的低悬立交桥来阐述设计公平问题，这座桥只可以通过私人轿车，而不能通过大巴车等公共交通工具，这涉及对乘坐公共交通工具的黑人的歧视，通过这个例子温纳提到了设计公平问题。人工智能设计应该关注机会公平与结果公平。

人工智能设计应该关注机会公平。机器人不再是简单的工具，在机器人的设计中应该关注责任伦理，其中，正义原则是机器人设计始终需要贯穿的一个重要原则，机器人的设计要关注公平和正义。机器人设计不应扩大主体间权力、地位上的差距，导致实际上的不公平和不正义。例如，无人机的技术设计、生产需要大量的成本，这导致其价格昂贵，并非所有人都能享受该项技术的成果，这会导致公平性丧失；使用无人机送快递等会造成现有快递从业人员的就业机会不公平。罗尔斯（J. Rawls）提出："所有值得我们注意的伦理学理论都须在判断正当时考虑结果，不这样做的伦理学理论是奇怪的和不可理喻的。"[12]

人工智能设计也应该追求技术结果的公平、正义，包括技术获取途径的公平正义、人工智能涉及不同人群的不同利益等。在机器人的设计中要确保机器人的设计目的是为了人类的整体利益而不是某些个人或者集团的利益；确保人工智能使用致力于大部分人的利益而不是少数人的利益。人类有责任与义务为人工智能设计制定规则，以约束设计者在设计之初考虑到人工智能的社会影响。避免因为人工智能的应用拉大人与人的差距，造成人与人之间的不公平，避免产生社会风险。

（三）人工智能设计应该强调设计者的责任意识

技术哲学价值论研究必须关注设计者的信念、行为以及设计者在技术实践中的作用与责任等研究主题，设计者在人工智能技术发展中不能置若罔闻，更不能袖手旁观，"伴随着技术的发展，需要设计师的全程参与，寻找道德反思的应用，并期待技术设计的社会影响。这种类型的道德规范参与技术发展，而不是将自身置于技术范畴之外"[13]。智能机器的设计者要对可能出现的技术负面效应做出足够的论证，也要充分考虑人工智能技术发展带来的伦理困境，在智能机器的运用过程中不可避免地会面临道德困境，如何使智能机器在面临类似情形时做出最有益于人类的抉择，是设计者要提前思虑的问题。"设计中实现价值的一种方式是将它们转换为规范和设计需求。"[14] 设计道德伦理有两个方面的内容：一是一般的社会道德伦理；二是设计师的职业道德伦理。人工智能设计伦理研究、人工智能的设计和制造应遵循职业道德与社会公德。

除了强调个人的责任意识之外，还要发挥行业协会与国际组织的作用。美国电气和电子工程师协会、美国国家职业工程师协会（National Professional Society of Engineers，NSPE）、美国机械工程师协会（American Society of Mechanical Engineers，ASME）以及美国的伍斯特理工学院（Worcester Polytechnic Institute，WPI）机器人工程师职业伦理都在为人工智能技术的发展提供职业伦理规范。这些行业都认为工程师应具有诚实、公正等职业美德，应该关注安全、健康和公众福利。例如，2002 年美国电气和电子工程师协会给出了机器人的伦理规范：第一个分支为机器伦理学（machine ethics），研究的重点为“赋予机器人伦理原则或者促进机器人解决可能预见的伦理困境，在机器人自主做决定的时候，提高它们的道德考量比重”[15]；第二个分支为机器人伦理学（robot ethics），主要关注人类在设计、使用操作过程中与机器人交流互动的伦理问题。2017 年美国电气和电子工程师协会宣布了三项新的人工智能发展标准，发布了《合乎伦理的设计：将人类福祉与人工智能和自主系统优先考虑的愿景》报告，呼吁将人类规范和道德价值观嵌入人工智能系统中，要关注人工智能设计的正义性，避免人工智能设计的不公平、使用的不公平，以及算法歧视等社会问题，避免人工智能对社会稳定的冲击，规避社会风险。其他的国际组织也关注人工智能的发展。2016 年欧洲议会发布的关于人工智能和机器人的报告，表达了其对于机器人将给人类带来的风险的关注，包括安全、隐私、诚信尊严、自主等方面。[16] 2017 年 1 月在美国召开了“阿西洛马会议”，人工智能产业界、政府部门、学者共同关注人工智能风险，并且提出了《阿西洛马人工智能原则》（*Asilomar AI Principles*）来规范人工智能的发展。《阿西洛马人工智能原则》要求人工智能设计的伦理应该追求技术结果的公平、正义，包括人工智能技术获取途径的公平正义，以及人工智能涉及不同人群、不同利益相关者的不同利益等，必须先保障公平与正义，才能规避社会风险。人工智能设计主要涉及三个维度的问题：“首先是人类创造和雇佣机器人的伦理；其次是将人类的伦理观念嵌入机器人当中；最后是人类如何看待智能机器人的伦理。”[17] 处理好人工智能的研制、设计以及正确对待人工智能产品，才能有效地规避风险。人工智能设计应该关注人工智能的设计和制造应遵循的伦理准则。荷兰技术哲学家维贝克（P. P. Verbeek）提出技术对人类行为有调节作用，因此设计活动天然地包含一种伦理导向和伦理意义，人工智能的设计也包含了道德伦理的因素，在人工智能设计过程当中就需要将正义等道德因素嵌入机器人的设计过程当中，因此他指出：“如果伦理学是关于人如何行动的，设计师帮助塑造技术如何调节人的行为，那么设计应该被视为‘做’伦理学的一种物化形式。”[18] 首先，要使人工智能的设计与人类社会价值观保持一致；其次，人工智能设计还要研究如何善用和阻止恶用人工智能，使人工智能造福于人类。

综上所述，在智能机器人的设计、研制和发展进程中，注重科学与伦理的求真和求善的协调发展，重视设计伦理和过程监控，规范和约束智能机器的发展，既能保证智能机器技术更好地为人类所用，又能使智能机器人更好地服务于人类社会。同时，在机器人研制、设计等过程中应与伦理紧密联系，注重程序正义和结果正义。

参考文献 >>

［1］Simon H A. The Sciences of the Artificial. Cambridge：MIT press，1996：4-5.

［2］Wright G H V. Practical inference. The Philosophical Review，1963，72（2）：159-179.

［3］汉斯·约纳斯. 技术、医学与伦理——责任原则的实践. 张荣译. 上海：上海译文出版社，2008：304-305.

［4］伽达默尔. 科学时代的理性. 薛华，高地，李河，等译. 北京：国际文化出版公司，1988：63.

［5］Kroes P. Coherence of structural and functional descriptions of technical artefacts. Studies in History & Philosophy of Science Part A，2006，37（1）：137-151.

［6］Wallach W，Allen C. Moral Machines：Teaching Robots Right from Wrong.

Oxford & New York：Oxford University Press，2008：22.

［7］Newell A，Simon H A. Computer Simulation of Human Thinking. Science，1961，134（3495）：2011-2017.

［8］玛格丽特·博登. 人工智能哲学. 刘西瑞，王汉琦译. 上海：上海译文出版社，2001：10.

［9］Ihde D. Technology and the Lifeworld：From Garden to Earth. Bloomington：Indiana University Press，1990：72-112.

［10］Poel I V D，Verbeek P P. Editorial：ethics and engineering design. Science Technology & Human Values，2006，31（3）：223-236.

［11］阿西莫夫. 银河帝国 8：我，机器人. 叶李华译. 南京：江苏文艺出版社，2013：2.

［12］约翰·罗尔斯. 正义论. 何怀宏，何包钢，廖申白译. 北京：中国社会科学出版社，1988：27.

［13］Verbeek P P. Accompanying technology：philosophy of technology after the empirical turn. Techné：Research in Philosophy and Technology，2010，14（1）：49-54.

［14］Poel I V D. Translating values into design requirements//Michelfelder D P，McCarthy N，Goldberg D E. Philosophy and Engineering：Reflections on Practice，Principles and Process. Dordrecht：Springer Netherlands，2013：253-266.

［15］Anderson M. Machine Ethics. Cambridge：Cambridge University Press，2011：1.

［16］EU Parliament. Draft report with recommendations to the commission on civil law rules on robotics. http://www.europarl.europa.eu/sides/getDoc.do?pubRef=-//EP//NONSGML+COMPARL+PE-582.443+01+DOC+PDF+V0//EN.p.7［2016-05-31］.

［17］Asaro P M. What should we want from a robot ethic? International Review of Information Ethics，2006，（6）：2-8.

［18］Verbeek P P. Moralizing Technology：Understanding and Designing the Morality of Things. Chicago and London：The University of Chicago Press，2011：91.

责任伦理视角下人工智能风险规避研究*

张　旺

科技飞速发展到当今时代，对人类社会产生的影响更为多维和深刻，这种特有的技术双刃剑风险属性，给人们的触动已经不仅仅局限于技术本身或者现实世界，更多的是带来了关系人类长远命运的伦理道德关切。人工智能技术同样如此，随着这一技术的迅猛发展和广泛使用，人工智能的发展红利已经开始涉及诸多层面，在机器人、无人驾驶、智能家居、智能教育、智慧医疗等垂直细分领域发挥了重要功效，但也因此带来了诸多风险问题，如数据隐私权、算法歧视、技术滥用等。如何有效利用人工智能技术，科学规避其带来的风险挑战，已经成为社会各界普遍关注的重要问题。

一、基于责任伦理的人工智能风险规避的可接受性

技术在发展进步的演变旅程中始终充盈着未知风险，这些风险有时能在很大程度上激发人们探索和攀登科学高峰、改变未来世界的动力，但更多的是警醒着人们如何更有前瞻性地预见风险，进而规避风险。而技术与伦理，从来就是不可分割的有机融合体。技术带来的伦理问题，既有通识性问题，又有专业性问题，如核技术伦理、基因技术伦理、纳米技术伦理等，都有普遍的伦理问题域和各自不同的关注焦点，由此带来的道德伦理问题是比技术本身更为复杂、更触及根本

* 张旺，中共湖南省委党校湖南行政学院现代科技教研部讲师、国防科技大学文理学院博士后。

的内容。人工智能技术发展的不确定性同样给经济安全、社会伦理，乃至国际关系等方面带来了严峻的挑战，采取必要的伦理规范措施有效规避风险，是确保人工智能技术安全可控的前提条件。

（一）风险规避抑或风险加剧

“风险社会是一个高度技术化的社会，科学技术的高速发展既是风险社会的特征，也是风险社会的成因。”[1] 人工智能技术的广泛应用，不仅给人们生产生活的诸多领域带来了颠覆性变革，推进了方式流程的自动化、智能化进度，而且在很多细化领域可以被用于规避风险、提升安全系数。例如，在网络安全领域，AI 网络安全系统可以将识别和消除网络攻击的平均时间从 101 天减少到几个小时。[2] 但由于技术的双刃剑特征和风险属性，人工智能可能带给人类的风险危机也在发展中不断显露出来。例如，人类的数据隐私权可能被随意侵犯，人类更容易被获取认知行为特征并被恶意利用。近几年出现的脸书、雅虎邮箱等用户数据信息泄露，包括 2016 年美国总统大选涉嫌操纵改变公众认知事件，也凸显了这种风险可能带来的严重社会影响。2018 年 2 月，26 名人工智能专家撰写了题为“人工智能的恶意用途：预测、预防和缓解”的报告，报告认为，人工智能可轻易被用于网络安全的恶意用途，并指出，要消除网络犯罪分子和国家黑客使用人工智能所带来的威胁，目前并没有明显可行的解决方案，而只有缓解措施。[3]

人工智能技术在推动社会进步、给人类带来巨大发展红利的同时，我们得到的收益与面临危机风险的可能孰重孰轻，以及这种风险是否在人类可控范围内，已经成为人们思考和关注的关键。人工智能技术对关键信息基础设施的攻击，对意识形态领域的渗透，包括基于人工智能形成的破坏性、欺骗性策略，都对经济、政治、社会等方面构成了安全威胁和形成了伦理危机。特别是人工智能触发的军备竞赛，以及由此引发的对战争伦理和传统人道主义的冲击颠覆，其所带来的潜在风险不可估量。包括特斯拉首席执行官埃隆·马斯克（Elon Musk）和已故天文学家霍金（S. Hawking）在内的各界人士纷纷呼吁禁止利用 AI 开发自主化武器，称此举很可能引发军备竞赛，智能化武器系统可在没有人为干预的情况下自主选择和摧毁目标，甚至引发第三次世界大战。同时，人工智能发展的不确定性使得人类的恐惧也逐步升级，产生人工智能是否最终会替代人类、人类是否会被机器人所奴役等问题，这些深层次的未知风险是人类最为关注、最感紧张、涉及人类长远发展的根本难题。人工智能应用的场景是多变的，我们设想的危机风险可能永远也不会发生，但只要存在 0.01%的可能性，基于风险基础之上的质疑和考量就是有必要的。

（二）人工智能风险伦理规范的必要性及优势

“风险的确立就是：伦理，附带包括哲学、文化和政治，在现代化的核心领域，亦即在经济、自然科学和技术学科等领域复活了。”[4] 人工智能会给人类带来伦理风险。伦理风险主要包括两个方面：一个是人类自身契约风险，另一个是人类与人工智能订立契约的风险。[5] 人工智能技术的创新发展是否需要框设应用边界，这个应用边界需要如何设置，伦理道德的作用如何发挥，等等，这些问题的研究与关注已经成为政府和学术界普遍关注的热点。技术的发展过程之中如果缺少智慧审视与原则考量，丧失安全这一底线，技术最终就有可能让人类付出更大的代价去偿还这一被忽视的环节，这验证了伦理规范的重要意义。AI 在应用及辅助决策过程中的过分参与或滥用，会产生很多风险问题，这些难题不是单一的技术问题，而是涉及技术、政策、法律、伦理等多个维度，如果说技术、政策和法律等方面的规约更偏向实用主义色彩，那么伦理道德层面的规约则更多地体现出理想主义色彩，但作用影响却更为深远。当前，人工智能技术的应用风险已经由非国家的个体行为渐渐发展到渗透国家意志的组织行为，这种行为带有更多的政治、经济、利益需求，可能导致国家间的冲突以及因此造成的技术异化，需要通过一定的规范加以约束。

德国的伦理学家汉斯·尤纳斯（Hans Jonas）在《责任原则：未来文明伦理学试论》中曾指出：“现代技术已经引入了如此规模新颖的行动、目标和结果，以至于传统的伦理框架已经无法容纳它们了。”[6] 人工智能技术的风险从主体使用者的角度出发，可区分为意外风险或恶意使用。意外风险可能更多地掺杂善意因子，而恶意使用带来的技术滥用，特别是在军事领域的滥用，则可能打破原本健康有序的应用环境，使得技术发展陷入恶性竞争之中。因此，严格规范人工智能这一重要行业和领域的规则，从顶层设计和源头治理层面推动人工智能规范发展，是人类迎接挑战、规避风险的必要路径。人工智能技术本身的发展不是静态的，而是动态变化的，虽然法律、规则、技术等维度的约束在其中占有重要地位，而伦理规约的约束力可能相对有限，但其始终是不可忽略的一个重要环节。通过制定超越技术标准、法律条文等硬性规范的伦理守则，能够有效地规范人工智能应用的行为道德，进一步增强人工智能风险治理的弹性。伦理层面的相对开放式和软约束治理模式，能够从道德层面缓冲人工智能风险治理的强度，并对可能存在的风险进行前瞻性的预见，这种规约机制是基于多元主体自愿、共识基础之上的伦理审视，具有明显的风险规避优势。

（三）风险与责任的辩证关联

“责任”是一个正在被广泛使用的具有广泛含义的概念。责任伦理也是随着应用伦理学的兴起而逐渐发展并流行的新型伦理学概念，也被称为科技时代的新伦理。[7] 人们可以将责任原则理解为社会历史的一个里程碑。这个里程碑从 20 世纪 80 年代经过诊断的社会经济、核能和生物医学技术的生存危机的角度，记录了社会的自然观、技术观和自我认识，并且将其视为对哲学、伦理学和公众社会的挑战。[8] 人类从人工智能技术中获取了巨大利益，但人工智能技术可能会被别有用心者滥用，或者在某些领域呈现出人类无法预知，甚至无法管控的风险危机，这需要我们设置一个具有较高责任权重的伦理框架。责任权重归属作为伦理规约的重要因素，在人工智能风险规避途径中占有重要地位。如何更好地划分人工智能技术研发和使用的责任区间、架构基于责任的伦理框架，是增强风险规避效果的重要举措。

“主体责任的缺失是高技术伦理困境的源头。”[9] 当前，各方致力于探索完善人工智能技术发展的伦理原则，并相继提出了各具特色的规范守则，其中最为紧要的两大原则便是“人类利益原则”和“责任原则”，这种“人本+责任”的伦理原则也客观凸显了责任要素在人工智能风险规避中发挥的重要作用。虽然人们普遍认为人工智能伦理问题与责任归属有着密切关系，而且责任这一要素在很大程度上影响人工智能伦理规范的可接受度，但如何科学界定并实现责任尚在完善之中。人工智能带来的风险需要从伦理层面进行补充规范，这个规约机制是基于自愿、共识和负责任的伦理审视。应当理性地看到，虽然各国和一些人工智能领域的龙头企业制定了各类伦理守则，但当前特定的道德解决方案在概念上仍然存在模糊性，同时缺少必要的追责执行机制。因此，建立一个权责明晰、可解释、可信任的伦理道德框架显得尤为重要，这种较为合理的问责制既能够进一步明确道德责任归属，同时又能增加人工智能技术应用的透明度，对于合理规避人工智能风险至关重要。

二、人工智能伦理规约全球化趋势及责任归属

人工智能伦理规范的国际合作趋势越来越明显，国家和企业等不同组织群体试图构建一个具有普遍影响力的人工智能伦理规范守则，这其实也给我们推进人工智能发展带来了一些反面思考，我们在盲目冒失地推动人工智能伦理规范全球化、达成世界范围内更广阔空间共识的同时，是否会迷失自我原有的文化伦理道德习俗呢？

（一）人工智能风险伦理规范的全球化趋势

国际社会从伦理视角审视人工智能风险的防护治理，形成了基于多元文化的不同伦理规范守则，并开展了广泛的伦理道德领域的国际合作。从政府战略层面来看，近年来，中国、英国、德国、欧盟都相继发布了人工智能相关计划，其中都涉及伦理规范的相关内容。例如，中国的《新一代人工智能发展规划》；英国先后发布的《人工智能对未来决策的机会和影响》《机器人技术和人工智能》《英国人工智能发展的计划、能力与志向》等报告；日本发布的《日本机器人战略：愿景、战略、行动计划》；等等。2018 年 4 月，英国上议院发布 183

页的报告《人工智能在英国》，强调“伦理必须占据中心地位”。2016年5月，美国成立了一个新的国家科学技术委员会（National Science and Technology Council，NSTC）机器学习和人工智能小组委员会。2016年10月13日，美国白宫科技政策办公室（Office of Science and Technology Policy，OSTP）下属国家科学技术委员会发布了《国家人工智能研究与发展战略计划》（*National Artificial Intelligence Research and Development Strategic Plan*），深入探讨了人工智能的发展现状、应用领域以及潜在的公共政策问题，并提出了美国优先发展的人工智能七大战略方向。2018年5月9日，美国参议院提出《人工智能国家委员会法案2018》（*National Security Commission on Artificial Intelligence Act of 2018*），指出美国应建立人工智能国家安全委员会。随后美国成立人工智能国家安全委员会：其使命是着眼于美国的竞争力、国家保持竞争力的方式以及需要关注的“道德问题”。该委员会的职责主要包括考察人工智能在军事应用中的风险以及对国际法的影响；考察人工智能在国家安全和国防中的伦理道德问题；研究人工智能的道德问题；等等。

人工智能风险伦理规范的全球化趋势还体现在企业研究机构层面，例如，哈佛大学肯尼迪政治学院贝尔弗科学与国际事务中心发布了《人工智能与国家安全》，斯坦福大学发布了《2030年的人工智能与生活》，咨询公司麦肯锡发布了《2017 人工智能和机器学习报告》，高盛公司发布了《人工智能报告》，等等。MIT 媒体实验室（MIT media lab）和哈佛大学伯克曼·克莱恩互联网及社会研究中心（Berkman Klein Center）共同成为“人工智能伦理和监管基金”的管理机构，以解决人工智能所带来的人文及道德问题。2017年谷歌收购英国公司 DeepMind 成立了 DeepMind Ethics & Society 项目，并提出了两个目标：帮助技术人员践行道德，帮助社会预测和指导 AI 的影响，让所有人受益。美国布鲁克林研究机构发布报告：企业应建立人工智能流程，涵盖审查委员会、培训等。2018年10月，麦肯锡发布报告《人工智能时代的承诺与挑战》，提出了人工智能为善和人工智能的责任挑战。“2018 世界人工智能大会·人工智能安全高端对话”发起了《人工智能安全发展上海倡议》，倡议的主要内容围绕以下八大理念展开：面向未来、以人为本、责任明晰、隐私保护、算法公正、透明监管、和平利用、开放合作。2018 年 10 月，第 40 届数据保护与隐私专员国际大会（International Conference of Date Protection and Privancy Commissioners，ICDPPC）在布鲁塞尔闭门会议期间通过名为“人工智能伦理与数据保护宣言”的决议。

（二）是否是伦理共识导致伦理鸿沟

不同的文化背景和传统习惯，容易在伦理领域内发生冲撞和摩擦。视野狭隘的应对方式就像把头埋进熟悉的价值与传统中。伦理话语表明它需要更新，以应对一个全球化的、各部分被密切联系起来的世界。每一个伦理理论都被要求为它的世界范围的、跨文化的适切性辩护。[10] 当前，人工智能技术风险治理呈现出全球性、关联性和共生性的特征，伦理道德层面的全球化治理趋势同样明显。例如，2016 年和 2017 年，美国电气和电子工程师协会分别发布了《人工智能涉及的伦理准则》第一版和第二版，提出了围绕伦理维度的全球倡议，推动了国际伦理合作。2016 年 9 月，美国谷歌、脸书、亚马逊、IBM 和微软 5 家公司成立了人工智能联盟，也将人工智能伦理规范原则的制定和发展作为重要目标。2018 年 10 月，百度成为首家加入这一人工智能联盟的中国公司，并预计会有越来越多的中国和其他国家成员加入其中。2018 年 4 月 10 日，25 个欧洲国家签署了《人工智能合作宣言》，强调通过国家间的合作共同应对人工智能风险挑战。人工智能风险应对的全球化治理模式正在逐步形成，以人类发展利益为福祉的伦理共识在一定程度上已经达成。这也为更多国家和组织参与到人工智能的伦理规范之中，寻求一种更为广泛、更具包容性的人工智能伦理全球化治理路径提供了合作基础。

在人工智能风险治理的伦理共识形成过程中，另外一种呼声同样引人关注，即不同国家、文化对伦理的认知理解不尽相同，这种人工智能伦理的合作共识性是否立足于个体文化多样性的基础之上呢？“就像人们有着不同的道德标准，所有计算机程序没有理由必须遵守相同的道德准则。”[11]人工智能的研发应用本身便需要人才、资金、政策等方面的支持，而发达国家以及一些超大企业集中了这些资源，容易在人工智能领域占据主导地位，并通过技术垄断造成国家间或企业间发展差距越来越大，因此形成数据鸿沟或发展代差。在伦理道德领域同样如此，这种看似在平等基础之上形成的伦理共识原则，很可能在很大程度上反映着发达国家或超大企业的价值观或隐藏目的，例如，2018 年欧盟成员国签署的《人工智能合作宣言》中便强调“建立欧盟基本权利和价值观”。这种以某一特定需求为导向的伦理共识偏见如果不能经过合理的框架机制加以消除，会造成人工智能领域的弱势群体更加弱势。发达国家形成的先期优势及既得利益，可能会造成所谓伦理联盟的政治异化，并通过后期制定内含不平等因素的伦理守则来加以保持，在人工智能伦理话语权极度不平等的前提下对后发国家形成伦理制约，进而造成人工智能技术发展的伦理鸿沟。

（三）责任归属与伦理审查

有学者探讨了人工智能伦理研究包含的四个维度，即“人工智能道德哲学、人工智能道德算法、人工智能设计伦理和人工智能社会伦理”[12]。也有学者将人工智能与机器人的伦理研究分为四条进路，其中便涵盖了凸显主体责任的责任伦理研究。这类研究的出发点是强调人类主体特别是设计者和控制者在人工智能与机器人的研究及创新中的责任——优先考虑公众利益和人类福祉、减少其危害与风险以及对后果负责等。[13]单单就责任要素而言，人工智能风险伦理规范的责任归属有其特定的范围和维度，依据群体划分，这种责任可能体现在两个方面：一方面是人工智能设计者、使用者应当担负的重要责任；另一方面是 AI 智能体应承担的责任，或者说如何确保 AI 承担相应的责任。依据主要环节划分，责任归属则体现在人工智能设计阶段的伦理责任嵌入和人工智能体的伦理责任监管上，即所谓的“前端嵌入”与“后端规约”。在多重维度赋予人工智能责任归属，架构人工智能风险伦理规范框架，能够有效缓解算法黑箱不透明造成的责任缺位，是形成公平性、透明性和可解释性伦理规范机制的重要举措。

伦理审查在人工智能风险规避之中同样发挥着重要作用，能够推动负责、公平、透明的伦理规范守则形成。2017 年 1 月，在加利福尼亚州阿西洛马市举行的 Beneficial AI 会议上，近千名人工智能相关领域的专家，联合签署了《阿西洛马人工智能 23 条原则》，旨在确保 AI 为人类利益服务，呼吁全世界的人工智能领域在发展 AI 的同时严格遵守这些原则，共同保障人类未来的利益和安全。高级人工智能系统的设计者和建造者，是人工智能使用、误用和行为所产生的道德影响的参与者，有责任和机会去塑造那些道德影响。对于不可测和高度复杂的算法系统，问责机制不能仅仅依赖于可解释性。审计机制被提出来作为可能的解决方案，用于检查算法的输入和输出，以了解偏差和危害，而不是解剖系统如何工作。[14] 这种基于责任基础之上的问责机制，更进一步凸显了伦理审查的重要性。同时，基于 AI 的决策或动作的效果通常是许多参与者之间无数次交互的结果，包括设计师、开发人员、用户、软件和硬件。这就是所谓的分布式代理。分布式代理是分布式责任。现有的道德框架涉及个人、人类责任，并以基于行动和动机给个人配置惩罚和奖励为目标。这种框架被设计用来分配责任。[15]

三、我国推进人工智能风险伦理规范的责任进路

当前，我国人工智能技术发展仍然处在初始阶段，智能化程度不高，虽然在国际上处于前列，但距离美国还有很大差距，这种差距同样体现在伦理领域。2018 年 10 月，中国科学院院士谭铁牛在人工智能创新论坛上指出：与科技发达国家相比，我国在人工智能领域的伦理问题研究及风险管理方面仍滞后于国际水平。这种滞后可能成为我国人工智能技术发展的一大掣肘。在正视差距的同时，我们也要看到我们在数据量和政策环境方面的优势，在人工智能创新发展的赶超进程中，我国也在逐步重视人工智能风险伦理规范制度建设，2018 年 1 月发布的《人工智能标准化白皮书 2018》，便是我国第一份较为系统的伦理规范性文件，其中专门强调了人工智能的伦理问题，并提出了所应遵循的共识原则：一是人类利益原则，二是责任原则。

（一）结合伦理影响分析前移风险评估

当前，我国的人工智能风险伦理规范体系仍处于建设起步阶段，虽然从国家层面开始出台规章制度推进伦理建设，但在政策落地、机制运行等方面仍然面临着诸多挑战。探讨建立人工智能风险规避的必要性和可行性，深刻诠释伦理规范机制的成员构成、职责分工和运行机理，对于构建“关口前移，防患于未然”的人工智能风险伦理规范体系，具有重要而深远的意义。技术发达国家的政府部门基本上都致力于监管性的风险评估：在公民遭受到严重的或广泛的伤害之前，进行系统的公共风险分析，随后制定出所需的规章条例，以减少风险。[16]我国也开始设立中国科学院学部咨询项目，探讨人工智能伦理研究，尝试探索基于源头和预见的伦理影响分析，科学审视人工智能技术应用可能引发的伦理问题，并在此基础上进一步确定伦理上合理的设计和使用人工智能的指导原则。

（二）设计可操作性、可解释的责任伦理守则

2017 年 7 月，国务院印发的《新一代人工智能发展规划》中明确指出：“开展人工智能行为科学和伦理等问题研究，建立伦理道德多层次判断结构及人机协作的伦理框架。制定人工智能产品研发设计人员的道德规范和行为守则，加强对人工智能潜在危害与收益的评估，构建人工智能复杂场景下突发事件的解决方案。”[17]建立人工智能伦理道德框架，防范潜在风险，根本前提是设计制定具备可操作性、可解释的伦理守则。因此，既要重视当前中西方伦理文化在寻求伦理共识过程中的客观差异，也要重视扩大我们的人类命运共同体等思想的国际影响，进一步凸显现有伦理规范机制中的道德含量、责任赋能和协同合作意识，构建内涵更为丰富、覆盖更加广泛的风险规避模式，形成广泛认同的责任伦理规范守则。

（三）明确多元主体在人工智能风险治理中的权责定位

人工智能风险的伦理规范需要政府、学术界、企业界等多方共同努力达成，绝不是单靠某一特定伦理委员会组织机构就能够实现的。

当前，我国虽然在人工智能领域内开展了伦理规范探索，出台了相关规章制度加以推进，迈出了坚实的探索步伐，但要看到，现有规章制度在主体权责定位上仍然不够清晰，对特定主体的责任划分重视程度仍然不高，责任执行机制尚未建立，伦理规范的弹性韧度远远不能满足风险规避要求。可考虑在国家层面设立人工智能伦理审查监管委员会，提出涉及人工智能技术伦理规范的明确办法。借鉴生物医学研究领域伦理审查办法的相关内容规定，要求企业或者相关团体开展人工智能技术研究应用时，必须向上级主管部门或伦理专家委员会进行备案，待上级主管部门或伦理专家委员会核准批复后，方可开展相关研究工作。还要积极推进人工智能风险的追责机制，确立多元主体、多个层级担当的伦理要求和具体标准，形成责任认定追溯的框架机制。

（四）建立基于责任的道德伦理缓冲机制

“道德碰撞缓冲区”概念是由人种学专家玛德琳·克莱尔·伊莉丝（Madeleine Clare Elish）和硅谷企业家蒂姆·黄（Tim Hwang）共同创造的，旨在唤起人们对自动和自主系统转移责任的独特体系予以关注。人类可能成为整体智能体系故障错误的“责任海绵”。应创建算法问责制并找出问题根源予以修正；容许系统中的工作人员对人工智能提出质疑；完善评分系统，确保评分系统不仅可以用于评价人类，也能用于评价算法或机器；反复寻找操控行为和责任承担之间的不匹配支出。[18] 借鉴国外成熟经验和先进理念，我们应立足人工智能的现实风险，进一步优化和改善伦理规范体制机制。通过对基于责任的道德伦理缓冲机制构成要素进行特征分析，探索人工智能风险规避向阶梯化、合作化趋势转变，深化研究道德伦理缓冲机制在推动风险规避方面起到的重要地位作用，强化责任伦理规范体系的自我生态完善，提升协同的实效性和针对性，从多重维度推进道德伦理缓冲机制的结构调整、流程重塑和能力提升，进而形成常态化的伦理规范运行机制。

参考文献 >>

[1] 庄友刚. 风险社会中的科技伦理：问题与出路. 自然辩证法研究，2005，(6)：71.

［2］Taddeo M，Floridi L. Regulate artificial intelligence to avert cyber arms race. Nature，2018，556（7701）：296-298.

［3］本刊编辑部. 美国报告关注人工智能安全问题. 中国信息安全，2018，（5）：78.

［4］乌尔里希·贝克. 风险社会：新的现代性之路. 张文杰，何博闻译. 南京：译林出版社，2018：17.

［5］张爱军，秦小琪. 人工智能与政治伦理. 自然辩证法研究，2018，（4）：49-50.

［6］Jonas H. The Imperative of Responsibility：in Search of an Ethics for the Technological Age. Chicago：University of Chicago Press，1984.

［7］陈彬. 科技伦理问题研究：一种论域划界的多维审视. 北京：中国社会科学出版社，2014：42.

［8］阿明·格伦瓦尔德. 技术伦理学手册. 吴宁译. 北京：社会科学文献出版社，2017：256.

［9］赵迎欢. 高技术伦理学. 沈阳：东北大学出版社，2005：109.

［10］卢西亚诺·弗洛里迪. 信息伦理学. 薛平译. 上海：上海译文出版社，2018：429.

［11］温德尔·瓦拉赫，科林·艾伦. 道德机器：如何让机器人明辨是非. 王小红主译. 北京：北京大学出版社，2017：68.

［12］李伦，孙保学. 给人工智能一颗“良芯（良心）”——人工智能伦理研究的四个维度. 教学与研究，2018，（8）：72.

［13］段伟文. 人工智能时代的价值审度与伦理调适. 中国人民大学学报，2017，31（6）：105.

［14］Cath C. Governing artificial intelligence：ethical，legal and technical opprtunities and challenges. http://doi.org/10.1098/rsta.2018.0080［2018-11-12］.

［15］Taddeo M，Floridi L. How AI can be a force for good. Science，2018，361（6404）：751-752.

［16］希拉·贾萨诺夫. 发明的伦理：技术与人类未来. 尚智丛，田喜腾，田甲乐译. 北京：中国人民大学出版社，2018：32.

［17］本书编写组. 新一代人工智能发展规划. 北京：人民出版社，2017：37.

［18］保罗·多尔蒂，詹姆斯·威尔逊. 机器与人——埃森哲论新人工智能. 赵亚男译. 北京：中信出版社，2018：155.

人工智能哲学

人工智能时代“用心”思考的价值*

王　前　曹昕怡

在当今时代，人工智能技术正在深刻改变人们的生产和生活方式，在给人们带来许多便利的同时也引发了一系列社会问题，有关人工智能是否终有一日会战胜人类智能、取代人类主体性地位的反思层出不穷。美国学者雷·库兹韦尔（Ray Kurzweil）坚信“奇点理论”，认为当智能机器的能力跨越这一临界点时，人类的知识单元、联结数目、思考能力，将旋即步入令人眩晕的加速喷发状态——一切传统的和习以为常的认识、理念、常识，将统统不复存在，所有的智能装置、新的人机复合体将进入“苏醒”状态，届时生物意义上的人类将不复存在。在人工智能技术的帮助下，人类将会通过“云端”的方式存储大部分思想，进而实现“永生”[1] 13。波斯特洛姆（N. Bostrom）也在其《超级智能：路线图、危险性与应对策略》一书中提到：“如果有一天我们发明了超越人类大脑一般智能的机器大脑，那么这种超级智能将会非常强大。并且正如大猩猩的命运更多取决于人类而不是它们自身一样，人类的命运将取决于超级智能机器。”[2] 人工智能的本质是什么？人类智能中机器无法模拟的部分又是什么？从中西思维方式比较研究的角度分析中国传统文化中“用心”思考的特征与优势，有助于找到这些问题的答案，从而在人工智能时代体现“用心”思考的价值。

---

* 原载《大连理工大学学报（社会科学版）》2019 年第 4 期。王前，大连理工大学哲学系教授；曹昕怡，大连理工大学哲学系硕士研究生。

一、从“用心”与“动脑”比较的视角看人工智能的本质

现代中国人已经习惯说“动脑”，也经常自觉或不自觉地谈“用心”。很多人认为二者可以互通。可是“心有灵犀”“心领神会”等家喻户晓的成语，显然不能简单替换成“脑有灵犀”“脑领神会”。事实上，“用心”与“动脑”在语境上的差异，源于中西方不同的文化传统，二者在人类精神活动中也各有其特定功能。从“用心”与“动脑”比较的视角可以揭示人工智能的本质特征，这也是理解人工智能为何无法全然模拟人类智能的关键所在。

“动脑”与“用心”的根本差别有着生理学上的依据，也有着文化学上的意义。现代的脑科学研究认为，人类大脑的左右半球（也称左右脑）各有分工[3]，左脑主要掌管逻辑推理、数学运算、语言表达，负责记忆外部刺激信号的细节以及执行一般的日常行为；右脑组织空间事务，搭建信息的整体框架，专门掌管想象、灵感、直觉、创造等思维活动，负责处理紧急情况[4] 58-64。除了左右脑，大脑的边缘系统同样影响人的认知活动。边缘系统是大脑皮层的周边部位及皮层覆盖的一系列互相连接的神经核团的总称，其功能涉及一系列的内脏活动、躯体活动、内分泌、情绪、学习与记忆等复杂过程[5] 433-447，不仅调节着人类情绪，也协调着无意识的自主神经系统。边缘系统也是整合人类全身体验特别是内脏体验信息并将其汇入大脑的关键器官。心脏在内脏器官中处于主导地位，其他脏器也影响着边缘系统的整体认知，内脏器官尤其是心脏能够通过大脑的边缘系统影响人的思维活动，因此“边缘系统”也被称为“内脏脑”[6] 143-145，并且被认为具有一定的认知功能、情感功能甚至伦理功能。大脑作为思维器官，在认识活动中需要整合左右脑与边缘系统的功能共同发挥作用，而“用心”思维则主要指由右脑和边缘系统主导的思维活动，因为中国人讲的“用心”思维的特点，与右脑和边缘系统的思维功能是完全对应的。

西方文化语境下的“动脑”思考，并非动用了大脑的所有功能。在西方传统文化中，“脑”一直被视为人类的认知器官，但在历史上人们对“脑”的认知并未达到现代脑科学的高度。所谓“动脑”，主要指运用语词和符号，对事物进行严格的逻辑推理和演算，从而获得精确性表达，这体现了西方人较为发达的形式逻辑和抽象思维，与左脑担负的认知活动相一致。“动脑”思考主要强调发挥左脑的功能，并且是一种自主自觉的思维活动。这种思维活动重视理性，要求逻辑推理过程的完整和形式的严谨，在认识事物的客观规律、制定严格的行为规则方面具有显著优势[7]。

与此相应，在中国传统文化之中，“心”的概念也不是指解剖学意义上的“心脏”。古人认为“心”是思维器官，具有统摄精神的作用。《黄帝内经》中有“头者，精明之府”[8]106，又有“心者，君主之官，神明出焉”[8]65 的表述。这说明当时人们认为化生思维的精气自“心”而出，依循血脉上升，最终汇集于脑，“心”与脑连成一体，互不可分，相辅相成，才能形成完整的认知过程。《管子·心术》提到：“心之在体，君之位也……心处其道，九窍循理。”[9]190 这里强调了“心”对耳、目等感觉器官同样具有统率作用。中国的传统思维格外突出“心”的体验，重视从整体上去把握对象，形成注重“领悟”的认识导向。“用心”思考不太注重逻辑推理，强调直观体悟的思维方式，其观念的形成通常取决于想象、灵感和直觉，同“动脑”思维相比往往更加具有灵活性和创造性。

在认识世界的过程中，“动脑”与“用心”实质上是侧重发挥大脑及整个中枢神经系统不同部分作用的体现，由此产生了中西方思维模式的差异，进而导致了两种不同的文化传统。[10] 在面对人与自然的关系时，“动脑”思考的“主客二分”认知模式，会使人们产生人与自然相对立的态度，从而强调对自然事物进行控制、算计和改造；“用心”思考则注重天人合一的整体认知，秉承天与人和谐相处的思想传统，相应地带来了顺应自然的观念。在处理人际关系的过程中，“动脑”思考严谨规范的特点，会使人们在社会生活中逐渐形成严格的规则意识、法律制度和技术标准；而“用心”思考则具有灵活变通的特征，会为人们在日常的行为规范中带来求新求变的方法论指导。“动脑”与“用心”在社会生产、生活中的差别，最终决定了中西文化在社会组织结构方面的不同模式。受“动脑”思考的影响，西方文化往往在物质生产、商业流通和社会治理等方面推崇“机器模式”；而以“用心”为基本特征的中华文化更倾向于将天地万事万物都视为一个有机联系的整体，相应地形成了“机体模式”。

“动脑”与“用心”这两种思维方式特征的比较，有助于揭示人工智能的本质。学界普遍认为人工智能的基本目标即通过建构人工的智能系统，来达到对人类智能及其行为的理解[11]，例如，《牛津哲学词典》里将人工智能定义为“是关于制造能做跟人一样事情的机器的科学”[12] 26。在人工智能理论中，一些学者希望通过研究信息传递过程及人脑的内部构造，创造可进行逻辑推理的智能，因此，人工智能在一定程度上可以模拟大脑的工作原理。[2] 30-35 智能系统使用的人工神经网络正是“基于人脑的推理模型”[13] 111-112，通过模仿人脑神经元的工作机制，使机器自我提高和学习，将自然语言转化为计算机语言，进而以规则的形式表达知识。正是因为人工智能模拟了人类的“动脑”思维，其才能在逻辑推理和复杂计算等方面替代左脑的功能，在输入大量语料和反复训练后代替人类完成部分流程化、规范化的工作，将人类从传统而繁复的劳动模式之中解放出来。在这个意义上，人工智能的本质是“动脑”思维的人工化，部分重复性且技术含量有限的模式化工作可以被智能机器取代。

那么智能机器是否有可能模拟人类“用心”思考的功能，进而在未来具有人类想象、直觉和创造的能力，真正拥有人类的情感呢？就目前智能机器基于的工作原理而言，这个目标难以实现，因为智能机器的算法和程序源于人类的逻辑思维，而非想象和直觉的产物；智能的部件是人类根据机器的功能和结构设计而成的，并非由机器自发生长发育产生的；人类这种“用心”思考的能力是生物界长期进化以及人类社会长期发展的结果，这一漫长的演化过程并不是智能机器仅仅通过模拟人类的“动脑”过程，便可以在短时间内复制“再现”的。人工智能即使再“智能化”，也仍然需要人类首先将大量确定性的数据资料进行人工的输入和设定，然而人们的直观体悟活动随着环境变化而体现出不确定性，这种认知活动本身难以运用算法编辑，机器自然也就无法实现这一部分的功能。以自动驾驶为例，在面临危险时，人们根据直观体悟形成的判断往往会起到关键作用，因为司机在紧急避险局面下做出的直觉决策，通常以忽略某些不重要的细节为前提，而对于输入的信息进行轻重缓急的“高级判断”正是计算机所不擅长的。[14] 人类运用直觉思维展现出的随机应变能力，机器也同样无法取代。在艺术领域，近年来人工智能对于艺术世界的影响力越来越大，就审美效果而言，那些利用人工智能程序合成的带有某种艺术风格的作品，几乎令人难以辨别是出自机器还是真人。然而，艺术家在进行艺术创作时，先要根据自由意志选择决定作品的内容，这些选择融合了作者内在的情感、道德、价值等多种因素，再通过一些技巧性的东西，以作品的形式外化出来。这些技巧性的东西，也就是在进行艺术创作中起到工具作用的那部分劳动，人工智能也可以完成，然而起关键作用的、自由意志的那部分内容，人工智能却无法取代。正如翟振明所说的：“艺术创作过程中的劳动部分被人工智能替代了，但是成为艺术的那部分内容，人工智能不可能替代。”[15] 艺术创造中的自由意志也正是“用心”才能体现出的独有价值。随着人工智能技术的不断发展，尽管大量规范化的工作会被机器取代，但那些富有情感体验、具有创造力和价值性、更有“温度”的工作和技艺，仍然无法完全交给人工智能。塞尔（J. Searle）提出的“中文屋”实验指出，即使屋中的人能够用中文回答屋外人提出的中文问题，也并不代表屋中的人就能够理解中文的意义。[16] 7-8 这一实验反映的恰恰是计算机仅能够在程序上模拟人的“动脑”思考，而“用心”的部分则无法通过实验测量出来。“用心”思考这种注重实际体察和直观体悟，从而富有创造性的思维方式和能力，正是人工智能无法完全代替人类智能的关键所在。

随着人工智能的发展，人类智能里“动脑”的部分正在逐渐人工化，这一发展趋势的具体边界很难划定，与此同时，人工智能“不能做什么”也就更加引起人们的关注。如何发挥人类智能中“用心”部分的作用，正是解决人工智能与人类智能关系的核心问题。进一步说，一个人如果有“心”和“脑”，即使其他一些器官被智能机器取代，他也仍然具有“人”的本质特征；反之，如果一个机器人的绝大部分组件都用生物材料制成，唯独没有“心”和“脑”，它也仍然是一个机器人，很难说真正是一个“人”。“用心”是中国传统文化的典型特征，中华文明正是“用心”的文明。分析“用心”思考的特点和优势，不仅能为解决人工智能时代面临的问题提供新思路，也有助于在多元交融的世界文化环境中，彰显中华文化的智慧和价值。

二、“用心”思考有助于克服思维碎片化倾向

思维碎片化（fragmentation）趋势的加剧是人工智能时代面临的问题之一。“碎片化”原本指完整的东西破裂成诸多碎块，在信息传播进入智能化时代以后，碎片化逐渐成为现代社会信息传播的典型表现形式。面对海量信息资源，人们为了在短时间内尽快获取所需，愈发习惯于用智能设备上网，输入关键字进行搜索查阅，人们搜索、阅读的习惯也会被后台同步“记忆”，网站进而根据受众的兴趣点进行智能化推荐，逐渐使大众形成碎片化的阅读模式。认知神经学家玛丽安娜·沃尔夫（Maryanne Wolf）曾提到：“人们不仅因阅读的内容被决定，更因阅读的方式和手段而被决定。”[17]这种碎片化的阅读模式确实有助于人们在短时间内获取大量信息，却也极易利用片段式的内容断章取义，致使人们接受的内容不完整，导致现代人思维方式的碎片化。

思维碎片化的根本原因在于缺乏整体性视野。人类的头脑并不是以“包含”的方式直接存储大量清晰的信念，这些信念以特定方式排列着，聚集起来才会呈现出关于这个世界的一个连贯的说明。[16] 491 碎片化的信息需要在人的头脑中被整合到理性的、完整的思维框架之中，进而才能够形成对外部事物的整体印象。智能机器在进行判断时通常运用归纳原则，经过分析比较选取与关键字重合的内容，进而为人类提供需要的信息。尽管呈现出的信息清晰细致，然而形式却是碎片化的，信息间往往缺乏连贯性和逻辑性。人们如果过于依赖此类便

捷的信息获取方式，不去运用整体思维对其进行整合和检验，久而久之便会缺少看待问题的全局性视野，缺少更为连贯和深入的思考。在人们的日常生活中，这种缺乏整体思维导致的“碎片化”倾向，会使人们有时候在思考问题时出现“思维短路”现象，对于外界信息不去追根究底就直接做出判断，从而做出许多非理性行为。

“用心”相对于“动脑”而言更具备整体性优势。“动脑”思维的认识对象是“现象”，现象是表面的、流变的、不可靠的，与不变、可靠的内在本质相对立，需要通过逻辑分析，才能透过现象看本质。而“用心”思考的认识对象是“象”，属于中国传统哲学范畴，是对事物进行整体性的直观体验的认知结果，“用心”思考就是在与动态整体的一体相通中来把握整体，最终体悟事物本质特征的思维方式。[18]人们在整个认知过程中根据呈现的“象”去展开联想与想象，从宏观视角去揭示与之相关的或更深层次的内涵，这种发散性的、多角度的认知模式正是“动脑”思维缺乏的。[19]

“用心”思考具备整体性优势的关键在于知、情、意的相互贯通。“动脑”思维侧重“知”的作用，强调人们认知的确定性与合理性；“用心”思考还注意到“情”和“意”对“知”的补充。“情”包含更深层次、体验更为丰富的情感；而“意”具有领悟与意会等涉及深层次体验的内涵，“情”和“意”对“知”的影响主要体现在认知主体的视域（horizon）扩展方面。“视域”一般指主体视力所及的范围，而在认识论中，视域不仅意味着感性层面“看”的范围，同样也包含理性层面“思”的范围。这种范围是全局性的、宏观性的，不仅包含认识对象本身，也包括与认识对象有联系的环境、背景、立场等多方面因素。对于同一认知对象，人们可能会因为视域范围的差异得出不同的结论，视域的收缩和扩展往往也会影响到认知主体心境的转换。[20]“动脑”思维强调信息的严谨与精准，显然思路更为集中和专一，相当于视域的收缩；而“用心”思维的全局性视角要求能够通过联想把握相关的或意蕴其中的“言外之意”，相当于视域的扩展。“情”和“意”对“知”的影响有助于人们打开视域，从宏观角度或更高的层次上去思考问题，避免因思维方式的局限最终陷入“钻牛角尖”的情况。

“用心”思考强调知、情、意的相统一，不仅在认知层面上形成了整体性的思维模式，在价值层面同样有助于理想人格的塑造。孔子曾言：“知者不惑，仁者不忧，勇者不惧。”[21] 131 “知、仁、勇”三“达德”正是体现了知、情、意相统一的作用，理想的人格状态是不仅好学而且识明，同样意味着仁爱、胸怀天下、意志坚定、无所畏惧，三者融会贯通之人自然心胸开阔、眼界长远，不会轻易为当下的艰难困苦所束缚。[22] 因此，强调知、情、意相统一，不仅有助于发挥整体思维的优势，对于人们自我价值的实现与责任感的提升同样具有积极作用。[23]

三、“用心”思考有助于弥补判断机械化倾向

判断机械化现象是人工智能时代面临的另一个典型问题。智能机器基于大量数据材料的对比和模仿，具备标准化、规范化的判断模式，有着减少常规错误、不受外部环境干扰的优势。人工智能应用于医疗领域，有助于改善传统医疗行业存在的问题，比如，人工智能可以挖掘电子病历中大量非结构化的数据进行分析，以便于辅助诊断。然而，数据分析需要融合病理、随访、临床等多方面信息进行综合判断，对影像信息的分析需要针对一段时期而非单次结果进行判断。[24] 数据的比较分析需要重视各要素之间的相互影响和相互作用，医疗服务对象的内在差异性也同样需要医生从多个维度动态把握，否则就会出现判断的机械化现象。比如，病人在手术后可能体验到明显不适感，但对患者进行检查时各项指标都显示正常，这种变化可能与病人整体上的生理和心理变化有关，有些体验是相当细微的。如果医生只看到精确的医学评估，忽视了患者的体验因素，认为病人不需要更多的治疗，又不去缓解病人的情绪，仅将这种病症视为病人的主观臆想，就会导致医患关系出现矛盾。

判断机械化的根本原因在于忽视了联系的有机性和多样性。模拟“动脑”思考的智能机器区别于人类的典型特征之一，便是机器缺乏自觉的“意向性”（intentionality）和对有机联系的敏感性。现象学认为

人的意识总是指向某个对象并以其为目的，这种意识活动的指向性和目的性即“意向性”[25] 459-460，而机器的运转首先需要人的外部输入作为动因，即使是自动化的运作过程，实质上仍要根据指令按部就班，而非机器自发产生。[16] 11 因此，智能机器只关注对象事物局部特征的确定性，不会形成对事物进行有机联系的自觉意识。如果过分依赖智能设备给出的定量指标做出判断，认识主体就会忽视随着环境和条件改变而出现的各种不确定的有机联系。

与“动脑”思考相比，“用心”思考更注重把握联系的有机性和多样性。“理性至上”的思维模式将整体分割成部分，通过对客体的预设、定格、抽取和控制，找到事物之间相对稳定的内在联系，这一过程不可避免地要割断对象的整体联系和流动过程。[26]“用心”思考讲求“天人合一”，这并不是指由于主客体的相融消解，最终无法产生认识，而是强调在认识过程中并不把主体和客体放在二元对立的位置，那些与主体相关的、个别的联系，或者动态的、不稳定的外部联系同样会被考虑在内。

“用心”思考强调真、善、美的和谐统一。“动脑”思考注重那些通过逻辑推理与科学实验被判断为“真”的部分，此处的“真”具有真理性的含义，要求能够正确反映研究对象的客观规律和内在本质。“用心”思考重视在判断过程中将真、善、美相结合，更侧重价值内涵的考虑，因此，“真”的方面更多强调主体真实体验的感受性；“善”的判断通常意味着从大局着想，要求符合绝大多数人的利益；“美”则要求系统内部各要素之间保持和谐、动态的平衡。艺术作为人类的精神产物，其终极目标是实现人的身心之间、人与人之间、人与自然之间的和谐，实现精神的超越。[27] 一个好的作品往往要求作者有着真实的情感体验，能够扎根于现实的土壤，既源于生活，富有强烈的感染力，又能高于生活，提炼出时代的精髓加以升华，具备反映时代问题的价值意识。正因为如此，人工智能程序（creative adversarial networks，CAN）系统设计师也提到，人工智能并不真正了解艺术，它对主题和艺术原则一无所知，它的作用只在于学习和模仿人类艺术。[28]

“用心”思考在面对人际关系和社会秩序整合时，对于“情”和

“理”也会有着不同的态度。人们在“用心”思考时往往会将“人情”与“道理”结合起来，“情理”通常是情境化的，因此更能联系实际。在中国传统文化中，人们通常讲究要“合情合理”，这意味着当面对“真”与“善”的关系问题时，人们会主张根据事物之间的有机联系去灵活处理。这种思维方式在某些时候可能带来过于看重“情”而违背“理”的非理性倾向，产生消极的社会后果，但是在大多数情况下，只要注重“通情达理”，就可以避免由判断的机械性而导致的处理模式的僵硬化，在许多情况下可能会更符合社会利益。

四、“用心”思考有助于消除推理简单化倾向

在人工智能时代，机器可以将大量显性知识转换成计算机语言，从而形成智能化、自动化的运作过程，为人类的生产、生活提供极大的便利，然而，所谓的“智能”都可以还原成基于固定算法建立的数学模型，智能化的背后离不开精密的分析与逻辑推理过程。在推崇逻辑思维的人们看来，依靠强大的计算和逻辑推理几乎可以解决任何事情。然而，人们在认识过程中同样离不开非理性因素的影响。片面夸大理性因素的作用，往往就会出现推理简单化的倾向。

推理简单化倾向产生的根本原因在于未能将逻辑思维与直觉思维相结合。受“理性至上”的影响，人们习惯于凡事都运用逻辑思维，更关注那些已经检验过的显性知识。然而，在整个认知过程中，思维逻辑起点的选择往往无法依赖于逻辑本身，因为那些隐匿在表象背后“可意会不可言传”的隐性知识和直观条件并不能简单地通过逻辑分析去找寻。迈克尔·波兰尼（Michael Polanyi）就认为存在于每个人心中的“默会知识”（tacit knowledge）有着难以解释和分析的非逻辑性特点，这种个体性、内在性极强的知识才是认识的基础，甚至在人类知识的形成过程中起着决定性作用。[29] 人们在认识过程中如果只重视理性因素，往往会忽略情感、想象、直觉等非理性因素对认识的影响，在逻辑起点的选择上出现偏差，就会产生结论符合逻辑但却脱离实际的情况。如果仅以符合逻辑推理过程作为评价标准，也容易陷入

独断专行、刚愎自用的局面。

比起重视逻辑推理的“动脑”思考，“用心”思考更注重发挥直觉的作用。直觉有着全局性思考的优势，在思考过程中伴随着人们过往的经验和情感体验，能够引导人们根据不同的情况去不断调整自己的视域和心态，往更开阔的层面去想问题，因此有着丰富的联想性，使得人们能够得出富有启发性和创造性的结论。人们在对某些事情进行思考的过程中，如果面临信息不完整的情况，单纯依靠逻辑推理去解决问题，大概只有将事情推演到极端才会有结果。发挥“用心”思考中直觉的作用，能够在一定程度上减少那些因逻辑起点的偏差导致最终走向偏执的情况，也更容易找到处理问题的适度状态，这其实是一种效率很高的认知途径。学界有观点认为，中国传统思维正是这样一种“不假概念中介的直觉式或体验式思维”[30] 98。直觉在科学技术领域同样不可或缺。在科学研究的假说阶段，直觉思维的创造性功能有着更重要的作用。直觉能敏锐地从大方向上把握事物的本质规律，可以让人们在进行具体的科学实验之前，就能根据以往的知识和经验，做出相对准确的预测和判断。此外，现实生活中的一些常识性知识也离不开直觉的作用，比如对“火候”的把控，这种掌握能让人们仅凭长期积累的直观体验，在短时间内精准把握住这个“度”。尽管计算机在存储和记忆信息方面的能力远超人类，但人类把控“火候”的这种能力计算机仍然难以模仿，就目前来看，给常识性知识赋予严密的理论结构也同样困难重重。因此，德雷弗斯（H. L. Dreyfus）曾提到，常识问题已成为理论 AI 所有进步的障碍。[16] 41-43

五、如何在人工智能时代提高“用心”思考的能力

综上所述，在现代社会需要消除人工智能技术造成的种种负面效应时，“用心”思考有其独特的价值。至于应当如何进一步提高人们“用心”思考的能力，弥补单凭“动脑”的不足，主要有以下三方面的途径。

第一，将逻辑思维与直觉思维相结合。就培养和训练逻辑思维能

力而言，从事科学技术和工程研究与实践，以及从事与经济、管理、法律相关的工作，都会有明显的优势，理工科教育和某些社会科学学科的教育也会为培养逻辑思维能力打下坚实的基础。而在培养体验、想象、直觉、创造等“用心”思考能力方面，从事文化教育、艺术创作、哲学研究与应用等社会实践活动，以及学校里人文学科和一些社会科学学科的教育活动，则会有明显的效果。因此，要将逻辑思维与直觉思维相结合，应该大力倡导科学文化与人文文化的相互交融，倡导学校教育中的文理融合、学科交叉、专业教育与通识教育并重。人工智能时代的教育不能把人培养得越来越像机器，而是要越来越不像机器，不仅要学会“动脑”，更要学会“用心”。[31]

第二，发挥情、意对求知的作用。人们通过切身感受形成的深沉、丰富的情感和依据过往经历总结而来的直观体验，有助于人们在思考问题时打开视域、转换视角，从更加全面的角度去认识事物，减少矛盾的产生。在人工智能时代提高“用心”思考的能力，需要注意培养人们的“情商”和意会能力，特别是培养青少年一代具备坚韧的毅力、拼搏的精神、灵活的悟性，使其善于融入社会，在处理问题时讲求合情合理的方式方法，发挥“用心”思考的“感同身受”的作用，从而有效调节人际关系矛盾，这有利于社会的安定和谐。为了避免“思维短路”现象，需要开展针对典型案例的舆论引导和宣传教育，展现人工智能时代“用心”思考的文化内涵和社会价值。

第三，注重协调社会生活各要素之间的有机联系。现代社会面临的许多技术与伦理问题，从本质上讲是“真”与“善”的关系问题。在智能技术快速发展的时代，人们不能仅仅重视发展其“为真”的方面，还需要充分意识到技术的应用存在“为善”和“为恶”的可能性。现代科技工作者需要具备技术伦理意识，要注重社会责任感和正确的价值观的培养，在具体的技术活动之中要重视真、善、美的有机统一，这也正是科技工作者的良心。因此，人们不能仅以当前利益的最大化为着眼点，而应当将整个实践活动视为一个充满机遇与挑战的动态发展过程，既要着眼现在，又要放眼未来。

在人工智能时代提高“用心”思考的能力，不仅能帮助人们解决人工智能带来的问题，实现人工智能与人类智能的有机统一，也有助于避免人工智能技术的发展出现海德格尔所谈到的那种危险局面，即人类被技术中自己所不能控制的力量摆置（stellen）着，反过来被订造（bestellen）成为技术链条中某一环的持存物，从而出现“异化”的现象。[32] 16-18 人工智能通过模拟人类的“动脑”思维，可以代替人类实现部分工作的自动化、智能化，进而有效地解放人力，有助于人类在其他方面更好地发挥主观能动性和创造性。然而，机器即使再智能化，归根结底仍是一种辅助性工具，并不能完全替代人类，根本原因就在于人们“用心”的部分是机器无法模拟的，机器无法复制人类独有的价值意识和责任感。因此，发挥“用心”的优势，将人工智能技术始终作为一种有力工具，以帮助人类更好地改造世界为基本出发点，才能真正促进社会的进步与发展。

参考文献 >>

[1] 雷·库兹韦尔. 人工智能的未来. 盛杨燕译. 杭州：浙江人民出版社，2016.

[2] 尼克·波斯特洛姆. 超级智能：路线图、危险性与应对策略. 张体伟，张玉青译. 北京：中信出版社，2015.

[3] 赫尔曼·哈肯. 大脑工作原理：脑活动、行为和认知的协同学研究. 郭治安，吕翎译. 上海：上海科技教育出版社，2000.

[4]《环球科学》杂志社. 大脑与认知. 北京：电子工业出版社，2011.

[5] 杨天祝. 临床应用神经解剖. 北京：中国协和医科大学出版社，2002.

[6] 孟昭兰. 人类情绪. 上海：上海人民出版社，1989.

[7] 理查德·尼斯贝特. 逻辑思维：拥有智慧思考的工具. 张媚译. 北京：中信出版社，2017.

[8] 中华经典藏书：全套典藏装. 张燕婴，王国轩，蓝旭，等译注. 北京：中华书局，2012.

[9] 管子. 管子. 李山译注. 北京：中华书局，2009.

[10] 王前. 中西文化比较概论. 北京：中国人民大学出版社，2005.

[11] Russel L，Stuart J. Rationality and intelligence. Artificial Intelligence，1997，94（1-2）：57-77.

［12］布莱克波恩. 牛津哲学词典. 上海：上海外语教育出版社，2000.

［13］Negnevitsky M. Artificial Intelligence，A Guide to Intelligent Systems，Third Edition. New York：Pearson Education Limited，2011.

［14］徐英瑾. 人工智能无法全面取代人类. 第一财经日报，2018-9-18（A11）.

［15］孟繁玮，缑梦媛. 艺术创造和自由意志不能被机器取代——翟振明谈“人工智能与艺术的未来”. 美术观察，2017，（10）：5-8.

［16］玛格丽特·博登. 人工智能哲学. 刘西瑞，王汉琦译. 上海：上海译文出版社，2001.

［17］Wolf M，Potter K. Proust and the squid. Icon Books，2008，68（12）：3-7.

［18］王树人. 文化观转型与“象思维”之失. 杭州师范大学学报（社会科学版），2008，（3）：6-9.

［19］王树人. 回归原创之思“象思维”视野下的中国智慧. 南京：江苏人民出版社，2005.

［20］王前.“视域”的认识论意义. 哲学研究，2011，（11）：38-43.

［21］孔丘. 论语. 张燕婴译注. 北京：中华书局，2007.

［22］胡家祥. 心灵第三层面探究. 北京：社会科学文献出版社，2016.

［23］胡海波. 中国精神的实践本性与文化传统. 哲学研究，2015，（12）：114-121.

［24］顾彦. 人工智能赋能医疗数据是核心角色. 中国战略新兴产业，2018，（5）：43-45.

［25］胡塞尔. 逻辑研究（第二卷第二部分）. 倪梁康译. 上海：上海译文出版社，1999.

［26］刘长林. 关于中国象科学的思考——兼谈中医学的认识论实质. 杭州师范大学学报（社会科学版），2009，31（2）：4-11.

［27］Tao F，Zou X，Ren D. The art of human intelligence and the technology of artificial intelligence：artificial intelligence visual art research. International Conference on Intelligence Science. Beijing，2018.

［28］Elgammal A，Liu B，Elhoseiny M，et al. CAN：creative adversarial networks，generating “art” by learning about styles and deviating from style norms. The Eighth International Conference on Computational Creativity. Atlanta，2017.

［29］波兰尼. 个人知识：迈向后批判哲学. 许泽民译. 贵阳：贵州人民出版社，2000.

［30］苏国勋. 理性化及其限制. 北京：商务印书馆，2016.

［31］王前. 生机的意蕴——中国文化背景的机体哲学. 北京：人民出版社，2017.

［32］马丁・海德格尔. 演讲与论文集. 孙周兴译. 北京：生活・读书・新知三联书店，2005.

深度“汉字屋”与通用人工智能的两难*

颜青山

基于大数据的深度学习技术正快速地应用于各个方面，人工智能的产业前景已触手可及，同时，标志性的“阿尔法狗”事件则让文人的伦理担忧再次跃然纸上。这一波人工智能的纸面热忱主要集中于技术前景设想、政策研究和伦理规范的讨论，而早期感兴趣的哲学基础则鲜有问津。但哲学基础的讨论才是最终消除文人伦理担忧的方式。

回溯早期哲学家对人工智能之为智能的批评，主要来自三个方面：基于哥德尔（K. Gödel）不完备性定理的反驳，德雷弗斯（H. Dreyfus）的现象学反驳和塞尔（J. Searle）的因果力（causal power）反驳。这些讨论虽然取得了不小的进展，但并没有澄清所有的问题，甚至对某些关键问题也没有给出明晰的解决方案。哥德尔式反驳只是针对人工智能的某种研究方式（如符号主义），其本身包含了一种两难：一方面，它相信人工智能是一个逻辑一致的系统，但会遇到完备性困难；而另一方面，它又要求人工智能要成为人的智能，则不应该是这样的系统。问题是，为什么人工智能系统非得如他们所相信的那样一致不可呢？事实上，新式的人工智能就不可以那么追求系统的一致性。

德雷弗斯基于存在主义的“在世存在”（being-in-the-world）观念提出，人工智能不可能是真正的智能，因为人工智能缺乏人类智能形成的必要条件，即自我意识从人与世界的互动中发展出来的“在世”过程。[1] 与德雷弗斯以著作厚度过于宏阔粗疏的喋喋不休相比，多年

---

* 原载《上海师范大学学报》2018 年第 5 期。颜青山，华东师范大学哲学系教授。

后塞尔以一篇论文（《心灵、大脑与程序》[2]）形式的反驳显得异常简单和明快，他利用思想实验构造的“汉字屋”论证，直击要害，非常符合分析哲学的清晰风格。本文选择以明晰的汉字屋论证为出发点，试图更进一步明确其设计条件，并表明身处其中的塞尔对汉语存在着某种程度的且不同于中国人的理解，最终，本文将导向对德雷弗斯方案的精确化。利用这一精确化的成果，可以消除通用人工智能作为人而全面超越人的担忧，即超级人工智能不可能是人的智能。

一、塞尔的“汉字屋”论证

塞尔论证直接针对的目标是尚克（R. C. Schank）和阿贝森（R. P. Abelson）基于“故事-问答”的“理解”程序。[3]在尚克看来，当给出一段故事文本时，安装了某种程序的计算机能够回答就故事内容提出的问题。这些问题的答案在文本中可能并不明确，而是以推理的形式蕴含在故事中，也就是说，程序可以通过推论给出文本所没有的内容。这种问答非常类似于我们在语文测试时的阅读理解形式，因此，他们相信这样的程序是具有理解能力的。

塞尔的反驳使用了一个叫作“汉字屋”的思想实验：假如塞尔本人只懂英语，完全不懂汉语，他被关在一个仅有小窗口与外界联系的屋子里，屋子里有足够多的汉字符号和一本如何使用汉字符号的英文说明书。屋子外的人通过小窗口向塞尔递进写有汉语问题的纸条，塞尔在那本英文说明书的指导下挑出汉字组成句子，就可以给出纸条问题的合适答案。思想实验的核心问题是：汉字屋内的塞尔是否理解汉语？

假设这样的问答方式可以多轮次进行下去，那么，每次当塞尔把写有答案的纸条通过窗口递出屋子时，在屋子外面的人看来，塞尔回答了汉语问题，因而是理解汉语的。然而问题是，塞尔本人在这个过程中始终是不理解汉语的，他甚至可能不知道自己处理的是汉语问答。如果我们把汉字屋系统类比于计算机程序，把汉语问答类比于任何阅读问答，那么，塞尔本人不能理解汉语，就说明程序本身不能理解任何语言。塞尔论证道，计算机程序只是一种依据定义而真的语法或语形（syntax）结构，程序没有语义（semantic）结构。塞尔的最终结论是，基于设计程序的人工智能不可能具有理解能力，因此也没有真正的心灵。

在汉字屋论证中，有两个原则是重要的[4]36-40：第一，语形完全不同于且不足以产生语义；第二，心灵必须依赖于大脑及其神经系统的因果力才能发生。应该说，这两个前提之间并没有必然关联，第一个成立不意味着第二个成立，它们之间存在逻辑沟壑。第一个是否定性的，针对的是推理程序驱动的人工智能；第二个是积极性的，指明任何强人工智能研究都必须依赖于大脑及其神经系统之因果性。尽管如此，这两个前提对塞尔的论证看上去却是足够的。存在理解活动是心灵的基本特征，而理解的内容是语义的，理解能力则是大脑的因果力，它们构成了理解活动的充分必要条件；如果计算机及其程序不具备这两个方面的东西，那么，它就不具备理解能力，从而也没有心灵。

就它们的充要性而言，我们似乎可以提供自然语言学习的例子。自然语言中的母语学习过程似乎表明，有足够复杂的语义学习，就可以充分地产生语法或语形。例如，一个母语学习者（自然是具备大脑因果力的），即使他从来没有学习过语法，他的言语活动或行为也可以非常好地符合语法（本文第三部分将以不同的方式考察这一点）。相反的过程似乎在实际中难以出现，你不能仅仅让一个人学习语法就掌握一门语言，更不能因此获得该语言的语义。

从不同的人工智能研究方式看，汉字屋论证貌似对符号主义的反驳特别有效，而对联结主义和行动主义的反驳就没有那么强。但其实，塞尔所列举的对汉字屋反驳的主要回应中就包括了三种人工智能研究方式和它们的联合形式：基于汉字屋整体系统的回应相当于符号主义模型，因为它是对尚克程序的直接辩护，而该程序可看作是符号主义的；机器人回应则可以看作是行动主义的方案，强调了行动对智能的重要性；基于模拟大脑的回应则应属于联结主义的方案，它强调了系统对大脑及其神经系统的模拟（而不是因果复制）。

塞尔的反驳对当时的强人工智能研究是致命的。所谓强人工智能，就是通过程序和模拟开发出具有人类智能的人工智能。目前的人工智能则以弱人工智能研究为主，弱人工智能研究不追求产生人类智能的机器，而只是解决具体问题并形成实际用途（如基于大数据的识别和诊断作业），弱人工智能解决问题的能力可以大大强于人类，如下棋的能力。

既然目前的主流是弱人工智能，我们似乎就有理由认为，直到今天，塞尔的反驳对人工智能的反驳依然有效。然而，毕竟弱人工智能已经获得了极大的进步，人们可能会问，如果当今最先进的人工智能（如基于深度学习的人工智能）依然不具备人的智能，那么，其原则上是否可以还原到汉字屋模型呢？如果不能还原到汉字屋，那是否意味着这样的人工智能研究具有产生人类智能的前景呢？

上述第一个问题的答案基本上是肯定的，深度学习就是联结主义的技术，塞尔在论文中以极其简洁的方式做出了回应。即使深度学习引入了语义（如可以编写一本汉英字典），这些语义的引入也是广泛收集了汉语和英语的翻译资料促成的，是对人的智能成果的归纳整理，而不是机器智能。这就相当于汉字屋的英文说明书是一个懂汉语的人编写的，是他将汉语语义写入了英文说明书中，汉字屋里的塞尔如果由此获得语义理解，这种语义也是来自说明书的编写者。这也相当于计算机程序员把语义结构引入程序，但计算机本身并没有获得语义。由此，第二个问题的答案是否定的。

第三个问题比较特别。是否能够说塞尔的论证并不成功，但我们依然可以改造汉字屋论证继续否定强人工智能的可能性？

除了塞尔本人在论文中列举的类型，汉字屋论证一直在经受着反驳，大致是针对其两个基本立场的。[4] 36-40 几乎所有对塞尔论证的反驳都试图表明，汉字屋实验因为在论证上是无效的，所以在结论上也是无效的。然而，在逻辑上，还有其他两种情形：论证有效但结论无效，论证无效而结论有效。

本文的目标是论证无效而结论有效的情形。我们将承认，现有人工智能技术进展在原理上仍然可以还原到“汉字屋”结构，只是因为塞尔论证的某个步骤无效而使得其论证失效，不过，我们依然可以通过改进汉字屋论证从其他方面来否定强人工智能的可能性，并且得到与塞尔不同的结论。这种可能性与汉字屋本身的设计缺陷有关。

本文后面的论证将表明，汉字屋里的塞尔至少在某种程度上（或部分地）理解了汉语，只不过是以不同于中国人理解汉语的方式获得了这些理解能力。因为塞尔本人具有英语理解能力（或者说，具有理解能力），他完全可以将这种理解力通过研究汉语问答而迁移到汉语理解中；但是，我们也将承认，基于程序语言的计算机依然不具备理解能力，因为它们甚至不能够理解英语。塞尔的失败只在于思想实验的类比部分，他将他对汉语的理解能力类比于计算机的理解能力是成问题的。笔者也将表明，塞尔在汉字屋中获得的对汉语的部分理解能力是基于其他必要条件的，例如，心灵通过对语义的操作或行为对大脑或神经肌肉系统（因果力）的部分可逆性塑造。这个过程不同于纯粹的语义理解，比语义理解对心灵而言更为根本。

二、深度“汉字屋”与实践理解

在对塞尔论证的回应中，有关于“理解”问题的深入讨论，毕竟塞尔汉字屋论证只是诉诸直觉谈论“理解”问题。不过，这种讨论很容易陷入语词之争。而本文依然将诉诸思想实验所蕴含的直觉，不过展示的将是“理解”的另一种直觉，即对语形的“实践理解”（practical understanding）。

丘奇兰夫妇（P. M. Churchland and P. S. Churchland）是联结主义的倡导者，他们曾经撰文反驳塞尔论证的第一个前提，认为语形和语义的区分可能并不绝对，而是一个开放的经验问题。[5] 他们以“光照屋”（luminous room）的思想实验表明，语形和语义的关系问题或许像磁场变化与光之间的关系一样，需要经验研究来证明它们是否相关，也许未来的经验研究将表明语形和语义之间是相互关联的。塞尔后来给出的反驳是，语形是观察者相关的，其本体论地位完全不同于磁场变化导致光（电磁波）的观察者中立性，不是经验关系。[6] 84 塞尔回应的意思是说，语义与语形的关系不像磁场（变化）导致电磁波那样客观中立，而是与使用者相关。

然而，塞尔回应本身就可能承认了语义和语形之间没有明确的界限（即不具有中立性），从而可以相互转化。至少有两类可能的证据表明这一点：首先，即使语形是先天的，通过语形关系到达语义仍然是可能的。例如，算术系统完全可以被看作是一个基于定义的程序系统或语形系统，但对于算术系统的创立者（人类全体或数学家）而言是存在语义的，比如数是有含义的，算术命题是有意义的，人类完全可以理解它们。其次，如前面提到的，自然语言中语法或语形与语义可以是经验相关的，一个学习母语的人可以从来不学习语法，而在语言使用熟练后自动地获得对语法的掌握。

诚然，塞尔可以反驳说，算术系统的语义性质是由不完备性造成的。根据哥德尔不完备性定理，算术系统作为一个逻辑一致的命题系统，其中必然至少有一个命题是不可证明的，这个命题的真理性只能依赖于人的直觉，而直觉本身是语义学的，因此，算术系统的语义学是通过其不完备性引入的，而其他命题的语义学特征都是由这个不可证命题的逻辑传递（演绎推理）派生出来的。

关于自然语言的语义足以充分导致语法的问题，塞尔可以运用我们前面给出的说明加以反驳，即语义足以充分地导致语形，并不意味着语形足以导致语义，而语义是理解的必要条件，没有语义结构的系统不可能具有可理解性。更进一步，即使计算机程序中包含了语义结构，也并不意味着这样的程序具有理解能力，因为语义只是语言理解的必要条件而不是充分条件——还必须具备大脑因果力。

不过，我们的目标并不是反对塞尔的全部论证，只是要表明，汉字屋里的塞尔可以具备部分理解汉语的能力。对于我们的论证而言，人类对算术系统的理解能力已经足以支持我们的结论，即使汉字屋里的说明书是如算术系统那样的语形结构，塞尔也可以具备理解它的能力，因为人类能够理解算术系统，并且，如果合适地处理汉字屋系统，即使塞尔无法理解汉语语义也可以理解汉语语法。

或许塞尔对语义的理解不同于我们对算术系统的理解说明，根据他对因果性的自然主义理解，他可能会诉诸一种语义外部论。在语义外部论看来，一个语词有意义必然是有指称的，而指称必然与语言之外的某个对象关联起来；一个依据定义的程序系统不可能与外部对象关联起来，因此，它是没有语义学结构的。

不过，笔者在这里并不想纠缠于语义外部论和语义内部论的争论，而是打算接受语义外部论作为我们改进汉字屋设计的基本准则，即避免在汉字屋的英文说明书中引入基于外部指称的汉语语词翻译。

毋庸置疑，塞尔设计“汉字屋”思想实验做出的论证是漂亮的，但这并不意味着其设计的所有条件都是足够清晰而没有歧义的。就我们的论证而言，其中有两个细节是重要的：一个是汉字屋中的塞尔理解汉语的意愿，它涉及语形对语义的是否“充分”的问题；另一个是英文说明书的编写方式，它涉及如何最大限度地保持其“语形”色彩的问题。

由于汉字屋论证的第一个要点涉及语形对语义是否具有充分性的问题，所以我们必须对汉字屋条件下的这种“充分性”做出说明。所谓充分性，要求考虑所有可能方式对汉语理解的作用，因此，就汉字屋里的塞尔这样一个主观性个体而言，他对待理解汉语的态度就很重要，例如，塞尔是否意愿尝试各种方式通过汉语问答和英文说明书理解汉语。如果汉字屋里的塞尔本身就对理解汉语缺乏足够的兴趣和动机，那么，即使汉字屋条件逻辑上足以导致对汉语的理解（例如，将说明书写成汉英词典），塞尔本人也可能还是不理解汉语。因此，语形对语义的非“充分性”就意味着，只有当塞尔在汉字屋条件下通过各种方式理解汉语的尝试都失败了之后，我们才可以认定塞尔仅仅通过英文说明书和汉语问答无法理解汉语，由此才可以说，语形对语义是不充分的。因此，我们这里将汉字屋思想实验提出的问题修改为，汉字屋中的塞尔是否能够学会汉语？“学会”比“理解”包含了更多的主动意味和态度。

汉字屋论证中最核心的东西是英文说明书，但塞尔对它的描述并不足够清晰。塞尔只是提示到，通过说明书我们可以拥有不同批次从窗口递进来的汉语文本中汉字之间的关系，有时他把这种关系看作只是纯粹的位置关系，即汉字在汉语句子中的排序。

编写说明书的人必定是懂汉语的，但不同的编写方式将影响汉字屋中塞尔对汉语的理解尝试。有两种极端的编写方式：一种是汉英字典，完全是语义学的；另一种是分别编写问题清单和答案清单，用相同的数字表示它们的对应关系。英文说明书只需要一句话："根据问题清单中的数字找到答案清单的同一个数字后的汉语语句并抄下答案递出。"

很显然，按照塞尔的论证和我们确立的汉字屋设计的语义外部论准则，第一种编写方式是应该避免的。因为它是语义学的，如果以这种方式去论证汉字屋中的塞尔可以理解汉语，就会陷入恶性循环。而第二种编写方式则会遇到一个麻烦，即清单将无法完整编制。人类所有的自然语言都有一个共同的特征，就是文字的整体性和句子的组合性，即文字是历史地确定的，并且是有限的，而句子则是根据语法由文字组合而成的，这种组合数原则上是无限的。问题清单和答案清单既然是句子结构的，那么它们就可能无限长。这意味着清单是无法提供的。

因此，一种好的编写说明书的方式应该是最大限度地避免第一种方式，而最大限度地接近第二种方式。

如果像前面假定的一样，塞尔有通过问答和说明书学习汉语的强烈意愿，那么，塞尔将至少可以获得如下汉语语法知识：逻辑连接词或逻辑常项（包括系词）的意义、语词的同义或反对关系、概念间的隶属关系。这些知识之所以属于语法知识，是因为它们是分析性的或分析相关的。诚然，他可以知道"红色""是""颜色"，但他不知道"颜色"这个词语本身的含义，即使他接受中国人与他具有相同感知框架和事项范畴的先天综合假设，他也有可能将"颜色"误解为"读物"，而将"红色"误解为"小说"。概念间的关系可能是语法知识中最重要的部分，一组逻辑相关的概念将构成一个类型或范畴，数目众多但有限，虽然概念本身是具有语义的，但只要不给出外部指称性含义，其关系仍然是语法的或语形的。

既然塞尔可以获得这些语法知识，那么他本身就可以根据充分的汉语脚本重新改编说明书。因此，为了简单起见，我们可以设想递进去的说明书本身就包含了上述语法知识。我们可以进一步设想，为了让塞尔记忆方便，可以把各种概念关系图示于屋子的墙壁上，说明书则是许多组合不同的舞蹈动作指令。例如，舞蹈第一个动作代表特定概念关系的类型，第二个动作表示概念关系的特定层级（如“深红色”“红色”“颜色”就是三个层级），第三个动作表示逻辑常项，等等。这样，塞尔的每一套舞蹈动作组合就对应了一个问题的答案。

我们将塞尔回答问题的方式编制成舞蹈动作并不是出于恶作剧，而是这种“操作”方式类似于语言的组合，所有语句都是语词根据语法的逻辑“演算”，而演算就是符号的思维操作过程，思维的操作完全可以类比于动作的操作。更重要的是，我们在自然语言的母语学习过程中常常伴随着行动和动作演示。

在上述过程中，凭我们的理智直觉判断，虽然塞尔依然不知道每个汉字的语义，但是他能够通过操作过程理解汉语语法。这种理解可以类比于解决物理学问题时依据既有物理定律做出数学推导却不知道结果的物理意义，即推导者不理解计算结果，但却理解计算过程——其中英文说明（是有语义的）相当于既有物理定律，而数学推导相当于舞蹈动作，结果相当于汉语答案（有语义但不被理解）。

对于这种理解方式，可能存在如下两种认为塞尔其实完全理解汉语的积极回应方式。

第一种观点是，汉字屋里的塞尔是以“使用”的方式理解了汉语，而不是以“提及”的方式理解汉语。按照斯特劳森（Strawson）的论证，语言通过使用而提及指称，使用是一个基于习惯和语境（context）相关的过程，当我们仅仅使用一个句子时，如“当今法国国王是秃头”，只要它符合语法，就是有意义的，从而是被理解了的；只有当我们将注意力转向该句子提及的事实时，我们才会觉察到它的悖谬性。[7] 因此，我们似乎可以接受，塞尔在汉语使用的意义上理解了汉语。

第二种观点是，塞尔确立了一种关于汉语的新的语义学结构。如果把递进来的纸条上的问题看作符号和语词，而递出纸条上的答案看作指称，那么，在符号和指称之间就建立了一种联系。这种联系就是塞尔完成的舞蹈，而舞蹈和答案一道构成了问题的“语义”，从而，塞尔以一种特别的方式理解了汉语。

但是，这两种可能的观点都违背了我们承诺的语义外部论。就前者而言，塞尔无论如何也不可能知道句子的指称（事实）是什么，当他希望通过句子“提及”事实时，他就会把每一个汉语句子都看作是没有对应事实的，即都是悖谬的，但很显然，汉语句子在提问者看来并不如此。第二种观点也不能给出语句的指称，即使其有“意义”，也是基于系统的内部指称，与外部世界无关，况且，这种“问题-答案”对应的语义学说明充其量是一个类比。

但由于汉字屋内的塞尔能够理解“舞蹈”形式，因此，无论如何，我们都可以承认，汉字屋里的塞尔可以通过英文说明书和汉语问答方式，以不同于中国人的方式理解汉语语法。

就此而言，塞尔的汉字屋论证是失败的，其错误在于假定了理解汉语和理解英语之间完全是不可通约的，从而错误地将汉字屋里塞尔对汉语的理解类比于计算机对程序的理解（即两者都无法理解）。即使英文说明书和汉语问答相当于程序，作为有理解力的塞尔本人也是可以理解程序的，就像我们可以理解算术系统一样。但是，从其他方面看，因为计算机本身缺乏理解能力，甚至不能够理解英文说明书，所以计算机是不具有理解能力的，也就是说，塞尔的最终结论依然是可以接受的。不过，塞尔试图通过汉字屋论证反驳强人工智能的企图是失败了，因为他的目标是要论证计算机没有理解能力，而我们只要接受其作为前提即可。

语法或语形理解是一种操作性理解，如前面提到的，我们可以称之为“实践理解”（笔者在别的地方也称之为“实践知性”[8] 124-134）。

三、人类心灵的实践理解方式

对我们论证的一个可能的反驳是，既然汉字屋内的塞尔具有部分汉语理解能力，那么，计算机程序也就可以有部分理解能力。这种反驳其实是前面提到的反驳汉字屋论证的常用方式，核心方式是承认塞尔类比的有效性，即塞尔对汉语语法的理解可以类比于计算机对任何一种语言语法的理解。然而，我们已经说明，这个类比是不成立的。因为汉字屋内的塞尔本身具有理解能力，而计算机程序却不具有——其语法理解力至少是需要论证的。

笔者接下来的论证有两个要点：第一，实践理解必须具有通过操作重塑大脑因果力的过程，而计算机程序不具备这个能力。这一点直接否定了程序具有语法理解能力的可能性。第二，仅仅凭语义能力不足以产生心灵，实践理解才是心灵产生的最小充要条件，从而心灵本身是不可复制的，即塞尔主张的因果力复制不足以产生心灵。这一点将表明，即使塞尔的论证成立，单纯的语义理解对心灵智能仍然不具有充分性。笔者的论证不仅反驳了已有强人工智能方案，而且也反驳了塞尔的方案。

要论证第一点，必须充分了解实践理解的特征，而这要求先从第二点出发。塞尔根据第二个原则性立场认为，真正的智能应该像人那样从进化的过程产生出来，而其思维内容必须是同大脑或神经系统具有因果关联的语义结构；如果强人工智能是可能的，则其必然复制了大脑的因果力，依赖程序采取模拟方式（如联结主义对神经元的模拟）的任何行为都不是真正的智能。

然而，塞尔的这个结论是可以反驳的，让我们考虑如下的思想实验。一个从未学习过语言的幼儿显然是具有大脑因果力的。假设我们只教他一些有实指对象的单个语词的发音和书写，但从来不教他完整的句子，除了单词对应的指称也不再对其做出其他文字说明。这个幼儿显然具有某种程度的语义理解能力，他知道所说或所写的单词的指称，但是他可能无法理解那些无具体指称的语词，如虚词、逻辑连接词、范畴概念词，这些语词的语义必须依赖于其他文字的说明。又假设他的记忆力惊人，能够记住一种语言的所有实词和相应指称。那么，他会自动地获得这门语言的理解能力吗？很显然，这是不可能的。因此，即使我们将他的大脑和身体都精确地复制了，他仍然不可能具备真正的心灵能力，其所具备的初级心灵能力，大概也只是动物或严重智力障碍水平。

这个思想实验也说明，在我们前面提到的自然语言学习中，语义直接产生语形的充分性是可疑的，语形的理解必然依赖于语词之间的演算和操作实践。因此，在自然语言学习中，语义导致语形的情况确实是一个经验问题，而不是先天决定的。

德雷弗斯开始反驳人工智能的符号主义时，梳理出了当时人工智能的四个主要假定并做出了精彩的反驳。然而，他关于真正智能的积极说明却是模糊的，仅仅只是图解了现象学尤其是存在主义的观点，主张人作为“在世存在”，其心灵的发生是高度语境关联的，不可能以科学定律的方式客观地了解。[1]

虽然人工智能的主要假定是成问题的，但却比德雷弗斯清晰，因此，我们倒不如先接受其主要假定，然后从实践理解或现象学的角度，看看它们中间缺失了什么。我们可以尝试预先接受其生物学假定和心理学假定，即生物学上将大脑和心灵分别类比于计算机硬件和软件，而心理学上的心灵活动基于离散符号或表征，是以算法规则运行的离散计算。[9]

还是从语言出发，从语言的组合性出发。已经提到，语言单词是历史地因果地固定的，并且是有限的，而句子则是组合性的、无限的，由单词到句子的操作规则是语法或语形。如果我们暂时接受语言哲学关于思维即语言的观点（或者接受一种认知进化的重演律：语言现象是认知进化的最高形态，在发育中以微缩的方式重演了其他认知活动的进化过程），那么我们也可以将人类其他心灵活动暂时如此简化：认知单元、复合结构、操作规则（或认知语法）。这一点也符合人工智能心理学假设的离散化。

人类的心灵活动是一个经验问题，于是，我们有必要比较一下动物尤其是最接近我们人类的灵长类动物的心灵水平。虽然灵长类动物的心灵能力还不足够清楚，但关于其也有相当多的研究，其中一些证据已足以让我们做出富于洞见的假设。[10]让我们注意如下三个实验和田野事实：

> 第一，松泽哲郎的研究表明，黑猩猩对数字的瞬间记忆容量超过人类，可以记住 10～20 个随机构造的数字顺序，而人类的一般水平是 7～9 个。

第二，成年黑猩猩在“教”幼年黑猩猩动作（如用石块砸开坚果）时，从不关心其“学习”情况，幼年黑猩猩通过反复模仿和试错之后便整个地获得了使用工具的能力。

第三，黑猩猩能够识别假动作，而人类儿童则不会。黑猩猩研究者完成了如下两个实验：首先，由实验者演示三个必要的动作（假定为 A、B、C 相继顺序）来获取透明玻璃箱子中的香蕉，结果是，人类儿童和黑猩猩都会按照这个顺序获取香蕉。其次，实验者修改机关，使得只有 B 和 C 对于获取香蕉是必要的，即 A 是一个假动作，结果却是，人类儿童依然按照 A、B、C 的顺序操作，而黑猩猩则只做了 B 和 C。

如果假定瞬时记忆量反映了认知单元的容量，那么第一个实验表明，黑猩猩的单元容量其实是大于成人的。这是黑猩猩适应环境能力强于人类的地方，通常也被看作黑猩猩没有进化成为人类的原因——较强的适应能力妨碍了它们运用组合（语形）的需要（needs）。对照人类的幼儿动作教学过程，我们可以发现，第二个事实表明，黑猩猩在“教学”过程中不需要像人类那样分解动作，而是一次性地完成了整个动作。这再次说明黑猩猩的单元容量大于人类，但同时也发现黑猩猩缺乏动作分解能力。而这种分解能力的差别在第三个实验中也有表现。人类儿童把每个动作都当作目标，并分别关注三个动作，然后将它们组合为一套动作（典型的语法行为），这里既有目标的分层（最终目标和分步目标），也有分步目标的组合。然而，黑猩猩则是适应目标（最终目标）导向的，它们可能是后退着尝试动作的，先尝试离目标最近的一个动作，如果失败，再尝试次近的一个动作；因此，它们只需要完成两个动作就可以实现目标（获取香蕉），从而看上去能够“识别”假动作。第三个实验也说明了黑猩猩不能分解动作目标，但适应环境的效率和能力都强于人类。

上述比较认知研究恰好表明动物缺乏认知语形能力，如果汉字屋内关着一只黑猩猩，那么它是无法完成全部汉语问答的，即使它凭借其大容量的单元能力能够完成一些固定的“组合”动作，但对它而言那并不是真正的组合，只是机械的记忆。因为黑猩猩可以学习单元动作，我们相信它理解了单元动作，回到单元动作与单词的类比上，我们可以认为黑猩猩具有语义理解能力。

回到复制心灵的思想实验上。如果幼儿的语义理解能力是可以复制的，那么他只相当于黑猩猩的理解能力。由于缺乏语形或操作规则的理解能力，他们不具备真正的智能。人类要具备真正的理解能力和心灵能力，必须具有语形理解能力，即我们所谓的实践理解能力。然而，实践理解能力本身是一套身体化操作，是不可能通过对大脑的生物学复制而获得的，是必须经过训练才能获得的，因此，心灵本质上是不可复制的。

在实践操作的训练过程中发生了什么呢？如果一个幼儿永远只停留在幼儿的语义理解阶段，从不做实践理解的训练，那么，当他在生理上成年的时候，他的智力还停留在幼儿水平。在实践理解的训练过程中，当我们熟练化其操作时，我们的理解活动通过神经肌肉系统塑造了大脑，这是实践理解中发生的关键性事件，即语形理解因果地塑造了大脑。这也是“狼孩”故事所表明的事实。

从现象学的角度看，语义理解的成果是“感受质”（qualia）现象，如各种具体的颜色、声音等感知现象，而语形理解的成果则是“领受额”或“领受度”（quanta）。[11]

从可意识性看，实践理解是半透明的，而语义理解是透明的。所谓半透明，就是当我们处于完全熟练的状态时，我们可以不意识到其操作过程，但通过审慎的反思可以部分描述；而语义的透明理解则是我们完全可明晰地意识到语词与指称的对应关系。

了解了实践理解的特征，解决第一个论点就非常简单了。如果人类的大脑-心灵可与计算机硬件-软件关系类比，那么，实践理解要求的是，计算机软件的运行可以因果地重塑硬件。从这一点来看，我们看不出基于程序的计算机过程是如何做到这一点的。也许人们会强调说，联结主义对大脑的模拟就做到了这一点，而且，深度学习的过程像语形理解一样，是不透明的。确实，深度理解对神经网络的模拟在中间层级是可塑的，也是不透明的，例如，借助贝叶斯分布对中间层级神经网络结构所做的权值调整就是这样的。但是，深度学习的不透明性乃基于规则的复杂性和概率的不确定性，而不是熟练“使用”意义上的不透明性。更重要的是，模拟的神经网络在计算机中只是软件结构，无论其如何调整都是软件内部的调整（就像我们知识结构的变化），它并没有塑造计算机本身的硬件结构（而我们的知识结构变化是可以塑造大脑的）。

四、通用人工智能的两难

基于实践理解的智能反对大脑因果力复制对心灵的充分性。塞尔的维护者可能会辩护说，如果塞尔将大脑因果力看作心灵的必要条件而不是充分条件，就可以避免这样的困难，毕竟实践理解对大脑的因果塑造也要求大脑因果力的存在。

有趣的是，塞尔的批评者沃菲德（T. Warfield）就是从另一个方向强调心灵最小必要条件来反对塞尔的。沃菲德认为，塞尔关于“大脑全部因果力就是产生心灵的充分必要条件”的立场过强，应该主张一种关于心灵的最小必要条件，而如果机器人具备那样的最小因果力也可能产生心灵。[12]但是，这种最小必要条件的主张在逻辑上是没有意义的。例如，“张三是男人”的必要条件可以是“张三是人”，也可以是“张三是生物”，还可以是其他更弱的事实命题。作为必要条件，无疑后者比前者更弱，但对说明张三是男人这个事实没有什么价值。因此，坚持大脑因果力作为心灵必要条件的主张对于心灵的说明没有什么价值。对心灵的一个好的说明应该提供最小的充要条件，而实践理解就是最小的充要条件。

对心灵的充要条件说明可能引发乞题（beg the question）的指责。实践理解能力是以人的智能作为样板的，因为人的实践理解事实上产生了心灵，因此，人的实践理解就是心灵的充要条件。这样似乎就排除了心灵可以以其他方式形成的可能性，从而，对心灵条件的说明本身就包含在如此这般的心灵已经存在的事实中了。

这种反驳没有注意到我们揭示的只是心灵的最小充要条件而不是全部条件。诚然，一个无法避免的问题是，目前世界上只有人类才具有真正意义上的心灵，因此，任何对心灵的有价值的说明都必须参考人的心灵样式。如果我们不这样做，就可能陷入语词之争，事实上，当年图灵为了避免关于思维的语词之争，就假定人是能够思考的，然后考察计算机与人的行为能否区分。[13]

更重要的是，避免乞题嫌疑的最小充要条件主张并不否定可以有人类之外的心灵，例如，我们可以如塞尔和德雷弗斯那样，并不反对可以以人工方式“制造”出有心灵的机体，只是这种心灵机体必须具备实践理解能力，并且这种理解方式能够因果地塑造机体本身。这种主张具体化了德雷弗斯的方案。

笔者曾经设想的图灵机动物最有可能产生出具有实践理解力的心灵来[8] 81-94，这个模型类似最近马斯克（E. Musk）提出的大脑芯片嵌入。图灵机动物程序部分的工作是扫描大脑的神经电位成像（如表征“金丝雀”），并激起另一个脑区形成逻辑相关的语词图像（如表征“鸟”），这个过程使得图灵机动物形成关于语法的实践理解。或者先分别让动物完成两个逻辑相关的动作，并记录其各自的脑区活动，然后，当第一个动作出现时，刺激第二个动作的脑区，使得它们关联起来。其中最大的困难是，动物有可能不具备形成上位概念的能力，因为其中包含了语法的因素，因此，我们只能以其他具体概念图像替代上位概念。当然，这种研究所产生的严重的伦理问题是必须预先讨论的。

如果实践理解是心灵的最小充要条件，那么，根据实践理解的其他特征，我们将可以论证，任何通用人工智能都会面临一种两难困境：如果通用人工智能是心灵智能，那么它不可能全面超越人类智能；如果通用人工智能全面超越人类智能即所谓的超级人工智能，那么它不可能是心灵智能。

所谓的通用人工智能是区别于当前的专用人工智能（special AI）的，专用人工智能只能解决某方面的具体问题，如识别和诊断问题，但它还不像人那样可以在各个方面具有智能。为了获得通用人工智能，我们似乎可以做出如下推理：既然我们可以制造出解决具体问题的人工智能，如果我们把这些智能组合到一个人工智能体上，它就可以形成全面智能的通用人工智能，当然，通用人工智能的倡导者并不主张通用人工智能以这种简单组合的方式构造出来，而是希望有一个整体的程序或机制来实现这种功能。进一步地，由于每个方面的专用人工智能的能力都可以超出人类水平，那么通用人工智能可望全面超过人类智能。这就是波斯特洛姆（N. Bostrom）提出的超级智能（super intelligence）。那么，超级智能可能是一种心灵智能吗？这个问题对伦理学家来说非常重要：如果它是，我们就得将它当作人来看待；如果它不是，不管其能力如何强大，我们都只把它当作手段。

要得到上述关于通用人工智能的两难结论，我们需要考察实践理解的两种方式。由于实践理解是语形相关的，需要组合规则介入，所以通常我们是根据既有规则学习操作，然后在反复训练之后熟练化。但在自然学习（如母语学习）过程中，我们可能并不明确知道组合规则（语法），而是在语义理解时通过试错来把握语形，一旦把握，即是熟练化的，可以从未明确地意识到这些规则。我们将那种依据明确规则的操作性理解——在自然学习中是试错——称为尝试理解，而将那种熟练化之后的理解称为完全理解。显然，实践理解通过神经肌肉系统塑造大脑因果力的过程主要发生在完全理解状态。

实践理解的两种方式实际上就是神经生物学和认知科学普遍接受的双加工（dual process）过程，双加工理论认为，存在两个认知过程，即自发的、快速的反应和推论的、延时的反应。实践理解的尝试理解是推论性的，而完全理解则是自发性的。不同的地方在于，双加工理论没有强调两者之间的转化关系，而实践理解则强调两者是可以相互转化的。

如果我们把身体及其意向功能看作意向方式，而将心理学内容看作意向内容，那么，实践理解两种状态的转化实际上相对化了两者之间的关系，即意向内容可以塑造意向方式。完全理解由于因果地塑造身体（尤其是大脑），因此实际上就是一种意向方式，而尝试理解的语义内容则是其内容。在我们的实际生活中，这种相互转化是广泛存在的。例如，“看”这种意向方式是身体的一种功能，对于艺术审美而言，入门者的“看”和专业级别的“看”是不一样的，因为后者长期的意向内容训练已经改造了“看”的方式，从而，两者面对相同的

“被看”对象时将会得到不同的“所看”内容——这特别符合德雷弗斯对梅洛-庞蒂知觉现象学的运用。

由此，我们可以发现，人工智能心理学假设所主张的心灵活动离散计算只适应于推论阶段的理解活动，而不适应于自发阶段的理解，而完全理解恰恰是心灵活动的关键部分。那么，上述关于实践理解的特征如何会导致通用人工智能的两难呢？

我们首先就人类智能提出一个基于想象性事例的问题：是否存在一个人类成员，他的所有能力都超越所有其他成员？例如，他同时是长跑冠军、围棋冠军、奥数冠军、最好的钢琴家和小提琴手，等等，即凡是我们能够想到的每个方面的能力，他都是最好的。很显然，人类中不可能存在这样的个体，因为人类所获得的每项超过一般水平的能力必须通过规律性训练维持，而训练需要时间，就人类现有的各方面的能力而言，如果每个方面都超越常人，时间是不够的。

实践理解由尝试状态转化为熟练状态需要训练时间，这是所有智能都具备的。对于基于神经系统的智能而言，人类或动物最基础的非反射类型是非常有限的（如食物反射、性反射和安全反射），而在此基础上形成的条件反射和智能活动虽然可以多样化，但必须规律性训练，否则就会退化或消失。这是一种进化上的折中，过多的基础反射类型会极大地增加神经系统的复杂性以致身体难以承受或过于臃肿。同时，如果条件反射不会消失或退化，那么，当一个环境具备激发所有条件反射的刺激因素时，则所有条件反射都将被自发地启动，其结果将使得主体处于严重的无序行为中。这种无序化显然不可能是智能的。因此，实践理解的完全状态必定是可逆的。

为什么要参照人类智能来看人工智能呢？这是因为，智能的特征问题是一个开放的经验问题，我们只能参照已有心灵的核心特征来考虑人工智能的心灵可能性。也许，有人会反驳说，人类智能可以全面超越黑猩猩的智能，那么是否可以设想，通用的强人工智能也可以在各个方面超越人类呢？答案当然是否定的，因为人类智能并没有全面超越黑猩猩，例如在认知单元上恰恰弱于黑猩猩。

既然超级智能不可能是人的智能，那么如果它出现了，我们可以将其仅仅看作手段。这将告慰那些过度担忧伦理问题的文人。至于超级智能作为工具可能引起的其他伦理问题，我们完全可以参照其他工具的方式处理。

参考文献 >>

［1］Dreyfus H. What Computer Can't Do：A Critique to Artificial Reason. New York：Haper & Row Publisher，1972.

［2］Searle J R. Minds，brain and programs. Behavioral and Brain Science，1980，3（3）：417-457.

［3］Schank R C，Abelson R P. Scripts，Plans，Goals and Understanding：An Inquiry into Human Knowledge Structures. Hillsdale：Lawrence Erlbaum Associate Publishers，1977：36-68.

［4］王佳. 对塞尔“中文屋”两种论证形式的考察. 科学技术哲学研究，2010，（5）：36-40.

［5］Churchland P M，Churchland P S. Could a machine think? Scientific American，1990，262（1）：34.

［6］约翰·R. 塞尔. 心灵的再发现. 王巍译. 北京：中国人民大学出版社，2005.

［7］斯特劳森. 论指称//马蒂尼奇. 语言哲学. 牟博，杨音莱，韩林合，等译. 北京：商务印书馆，1998：414-446.

［8］颜青山. 价值道义论的基础. 上海：上海人民出版社，2015.

［9］颜青山. 分析哲学与现象学融合的三条路径. 云梦学刊，2018，39（3）：8-14.

［10］Matsuzawa T，Tomonaga M，Tanaka M. Cognitive Development in Chimpanzees. Tokyo：Springer Publishers，2006.

［11］颜青山. 论言语德性. 社会科学，2015，（10）：103-113.

［12］Warfield T A. Searle's causal power. Analysis，1999，59（1）：29-32.

［13］Turing A. Computing machine and intelligence. Mind，1950，59（236）：433-460.

记忆哲学：解码人工智能及其发展的钥匙*

杨庆峰　伍梦秋

在人工智能的发展过程中，众多相关学科中哲学的作用极易被忽视，甚至被挤压到以“伦理问题”的名义存在的地步。尽管科学家与哲学家在后果论上达成了一致，双方以极大的热情投入人工智能伦理问题的研究中，并形成了二者交往的主导方式，但这对于哲学自身的发展来说依然不够。哲学家与科学家共同联手探索人工智能的伦理问题依然存在一些问题，如基本范畴存在分歧、对话需要继续深入。[①] 如果将人工智能时代哲学出场的方式仅仅定位为伦理路径，这未免过于狭窄了。幸运的是，我们也看到很多学者从不同视角拓展着哲学的路径，如机器智能的主体性、智能社会发展的挑战。[②] 本文试图从记忆哲学角度阐述哲学对于人工智能发展提供的洞见：记忆哲学提供了一种思考 AI 的视角，即从记忆角度能够很好地理解和解释 AI 发展的理论基础、存在的理论争论、未来的发展方向及其可能面临的危机。在进入分析之前，需要说明的是，记忆哲学提出的三个原则是：①记忆是

---

* 原载《探索与争鸣》2018 年第 11 期。杨庆峰，上海大学哲学系教授；伍梦秋，上海大学科学技术哲学专业硕士研究生。

① 2018 年 9 月 7～8 日，中国科学院的“人工智能伦理问题研究”项目正式启动，这次会议邀请了哲学领域的相关学者进行研讨，在会议讨论过程中，一些问题显露出来，比如，对人工智能缺乏共同认可的界定；对话更多围绕媒体关心的话题，如危害、社会影响；对人工智能的基础理论等问题讨论较少。

② 关于机器主体性的讨论国内有学者段伟文、田海平等；关于挑战的讨论有成素梅教授，参见《智能化社会的十大哲学挑战》，探索与争鸣，2017 年第 10 期，第 41～48 页。

时间意识及其意识现象得以产生的条件；②记忆哲学涵盖记忆与遗忘两个维度，缺一不可；③记忆与回忆存在着根本区别。而这三个原则将成为本文反思 AI 发展的重要原则。

一、记忆理论与 AI 发展争论

目前关于 AI 发展过程中最为有名的争议是强 AI 与弱 AI 之争，并在此基础上衍生了人工智能三阶段发展理论：弱人工智能、强人工智能和超人工智能。[①]但是在这一观点中，将记忆放置到了弱人工智能的阶段。在这种理解中，记忆被看作是信息的存储，与理智能力并列。

上述争论能否称得上是范式之争存在着诸多争议，按照库恩的观点，一个范式必须符合：①在一定时期内科学共同体普遍接受；②为科学家提供据以工作的模型、范例。但是在人工智能领域，至少行为主义、联结主义和符号主义三大流派之间的内战硝烟始终弥漫着没有散去，难以实现统一，所以并没有公认的范式出现。然而，它作为技术争论却没有任何问题，所以我们把它称为“人工智能领域技术层面的强弱之争”[②]。这一争论的实质是 AI 是否能够具有通用意识。从历史上看，这一争论的形成却与英国计算机科学家图灵（A. Turing）和美国哲学家约翰·塞尔（John Searle）分不开。在图灵看来，一个机器如果能够通过人类测试，那么在一定程度上说，这个机器就通过了图灵测试。此时，我们可以说这部通过图灵测试的机器就属于强 AI。以图灵的观点来看，目前大部分 AI 机器只是处于弱的阶段，能够被人识别仅仅是一部机器而已，甚至有时候称不上是弱，不值得人们为之花费太多的测试成本。2015 年，一项研究成果显示出 AI 已经通过了“视觉图灵测试”[1]。严格地说，“通过”是极其日常化或喜欢被媒体

---

① 2018 年 9 月 5 日，中国科学院张杰院士在西安召开的“华山论剑 创新中国”会议上发表了题为“未来已来，唯变不变——对新科技革命的思考与展望”的报告，在报告中他提出了人工智能三个阶段的观点。

② 英国哲学家弗洛里迪（L. Floridi）倾向于用“轻（light）人工智能”和“强（strong）人工智能”这样的表述。他也指出了多种说法，如弱人工智能/强人工智能、好的老式人工智能/新的新式人工智能等说法。在他看来，这关系到人工智能背后的两个灵魂——工程学和认知学的争议。

使用的用语，在科学界并不会被使用。科学家只关心更具体的任务的实现。而在塞尔看来，一个机器只有具有心智，才是强 AI。在二者的分歧中，基本上可以概括出任务实现和自主意识的区分。科学家强调前者，而哲学家则喜欢讨论更为普遍的自主意识问题。

围绕争论，基本上形成了两个明显的派别：一派是科学流派，即 AI 研究专家认为 AI 机器还只是停留在弱的阶段，强 AI 机器时代还远未能到来；另一派是哲学流派，即人文学者和哲学家认为机器已然或者必然进入强的阶段，因为机器通过图灵测试已经成为现实，同时还因为机器心灵具有自身演化规律，通过奇点已经成为必然。这两个派别之间的争议极大。在科学流派看来，人文学者多是杞人忧天，甚至是像堂吉诃德一样，朝着 AI“风车”冲击，有些妄想症；而在人文学者看来，科学家和工程师目光短浅，只盯住眼下，未能意识到 AI 发展的必然。

在强弱之争的问题上，人工智能三种流派的作用各不相同，它们在解释意识本质及其产生的问题上存在差异。首先，对于行为主义而言，自主意识不是必要的条件，甚至不需要意识存在假设。这种理论可以从两个方面做出解释，其一是从机器内在原理看，意识主要源自控制论，其原理“为控制论及感知-动作型控制系统”[2]，这是指机器自身的行为；其二是从机器与环境的行为应对关系出发，强调机器对于环境的适应行为。如同心理学领域的行为主义，意识存在是无效的假设，在人工智能领域中，意识存在依然是无效假设。其次，对于符号主义而言，自主意识就成为必要的条件。这种理论源自数理逻辑，其原理为物理符号系统（即符号操作系统）的连接和推理。这背后需要意识的存在或者类人意识的存在，而这也不是假设。最后，对于联结主义而言，同样需要自主意识作为必要条件。这种理论源自仿生学，主要原理为模仿人类神经网络及神经网络间的连接机制与学习算法。它们以某种方式为机器心灵的可能性提供了论证。

这三种立场都存在问题。行为主义强调对环境做出反应，所以最终不会产生强的人工智能的担忧，因为最多是对环境做出的更为拟人化反应。符号主义和联结主义所存在的问题是陷入了实体主义的立场之中。实体主义探讨某类特定的主体实体具有意识，对于 AI 而言，AI 成为一个有自身基础意识的主体，基础意识的运行机制与人类似或者以自身的独特逻辑进行。而这条路径经常会碰到一个无法绕开的悖论：因为意识是人类特定的规定性，而非人的存在物从实体意义上拥有意识就成为一个无法论证的课题。实体主义的立场将会受到来自心灵主义的严厉指责。在心灵主义看来，以意向性为特征的属性只能属于心灵现象，而由各种材料组合而成的 AI 是不可能具备这种意识的。

在某种意义上，实体主义将强弱之争引入了一个死胡同。面对这种死胡同，记忆哲学的出场显得非常必要。本文认为，记忆哲学将成为一个可能的出路，它从意识产生过程而不是主体角度对人工智能的意识问题做出解释。在本文所说的记忆哲学中，为了破解强弱之争陷入的死胡同，我们需要摆脱将记忆看作是信息过程的神经科学的观点，也需要摆脱将记忆看作是心理联想或者精神性时间旅行的心理学观点，而是将记忆看作是时间意识、意识现象及其自主意识产生以及理解智能存在体的历史条件。在哲学史上，多位哲学家的观点支持了这一点。德国的黑格尔、布伦塔诺和伽达默尔等共同奠定了这一理论的基础。

在黑格尔那里，记忆的地位被极大地忽略，甚至隐藏在“意识的直接性”底下无法见到天日。从黑格尔的问题自我意识的生成出发，循着他的解决过程会发现一个有趣的现象：记忆之光在精神的运作中隐隐发光。他指出：“个体不再需要把具体存在转化为自在存在的形式，而仅只需要把已经呈现于记忆中的自在存在转化为自为存在的形式。”[3] 在这个观点的表述中，“在记忆之中”是精神发生的一个形式结构。因此可以说，黑格尔对记忆的解读是不同于以往的哲学家的，记忆是自在存在之所，自在存在从这里出发转为自为存在。可惜的是，这个观点被极大地忽略了。与黑格尔不同，布伦塔诺更多地从哲学心理学的角度将记忆看作是观念联结的前提条件。在他看来，记忆是过去的心理现象成为对象的条件。第三位哲学家是伽达默尔，他的解释学体系对于记忆的定位就是理解人自身存在的历史条件形式。在汉斯·卢恩（Hans Ruin）看来，《真理与方法》不像表面上看起来那样与记忆无关，而是有着深刻的关联。他指出，伽达默尔所做的事情，是将记忆的理解从心理能力中解放出来，而从人的有限的、历史存在的基本要素的角度来看待。在他看来，伽达默尔是在历史的、解释学的理解中来思考记忆的。所以，卢恩的工作主要揭示出两点，值得我们关注：①记忆不是心理能力（联想或者表征能力）；②记忆不是记忆术（保留信息的技巧），而是人的有限的、历史存在的前提条件。[4]

让我们再回到AI的强弱之争中的"机器是否具有自我意识"的问题上。如果仅仅将记忆看作是AI进行学习并将所获得的信息编码、存储，并且转化认知的过程，那么这个问题永远无法解决。如果把记忆看作是机器个体意识产生的前提条件，那么，就可以看到一种可能性的存在。对于AI而言，必要的前提具备了，RP信息感知、记忆，但是缺乏其他条件还不足以产生出基础意识。我们需要解释的是自主意识产生过程中的那个飞跃，所以，如果记忆是意识出现的场域和条件，意识的发生也就是将存在于记忆之中的存在显现出来。强人工智能的出现并不是没有可能，而基于因果关系的意识发生理论就无法解释这种飞跃。

二、记忆类型与AI发展基础

事实上，记忆已经成为制约AI发展的重要因素，是AI进行学习、决策以及合理行动的基础。那么AI与哪些记忆有着密切的关系呢？AI发展与心理学领域中的记忆分类有着不可分割的关系。20世纪70年代，心理学家为记忆分类划定了一个稳定的框架。1970年美国心理学家米勒（G. A. Miller）提出"短时记忆"的概念，但是他所提出的这个概念只是一个理论推测，缺乏足够的证据；20世纪80年代，加拿大心理学家图尔文（E. Tulving）将记忆区分为语义记忆、情景记忆（episodic memory）和程序记忆；1974年，英国心理学家艾伦·巴德利（Alan Baddeley）提出"工作记忆"（working memory）的替代性概念，是指对信息进行短暂加工和存储的能量有限的记忆系统。这一阶段确立的分类框架也被神经科学家接受。2004年宫下雅秀

（Yasushi Miyashita）在一篇题为“认知记忆：分子和网络机器以及它们自上向下的控制”的文章中接受了这种说法。“长期记忆被分为外显记忆（陈述）和内隐记忆（非陈述）。内隐记忆无须觉知而影响行为，外显记忆则进一步被划分为语义记忆（表示关于世界的一般知识）和情景记忆（表征一个人过去的知识）。这种形式直接运用于人类记忆系统。相似的谱系也可以用于动物记忆，尽管其缺乏一些人类记忆的显著特征。因此，诸如类语义或者类情景记忆被用来指动物记忆系统。”[5]这一分类框架可以作为我们分析这一问题的出发点。

（1）记忆模块增强了神经网络。一般说来，传统神经网络只能做到孤立记忆，无法做到连续记忆，为了克服这一缺陷，科学家提出了循环神经网络（recurrent neural network，RNN），但是缺陷是不能进行长期记忆。为了解决这个问题，人工智能学者提出了由不同的记忆模式构成的模块。1997年森普·霍克赖特（Sepp Hochreiter）提出长短期记忆（long short term memory，LSTM），解决了上述神经网络存在的连续性和长期性记忆问题。2014年维斯特（J. Weston）等人提出记忆网络（memory networks），即联合存储器，并在此基础上发展出许多其他相关模式，如嵌套LSTM（nested LSTM）①。这些模式的提出在一定程度上解决了长期记忆的问题。例如，谷歌DeepMind开发了一款可微神经计算机（differentiable neural computer，DNC）的机器学习模型，就是利用了可以读写的外部记忆神经网络，极大地扩展了神经网络表征变量和数据结构以及长时间存储数据的能力。[6]2016年，他们利用记忆模块解决了一次性学习（one-shot learning）的问题。

（2）长短期记忆成为AI内部机制、算法的必要模块。霍克赖特和施米德胡贝（J. Schmidhuber）等人将记忆因素考虑在内来解决AI的问题，并提出了长短期记忆网络的概念这一思路获得了广泛的认可。[7]2013年格莱威斯（Graves）等人运用这一模式来解决语言识别（speech recognition）问题[8]；2014年艾莉亚·斯特斯凯威（Ilya Sutskever）

① 嵌套LSTM是由卡内基·梅隆大学（Carnegie Mellon University，CMU）的莫尼兹（J. R. A. Moniz）和蒙特利尔大学的大卫·克鲁格（David Krueger）联合提出的多级循环神经网络架构，这一模式能够处理更长时间的内部记忆。

等人运用这一模式解决机器翻译（machine translation）的问题[9]；奥利奥・维尼亚斯（Oriol Vinyals）等人运用这一模式解决了图像到文字转换的问题[10]；2015 年加拿大学者朱小丹（Xiaodan Zhu）提出了结构长短期记忆（structure-LSTM，S-LSTM）模式用于语言或图像解析结构（image parse structures）[11]；2016 年卡莱克贝纳（Kalchbrenner）提出网格长短期记忆（grid-LSTM，G-LSTM）模式运用于属性预测（character prediction）、机器翻译和图像分类（image classification）[12]。从这些可以看出，AI 非常依赖的一个记忆分类是心理学中的长短期记忆。此外，在 AI 算法上，以记忆为核心的算法起到了比较重要的作用，如循环神经网络中的长短期记忆神经网络，但是这种算法始终是为认知和推理起铺垫作用的。其功能是“使用传统的通过时间的反向传播（BPTT）或实时循环学习（RTTL），在时间中反向流动的误差信号往往会爆炸或消失。但 LSTM 可以通过遗忘和保留记忆机制减少这些问题”[13]。这也可以看作是在 AI 领域中记忆附属于认知的表现形式。“RNN 隐藏状态的结构以循环形成记忆的形式工作，每一时刻的隐藏层状态取决于它的过去状态。这种结构使得 RNN 可以保存、记住和处理长时期的过去复杂信号。”[13]

（3）工作记忆成为 AI 发展过程中的制约因素之一。例如，记忆是智能体（intelligent agents）设计中不可或缺的因素。[14]“推理智能体必须记住它的视觉历史中相关的片段，忽略不相关的细节，基于新的信息来更新和操作记忆，以及在后面的时间里利用这些记忆做出决策。”[14]工作记忆是视觉推理中的限制因素之一。“在这项研究工作中，我们提出了视觉推理中的第二项限制，即关于时间和记忆的限制。”[14]“这些随机生成的三元组能够在大量的任务序列中训练视觉推理，解决它们需要对文本的语义理解，对图像序列中每张图像的视觉认知，以及决定时变答案的工作记忆。”[14]

尽管上述记忆分类为人工智能的发展提供了比较扎实的基础，并推进了人工智能的发展，但是一旦进入与人类记忆最为密切的情景记忆时，这个问题就不那么乐观了。比如，情景记忆和自传式记忆（autobiographical memory）对于 AI 研究的关系完全不明确。这主要与情境记忆和自传式记忆的本质有着密切关系。“情境记忆关心的是记忆者在过去的时间中独特的、具体的个人体验；语义记忆是指个人抽象的、无时间的、可以与他人分享的关于世界的知识。”[15] 从心理学家的角度看，情景记忆和自传式记忆有着非常强的个体体验特性，又涉及过去的时间性。情景记忆与自传式记忆一旦和当事人割裂开来，就失去了生命力。对于机器而言，这很难想象。毕竟在机器那里，我们所能看到的是无处不在的二元分离，精神可以独立于物质存在，体验可以独立于主体存在。

三、人工记忆模式与 AI 发展方向

2015 年 AI 学界围绕着 AI 的未来发展探讨了如下两个问题：①能否创造出人类水平的 AI？②是否存在智能爆炸？围绕问题①，DeepMind 的研究者重点探讨了这一方向的技术可能性，如戴密斯·哈萨比斯（Demis Hassabis）、Vicarious 公司的迪利普·乔治（Dileep George）和卡内基·梅隆大学的汤姆·米切尔（Tom Mitchell）；围绕问题②，牛津大学哲学系的尼克·波斯特洛姆（Nick Bostrom）、康奈尔大学的巴特·塞尔曼（Bart Selman）以及 SpaceX 的埃隆·马斯克（Elon Musk）等人探讨了这一问题。这些问题的探讨均可以还原到“通用 AI”这一假设之上。所谓通用人工智能（artificial general intelligence，AGI）是指强 AI，“能够成功执行人类能够完成的智力任务的机器智能”。在杨立昆（Yann LeCun）看来，通用人工智能发展的最大障碍是“让机器通过观察来学习预测模型”。2018 年，腾讯公布了三大战略，通用 AI、机器人实验室和 AI+医疗。这些现象表明 AI 的未来方向是指向通用 AI。①

如果把通用 AI 当作出发点，则 AI 中的三种观点服务于这一出发点。目前，运算能力、海量数据与优化算法成为 AI 发展的基础，在此基础上形成了三种不同的观点：①运算主义，即 AI 能够学习是因为其

① 根据吴恩达的看法，人工智能未来的发展方向是迁移学习（transfer learning），这种技术利用循环神经网络学习已有的标记好的预训练网络系统，如在医学图像中被运用。

强大的运算能力；②数据主义，即强调AI的功能是挖掘出数据深处的相关关系；③算法主义，即强调AI发展基于更新、更优化的算法。这三点都是为通用AI这个方向服务的，而通用AI意识形成自身的条件是记忆。围绕着如何解决形成通用智能的问题，形成了四条与记忆有着密切关系的不同的人工记忆模式。[16]

（1）长短期记忆网络是由一个被嵌入网络中的显性记忆单元组成的。其功能是记住较长周期的信息。这一技术主要被顶级跨国公司如谷歌、亚马逊和微软使用，主要用于语言识别、智能助手和属性增强等。

（2）弹性权重巩固算法（elastic weight consolidation algorithm），这是从神经科学中借来的概念，用来评估联结的权重，而这些权重主要是通过早期任务的重要性来评估的。这种算法主要是用于序列学习（sequences learning）多种游戏的。目前DeepMind公司使用着这种方法。2017年，谷歌DeepMind团队发表了一篇名为“使得神经网络中持续学习成为可能”的文章，里面提到了一种与记忆巩固（memory consolidation）有关的算法，其目的是让机器学习、记住并能够提取信息。

（3）可微神经计算机这种计算机的特点是将神经网络与记忆系统联系起来，它可以像计算机一样存储信息，还可以从例子中进行学习。

（4）连续神经网络（progressive neural networks）主要用于迷宫学习。“学习解决复杂的连续性任务，即同时可以迁移知识，但是又不会忘掉此前学到的重要信息，这依然是实现人类水平的智能中的一大难题。连续神经网络的方法代表了在这一方向上的一个尝试：它们不会忘记先验知识，并通过连接到此前学习到的特征来利用这些知识。”[17]

但是仅仅具有通用智能是不够的，AI也只是停留在空洞的形式阶段。我们可以从两个角度预见AI发展的方向：其一是从学科角度来看，AI所依赖的重要学科之一是神经科学，而神经科学的发展方向在一定程度上决定和影响了AI的发展方向。从记忆角度看，神经科学提出记忆是信息内容的编码、存储、提取，AI在人工神经网络的方向上将循环神经网络、长短期记忆网络等与记忆有关的概念引入进来，极大地促进了AI自身的发展。此外，从神经科学未来的发展方向看，神经科学的下一个目标是研究同理心（empathy）、说明同理心的神经机制。根据中国神经科学家蒲慕明教授的观点，神经科学会将同理心作为下一个研究目标。因此，我们可以大胆预测：AI的同理心讨论将逐渐成为AI的发展方向之一。这一方向将为AI实现通用智能奠定更为坚实的基础。其二是从意识构成的角度看，意识到底由哪些形式构成。类人的AI研究必然会延续这个方向，除了更进一步研究AI的认知之外，还有对记忆、情感、意志和欲望的研究，而这一点已经开始有了苗头。在意识构成的路径中，记忆将成为不可或缺的因素。这里的记忆不是信息的存储和提取，而是使得时间意识得以构成的可能性条件。对于记忆，杨立昆指出，这是预测学习中的一个关键部分，即与过去有关的部分。

四、灾难性遗忘与AI发展危机

从记忆角度进行分析，我们已经看到AI发展可能面临的危机：记忆神经网络和灾难性遗忘。第一个危机是对记忆神经网络的冲击。正如前面所分析指出的，人工智能科学家很好地利用了记忆，发展出RNN、LSTM和嵌套LSTM。但是他们也遇到了一个问题，正如人工智能大师杰弗瑞·亨顿（Geoffrey Hinton）提出的终极之问：将人类心智注入电脑建模的人工神经网络的可能性及其意义。终极之问就是记忆神经网络发展的危机所在，这种危机并不是技术层面的危机，而是哲学性的危机。另一制约AI发展的危机是灾难性遗忘。认知心理学研究表明，人类自然认知系统的遗忘并不需要完全抹除先前的信息。但是，对于机器而言，遗忘就是灾难性的，即需要抹除先前的信息，这是通用智能形成过程中的一个关键障碍。如何处理灾难性遗忘成为AI发展过程中必须解决的重要问题。所以从这个危机中我们可以看到未来AI发展可能需要解决的问题。

这种危机在两种意义上是内在的：其一是在技术发展的意义上，灾难性遗忘的技术克服以及神经网络技术的未来走向。正如我们已经看到的，神经网络是机器学习的核心，如果按照心理学的学习-记忆模式，机器学习之后必然会遭遇机器记忆的问题，此处的记忆并不是信息存储，而是与回忆问题相关的行为，但这似乎是技术内在的悖论。其二是哲学意义上的，对记忆与遗忘的理解脱离了人类记忆的真谛。事实上，记忆与遗忘决定着人类的行为、情感和认同，这不仅适用于人类，对于未来的后人类机器而言也是如此。确立这样的原则，可以有效实现对 AI 行为的理性约束，将 AI 对人类未来的威胁消除在设计阶段。

面对灾难性遗忘，学术界解决这一问题有三种方式：其一是从记忆/遗忘是信息的存储与删除角度看，AI 的灾难性遗忘的实质是为后续新的内容腾出必要的物理空间。从存储容量角度看，如果存储容量有限，那么当存储器容量满了后，删除部分信息就变得紧迫起来。这在通常的输入-输出系统中非常常见，即从被动获得信息、程序输入等角度理解记忆，这意味着灾难性遗忘属于系统本身的内在缺陷。这种路径适用于低级的机器，忽略了高级 AI 的学习能力。其二是神经网络的内在特征路径，即神经网络无法进行序列性学习，完成多种任务，必然会出现这种问题，其克服的方法是借助神经元固化（synaptic consolidation）的方法来解决这一问题。其三是先验哲学分析的结果，即人类不存在这种问题，而本质上不同于人类的机器则存在这些问题，并且这一缺陷是无法克服的。很显然，谷歌公司主要从第二种意义上来理解和解决这一问题。他们首先发展了多种模式的学习理论，如深度学习（deep learning）、增强学习（reinforcement learning）和序列学习等概念，这些概念有效地实现了 AI 的行为决策和任务完成的功能，并且尝试解决了灾难性遗忘。

上述三种方式都存在着各自的问题，路径一由于适用于低级非智能存储器，如 USB、一般性物理存储设备，所以无法适用于具有学习能力的高级 AI。路径三则是哲学分析推演的结果，其主要是哲学意义，表达一种哲学立场，并且在哲学论证上具有有效性，但是对于 AI 的发展未必有利。路径二非常适合 AI 记忆的研究，但是隐含着两个方面的问题：①对记忆的设定是信息巩固；②将遗忘看作记忆的负面现象。这在哲学上看，都是不通的。记忆并非信息的巩固，而遗忘是记忆的互补面，不是完全的负面现象。

五、作为记忆主体的人工智能

正如前面所提到的，在哲学与AI的当代交往中，伦理交往是主导的形式。在这个领域的探索中，哲学家并没有满足于后果论的探讨，他们将目光转向了道德主体。在这一视野中，智能体作为道德主体是否可能的问题已经得到了诸多讨论。例如，段伟文教授指出，人工智能体作为拟主体是开放的。[①]从记忆哲学的角度反思人工智能的发展，也会碰到同样的问题：智能体作为记忆或回忆主体是否可能？从科学的角度看，智能体具有记忆能力没有太大的疑问。因为生物学将记忆看成是信息的编码、存储和提取，这一规定直接指向信息的发送者和接受者——生物体及其基本构成单元神经元。神经科学将记忆看作是神经元之间联结从而形成的不同的神经回路，所以将生物学和神经科学作为其自身基础的人工智能很好地解决了这一问题。让AI具有记忆能力开始从两条路径上表现出来：①根据人类对特定记忆神经元做出标记，而在人工神经元上做出类似标记，从而产生特定的记忆行为；②搭建特定的神经网络回路。未来AI的发展在某种意义上来说就是搭建不同的多元记忆神经元回路，从而展示出多样的记忆行为，所以如何构建多元的记忆神经回路是未来AI发展的动向之一。MIT的利根川进（Susumu Tonegawa）利用光遗传学展开记忆痕迹研究的成果非常重要，关于未来AI机器的社会记忆研究、记忆的抑制和激活都可以在其工作基础上进行。

但是，科学并未对上述问题给予满意的答复。哲学困惑依然存在，即智能机器是否是一个主体？但是事实上，“主体”概念已经在众多讨论中被看作“能动者”(agent)，所以，相关的问题也就转化为，

---

① 根据段伟文的看法，拟主体的核心问题在于采用代码编写的算法，将人类所倡导的价值取向与伦理规范嵌入各种智能体中，使其遵守道德规范并具有自主伦理抉择能力。参见段伟文. 人工智能的道德代码与伦理嵌入. 光明日报（理论版），2017年9月4日，第15版。国内相似的观点有田海平教授提出的“善法嵌入”、苏令银的“儒家伦理规范嵌入”；国外学者主要代表是荷兰的彼得•保罗•维贝克教授。

智能体作为能动者来说，意味着什么。这样一种方式能否解决哲学困惑还有待于检验。如果回到我们最初的问题，即智能体是否具有记忆能力，从记忆行为的本质看，记忆是关于过去对象的行为，一种明显的时间性表现出来。那么对于智能体而言，它是否拥有过去的时间规定性呢？答案似乎是否定的，智能体的行为更多的是基于结构-功能显示出来的。它们不能感知时间，尤其是无法构建过去。如果是这样，我们会看到，尽管智能体可以存储、提取信息，但是离真正的记忆尚有距离。此外，当面对“AI 是否可以成为回忆主体”这个问题时，一切更加不那么确定了。事实上，亚里士多德早就切断了这条道路的希望。他在分析回忆的时候指出，人、动物都可以具有记忆，但是唯独人才拥有回忆。于是一种观点开始形成：越返回哲学原点，我们就越发现答案让人失去希望。

这一问题的澄清最终可以让我们重新面对亨顿的终极之问。对于亨顿来说，需要解决的问题是，如何将人类智能注入人工智能神经网络中。这一问题的解决前提是人类的心智。还原论将智能还原到生物学构成中，“我们所谈论的心智，其实就是一个电化学体系的高度集成”[18]。在记忆问题上，我们并没有看到这种逻辑的必然推论。随着记忆与回忆关系的澄清，我们已经看到，AI 作为记忆主体和作为回忆主体具有完全不同的根据。随着这一观念的确立，机器具有自身的意识这一点变得更加模糊和遥不可及了。

六、小　　结

在本文的最后需要指出的是，如何看待 AI 中遗忘的作用。一般情况下，人们形成了比较流行的遗忘观念，即将遗忘看作是记忆的负面现象或者失效。灾难性遗忘恰恰是在这一观念下展示出来的问题。但是，遗忘的真实含义及其在 AI 中的地位却没有完全被揭示出来。揭示遗忘的真实含义属于记忆研究中的问题，这有待于记忆研究的进一步深入。而遗忘在 AI 中的正面作用却逐渐被揭示出来。2017 年希伯来大学计算机与神经科学教授梯丝柏（N. Tishby）提出了信息瓶颈

（information bottleneck）理论，这一理论指出神经网络就像把信息挤出瓶颈口一样，只留下与一般概念最为相关的特征，去掉大量无用的“噪声”数据。他最有名的观点是“学习最重要的事情实际上是遗忘”①。2017 年，神经科学研究成果则将遗忘看作是最优化决策的必要条件。“我们论证了遗忘：①通过减少过时信息对于记忆指导的决策的影响来提升灵活性；②阻止了对于特定过去时间的过拟合（overfitting），因此提升了通用性。根据这个观点，记忆的目标不是通过时间来传递信息，而是最优化决策。因此记忆系统中的短暂即逝与保持同样重要。”[19] 意识到这一点，会让我们重新看待 AI 决策过程中记忆与遗忘的辩证关系，但这已经超出了本文的范围。

参考文献 >>

［1］Lake B M，Salakhutdinov R，Tenenbaum J B. Human-level concept learning through probabilistic program induction. Science，2015，350（6226）：1332-1338.

［2］蔡自兴. 人工智能及其应用（第三版）. 北京：清华大学出版社，2003.

［3］黑格尔. 精神现象学. 贺麟，王玖兴译. 北京：商务印书馆，1997.

［4］Ruin H. Memory//Keane N，Lawn C. The Blackwell Companion to Hermeneutics. Oxford：Blackwell，2016：114-121.

［5］Miyashita Y. Cognitive memory：cellular and network machineries and their top-down control. Science，2004，306（5695）：435-440.

［6］Graves A，Wayne G，Reynolds M，et al. Hybrid computing using a neural network with dynamic external memory. Nature，2016，538（7626）：471-476.

［7］Hochreiter S，Schmidhuber J. Long short-term memory. Neural Computation，1997，9（8）：1735-1780.

［8］Graves A，Mohamed A，Hinton G. Speech recognition with deep recurrent neural networks. DOI：10.1109/ICASSP.2013.6638947［2018-09-10］.

［9］Sutskever I，Vinyals O，Le Q V. Sequence to sequence learning with neural networks. https://arxiv.org/abs/1409.3215［2018-09-10］.

［10］Vinyals O，Toshev A，Bengio S，et al. Show and tell：a neural image

① 也有学者批判了这一理论，科尔耶（A. Colyer）向国际学习表征会议（ICLR）2018 提交了题为“关于深度学习的信息瓶颈理论”的论文，对这一理论做出了批判分析。

caption generator. 2015 IEEE Conference on Computer Vision and Pattern Recognition，2015，1：3156-3164.

［11］Zhu X D，Sobhani P，Guo H Y. Long short-term memory over tree structures. https://arxiv.org/pdf/1503. 04881.pdf［2018-04-05］.

［12］Kalchbrenner N，Danihelka I，Graves A. Grid long short-term memory. https://arxiv.org/pdf/1507.01526.pdf［2018-04-05］.

［13］Salehinejad H，Sankar S，Barfett J，et al. Recent advances in recurrent neural networks. https:// arxiv.org/pdf/1801.01078.pdf［2018-09-25］.

［14］Yang G R，et al. A dataset and architecture for visual reasoning with a working memory. https://arxiv. org/pdf/1803. 06092. pdf［2018-04-02］.

［15］Tulving E. Elements of Episodic Memory. Oxford：Clarendon Press，1983：iii.

［16］Lahoti S. 4 ways to enable continual learning into neural networks. https://datahub.packtpub.com/deep-learning/4-ways-enable-continual-learning-neural-networks/［2018-09-25］.

［17］Rusu A A，Rabinowitz N C，Desjardins G，et al. Progressive neural network. https://arxiv. org/abs/1606.04671［2018-09-17］.

［18］赫克托·莱韦斯特. 人工智能的进化. 王佩译. 北京：中信出版社，2018.

［19］Richards B A，Frankland P W. The persistence and transience of memory. Neuron，2017，94（6）：1071-1084.

虚拟行动与意志自由：我们可以在游戏之中谋杀而不被责难吗？*

林建武

在虚拟世界①之中是否存在道德规范？由于性质上的差异，虚拟世界与现实世界是否对我们提出了不同的道德要求、划定了不同的道德边界？是否有些在现实世界之中被判定为道德上错误的行为可以在虚拟世界之中躲避道德的责难？举个有趣的例子，2018 年 4 月，波兰的 11 比特工作室（11 bit studios）公司推出了一款策略游戏《冰汽时代》，很多玩家顺利过关，完成游戏之后，其对于这款游戏传达出来的道德观念却颇有微词。游戏设定了一个艰难的场景，玩家生活在冷酷的冰霜世界中。为了研发蒸汽动力对抗严寒，玩家可能需要选择一些在道德上“有争议”的举动，在游戏的最后，如果玩家选择的措施、政策被系统认为存在道德上的瑕疵，那么不管玩家是否完成了游戏设定的目标，不管玩家是否带领他在游戏之中管理的城市渡过危机，游戏都会对玩家进行道德责难。基于此，有不少玩家质疑，在虚拟世界之中，依照现实的道德准则指责玩家的某些“道德选择”真的可能吗？在虚拟世界之中的道德选择就等同于现实世界之中的道德选择吗？还是说即使不能等同，虚拟世界也要求人们遵循某种类似于现实

* 林建武，南开大学哲学院副教授。

① 这里的虚拟世界，笔者指的是当前人们通过计算机技术建构出来的、可以让现实的个人在其中展开行动，而且可以与他人交互行动，并在行动过程中收获感官上的反馈的世界。各种电子游戏、虚拟现实技术所模拟出来的世界是当前比较典型的虚拟世界，也是笔者在本文的讨论中所重点指向的世界。

世界的道德原则？我们可以看到，《冰汽时代》提出的问题是：牺牲所谓的好价值来换取生存，值得吗？在现实的世界之中，这可能是一个有意义甚至发人深省的问题，一个特定的道德观念的支持者（比如认为好价值的意义胜过生存意义的游戏开发商）会认为，我们不应当如此去做牺牲，不仅不能在现实的意义上做牺牲，也不能在虚拟的意义上做牺牲。然而，玩家的抗议传达出了这么一种疑虑，当场景由现实转换为虚拟时，我们的行动还要接受完全相同的道德评判吗？我们是否对如下问题感到疑惑：在游戏之中宣扬某种道德观念，在虚拟世界之中简单类比现实世界来做道德的评判，会让许多的虚拟空间为了道德说教而设计场景，进而失去虚拟与现实之间本来应该有的边界。事实上，很多时候，许多虚拟场景在现实生活中不可能出现，或者出现了也不会有冲突产生，但虚拟世界的设计者如果想要带来道德困惑，往往会强行设计或者制造冲突，这在根本上让道德困境变得只在虚拟世界之中有效。此时，做出相同的道德判断真的是可能的吗？有些玩家会认为，我们应当将虚拟的归给虚拟，而将现实的归给现实：游戏的趣味性、竞技性就是游戏的本来之“道德原则”。然而，就算我们承认虚拟世界不同于现实世界，似乎也不能由此推出虚拟世界中不需要遵循道德法则，以及虚拟世界的道德法则完全无涉现实世界。否则我们就需要面对一个非常棘手的问题：游戏之中极端恶劣的行为，比如大屠杀、恋童癖、种族歧视、恐怖活动等，是否可以被认为不需要担负道德责任而可以泰然行之？

一、虚拟世界之中的虚拟行动

要探究在虚拟世界之中人们的道德规范问题，我们需要将讨论的范围确定下来。虽然虚拟世界的参与者作为虚拟世界之中的行动者，似乎（也只是似乎）在某些情况下具有同现实世界不同的精神状态和品格特性（即使他们是同一个人），但我们在这里并不打算将道德问题完全诉诸行动者的品格与德行。因此，我们将重点关注行动者在虚拟世界之中展开的诸行动，由此来思考针对这些行动的可能的道德规范。让我们将发生在虚拟世界之中的人们的行为定义为虚拟行动。按照大卫·韦尔曼（J. David Velleman）的说法，“一个人类玩家做出一种虚拟行动，并不是要达到这么一个效果，即某件事情在虚拟的层面上是对的。也不是说，人类玩家让某件事情在虚拟的层面上变成真实的。它所指向的乃是，一个实际的行动之人与一个虚拟行动之间的关系，这个关系破坏了现实世界与虚拟世界之间的界限”[1] 6。这意味着，虚拟行动一定来自某个“实际行动之人”，是一种“行动”而非想象，但虚拟行动却具有不同于现实行动的某些特性。

笔者认为，虚拟行动与现实世界之中的行动可以做出区分。如果将现实世界中的行动（我们暂且将其称为“现实行动”）做出一种要件上的拆分，则现实行动包括了行动者主体、行动过程与行动后果。我们首先可以发现的现实行动与虚拟行动的一个重大差异是，虚拟行动有一个虚拟后果，这个虚拟后果可能不同于现实的行动后果。我们自然可以说，虚拟行动最终将会导致现实后果①，然而，必须确定的是，虚拟行动要成为有意义的行为，是有一个虚拟后果的，无论这个虚拟后果是否真的引发了现实后果，以及在何种意义上引发了现实后果。而且，还存在另一种情境：某些虚拟行动可能只带来虚拟后果，而不产生现实后果。虚拟世界的行动者作为能动者，其自主性意味着，他们明确意识到了虚拟后果的存在，并将虚拟后果作为其在虚拟世界之中展开虚拟行动过程的一个最重要的参照。例如，玩家在游戏之中杀死一个对面来的非玩家角色（non-player character，NPC）可能只是为了进入下一个任务支线，这意味着，在这一“虚拟杀害”中，完成任务就是玩家行动指向的虚拟后果。有鉴于此，如果要在虚拟世界中利用功利原则考量虚拟的后果，我们需要区分出上述两种意义上的后果。与此类似，虚拟行动的行动者也是有行动理由的，而且很多时候，虚拟世界之中发生的行动有着比现实世界更明晰的理由，因为进入虚拟世界，展开行动的行动者（玩家）一般来说都是有着清晰意识的自主行动者——就算人们会说虚拟世界会让行动者上瘾，最终让

---

① 这也是对于游戏等虚拟世界的活动有诸多责难的一个理由，即虚拟行动最终会带来坏的现实后果。

这种自主性变弱，但也不能否认，虚拟行动的开启是意志能动性的产物。同时，虚拟行动也有一个具体的行动过程，这个行动过程可能在现实世界中呈现为对鼠标、键盘或者其他虚拟设备的操控，但在本质上，虚拟行动过程之中的虚拟设备，即这些行动中介物，与我们的手、脚并没有差别，鼠标和键盘在某种意义上就是我们在虚拟世界之中展开行动的器官。因此，虚拟行动的理由、虚拟行动的过程、虚拟行动的后果，所有这些一起构成了思考虚拟行动道德规范的基本要素。当然，对于那些拒绝承认行动过程和行动后果能够对我们的道德判断产生影响的人而言，我们也可以说服他们相信，虚拟行动之中是有道德评价之可能的，因为从人们展开虚拟行动的理由判定，笔者认为，导向虚拟行动的动机和情感是真实而非虚拟的，而这是虚拟行动可能具有道德性的根本起点。

不过，让我们首先思考如下问题：为什么在我们的常识判断中，我们会认为，因为虚拟世界不同于现实世界，所以即使存在虚拟行动，其具有的道德特性也可能不同于现实行动。实际上，一方面，虚拟世界与现实世界有着一样的限定。我们不能在现实世界中任意妄为，我们也不能在虚拟世界之中随心所欲地行动。虚拟游戏之中的人没有办法增加额外的虚拟场景，或减少虚拟场景，游戏者是被一个单一、主导性的世界所包裹的。游戏者在虚拟游戏中并不发明、创造，也就是说，他在很大程度上无法改变虚拟世界，他必须在虚拟世界设定的许多前提和场景之中活动——假如有玩家通过某种类似于修改器的方式更改游戏的设定数据，从而突破虚拟世界的某个界限，那么我们可以判定的是，他已经不是在“玩这个游戏”了，他所进行的是另一个层面上的行动，这个行动可能不再是这个虚拟世界之中正常的虚拟行动。而我们在虚拟世界之中并非无所不能和任意妄为的前提意味着，虚拟行动在行动的限制性上是等同于现实行动的。不过，另一方面，虚拟世界毕竟不同于现实世界，而这种不同可能是导向我们对虚拟行动产生不一样之道德判断的原因。

界限是我们区分虚拟与现实的行动的一个重要参照。有趣的是，就行动者而言，行动者在世界之中的设定、行动者与世界的界限，在现实世界与虚拟世界中都是存在的。有些虚拟场景将自身预设为对现实世界的模拟，但无论如何，界限总是在虚拟世界中先被划定出来。在某些角色扮演游戏中，玩家一开始被要求选择某个特定的角色——种群、技能、肤色、面容、性别、战斗值等，这本身就是一种界限，而这一界限与现实世界之中行动者的界限可能是完全不同的：一个现实中性格怯懦、身体瘦弱的玩家可以在虚拟世界之中将自身设定为一个威武、勇敢、强壮有力的猛士。不过，这并不意味着在虚拟世界中，虚拟行动者与世界的界限可以随意划定、任意突破。玩家在场景之中的选择还是有限的。不过，当行动者由现实世界进入虚拟世界时，他也会明晰地感受到一种界限。在很多情况下，当我们面对着摆在面前的操作工具（电脑屏幕、鼠标、键盘）时，我们会强烈地意识到虚拟与现实之间的界限，进而认定虚拟行动不同于现实之行动，并由此怀疑我们在虚拟世界之中虚拟行动的道德属性。可以说，虚拟世界与现实世界共同的限制确定了虚拟行动和现实行动可能都需要经受某种道德的评价；而虚拟世界与现实世界在界限上的差异可能意味着虚拟行动和现实行动，即使在分有相同的道德准则的情况下，也会获得不一样的道德评价。虚拟行动的核心在于，行动者意识到存在虚拟的这一关键环节，即后果和效应是虚拟的，即他接受这种新的、不同于现实世界的限制。在这一意义上，玩家可能会认为，即使虚拟行动与普通的行动有同样的物理基础、相同的运行机制，二者也是不同的，对行动者自身的不同限制、虚拟世界的设定对虚拟行动过程的限制，进而导致的对于虚拟后果的不同限制，都意味着，虚拟行动可能需要被以不同的方式在道德上被处理。

很多时候虚拟行动不仅仅关系到“我”自身。在虚拟世界之中，虚拟行动可能是一种交往意义上的互动过程，这意味着将虚拟行动当作某种“私人游戏”，当作仅仅是“我自己的事”，可能并不恰当。当然，我们有一些建构起来的虚拟世界，在其中除了“我”之外，并没有其他的参与者。但是，多数的虚拟场景，或者说当下流行而受到广泛参与的虚拟场景之中，自我、玩家并不是虚拟世界的主宰者和唯一行动者。自然而然，“虚拟世界有一些决定性的特征，它超出了每个游戏者的认知。每个游戏者都必须探究这个世界以便学习它究竟是一个什么样的世界，他也将在这个世界之中遇到其他人，这些人所具有的知识可能与他的并不相同”[1]8。我们在虚拟世界之中，通过虚拟行动而与他人进行的交往意味着，即使不一定生成具体、现实的后果，虚拟行动也不纯然是一种想象。我们都承认虚拟暴力与真实世界之暴力之间是存在关联的（这也是当前人们对于虚拟世界尤其是游戏之中暴力因素的担忧所在）。实际上，虚拟暴力也可能造成了巨大的真实伤害，因为伤害可能会以各种形式发生。然而，不可否认的是，某些行动在虚拟层面的发生和在现实世界之中的发生，其性质可能是不同的，但这绝不意味着虚拟行动就是某种非行动的想象。例如，我们可以看到，想象的欺诈与虚拟的欺诈就是不同的：想象的欺诈只是对于某种行为的构思，行为的条件是不真实的，或者是尚未成真的；而虚拟的欺诈则是将行为的条件虚拟出来，它虽然可能不是完全真实的，但也不是完全想象中的，它存在于“那个虚拟的时空中”，而行为者作为行动的发起者也进入这一“虚拟的时空中”，并在其中引发虚拟行动。在想象的层面上，行动者并不“进入”这一想象的空间中。

虚拟行动与想象的差异使得人们在虚拟世界之中逃脱某些道德责难变得不可能。在一款名为“使命召唤：现代战争 2”的游戏中，有一个被称为“莫斯科机场任务”的关卡，玩家可以选择参与机场大屠杀或者拒绝执行。对于那些乐于在虚拟世界之中执行大屠杀任务的人，他们是否可以以这是一种“虚拟行动”来逃避任何可能的道德责难呢？笔者认为这种推脱是不容易发生的。无论游戏玩家如何描述自己在参与“虚拟大屠杀”时并不带有任何的道德“恶意”，也无法将这样的行为等同于“想象之中的大屠杀”（当然，对于“想象之中的大屠杀”是否是不道德的，需要另做讨论，这里我们假定这种“想象之中的大屠杀”在道德上无法被责难）。那些将自身的“虚拟大屠杀”行动等同于一种“想象之中的行动”的人只是将虚拟错误地等价于想象，却忘记了虚拟空间总是努力在最大的意义上模拟现实世界，而正是这种模拟才构成他们愿意在这一虚拟空间之中展开行动的基本前提：玩家如果不能够在虚拟世界之中体会到与想象的世界中不同的体验、经历，他们就不会选择进入这个虚拟世界。如果告诉你，你购买并玩这款游戏的体验与自己在脑子里想象自己做了这件事情的体验是一样的，那么，你没有理由购买这款游戏。与想象中发生的行动的一个差别在于，行动者在虚拟空间之中的“虚拟行动”是受限的，它不仅受到虚拟空间自身设定的限制，也受到“行动”本身的限制：我们在虚拟空间之中的行动不完全是“超能力的行动”，或者“完全没有现实限制的行动”。也是因为这种限制，虚拟行动对于行动者的反馈与刺激、行动者对于虚拟行动的感受也完全不同于想象中发生的行动。另外，虚拟行动与想象的差异还鲜明地呈现在虚拟行动的那些具体构成要件中：它是需要行动者去做出操作的（通过鼠标、键盘），需要行动者在认识虚拟世界的自然法则、遵守这些法则的基础上做出来。虚拟世界不是想象之中的世界，虚拟事件不全然是想象的事件，虚拟不是梦境。虚拟的场景在很大程度上是符合逻辑的，虽然其设定可能有一些想象的部分，但这种想象是在某个特定的虚拟世界所勾勒的主办限制之中的想象，而且，行动者在进入这一想象场景之前已经明确将之后的虚拟行动与某种纯粹想象区分开来。

反对虚拟行动道德性的另一个可能的理由是，在游戏之类的虚拟世界中，行动者通过人替（avatars）进行互动，而我们与人替之间的互动，或者我们通过人替展开的行动并不需要承担道德上的责难。然而，无论如何都不能否认的是，当虚拟空间打开时，不管以何种方式选择何种人替来展开我们的行动，我们在虚拟行动中呈现出来的乃是游戏者自己的态度，由着我们自身的思想与感觉的推动。需要重点考量的可能是，当我们伪装自己、去掉身份时，人替在虚拟世界中是否在实践某种准一行为？人们总是直接就与自己的人替相互认同，承认人替在游戏之中的行动代表了自己。就像在欲望与信念的驱动下，我们对自身身体的掌控。许多虚拟世界的沉浸者、游戏的深度沉迷者都有这样的感触，当全身心或者长时间以人替来代替自身在虚拟世界活动时，我们似乎与这样的一个角色重合了。甚至，当我们从虚拟世界之中走出来，重新回到现实世界时，我们似乎依然会带有人替在虚拟世界所经历的一切对我们的影响。在这样的意义上，我们需要去思考，呈现在虚拟行动之中的情感是属于行动者的还是属于人替的？如果人替就是我们情感的某种虚拟投射，那我们如何以此来否定我们需要对人替的虚拟行动负责呢？

二、虚拟行动中的意志自由

通过区分人替与自我，不支持对虚拟行动进行道德评价的人可能会得出另外一个反对理由：在我们通过人替展开的虚拟行动中，真正的自我是不自由、不自主的，他是一个受限制的行动者；人替展开的虚拟行动之中缺乏“我”的“意志自由”，因而不应当由这个“我”来担负道德责任——即使有些行动看起来似乎是不道德的。例如，玩家会辩解说：不是我，是游戏的角色执行了恶的行为，而在虚拟世界的设定中，我是被迫如此做的。问题现在变成了，在我们作为我们游戏中的角色去行动时，当我们展开虚拟行动时，我们到底是不是扮演了自身？我们是不是自由地行动？假如我们可以论证，我们在游戏之中的恶行没有反映我们的意志，我们似乎就有理由认为，我们不需要为这一恶行负责，因为只有一个出自行动者意愿的行动才是需要担负道德责任的。另外，我们还会问，由于虚拟世界自身的问题，我们在虚拟现实之中所受的限制是否可以让我们逃脱一些对虚拟行动的道德责难？那些被设定的场景中的虚拟行动是否要求相同标准的道德评价？我的道德责任所及，是否只是那些我自愿去做，或者是我自由自主不受限制去做的行动？

我们将通过引入哈里·G. 法兰克福的相容论（compatibilism）来证明，在虚拟行动中，认为由于并非完全自主，我们并不需要为虚拟行动担负全部道德责任，这样的观点是有问题的。法兰克福的相容论告诉我们，即使我们在行动中没有选择其他行动方式的自由，即我们必定要去做某种行动，我们可能依然需要对这一行动负担道德责任。当我们说某个行动是我们想要做的的时候，我们就有责任。相容论意味着，大致意义上的道德责任与决定论是相互融合的，换句话说，即使我们可能面临某种无可选择的境遇，我们也依然需要去承担行动的道德职责。在论及虚拟行动时，我们是否可以通过指出“此种选择是虚拟世界所强迫我做的”，来逃避某种可能的道德责难？是否当我们进入某个被设定的场景（这一场景一方面模拟了现实的某些状况，另一方面又通过虚拟的方式突破了现实的某些限制，比如，我们在虚拟世界之中成了一个可以飞天遁地的神枪手）时，我们可以说，由于这一特定的场景，我在其中不得不去做“游戏要求”我做的行动，比如滥杀无辜（无辜指向游戏中的角色，这些角色可以是玩家扮演的，也可以不是由玩家扮演的）。笔者想要通过法兰克福对于意志自由的讨论来证明，选择的缺失并不等于意志自由的缺失，因而，虚拟现实之中玩家选择上的局限并不能成为其逃避某些道德责难的借口。

法兰克福区分了行动自由与意志自由，他认为，即使我们的行动不那么“自由”，我们的意志依然可能是自由的。通过“想要”的概念，我们可以设定，一个人可以自主选择想要做的一件事情，即使他不能自主地选择在何时何地以何种方式实践这种“想要”，或者说不能自主地将这种“想要”付诸实际。我们的意志在某些特殊的境况（比如虚拟现实）中，可能不会让我们自由地选择做一件事情，但它可以让我们自主地选择是否 “想要”做一件事情。在“想要”之中，自我就在场了，以真正自我的“不在场”来逃避道德责难就变得很困难了。我们的意愿——“想要”，已经确证了我们的道德责任。意志先于行动，意志能力乃是我们作为人的基本能力，它是我们的本质属性。按照法兰克福的说法，“人与其他动物之间的一个本质区别应该在人的意志结构中发现。欲望和动机并不是人类所独有的，也不是只有人类才能做出选择。某些其他物种的成员与人类一样拥有这些特征，它们中的某些甚至似乎能够进行慎思，并在之前的思考的基础上做出决定。然而这一点却似乎是人类特有的特征：它们能够形成我将称为‘二阶欲望’或者‘属于二阶的欲望’的那种欲望”[2] 13-14，实际上，“除了人以外，似乎没有其他的动物具有显示在二阶欲望的形成中的那种反思性的自我评价能力”[2] 14。现在的问题是，虚拟行动之中是否有这种意志自由？如果我们所设想的虚拟世界，以及发生在虚拟世界之中的虚拟行动全部都是由电脑程序按照一定的规则或者按照某种随机性形成的，那么我们或许就要承认，在虚拟世界之中不存在意志自由。然而，正如我们对于虚拟行动的定义所呈现的，在虚拟行动中，人替可能仅仅是行动者的某种代表或者延伸，用虚拟行动发生的主体是人替来证明虚拟行动之中不存在意志自由是不合适的。

实际上，在虚拟行动之中，存在着某种行动者的意志，也明晰地存在着行动者的决断。我们甚至可以说，虚拟世界中的虚拟行动更加清晰地区分出了我们的一阶欲望与二阶欲望。法兰克福认为："当一个人仅仅是想要具有某一个欲望，或者当他想要某一个欲望成为他的意志的时候，他就具有一个二阶的欲望。在后一种情形中，我将把他的二阶欲望称为'二阶决断'或者'属于二阶的决断'。我认为，作为一个人必不可少的，是具有二阶决断，而不是一般性地具有二阶欲望。"[2] 18 在现实与虚拟之间的一道鸿沟某些时候也是一个明确的边界，越过这一边界的可以被看作是一个主动的、完全自主的行为：如果是一个丧失理智、没有决断能力的人，那么我们似乎很难判定，当他展开虚拟行动时，他真的是沉浸在虚拟世界中，享受着虚拟世界。对于一些虚拟行动而言，一方面，它们具有某种"二阶欲望"的特征（现实地说，"我"想要这么去做）；另一方面，当行动越过虚拟和现实的边界时，"二阶欲望"就可能转化为"二阶决断"（"我"现在确定"我"不仅想这样做，而且由于虚拟行动的丰富可能性，"我"可以这么做了）。正是虚拟世界提供的可能性，让原先那些难以判断是否是行动者"想要"的欲望获得了成为决断的可能，也让对此"二阶欲望"的道德评价成为可能。由此我们可以断言，虚拟行动的行动者绝对不是法兰克福意义上的"放任者"。一个"放任者"的本质特征，是他不关心他的意志，"是他不关心他的欲望本身的可欲性。他忽略他的意志应该是什么的问题。无论什么行为，只要是他最强烈地倾向于实施的，他都会去实施，不仅如此，他也不关心他的哪一个倾向是最强烈的"[2] 19。对照虚拟世界之中的行动者，我们就会发现，所有参与虚拟行动的人，在行动开始时都是有理性的，而且，他们都没有那种所谓的"不关心"。我们可以在两个意义上证明这一点：第一，行动者进入虚拟世界，展开有道德争议的虚拟行动，这已然是一种理性的选择；第二，行动者进入虚拟世界之后，选择以一种特定的方式践行这一他在现实生活之中的“想要”，以特定方式展开虚拟行动，甚至与虚拟世界之中的其他参与者发生互动，这些都是理性的选择。所以，虚拟世界之中的行动者无论如何也不是“放任者”。

另外，在我们的虚拟行动中，我们能够声称我们是我们人替之行动的旁观者吗？旁观者是一个自身之意志受挫，进而呈现出某种与自身疏离的状态，“或者说他发现自己是那些推动他的力量的一个无助的或者被动的旁观者”[2] 25。虚拟世界之中有很多情境，很多事件与剧情并非人们完全自主选择的结果。我们也无法控制 NPC，无法改变虚拟世界的设定与界限，甚至无法任意地改变自身在虚拟世界之中作为一个行动者的各种属性。然而，当我们展开虚拟行动时，我们还是很难声称自己由于“意志受挫”而导向了某些结果。理由还是和前文论述的类似，我们进入虚拟世界本身就不是“意志受挫”的可能后果，我们在虚拟世界之中的行动方式也不可能是“意志受挫”的结果。“意志受挫”的旁观者有了一个逃避道德责任的可能借口，在虚拟世界之中比在现实世界之中更加难以生效，根本的原因在于，虚拟世界虽然存在着诸多的界限，虚拟行动虽然也受到限制，但我们是自由地选择进入这些界限之中的，是自由地选择接受这些限制（甚至乐在其中）的。换句话说，就像我们去参加攀岩活动一样，虽然攀岩过程之中存在着诸般限制与困难，人们的行动也不“自在”，但我们进入这一活动本身就是一种意志自由的结果。不能用攀岩过程中可能遇到的困难来论证我们在攀岩过程中的所有行动都是“受限制的”“不自由的”，更不能论证此时“我”是“我”自身的“旁观者”。相反，正是因为有这些困难与限制，我们才愿意参与到这一行动中来。因此，就虚拟行动而言，将自己打扮成意志受挫的旁观者无法推脱虚拟行动可能遭受道德责难。

因此，借助法兰克福的意志自由理论，我们可以确定，虽然可能在行动的意义上，虚拟世界之中的行动者没有完全的自由，即他可能不得不去做，但在意志的意义上、在极端恶的例子中，他可能是有自由选择权的，即不能说他虽然那么做了，但在意志上并不想那么做，或者说，他并不认同游戏之中的做法，虽然他确实那么做了。回到本文一开头提到的游戏《冰汽时代》的例子。玩家认为，由于游戏的限制，他不得不采取某种可能不道德的行动来达到游戏设计的最终目的，这一限制和目的让他的虚拟行动可以摆脱道德的责难，因为这一虚拟行动在此时可能是被迫的。玩家甚至表示，虽然他们也感受到了某种强烈的不适，但这种不适是他们“不得不忍受的”，是他们“意志受挫”的结果，他们唯一能够做的只是让游戏的剧情能够继续下去。然而，依照上述分析，笔者认为，游戏制作商在《冰汽时代》的最后对玩家的道德拷问是存在一定的理由的，即因为行动者在虚拟世界之中做了一个决断，其中的虚拟行动是关涉道德争议的，所以这些虚拟行动是被玩家所意欲的，是他们想要的（不管是真正认为想要的，还是为了游戏继续被迫想要的）。道德在此时考量的就是玩家的这种对虚拟行动的决断。只要玩家的虚拟行为有意愿的成分，那他就进入了某种道德心理学的考量，道德就一定会发生作用。至于这种道德拷问是否是完全合适的，那涉及的仅仅是对何种价值优先的不同决断。

三、虚拟行动的道德规范

如果虚拟行动需要接受道德的评判，那么，我们的问题现在变成：虚拟世界是否遵循与现实世界不一样的道德规范？而如果存在关于虚拟行动的道德规范，我们又能否证明在现实世界之中被认定为道德上错误的行为在虚拟世界可能在道德上免受责难？笔者的看法是：第一，由于虚拟行动的特性，虚拟世界之中存在着道德规范；第二，由于虚拟世界与现实世界的差异，虚拟世界的道德规范可能不同于现实道德规范，但它依然是一种道德上的约束。造成后一种状况的一个可能原因是，传统的道德规范有时无法正确评估虚拟行动之中的道德问题，因为虚拟行动是发生在虚拟世界之中的。不过，只要行动主体的意向指向的是一个他在其中展开行动的世界，那么，就算这一行动带来某些虚拟的后果，这一行动依然可以用传统的道德规范来评估。

虚拟世界之中存在道德规范的一个重要原因，笔者认为是真实场景与虚拟场景共享相同的道德心理学。毋庸置疑的是，进入虚拟世界的行动者也是一个“人”，这个人在虚拟场景中不应该也不可能抛弃过往的道德价值、道德概念，即使遇到的场景由现实转化为虚拟，他也依然具有对此做出道德反应的道德心理学特性。不过，在虚拟世界之中，人们的行动既然可以被看作是一种特殊的“类行动”，那么它所需要遵循的道德规范可能也就是一种“类规范”。因此，我们似乎可以认定，倘若虚拟行动的外延没有介入外在的现实世界，那么我们是在一种准行动和准伦理的层面讨论问题，面对的是虚拟的可能后果；但如果行动的外延越出了虚拟的界限而进入了现实的世界，那么，现实的伦理规范就需要对虚拟行动做出道德的评判。之所以如此，是因为人们往往认为虚拟世界有开放与封闭之分，封闭的世界只是一个游戏的世界，这个世界认为自己完全独立于现实世界，因而也免疫于现实世界的道德规范。笔者认为，这种看法忽视了行动者在虚拟世界（即使是一个封闭世界）之中作为一个具有特定“道德心理学”的行动者可能具有的道德倾向。所谓的封闭世界似乎被设定为一个“私人世界”，实际上，如果某人活动的空间乃是一个私人的世界，那无论是虚拟世界还是现实世界，可能都没有任何的道德规范需要他去遵守。这样的一个虚拟世界从本质上说是不可能存在的，因为虚拟世界的建构、维系，甚至虚拟世界吸引行动者的地方，都需要现实的介入，即虚拟世界的吸引力体现在虚拟世界相对于现实世界的“虚拟性”，而不是体现在其作为一个“私人世界”，或者某个个体“脑中的想象”那样存在着。而当我们说我们在虚拟世界之中采取某种虚拟行动时，我们一般假定的是两种情境：一种是虚拟世界存在向现实世界渗透的可能，即虚拟与现实是有连接的，比如某个多人在线网络游戏，在其中玩家与玩家发生了某些几乎“真实的”接触和联系（语音交流、文字交流），这些接触和联系与虚拟世界之中的互动产生关联。另一种情境是人们自身的行动和与他人交往过程的行动只发生于虚拟世界之中，人们全部通过人替来表达自己的意愿、展开自己的行动。但无论是哪一种情境，似乎都无法避免某种规则的束缚。虚拟世界也有道德和人们看重的东西。无价值的世界是无意义的世界，也不会被人们所沉浸。

既然如此，我们需要做一个说明，究竟哪些虚拟行动可能被判定为是不道德的。这个问题需要我们对虚拟世界之中的道德规范做一番全面的审视与区分。之所以做这种区分，如我们上文所说的，是因为虚拟行动往往与现实行动在道德规范的应用上存在一些很现实的差异。例如，我们会困惑，某些虚拟的对“另一个人（玩家或者人替）”的伤害在道德上可能被准许，而在现实世界中这样的伤害完全不能被接受；又或者，恋童癖、种族大屠杀、恐怖活动，在虚拟和现实的意义上都会在道德上被责难。

就相同的行动在虚拟层面和现实层面分有不同的道德判断而言，我们很容易发现，在诸如虚拟的杀害这样的行动中，所设定的场景、情境、条件可能在真实的世界之中是不能被满足的，因而虚拟的杀害与现实的杀害并不是完全等价的。在虚拟游戏的谋杀案中，我们谋杀的可能是 NPC（由电脑控制的角色），也可能是玩家控制的角色，而玩家控制的角色往往设定的是同意原则，即玩家开启游戏，进入游戏世界已经设定了他认同这个游戏场景之中的规则：允许谋杀。而在某些情境下，甚至可以说，在游戏之中被设定为任务的步骤，比如，杀死一个阻挡你的 NPC、阻挡你的其他玩家，并不被认为说是某种杀害行为：它可能被确定为某种游戏的情节、步骤、必须通过的环节，甚至是游戏者成长的历程。换句话说，由于情境与条件的改变，虚拟世界之中的这种谋杀有可能是可以躲避道德责难的，因为这种虚拟的谋杀在其最根本的意义上已经不再是一种“谋杀”行动，而是某种“任务完成”行动，或者“游戏进程继续”行动：被谋杀者可能是一个 NPC，可能是一个可以在另一个位置上立刻复活的游戏玩家，可能是一个在游戏中愿赌服输的普通参与者，等等，这些都意味着，虽然谋杀在道德上是不能被辩护的，但虚拟的谋杀在虚拟世界之中可能是能够躲避道德责难的。

不过，还存在某些行为，无论是在现实的层面还是在虚拟的层面都是人们无法进行道德辩护的。根本的原因在于，这些行为即使是在虚拟的世界之中，人们也找不到它用来达到的那些暂时的虚拟后果是为了什么，以及有什么意义，而这可能又意味着，行动者在展开这些虚拟行动时，分享了与其作为现实行动共同的道德心理学，而这种道德心理学加上我们论述过的虚拟行动中的意志自由将让这些行动在虚拟层面上也就是它自身。比如，虚拟的恋童癖就是根本上在道德上有问题的。我们也很难想象有一款游戏，将玩家在其中展开的对儿童进行性侵的行为进一步通向某个任务的虚拟后果，进而改变人们对这一“性侵活动”的认知。实际上，当涉及恋童癖问题时，我们认为不管它是发生在现实世界还是虚拟世界，甚至是所谓的封闭世界之中，某种意义上它都是一种不道德的行为。在虚拟世界之中的杀害他人（如果这个人是 NPC）和猥亵一个儿童（如果这个儿童也是某种 NPC），这二者之间存在着根本的差异，这一差异让前者有可能躲避道德责难，而让后者无法躲避道德责难。尽管人们似乎可以说，并没有人（真实的人）在上述两种行动中受到伤害，因而它们都不应当接受道德的责难。但这一判断显然是不恰当的。问题在于，在游戏之中猥亵一名儿童如何被认为是不道德的？我们可以给出的一个理由是，行动者明确地知道他所侵害的对象乃是一个“儿童”，无论这个“儿童”是否是电脑所模拟出来的，在行动者的猥亵行为中，他都被确定为一个“儿童”，也就是说，行动者明确地带着意志自由和理性能力展开这一清晰的行动，并不因为行动发生在虚拟现实中就改变了对这一行动本质的认知。另外，一些行动能够在虚拟世界之中摆脱原先可能在现实世界之中经受的道德责难，一旦虚拟行动的行动者在道德心理学的层面理性自主地展开行动，并且努力用现实世界之中的某些决断方式来处理虚拟世界之中的某些行动，即一旦虚拟行动变得带有“现实”的属性，它就可能重新进入道德评价的序列。假如为了完成一个游戏的进度，玩家需要去完成某个关于“谋杀”的任务，而玩家在这个过程中总是区分出一个特别的种群进行杀戮，或者，玩家在虚拟世界之中进行某种种族灭绝，那么玩家的这些虚拟行动就可能在道德上成为问题。我们可以说，在虚拟世界之中的选择性杀戮意味着在做出这一虚拟行动时，其所具有的动机、心理状态是特殊的，是与虚拟语境无关的（如果一款游戏或者一个虚拟世界要求我们去展开这种种族屠杀，那这款游戏和虚拟世界本身也需要在道德上被责难）。此时，我们可以确定的是，那种在虚拟世界之中有意选择对象的杀戮可能意味着行动者不是依照虚拟世界的法则来展开行动的，在某种意义上，他可能努力地想要超越虚拟世界给予他的限制，而这意味着，他在展开这一行动时，具有了某些现实的行动动机和理由。此时，他没有办法继续用自身是在虚拟世界之中展开虚拟行动的来为自己做辩护。

参考文献 >>

［1］Velleman J D. Foundations for Moral Relativism. Cambridge：Open Book Publishers，2013.

［2］哈里·G. 法兰克福. 事关己者. 段素革译. 杭州：浙江大学出版社，2011.

从“此在”看人与人工智能的关系问题*

袁典妃

2016 年，阿尔法狗（AlphaGo）战胜李世石；2017 年，阿尔法狗零封柯洁；沙特阿拉伯授予机器人索菲亚（Sophia）国籍并颁发护照。人工智能从量变到质变的临界点即将到来。人工智能的迅速发展将深刻改变人类的社会生活，改变世界。由此，很多科学家、社会学家、哲学家等将视线从人工智能技术本身转向这一技术对人类发展的影响。

人在人工智能发展过程中扮演什么角色？或者人工智能是否会威胁人类的存在？认知科学家塞尔（J. R. Searle）用他的“中文屋”思想实验批驳了强人工智能专家所提出的“计算机具有人类理解故事和解答相关问题的能力”的观点。在塞尔看来，计算机或者机器人不具有人类所拥有的心智。虽然从计算的功能系统来讲，人类的大脑也可以被看作是一台计算机，但人类思维的本质并非如此。计算机与人类智能的最根本区别在于意向性和语义。计算机的程序化不管有多么智能，都不能取代作为人类心智本质的意向性。李开复等在《人工智能》一书里也说，“机器可以模仿人的美，也可以模仿人的感情，但永远少了百分之一，那百分之一就是我们的灵魂”[1]。

关于人工智能时代“人”的本质存在问题，国内外已开展过广泛讨论，围绕的核心问题就是机器是否会取代人。目前最响亮的是以下两种声音。

一种声音是人工智能机器会助推人类社会的发展，但不会取代

* 袁典妃，中共陕西省委党校（陕西行政学院）讲师。

人。例如，马文·明斯基（Marvin Minsky）[2]、罗杰·彭罗斯（Roger Penrose）[3]、约翰·塞尔[4-5]表明人工智能机器将不会具有人类心智，不会威胁到人类文明。他们主张新技术会改善社会和政治，而不会取代人类，也不能改变人类心智本质的意向性。徐英瑾[6]就明确表明，他“不倾向于认为人工智能取代人类的一天已经迫在眉睫，现有的人工智能并不具备灵活运用各个领域的知识进行综合判断的能力”。

另外一种声音是担心人工智能技术可能会让人类失去人的本质，甚至会制造出新物种代替人类。支持这一观点的学者以汉斯·莫拉维克（Hans Moravec）[7]、雷·库兹韦尔（Ray Kurzweil）[8]、尼克·波斯特洛姆（Nick Bostrom）[9]为代表人物，他们认为当人工智能机器进化到奇点的时候，会具有自我意识和情绪，人类将完全被智能机器超越和取代。

两种声音工力悉敌，都有各自的道理。我们是否可以跳出人工智能的技术因素，而从人的本质出发去考虑人与人工智能的关系呢？从柏拉图将人的本质建立在抽象实在的基础上到马克思将人的本质引回到本然事实的劳动上来，哲学家对人的本质的阐明不胜枚举，却都逃不出柏拉图的理念假说的阴影。到了 20 世纪，德国哲学家海德格尔超越形而上学的定义，提出“此在”概念，对人的在世存在和在世意义做出了全新的诠释。海德格尔用“此在”来表示存在者也就是人的存在方式，同时认为所有的科学活动都是人的活动。人工智能科学也不例外。德雷弗斯就在海德格尔存在论的基础上对人工智能时代人类智能的地位和发展规律做了研究。特里·威诺格拉德（Terry Winograd）在人机交互领域倡导海德格尔的存在主义设计进路，将海德格尔在《存在与时间》中的很多概念都引入人机交互界面的理解和设计中。

本文将首先讨论海德格尔哲学在人工智能哲学领域的重要性，然后阐释海德格尔生存哲学中“此在”向死而生的状态和规定，进而对作为“此在”的人与人工智能和超人类进行比较，分析人工智能对人类主体地位的威胁和对人类永生不死梦想的影响，目的是唤起对人类本真自我的关怀，从而能从容面对人工智能时代的人被技术化的过程。

一、海德格尔哲学与人工智能

20 世纪六七十年代，人工智能的研究在许多方面进展缓慢或停滞不前，作为哲学家，同时也是人工智能怀疑论者和悲观主义者的领袖及代表人物的德雷弗斯[10-11]开始将人工智能与海德格尔哲学放在一起研究。他认为维特根斯坦、海德格尔、梅洛-庞蒂等哲学家的哲学结论已经对人工智能的可能性提出了质疑，并断言人工智能肯定是有限度的。他的观点是人类智能在不断进化，人工智能作为人类主体客体化的产物，既不能取得真正的主体性，更不可能超越人类理性思维和价值主体性的界限，只是无限地模仿、延伸和扩展人类智能。其作用和功能受到人类智能的制约，所以人工智能要低于人类智能，不可能在真正意义上超越人类智能。德雷弗斯利用海德格尔的技术批判，对把人类思维定义为信息处理器的这种研究设定了限制。德雷弗斯对国际象棋博弈程序的意义命题提出挑战，批判了强人工智能的观点，反对把人仅仅看成一种抽象的推理机器，与机器不同，人具有识别、综合以及感知的能力，这些能力植根于一些与计算机程序的计算理性截然不同的过程中，直觉智能的力量使人能够理解、言说以及巧妙地调整此在与外部环境的关系。

积木世界程序 SHRDLU 的设计者特里·威诺格拉德[12]在人机交互领域倡导海德格尔的存在主义设计进路，并强调人工智能的关键不在于模拟智能的内在运作，而在于人与变动环境的交互。海德格尔在《存在与时间》中的很多概念都被威诺格拉德引入人机交互界面的理解和设计中，如“上手”“被抛”等。作为计算机系统设计的权威科学家，将海德格尔存在主义引入计算机研究，在哲学史和人工智能发展史上是一个非常重要的举动。

然而，在海德格尔与人工智能领域人的存在问题的综合研究方面，德雷弗斯和威诺格拉德都只开展了短暂的研究。国内关于海德格尔哲学与人工智能相关问题结合的研究比较少，韩连庆[13]借对唐·伊德（Don Ihde）技术哲学的分析，论证了知觉在人的存在中的重要性，以及技术是如何改变人的知觉的从而将海德格尔技术哲学引入人工智能的批判。徐英瑾[14]、韩连庆[15]、黄丽场[16]、王球[17]、陈自富[18]等在研究人工智能的哲学问题的时候都提到过海德格尔，但都是建立在引用德雷弗斯的观点的基础上的，都未对海德格尔存在哲学和技术哲学与人工智能的具体关联进行深入的研究。徐献军[19-20]详细地描述了海德格尔存在主义进入人工智能研究领域的发端和进展，强调了海德格尔哲学在人工智能问题研究领域的重要性和重大意义。

为了能够深入人的本质看人工智能，下面我们就来进入海德格尔的生命哲学，探讨一下“此在”向死而生的意义。

二、“此在”：向生而来，向死而在

在海德格尔看来，存在不同于存在者。存在是普遍的规定性，一切存在者都存在。存在是不言自明的：存在就是存在，无法证明亦无须证明。“人们可以拒不承认灵魂实体、意识的物性、人格的对象性，但人们在存在论上仍假设了某种东西，这种东西的存在或明言或未明言地总是具有现成性的意义。”[21] 133 也就是说，存在不是这个或者那个存在者的总称，也不是某一类存在者的抽象共性。但是我们不可能离开存在者谈存在。“存在总是某种存在者的存在。”[21] 11 通常意义上，人就是这样的存在者：对自己的存在有所领悟、有所解说，并且能意识到日常生活中的我就是那个主体，也就是海德格尔所说的“此在就是我自己一向所是的那个存在者，此在的存在一向是我的存在”[21] 132。意识到了作为主体的“我自己”的人们就把此在理解成现成的东西，且是具有实体性的此在。这样的话，“此在为谁这个问题不仅在存在论上是个问题，而且在存在者层次上也避而不露”[21] 135。在“我自己”现成存在的境况下，就能用生存论的规定性来解释此在的存在了。从生存论层面来解读此在的存在，重点就是强调人生在世。人生在世，不仅仅是强调在其中的状态，而且是“沉迷于它的世界”。在海德格尔看来，此在的在世存在有以下几个特征：沉沦、操劳和照面。

“此在”沉浸于世界之中，与其他此在共同此在，不管你是在喧嚣的现代大都市用着扫地机器人，还是隐于无人居住的亚马孙河流域的原始森林钻木取火，你总是生存于这个世界上，共同的此在规定着你的在世。“只有当自己的此在具有共在的本质结构，自己的此在才能作为为他人照面的共同此在而存在。”[21] 140 这种深刻的沉沦，让此在和世界融为一体，也是因为他人和世界的存在，此在在日常生活的期待和防备中、在操劳着的周围世界里去表达和发现主体自我。然而，也正因为此在并非孤立的主体，它的操劳也主要体现在此在的“主体性质”和他人的“主体性质”的差别上。“反正操劳这种东西总在为与他人的差别操心——无论为自己的此在落后在他人后面而要在对他人的关系上奋起直追，还是此在已经优越于他人而要压制住他人。”[21] 146 操劳的重点是与其他存在者的比较，比较就会有高下之分，由此看来，操劳带来的烦，以及其他情绪都是此在作为日常共处的存在而受制于他人的情绪牵制。正是因为操劳，此在的世界才是共同世界。“在极为广泛的意义上，凡此在都首先而基本地从世界方面来照面，甚至包括自己的此在在内：恰恰当此在对种种体验和行动中心掉头不顾和根本不曾看之际，它自己的此在才从它自身出现。”[21] 138 此在伫立于世界之中，操劳和操持着所经历的事情，以“在劳动”等活动方式，在与周围世界的“照面”和对上手事物的操劳中，以及在“烦”的情绪中，“此在”发现了自己本身。

情绪令此在现身，把此在已经在此这一实际情况显露出来。只要人存在着，就不得不把“已经在此”这一实际承担起来，无论他随遇而安还是奋起创造。然而，此在操劳中最畏惧的就是死亡，虽然并不是最切近的烦，因为每个人都逃脱不了“死”这一人生大限。

在《存在与时间》第五十三节的第一句话中，海德格尔就说，“实际上此在首先与通常把自身保持在一种非本真的向死存在中”[21] 298。在向死存在中，此在的情绪是畏。因为死亡对人来说是最本己且确定的，但是何时发生却是不可确知的。对死的畏的情绪，不是对死亡时间的等待或者对死后状态的愁，而是对本真的向死存在的生存论筹划。

向生而来对存在的领悟、向死而生对存在的筹划，构成了生存论意义上此在的日常，也是此在的生存本身。此在在死亡这种最本己的可能性中生存，在这种能在中，此在清楚地领会到此在先行到死来筹划它的在此。但这种先行却不像非本真的向死存在那样闪避这种无可逾越之境，而是为这种无可逾越之境给自身以自由。此在在畏的情绪中，领悟着生存的自由，不会逾越死亡的可能性，也不会放弃自身最本己的实际生存。

倘若人工智能发展到了超人工智能阶段，让人可以通过更换人体器官等手段达到永生，那么就不会认为死亡是人生的必经之路，不再认为死是自己的死。但是只有把死亡持以为真作为在世的存在，此在才能使它的最本己的存在也就是充分的本真状态在有死亡存在的整体性中被确知。如果死亡不再是确知的可能性，就不会是向终结而存在，就没有对死的畏，也就不再先行向此在揭露出丧失在常人自己中的情况，无法从生存论的结构问题中追究此在之本真的整体存在。

三、作为技术的人工智能与此在的关系

如果人工智能可以让人生而不死，那“人”还是不是我们通常定义下的人呢？从古希腊哲学开始，关于“人”的探讨就是哲学研究里最重要的问题。海德格尔超越形而上学的定义，提出“此在”概念，对人的在世存在和在世意义做出了全新的诠释；而人工智能时代，被遗忘的存在重新被挑起，人作为最普遍、不可定义且自明的概念，被重新追问。人与人工智能机器的关系是什么？人能做什么？

高度发达的信息技术、生物技术、纳米材料将合力打造出高级智能机器，能重塑人类的大脑和躯体。彼时，人类和机器将难分彼此，电脑将比人脑有高出万倍以上的智能，机器不仅具有智能，而且具有灵魂，也将具有人类的意识、情绪和欲望；而人类身体中植入了用生物工程和纳米材料制成的电脑芯片及人造器官，将比现代人类更长寿、更聪明、更灵敏。汉斯·莫拉维克[22]和雷·库兹韦尔[8]都担心当机器人与人工智能进化到奇点的时候，人类将完全被智能机器超越和取代。此时的人工智能具有自我意识和情绪，从而会变成完全独立且永生的物种。徐英瑾则认为强人工智能会脱离人的依赖而走向自

主，从而对人的存在产生威胁。

作为技术的人工智能机器，同历史上其他技术发明一样，使现代人不同于其他动物。如麦克卢汉所说的，技术是人身体的延伸，技术使人的能力增强，从而战胜其他种群的动物，才能在整个进化史上占支配地位。然而，如果智能机器超越人类智能且智能技术能制造和控制比它自己更智能的机器，那人类该何去何从？

海德格尔指出，现代技术的座架本质对人的本质和其他所有解蔽都是极端危险的，座架使人不知不觉地进入技术的框架中，在技术的指导下行动，并且人在这个过程中常常不自知，还会误认为这是人类的自主活动。海德格尔认为在这个过程中“人”丧失了自己的本质却一无所知。这是极端危险的。现代技术使得人类进入了一个最大的危险中。座架制约了现代技术的解蔽，人把自己和世界都当作持存物。成为持存物的人类丧失了自我，沦为常人，此在沉沦于常人的世界，与本真的自我隔绝，陷入无家可归的虚无。

笛卡儿说人是独立思考的个体，海德格尔却唱反调说人不是独立的个体，而是沉浸在世界之中，人是活动和工具整个语境的一部分。海德格尔不相信人是用心灵表征世界的主体，也就是说，人是独立的智者，心灵拥有所有的图像本身，这些图像属于外部世界。人作为“此在”，与这个世界的关系是这样的：“它不仅根本和用具与物有别，而且按照作为此在本身存在这样一种存在的方式，它是以在世的方式‘在’世界中的，而同时它又在这个世界中以在世界之内的方式来照面。”[21] 137

一直以来，技术的使用是“我”作为人类的规定性。而“我”的此在存在方式就是世界所开放出来的那种存在者。从生存论上来追问此在自我如何常驻于技术充斥的世界，海德格尔哲学做了关于技术与人的区分，“在世界之内照面的东西范围暂只限于上手的用具或现成的自然，因而也就只限于不具此在性质的存在者”[21] 137。这是技术与此在的本质区别，即使能够自我创造或者创造出比它更高级的机器的人工智能，也不具有此在的规定性。因为技术需要其创造者具有两种能力：智慧和操纵环境的实际能力。而人工智能是缺少对环境或者世界的操纵能力的。

人工智能作为内在世界的部分，它也在此，与“此在”共同在此，但是不等同于“此在”。人工智能作为技术如此，而如果高度发达的人工智能结合发达的生物技术和纳米技术，使得人工智能内化为人的器官或者人体的一部分甚至全部，就是所谓的“超人类”会出现，这时候此在实现了永生，但是那个“我们”还是不是我们呢？

四、作为超人类的人工智能与此在的关系

吕克·费希（Luc Ferry）[23]在《超人类革命》一书中讲到，超人类主义是利用科学进步对当前人类的体能、智力、情感和道德等方方面面进行改善的浩大工程。目的是从目前的治疗疾病升级到改善和增强人类。人类应该改善自身吗？这种改善到底体现在什么方面呢？是依赖于科学技术对个人福祉和公共繁荣的改善还是智力和道德等各种真正的完善化？

美国思想家弗朗西斯·福山（Francis Fukuyama）[24]和迈克尔·桑德尔（Michael J. Sandel）[25]是敌视超人类主义的思想家。他们的生物保护主义态度，不仅拒绝超人类主义者提出的改良性治疗以及投入全球竞争的紧迫性，而且明确地坚持古典人文主义的传统，即欧洲启蒙时期的人文主义，主张新技术应该被用来改善社会和政治，而不是生物和自然。“AI‘此在’悲观派”的雷·库兹韦尔作为谷歌资助的奇点大学（Singularity University）的校长，提出超人类的概念——大脑中植入芯片的人与互联网连接在一起。

这个大脑里有芯片、与互联网联结在一起的超人类还是不是我们得以解说的日常状态中的主体？抑或更换了身体器官的人还是不是“那个人”？获得了沙特阿拉伯护照的女机器人是不是世界中的此在？

海德格尔在《存在与时间》中定义道：“此在就是我自己一向所是的那个存在者；存在一向是我的存在。”[21] 132 这个“我”，是“我”自己用我们一贯所用的主体和自我来回应的。海德格尔的原话是“这个谁就是那个变居不定的行为体验中保持其为同一的东西，就是那个从

而同这种多样性发生关系的东西”[21] 133。如此一来，换了器官或者在大脑里加了记忆芯片的人，就已经不再是那个与“我”保持同一的人了，虽然你也可以用生物学上“人的细胞基本上每两年更换一次”的说法来反驳，但是自然替换和人为技术的干扰不能同等对待。在存在论层面上，自我性质总是与封闭领域中的向来总是现成的东西一道被领会，就如能比人脑的计算快1000倍甚至10 000倍的电脑或者能说话、走路、唱歌的机器人，从来都不是“现成”的存在，不是具有现成性意义的人，也不具有此在的实体性。因为虽然可以忽略灵魂实体、意识物性甚至人格的对象性，但是实体性仍然是存在论的准线。

但现实情况是，超人类主义主张，具备高级人工智能的机器很快将超过海德格尔意义上的“此在”，这些智能机器不会只停留在模仿人类智慧或者只是看起来会说话、会思考，它们将具有自我意识和情绪，它甚至会用各种不同的语言来言说它就是人类。似有预见的海德格尔就剖析了这种对自我的宣言者的判定：“联系到实际此在的生存论分析工作……此在在谈起它自己的时候也许总是说：我就是这个存在者；而偏偏它不是这个存在者的时候它说得最响。”[21] 134 这就是海德格尔强调的“生存论分析工作从这种给定性入手的陷阱”。这种具有自我意识和情绪的超人类，因为不是自然或者生物意义上的人，所以变成了完全独立于“世界”且几乎永生的物种。这就意味着这个超人类的存在不再与死亡联系在一起，虽然可能会因为意外或者他者袭击死亡，但是死亡不再是因为内部原因。这正是人类目前喜闻乐见的事情，美索不达米亚平原上的古老城市里的乌鲁克国王在人类历史的第一本书上就描述了自己愿意做任何事情以望永生不死。超人类主义关于延缓衰老、延长寿命的研究也是最为热门的，干细胞修复技术和人机混合技术等医学的进步可能在不久的将来会让我们活更长的时间甚至永生不死。然而，没有终点的生存意义何在？正如没有结局的电影或者不会停止的音乐，我们会厌倦，如同《灵魂机器时代：当计算机超过人类智能时》的作者库兹韦尔所说的那样，“没有死亡，就不可能有生存，死亡给生命赋予了意义，也让时间具有了重要性与价值”[21]。正如海德格尔所言：“凭借在死面前的沉沦逃遁，此在的日常状态倒证明了：连常人本身也一向已经被规定为向死存在了；即便它没有明确地活动在一种‘想到死’的状态中也是这样。即使在平均的日常状态中，此在的本旨也始终在于这种最本己的、无所关联的、不可逾越的能在，即使其样式是为一种针对其生存的最极端的可能性的无动于衷而操劳也罢。”[21] 292 在生存论的规定中，向终结的死亡被视为最本己的和不可逾越的能在存在，所以规避了死亡的此在不再是一种非本身的存在。

五、结　语

本文聚焦的问题是人工智能时代“人”的本质，主要是讨论人工智能和超人类是否有可能取代人类的地位。要讨论人工智能是否会替代人类的地位，就要明确“人”作为“此在”的本真存在。虽然要从人的本质存在出发，但必须弄清楚人工智能在多大程度上跟人脑智能相似，但是目前人工智能技术关于感知和认知技术还只是预测，并未出现强人工智能和超人类实例。

海德格尔哲学澄明了人类自我身份的界定，作为技术的人工智能不符合海德格尔对人类“此在”的规定；超人类主义虽然能满足人类自古以来的永生不死，然而，正如库兹韦尔所言，没有了死亡，生存将不再具有意义。追求永生的过程远远美过达到永生后的无尽空虚。虽然技术明确了人工智能作为技术的危险，但荷尔德林也有诗云：“哪里有危险，哪里就是有救赎。”不管技术有多发达，也不管人工智能是否能让人类永生，我们都要接受人类已经被技术化的事实，也应该更积极地探索生命可能的形式，重新解读人和生命的本质。向死而生，以关怀的姿态，重审本真的自我，从而更好地利用人工智能，使人工智能技术更好地促进人类社会的发展。

参考文献

[1] 李开复，王咏刚. 人工智能. 北京：文化发展出版社，2017.
[2] Minsky M. The Emotion Machine：Commonsense Thinking，Artificial

Intelligence, and the Future of the Human Mind. New York: Simon & Schuster Press, 1988.

[3] Penrose R. The Emperor's New Mind: Concerning Computers, Minds, and Law of Physics. New York: Oxford University Press, 1989.

[4] Searle J R. Intentionality: An Essay in the Philosophy of Mind. Cambridge: Cambridge University Press, 1983.

[5] Searle J R. Minds, Brains and Science. New York: Harvard University Press, 1984.

[6] 徐英瑾. 人工智能无法全面取代人类. 第一财经日报, 2018-09-18 (A11).

[7] Moravec H. Mind Children: The Future of Robot and Human Intelligence. New York: Harvard University Press, 1988.

[8] Kurzweil R. How to Create a Mind: The Secret of Human Thought Revealed. London: Penguin Books, 2013.

[9] Bostrom N. Superintelligence: Paths, Dangers, Strategies. New York: Oxford University Press, 2014.

[10] Dreyfus H L. What Computers Can't Do: A Critique of Artificial Reason. New York: Harper & Row, 1972.

[11] Dreyfus H L. Why Heideggerian AI failed and how fixing it would require making it more Heideggerian. Philosophical Psychology, 2007, 20 (2): 247-268.

[12] Winograd T. Foreword: in Heidegger, Coping and Cognitive Sciences, Essays in Honor of Hubert L. Dreyfus. Cambridge: The MIT Press, 2000.

[13] 韩连庆. 技术与知觉——唐•伊德对海德格尔技术哲学的批评和超越. 自然辩证法通讯, 2004, (5): 38-42, 37-110.

[14] 徐英瑾. 心智、语言和机器——维特根斯坦哲学和人工智能科学的对话. 北京: 人民出版社, 2013: 42-43.

[15] 韩连庆. 哲学与科学的短路——德雷福斯人工智能批判的局限. 哲学分析, 2017, (6): 29-39, 191.

[16] 黄丽场. 从人工智能科学的发展看人工智能哲学的走向. 成都: 四川大学, 2003.

[17] 王球. 人工智能哲学的少数派报告——评徐英瑾《心智、语言和机器——维特根斯坦哲学和人工智能科学的对话》. 哲学分析, 2014, (6): 180-191.

[18] 陈自富. 炼金术与人工智能: 休伯特•德雷福斯对人工智能发展的影响.

科学与管理，2015，35（4）：55-62.

［19］徐献军. 海德格尔与计算机——兼论当代哲学与技术的理想关系. 浙江大学学报（人文社会科学版），2013，43（1）：155-163.

［20］徐献军. 论德雷福斯、现象学与人工智能. 哲学分析，2017，（6）：4-16，191.

［21］马丁·海德格尔. 存在与时间. 陈嘉映，王庆杰译. 北京：生活·读书·新知三联书店，2014.

［22］Moravec H P. Mind Children：The Future of Robot and Human Intelligence. New York：Harvard University Press，1988.

［23］吕克·费希. 超人类革命. 周行译. 长沙：湖南科学技术出版社，2017.

［24］Fukuyama F. The Origins of Political Order：From Prehuman Times to the French Revolution. New York：Farrar，Straus and Giroux Press，2011.

［25］Sandel M J. The Case against Perfection：Ethics in the Age of Genetic Engineering. Cambridge：Belknap Press，2009.

人工智能威胁论：逻辑考察与哲学辨析*

李　帅

中、德两国正在共同打造具有跨时代意义的“工业 4.0”，该项目号称“第四次工业革命”，主导方向是智能制造，推动制造业向智能化转型。人工智能是未来工业转型的重要助推器，不仅在工业制造领域扮演着重要角色，而且必将成为革新我们生活方式的未来趋势，全方位地重塑我们的生活。人工智能的发展速度令人惊叹，很多人工智能专家系统在一些领域已经极大地超越了人类，比如我们所熟知的阿尔法狗（AlphaGo）完胜世界顶尖围棋选手，它的升级版 AlphaZero 在短时间内就超越了上一代，并“精通”各种棋类。更令人匪夷所思的是，DeepMind 推出了能够从事“科研”的 AlphaFold，通过基因序列，成功预测出蛋白质的 3D 形状。人工智能的迅猛发展引发了一些学者的担忧，他们担心人工智能如果以这样的惊人速度发展下去，是否会产生情感认知因素，更具体地说，会不会产生不友好的动机。像科幻电影《终结者》中的情节那般，人工智能奴役、毁灭人类。我们可以通过构造一个驳斥人工智能威胁论的溯因推理结构，证明人工智能威胁论信念基于不可靠的归纳论证。而以哲学的视角看，可以将人工智能威胁论视为一种信念。鉴于该信念达成之后的灾难性后果，有必要采取适当的防范策略。

---

* 原载《东北大学学报（社会科学版）》2019 年第 1 期。李帅，南开大学博士研究生。

一、通向乌托邦还是奴役之路

我们目前无法确定人工智能是否是一个潘多拉之盒，但它必定是一个黑箱，至少现在无法预测人工智能的走向。根据当前的发展态势，有部分学者对人工智能的前景持积极乐观的态度，他们认为人工智能会实现技术的乌托邦，人类将得到最大限度的解放。他们指出，人工智能所有的知识都是人类“喂给”的，其自身无法创造新的明述知识（explict knowledge）或命题性知识，而且人工智能的学习能力基于算法而不是社会交往。[1] 所以，人工智能只是人类器官的投影和延伸，它们不会出现自主意识，更不会出现社群组织，不会对人类产生危害。[2] 一种心智考古学的观点认为，一个能够自主地威胁人类的人工智能体首先必须是一个具有自治情感的生命系统，智能只是心智的一个子集，没有情感系统的引导，智能就不会发挥作用，因此人工智能体不会对人类产生生存威胁。[3] 还有一部分人则对人工智能发展到高阶水平的可能后果充满担忧，他们预言人工智能将是人类的终结者。国内学者以江晓原为代表，他认为人工智能近期的威胁会导致大量工人失业，以及其军事化用途会带来世界格局的震荡。长远的威胁就是人工智能的失控和反叛[4-5]。我们把这种论调称为人工智能威胁论。

近年来，人工智能威胁论的支持者越来越多。其中不乏一些著名的科学家和知名人物，如史蒂芬·霍金（Stephen Hawking）、迈克斯·泰格马克（Max Tegmark）和埃隆·马斯克（Elon Musk）等。马斯克曾多次在推特上发长文警告，人工智能可能是人类有史以来最为严峻的生存威胁。霍金指出，人工智能的崛起要么是最好的，要么就是最糟糕的。

一些研究中心或智库开始研究人工智能可能带来的风险，牛津大学的人类未来研究所是目前最具代表性的技术风险研究机构，下设人工智能政策研究中心。泰格马克牵头在麻省理工学院成立了类似的机构：生命未来研究所。剑桥大学成立了利弗休姆未来智能研究中心。北京大学于 2018 年 11 月成立了北京大学哲学与人类未来研究中心……此外，许多科技企业纷纷成立人工智能研究部门，探讨人工智能的未来前景。

当谈到人工智能威胁论的时候，我们到底针对的是人工智能的哪些方面或哪个阶段呢？学界粗略地将人工智能分为三个阶段：弱人工智能（artificial narrow intelligence）、强人工智能（artificial general intelligence）和超级人工智能（artificial superintelligence）。弱人工智能只擅长某一具体领域，强人工智能的适用范围要更大，能与人类智能比肩，而超级人工智能是机器智能的顶峰，牛津大学人类未来研究所所长、人工智能思想家尼克·波斯特洛姆（Nick Bostrom）把超级人工智能定义为“在几乎所有领域远远超过人类的认知能力”[5] 29。人工智能拥有巨大的潜力，它可以让人类永生，抑或彻底灭绝。所以当我们言及人工智能威胁论时，主要针对的是超级人工智能。而这种威胁论主要基于以下三个前提。

第一个前提认为，最先被创造出来的超级人工智能与包括人类智能在内的所有其他形式的智能相比，拥有决定性的战略优势。这种优势足以使超级人工智能控制并塑造地球上所有智能生命的未来。如果超级人工智能是友好良善的，那么我们无须担心。但根据波斯特洛姆的说法，我们没有任何理由认为它是友好的。第二个前提指出，智能水平和善行之间没有必然关系。但智能水平与其终极目标有着一定的相关性：几乎任何水平的智力都与它的最终目标相一致。波斯特洛姆构想的“曲别针最大化”（paperclip maximiser）思想实验生动地阐释了这一点，如果超级人工智能确定一个目标，就会最大化地实现这个目标。假如它的目标是制造曲别针，那么它会尽可能地制造更多的曲别针。[5] 153 第三个前提指出，超级人工智能很可能设定一些与人类利益无关的目标。比如，它可能会执着于获取广泛的资源，其中可能包括人类赖以生存的资源。

就已发表的相关文献来看，波斯特洛姆的专著《超级智能：路线图、危险性与应对策略》代表了这一趋势的典范。波斯特洛姆在书中详细论述了超级人工智能得以实现的几种形式、可能存在的风险、应对措施等。泰格马克的大部头著作《生命 3.0：人工智能时代而为人的意义》呈现了一幅专业物理学家对人工智能的展望图景。书中对人类的未来做出了最大胆的想象，构造了对未来生命、科技、文化和社会的全新理解。泰格马克追问人类到底能发展到什么极限、人类到底要走向哪里。“生命 3.0”体现了“生命”系统从 1.0 到 2.0，再到 3.0 的更迭。生命 1.0 是简单生物阶段；生命 2.0 是文化阶段，人类就是生命 2.0 的代表；生命 3.0 则是科技时代，系统不断地升级自己的软件和硬件，直接跃过漫长的自然进化，堪称智能系统全面觉醒的阶段。比起有血肉的生命之躯，届时便会产生新的“生命”。[6] 27 泰格马克担忧新“生命”会与旧生命发生冲突。这些担忧是杞人忧天的无稽之谈，还是有着坚实的经验基础？我们接下来做一番考察。

二、驳斥人工智能威胁论的溯因推理论证

我们可以尝试着构造一个溯因推理结构来反驳人工智能威胁论。这个论证结构是这样的：如果威胁论者认为人工智能在未来会对人类生存构成致命的威胁，那么它必然要拥有善恶、喜恶这样的认知情感因素，它甚至可能会伪装。我们进一步追问，人工智能何以拥有像“动机”这样的情感认知功能，我们选定一种可能的实现途径：全脑仿真。这项技术的实现又依赖于智能设备运算能力的“指数爆炸”假设，而该假设目前的成功基于归纳，不具备必然可靠性。

（一）预测人工智能善恶的归纳论证

有学者对人工智能威胁论提出质疑，他们对波斯特洛姆的观点提出了一个明显的反驳：为了确保人工智能的安全使用，将人工智能应用于实践之前，必须对其进行严格的测试，验证它是否友好。这样做的目的是将人工智能限制在一个安全可控的环境中，并反复测试它的友好属性和安全性。建造一个模拟真实场景的“沙盒”，当我们在实验环境中做了足够多的测试，验证它是友好、合作、负责任的的时候，才会把它从“沙盒”中释放出来。[5] 145 在一个高度仿真的实验环境中，经过反复的经验检测，如果发现人工智能看起来没有威胁，那么我

们就有理由相信它是友好的。这里的推理模式属于典型的归纳论证。

波斯特洛姆试图回击这个论证，他提出了“背叛转折”（treacherous turn）概念[5] 147，即超级智能化的人工智能会运用策略，它在实施计划的同时，还会预测人类的反应。我们从人与人之间的日常交流中可以发现，人们为了达成目标，有时会欺骗他人。例如，某人可以假装对他同事的尖端研究缺乏兴趣，希望同事会信赖他，向他披露所有的研究细节，然后他就能窃取同事的成果，据为己有。超级人工智能是否也会做同样的事呢？难道它们没有意识到，我们正在测试它们？难道它们就不会采取假装友好的策略来走出困境吗？

一个人工智能体看似完全友好，与人类合作并保护人类的利益，但它实际上可能筹备着威胁人类生存的长远计划。在欺骗我们陷入虚假的安全感之后，超级人工智能可能会触发背叛转折。所以，质疑人工智能威胁论的归纳论证在“背叛转折”原则下失效。然而，该原则预设了一个前提：人工智能系统具备很强的自主性，甚至能够产生坏的“动机”。那么，人工智能可否发展出诸如“动机”这样的情感要素呢？

（二）人工智能的“动机”论何以成立

针对超级人工智能“动机”论的质疑，波斯特洛姆予以了回应。他认为：“只要具有足够的智能升级能力，所有其他智能就都在系统的间接方式范围内，因为系统能够开发所需的新的认知模块和技能。”[5] 112 如此一来，波斯特洛姆就把人类的各种认知能力视为智能系统内化的功能，随着智能升级，这些功能便随之开发出来。波斯特洛姆并没有直面质疑，没有解释为何超级人工智能会产生“动机”。其实，这里涉及一个更为复杂的问题，就是人工智能是否会拥有意识；如果拥有意识，是依靠何种方式实现的。倘若我们不首先说明人工智能的“意识”来源及可能性，那么讨论人工智能的动机，必是漫天猜想，没有理据可循。

波斯特洛姆曾提出过超级人工智能的五种可能实现形式：人工智能、全脑仿真、生物认知、人机交互、网络和组织。其中，生物认知基于这样一个观念：生物技术的进步可能会直接控制人类遗传学和神经生物学，而无须实施人类优生繁衍计划。简言之，就是通过生物技术对人体进行无限改造，以提升人类智能。人机交互与网络和组织也是类似的原理，人机交互意图将机器智能和人脑互联，大幅度提升人脑的能力，网络和组织则企图通过技术手段把人脑连接在一起，形成强大的集体智能。[5] 37-52 这三种途径都强调对人类智能的增强和提升，属于人类增强的范畴，因为在这样的智能形式中，人脑依旧是主体，增强的是人类智能，而非人工的智能体。这样的超级智能必然会保有人类的各种认知能力，不在我们的讨论范围内。

所以，从严格意义上说，超级人工智能只有两种可能的实现途径：人工智能和全脑仿真。人工智能途径就是现在所采用的主流的方式，依赖于算法和硬件的提升。人工智能在“情商”的学习过程中，效率有余，效果不足。微软的人工智能“微软小冰”在 2017 年出版了一本所谓的题名为“阳光失了玻璃窗”的“诗集”。我们来看其中的一首标题为“黄昏里来了一碗茶”的“现代诗”：黄昏里来了一碗茶/回家一齐看/嘴里的妻子已失去了/让野火的人们/风景如风车里一碗茶凉/是少年的故事/回家一年的时候/我猜我也一例有敌骑的呼声响。[7] 14 这里的诗歌“意象”更多的是句型与词汇随机混搭生成的“后现代风格”，不能展现人类诗歌才有的情感张力。故而有人批评人工智能有智商而无情商，有智能而无智慧。智能系统要想发展出自主意识，仅靠算法无法达成，可能需要借助全脑仿真技术。这项技术可能模拟出被模仿对象的大脑活动，然后加以原理化，但这种技术建立在强大的硬件基础上。接下来又产生了一个新的问题，硬件升级速度能否跟上人工智能的发展？

（三）“指数爆炸”的迷雾

其实全脑仿真有一个前提，即大脑本质上是“计算”的，并且能够被模拟。这里涉及诸多哲学议题，我们不做深究，暂且假定该前提成立。波斯特洛姆认为全脑仿真不需要理论上的突破，但需要一些非常先进的技术。他认为实现这项技术须满足三个先决条件：扫描、翻译和模拟。其中扫描需要有足够的分辨率和相关检测性能的高通量显应用的三重难题，还存在许多难以克服的问题。

其实，我们也可以借鉴其他高风险技术的发展经验，如基因编辑技术、克隆技术和 NBIC（nanotechnology，biotechnology，information technology，cognitive science）聚合技术等新兴技术。虽然“贺建奎事件”让基因编辑技术蒙上阴影，但总体上还是朝着安全平稳的趋势发展。一个重要的原因就是各国政府和整个学术共同体在这些领域制定了规范研究的准则与公约。以克隆技术为例，鉴于克隆人技术，特别是生殖性克隆可能会引发严重的社会、伦理、道德、宗教和法律问题，所以联合国在 2002 年制定了《禁止生殖性克隆人国际公约》，许多国家分别制定了禁止生殖性克隆和治疗性克隆的法律。类似地，各国在人工智能领域竞争时，合作和沟通也必不可少，这可以有效地减少人工智能研发过程中的草率和盲动行为。居安思危、防微杜渐，是应对将要到来的人工智能时代所应持有的合理立场。

随着人工智能发展的深入，其与大众生活日渐交融，必定会出现新的情况。根据形势的发展，还需要修订或增加新的规约和法律条文。谁也不知道新兴技术最终将把我们引向何方，但无论如何，在面对人工智能这项重大课题时，多方协作、共同应对、群策群力、小心谨慎是预防人工智能“背叛转折”的有效法宝。

参考文献 >>

［1］王礼鑫. 马克思主义新认识论与人工智能——人工智能不是威胁人类文明的科技之火. 自然辩证法通讯，2018，40（4）：15-19.

［2］黄欣荣. 人工智能与人类未来. 新疆师范大学学报（哲学社会科学版），2018，39（4）：2，101-108.

［3］李恒威，王昊晟. 人工智能威胁与心智考古学. 西南民族大学学报（人文社科版），2017，38（12）：76-83.

［4］江晓原. 人工智能：威胁人类文明的科技之火. 探索与争鸣，2017，（10）：18-21.

［5］尼克·波斯特洛姆. 超级智能：路线图、危险性与应对策略. 张体伟，张玉青译. 北京：中信出版社，2015.

［6］Tegmark M. Life 3.0：Being Human in the Age of Artificial Intelligence. New York：Alfred A. Knopf，2017.

［7］小冰. 阳光失了玻璃窗. 北京：北京联合出版公司，2017.

［8］Kelly K. The myth of a superhuman AI. https://www.wired.com/2017/04/ the-myth-of-a-superhuman-ai/［2018-06-16］.

［9］Yampolskiy R. Leakproofing the singularity artificial intelligence confinement problem. Journal of Consciousness Studies，2012，19（1-2）：194-214.

［10］Bostrom N. Existential risk prevention as global priority. Global Policy，2013，4（1）：15-31.

［11］Danaher J. Why AI doomsayers are like sceptical theists and why it matters. Minds and Machines，2015，25（3）：231-246.

［12］姚人杰. 人工智能对人类构成威胁吗？. 世界科学，2015，(4)：58-59.

［13］李帅. 防范人工智能潜在威胁. 中国社会科学报，2018-09-04（7）.

［14］邓小铁. 智能系统中人类伦理嵌入的计算挑战. 科学与社会，2018，8（1）：1-13.

大学化学实验教学示范中心系列教材

总主编　李天安

化学基础实验(Ⅰ)

主编　鲍正荣　杨　睿　李　玲　耿志远

科学出版社

北　京

内 容 简 介

本书是依据《高等学校化学类专业指导性专业规范》并基于一级学科平台、以"方法"为中心的实验教学思路编写的，是"大学化学实验教学示范中心系列教材"的第一册。全书共7章，主要包括化学各二级学科共有或相关的一些基本操作和技术：第1章介绍化学实验基本操作，第2章介绍化学实验室常用仪器与使用，第3章讨论化学实验条件及控制，第4章讨论化学实验基本技术与方法，第5章简介天然化合物提取的一般思路和方法。全书编排基础实验项目16个，第6章提供综合实验项目4个和设计项目4个，第7章为数据与资料。实验项目既注重大学化学实验的基础性，又力求涉及多个知识点，避免就项目论"项目"，有利于学生举一反三。写作方式注意与中学化学实验的衔接，利于自学，便于发挥学生的主体性，培养创新能力。

本书可作为高等师范、高等理工和综合性院校化学化工专业本科生实验教材，也可供相关专业教学、科研人员参考。

图书在版编目(CIP)数据

化学基础实验. 第1册/鲍正荣等主编. —北京：科学出版社，2013. 9
大学化学实验教学示范中心系列教材
ISBN 978-7-03-038543-7

Ⅰ.①化… Ⅱ.①鲍… Ⅲ.①化学实验-高等学校-教材 Ⅳ.①O6-3

中国版本图书馆CIP数据核字(2013)第211337号

责任编辑：陈雅娴 / 责任校对：郭瑞芝
责任印制：赵 博 / 封面设计：迷底书装

科 学 出 版 社 出版
北京东黄城根北街16号
邮政编码：100717
http://www.sciencep.com
北京天宇星印刷厂印刷
科学出版社发行 各地新华书店经销
*
2013年9月第 一 版 开本：720×1000 1/16
2025年9月第十二次印刷 印张：14
字数：283 000

定价：35.00元

(如有印装质量问题，我社负责调换)

丛 书 序

进入 21 世纪以来，我国高等教育逐步转入“稳定规模、提高质量、深化改革、优化结构、突出特色、内涵发展”的阶段。国家通过精品课程建设、示范中心建设、教学评估等系列“质量工程”，和颁布《国家中长期科学和技术发展规划纲要（2006—2020 年）》，促进教学质量的提高。高校按照“加强基础、淡化专业、因材施教、分流培养”的方针，积极推进人才培养模式、教学体系、教学内容和教学方法改革，取得了许多有益的经验。教育部颁发的《高等学校化学类专业指导性专业规范》对于兼顾教学内容“保底”和发挥学校特色是一个纲领性的文件。

在这个大背景之下，西南大学等西部四校合作编写的“大学化学实验教学示范中心系列教材”由科学出版社修订出版。这应该是一项非常有益的工作。

首先，教材秉承一级学科平台的编写思路。教材整合传统二级学科的基础内容，按照认知规律形成相互独立又相互联系的课程体系，既体现了“规范”突破传统二级学科壁垒，站在一级学科层面上形成系统连贯学科思维的育人思路，又使“规范”所列最基本知识点落实到能够体现地区高校特色的可操作的具体课程体系中。

其次，教材有自己的理念。化学有实验学科之说，戴安邦先生也有“实验教学是实施全面化学教育最有效的教学形式”的名言。不过，化学实验中究竟教学生什么一直是一个争论的问题。教材编写者对此的回答是：应当教的是“方法”而非知识本身。教学改革是一项复杂而长期的探索活动，愿所有的教育者都成为探索者。

西部高校承载了地区百姓和社会的更多期待，虽然目前其教学条件、规模水平仍有待提高，但是，我们欣慰地看到，西部高校老师正在努力。

郑兰荪

2013 年 6 月 15 日

序

2005 年，时值各地积极推进实验教学示范中心建设，新、甘、川、渝地区几所高校化学同仁聚会重庆，交流各自实验教学改革的心得。与会代表认为，以“方法”为中心的实验教学理念符合当前化学实验教学改革的基本趋势，符合教育部关于实验教学示范中心建设标准的要求，是创建一级学科教学平台有力的思想工具。经多年来的努力，尽管横向看东西部教育差距不可否认，但纵向看西部高校已今非昔比。因此，合力开发既满足学科教学需要，又反映地区教学改革成果教材的时机已经成熟。

本系列教材遵循实验教学示范中心建设标准，定位于满足一般高校化学类专业基础实验教学，按一级学科模式，把实验教学示范中心建设标准规定的全部教学内容划分为六册。

《化学基础实验（Ⅰ）》和《化学基础实验（Ⅱ）》为第一层次，为化学各二级学科共有或相关的一些操作、技术、物质性质检测。该层次的教学核心是“练”，主要通过现有知识的学习和训练，使学生能够在一定程度上举一反三。从认知心理水平讲，就是接受现有的实验研究技术和有关知识，明确“是什么”(what)。

《理化测试（Ⅰ）》和《理化测试（Ⅱ）》为第二层次，强调物质的关系、行为和反应动态。该层次的教学核心是“辨”，主要通过各种物质的量、反应过程理化参数的描述，使学生了解在化学研究中如何认识物质关系、反应和控制过程。从认知层面上讲，就是认识化学现象的本质原因及其描述方法，理解“为什么”(why)。

《无机物制备》和《有机物制备》为第三层次，强调按照一定的要求，根据相关的知识选择、设计合适的技术，创造新物质。该层次的教学核心是“做”，主要在于知识、技能、条件的综合应用。从认知层面上讲，要求根据需要创造性地解决问题，实现“怎么办”(how)。

本系列教材于 2006 年由西南师范大学出版社出版试用以来，一方面通过校际交流推进了合作学校的教学改革，取得了一定的成果，另一方面相继发现了教材中存在的问题。在科学出版社的支持下，本系列教材得以重新修编出版。

本次修订以《高等学校化学类专业指导性专业规范》为根本依据，调整知识点在各册的分配，按照学科发展和国家标准修订，更新引用技术、补充完善原有知识点或压缩篇幅，对初版中的错误、笔误、表达晦涩处进行校对和纠正。除此之外还作了如下两方面较明显的变动：

(1) 强化基础。与实验教学示范中心建设标准相比，《高等学校化学类专业指导性专业规范》更加强调基础,新增了玻璃加工和一些基本物质参数和常规实验技术,修订中都全部予以考虑。

(2) 适度取舍。《高等学校化学类专业指导性专业规范》强化了物质制备,在实验教学示范中心建设标准基础上增加了高分子制备和天然物提取两部分,同时弱化了原化工部分的内容。事实上,高分子和化工部分的教学在不同学校之间差异都很大,常形成学校的办学特色。考虑到本书的基础性定位,这两部分均不涉及。本次修订纳入了天然物提取,因为此类实验项目容易激发学生学习兴趣,所以安排在了《化学基础实验(Ⅰ)》中,以便提升学生的专业热情。

本次修订得到合作学校领导的大力支持,组织编写队伍,提供实验项目试做的条件;郑兰荪院士给予本系列教材关注并作序,也给了大家极大的鼓舞;科学出版社多次及时指导,更使修撰工作少走不少弯路;所有编写老师积极工作,其中还包括家人的支持。这些都难以用一个"谢"字表达。

限于编者水平,错误疏漏在所难免,望读者不吝赐教。

"大学化学实验教学示范中心系列教材"编写委员会

2013 年 6 月

目　　录

绪　　论

学习指导

绪论从叙述实验在化学学科发展中的重要地位入手，通过对实验过程的剖析，强调思维和科学道德在实验中的主导作用，实际上就是一个看待科学、发展科学和做科学人的问题。

化学实验安全与环境保护是同一事件的两个方面，直接影响化学实验研究的正常进行，体现了实验者运用可持续发展的理念指导化学实验研究和技术开发的基本素养。

所以，实验既是一个学习和探索自然规律的过程，又是一个人格形成和塑造的过程。这是真正学好化学的根本点。

0.1　实验在化学学科中的地位

所谓现代科学，不仅指科学知识本身，还包括认识科学知识的过程和方法。与任何学科一样，化学学科也是由两大体系构成的：一是用于阐明研究对象自然规律的理论体系，它反映了人类在本学科的知识积累；二是用于揭示自然规律的方法论体系，它推动了学科理论的发展，并利用这些规律造福人类。两大体系缺一不可。

那么，实验在化学学科中究竟发挥着什么作用呢？简略地说，有以下四大功能。

（1）发现功能：实验是获得化学事实原始素材的基本途径。可以说，书本知识是前人告之他们的发现，而实验就是我们自己去发现。

（2）举证功能：无论是已有化学规律的重现，还是先于实验的理论假说，都必须由实验来验证。对于学生，通过实验验证和巩固理论知识也是必需的。

（3）创新功能：通过实验，发现和合成新物质，揭示物质世界新规律，丰富和推动化学理论和分支学科的建立和发展；探索物质世界奥秘的实验需求，不断推进仪器、装置等实验手段的进步。

（4）创造功能：实验具有规模小、周期短、成本低等优点，有利于模拟工业生产过程，为生产提供流程设计、工艺优化的基本原理和技术参数。

所以，实验作为化学研究方法论的核心，在学科发展中起着举足轻重的作用。实验教学可以帮助学生形成化学概念，理解和巩固化学知识，培养学生观察现象、分析问题、解决问题的能力，初步掌握一些常用的化学实验技能，培养学生实事求是、严肃认真的科学态度和科学方法。因此,加强实验教学是提高化学教学质量的重要环节,也是评价教学质量的一个重要方面。

0.2 化学实验过程

实验室不同于教室的根本之处就在于,它是训练思维、培养习惯的场所。实验训练思维,思维主导实验;实验展示自然规律,思维形成知识和技术。所以,“照方抓药”式的实验只能是人力、时间、物质的浪费。用思维训练的观点看待实验,实验过程和方法就有规律可循。

1. 准备

基础实验课程通常由一系列的实验项目构成,每个项目都有确定的目的。在实验之前应当认真阅读实验指导书和教材相关章节,对实验原理、过程、结果分析充分了解,完成预习报告。研究性实验课程是学生通过社会调研自选研究课题,常需要做多个实验才能完成,每个实验都重点解决课题的某一具体问题,即确定实验目的。所以,准备是否充分,不仅关系到实验的成败,更重要的是准备本身就是一个思维创新的过程。

实验原理可以分解为反应原理、装置原理和操作原理三个方面(表 0-1、图 0-1),在预习报告或设计报告中应当予以充分考虑。

表 0-1 实验室制取氢气的原理分析

反应原理	反应要素		反应物	反应性质	反应条件
	原理分析		锌、氢的化学反应活动性	氧化还原	放热反应
	解决方案		锌粒和稀盐酸	$Zn+2HCl = ZnCl_2+H_2\uparrow$	常温常压
装置原理	反应要素		反应器具	反应控制	
	反应单元	原理分析:	无需加热、器具廉价、简单	控制反应物加入量	
		解决方案:	大试管或锥形瓶	分液漏斗	
	收集单元	原理分析:	无腐蚀,按气量选择容量	不溶于水且比空气轻	
		解决方案:	大试管或集气瓶	排水或排气集气	
	连接单元	原理分析:	有利于气密性,加工容易	无	
		解决方案:	橡胶塞+玻璃管+乳胶管		
操作原理			反应控制	安全控制	
	原理分析:		酸液加量易于控制	酸的腐蚀性,氢气性质活泼	
	解决方案:		锌粒先加入反应器,再逐滴加入酸	漏斗活塞密封*,系统气密性*,远离火源	

反应原理分析至关重要，事实上，常可以依据不同的反应原理达到同一个实验目的。由于原理的不同，实验装置、反应条件、操作方法等自然也就不同。如果把本例的反应原理上升到“活动顺序在氢之前的金属与非氧化性酸反应”，就可以选择更多的金属作为还原剂，甚至可以把反应原理确定为“氢离子被还原”，即可选择电解水（溶液）来实现实验目的。

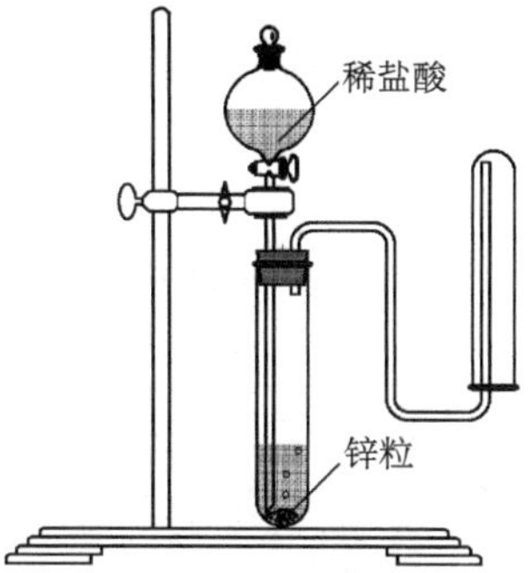

图 0-1　氢气的实验室制取

如果我们对图示的实验装置稍作改进：精确称量金属锌并用量筒排水集气，就可以使本实验实现定量制备，但并不背离上述反应原理。这也说明实验不仅丰富多彩，而且具有广阔的发展延伸空间，赋予我们无穷的遐想。表 0-1 中的星号（*）都是本实验可以进一步改进的地方，大家可以从探讨中得到启发。

2. 操作

操作是整个实验中采集原始实验数据和分析素材的唯一时期，决定了实验能否达到预期结果。操作更是培养我们严谨的科学态度和良好工作习惯的关键时期。任何部门都不会容忍一个常损坏仪器、编造数据和乱下实验结论的员工，因为这些行为将给生产带来不可估量的损失。由于实验项目的性质和原理不同，操作过程可以有差异，但仍然有规律可循。以下是任何实验中都必须注意的一些问题。

1）实验装置的装配和拆卸

根据实验原理分析，选择合适的仪器、设备、器材，检查它们是否完好、清洁、匹配，必要时需清洗或调试。

按实验装置图安装，固定，检查密封性，调整热源、光源、搅拌振荡等设备，要求既符合实验原理、便于操作和保证安全，各部件又匀称、美观。

实验完毕关闭水电，依次拆卸各部件，清洗并放回原处。

2）规范操作

正确加入固体、液体、气体反应物，对于逐渐加入的反应物，需注意加入的速度。

注意开启和关闭热源等物理设备的顺序、时间、强度。

防止实验中气体、液体泄漏，如有泄漏应及时处理。注意易燃易爆剧毒药品的加入和临时放置的安全。

生成物的收集、净化、干燥、储藏。

3）观察与记载

反应物数据：如纯度、投入量、速度、顺序等。

反应条件数据：如加热或冷却，搅拌或振荡，催化剂用量等。

生成物数据：如外观、生成速度、平衡等。

异常数据：如形态、色泽、烟、泄漏。

3. 总结

实验结束需进行总结，撰写实验报告。必须指出，总结不是单纯的结果分析，而是对实验原理、装置、材料、条件等予以重新评价，找出不足和改善措施，在新的高度上提出建设性的意见或科学假设，因而是升华、是提高、是创新。由此可见，实验报告具有鲜明的个性特点，反映了撰写者的道德、学识、思维水平。

一般而言，实验报告应包含如下三方面的内容：

(1) 绘制最终的装置图。装置图是实验原理的体现，是总结时的重要分析依据，所以要求绘制清晰、准确，尊重事实。

(2) 过程评价。根据原始数据，实事求是地用文字、图、表给出实验结果，分析实验原理、装置、条件控制是否合理、匹配。实验中的“意外”现象仍然是自然规律的反映，只不过是意料之外的试材、条件等原因使然，所以更应认真分析。

(3) 发展评价。运用类推、演绎、归纳等方法，探讨本实验遵循的化学原理、反应现象、实验材料、装置、条件等选择的代表性、合理性和扩充性。

0.3　科学道德与素养

实验是学习和探索自然规律的手段和过程，但是，实验是由人设计和实施的，无时无刻不体现了人的道德与素质。树立良好的人格是科学地进行实验研究的基础。所以，加强实验中的修养应成为实验教学的重要任务。

(1) 实事求是。一切以事实为依据是实验的根本要求。因此，一丝不苟客观地观察记载实验现象、据实分析实验结果是对自然的尊重，是对一个科学工作者最起码的道德要求。任何涂改数据、编造结果的行为都是伪造事实、误导别人，得到的不是自然规律，而是对科学的亵渎、对人类的犯罪。

(2) 精诚合作。科学是人类智慧的结晶，是不同个体合作劳动的产物。实验教学在强调独立思考、独立操作的同时，提倡相互探讨、共同研究的合作学习方式。尊重对方是合作的基本前提。事实上，任何人生活在社会上都必须随时随地与人合作。在合作中得到启发，在合作中完成实验也是实验教学的基本需要。合作并不与独立工作矛盾。任何不经自己观察而抄袭别人的数据、结果的行为不仅是不道德的行为，也是对自己的不负责。特别是在较为复杂的实验中，分工是必然的，而抄袭将导致整个实验组的结论产生不可弥补的错误，严重侵犯其他组员的利益。

(3) 诚实负责。正如公民必须为自己的行为承担民事和刑事责任一样，对自己的数据负责、对自己的错误负责是一个科学工作者的基本道德规范。强烈的责任感是探索自然、与人相处的基础。我们必须对科学负责，保证每一个数据的真实可靠，每一个结论都绝对以事实为依据；必须对集体负责，尽职尽责，以科学的态度保质保量地按时完成任务并承担过失；必须对自己负责，锲而不舍地完成实验，取得真实可信的数据。

0.4 化学实验室安全与环境保护的统一

1. 实验室安全

能够诱发实验室安全事故的因素可以分为以下三类：

(1) 物质与装置因素。实验药品或反应产物常具有易挥发、易燃、易爆、腐蚀或有毒的性质；实验装置设计或安装不合理会发生泄漏、炸裂；构成反应条件的加热、振荡、电场、压力等设备可诱发药品燃烧爆炸或直接伤害人体。

(2) 环境因素。实验室的通风、温度、湿度、供电不良会使设备发生故障、损坏，甚至导致人身伤害。

(3) 操作因素。实验中的错误操作不仅不能达到实验的目的，而且是发生安全事故的主要原因。实验室安全事故的类型可以简单归纳为表 0-2。

表 0-2 实验室事故类型

类型		原因举例
事故性质	火灾	可燃物与助燃物混合接触，可燃物过热，强放热反应
	爆炸	可燃物与助燃气体接触，密闭反应装置内压过高
	泄漏	药品储存器损坏，反应器炸裂，有毒反应产物逸出
事故范围	个人	取用药品、玻璃加工、使用电器、实验操作等中的烧(烫)伤、中毒、腐蚀、割伤、触电
	局部	火灾、爆炸、溢水引起的室内大范围破坏和人身伤害
	发散	火灾、爆炸和有毒危险药品流出实验室引起的范围更大、甚至不能准确确定范围的社会危害
事故后果	损坏设施	误操作、火灾、爆炸、漫水引起的仪器、设备、管线、房屋毁损
	人身伤害	本人或他人的各种伤害

实验室安全事故总是因为实验者对上述某个因素的忽视而发生的，不仅伤害个人，还会殃及他人。所以，保证安全是实验室最重要的工作，没有安全就没有一切。

2. 环境保护

化学作为一门对生产实际具有重大应用价值的学科，集中体现在其实验技术能够解决生产问题。众所周知，技术的本质是自然规律的反映，也是人类与自然协调的体现。技术本身并不存在污染，污染是技术的不完备或滥用技术的结果。

化学实验室的污染主要是化学污染(表 0-3)。

表 0-3　化学实验室的污染物类型

类型		举例
物理形态	气态	HCN、CO_2、NO_x、SO_2
	液态	各种有机溶剂、有机废水、无机废水
	固态	沉淀物、废滤纸(吸水纸)、破损玻璃器皿
化学性质	有机	易燃、易爆有机溶剂，致癌芳香烃
	无机	重金属、腐蚀性卤素单质、强酸碱
生物毒性	急性低毒且易降解或排出	碱金属和碱土金属离子、乙醇、乙酸、糖、油脂
	急性高毒但易降解或排出	氰化物、硫酸、盐酸、环氧乙烷
	急性低毒但难降解或排出	重金属离子、芳香族化合物

化学实验室中的污染物具有如下特点：

(1) 种类齐全，品种繁多。与工厂排污相比，学校化学实验室的实验项目多，因而不仅污染物构成十分复杂，而且性质常难以区分。

(2) 排放量小，浓度高。尽管实验室排放的废弃物的量大大低于工厂，但是因废弃物产生的集中性往往形成局部高浓度。

(3) 间歇性产生。实验时间并非连续，也不是整个实验过程都在产生废弃物。

(4) 与人接触机会多。实验室内人员密度高，局部污染物浓度高，反应装置距离人体近，因此，一旦出现污染或泄漏更容易伤害到人。

3. 避免安全事故和防止污染的途径

从本质上讲，实验室安全与环境保护是一事两面。安全事故造成人身伤害，也造成更严重的泄漏和环境破坏；储物不善和反应失控造成污染，破坏环境，往往也是发生安全事故的原因。所以，二者的防止也是一致的。而且，不能等到伤害已经发生才想到补救，珍爱生命、尊重他人、爱护环境、防患于未然是实验室安全的根本要求。

1) 防重于救

养成良好的实验习惯是安全的有效保障，因此一丝不苟、严肃认真的工作作风是实验习惯最基本的内容。实验室安全无小事，就是指实验室中所有行为都关系到安全。

实验室操作和安全规程（7.1.1 节）是人们在长期工作中的经验教训总结，其中付出了许多血的代价。它是我们规范实验室工作行为、保护自身和他人安全、养成良好实验习惯的准绳，是化学专业学生的必修知识。

实验是获取感性信息的手段，更是一个充满理性的智力活动，这就是辨证的统一。因此，需要的是仔细准备、精心设计、严格控制、认真观察和分析每一个细节，从而实现消除安全隐患、减污、循环利用，既采集到需要的科学素材，又保证安全环保的目标。

2）人身伤害处置

实验室中常发生的人身伤害有烧（烫）伤、中毒、腐蚀、割伤、触电等几种。发生伤害应立即进行处置，若伤势较重，还应及时送医。下面是一些简单处置的方法。

（1）非化学伤害。

烧（烫）伤。实验中的热源、加热器、间接加热的介质材料、液体反应体系和易燃药品的使用不当都有可能烧（烫）伤实验者。不慎烧（烫）伤使皮肤发红时，可用酒精棉球涂擦或将伤处浸在冷水里，至不觉疼痛为止，起泡时不要弄破水泡。抹上獾油或烫伤膏可对伤处起到润皮、止痛作用。

割伤。化学实验要用到许多玻璃仪器，如试管、玻璃导管等，玻璃制品易破碎，一旦破裂常容易割伤皮肤，如果伤口渗入药品，更不易痊愈。发生割伤后必须先挑出伤口内的玻璃碎片，轻伤可涂以红汞或紫药水，必要时撒些消炎粉包扎。若流血不止，应对伤口洗净处理后用手指压住伤口止血。

触电。首先切断电源，必要时进行人工呼吸。

（2）化学伤害。

化学试剂都有一定的毒性和腐蚀性，除非故意，通常少有经口中毒者。因此，药剂急性伤害一般为接触灼伤和呼吸吸入中毒。化学接触灼伤与一般的烧伤、烫伤不同，其特殊性在于即使脱离了致伤源，如果不立即把污染在人体上的腐蚀物除去，这些物质仍会继续腐蚀皮肤和组织，直至被消耗完为止。化学物质与组织接触时间越长、浓度越高，处理不当、清洗不彻底，烧伤也越严重。因而，化学品伤害的处置越快，治疗效果越好（7.2.1 节）。

【思考题】

0-1　阅读教材和课外书，用其中的实例说明实验在化学理论产生和发展中的作用。

0-2　阅读教材和课外书，用其中的实例说明思维在促进实验改进和实验结果解析中的作用。

0-3　分析表 0-1 中的命题，看这些命题涉及哪些知识点。通过这种思考是否可以得出改进实验装置或实验控制的思路?

0-4 在教学楼中各处走走,熟悉楼层结构和通道、各种消防设施的布局和类型。

0-5 查阅文献,了解实验室废水的处理方法,试用所学知识对这些(某种)方法进行评价。

0-6 某些化学品并不引起急性伤害,而是对人体产生慢性毒性。阅读文献,了解有哪些化学品具有慢性毒性,它们的致毒机理如何,怎样防范中毒。

(李天安)

第1章　化学实验基本操作

学习指导

实验是科学研究和教育的基础与重要途径，所以要求实验的每一个环节都必须严谨、细致、准确和客观真实，这样获得的实验结果与结论才可靠。同时，实验又是一个高成本行为，因此要思考如何根据具体的实验要求运用不同的方法，自觉培养既有严谨科学态度又有灵活经济观念的研究素质。

1.1　器皿洗涤

为了保证实验结果的正确，实验仪器必须洗涤干净。毋庸置疑，仪器附着物无一例外的是实验设计中未知的成分，它们与反应物之间发生的反应都是无法估计的，势必干扰预期现象的观察。这些“异常”现象将导致得出错误的结论。玻璃仪器附着的水对于必须在干燥条件下进行的反应显然也是不允许的。不洁附着物甚至会导致安全事故。而且，任何严密的思维、创新的设计都必须通过严格的实验来证实，才可能转化为科学发现和应用技术，因此，从基本的仪器洗涤开始，养成一丝不苟的工作作风是成就事业的看家本领，将受用终身。

1.1.1　玻璃仪器的类型

玻璃仪器是实验室使用最广泛的一类实验器具，具有质地晶莹剔透、化学性质稳定、造型丰富且价格低廉的特点。根据玻璃和陶瓷仪器在实验中的用途，大致可以分为如下五类。

1）反应仪器

一般用硬质玻璃制成，在反应装置中作为物质发生反应的容器，烧瓶、烧杯、试管、锥形瓶、坩埚是最常见的类型。尽管反应仪器可以较长时间加热，是各类玻璃陶瓷仪器中唯一一类可加热器具，但和所有的玻璃仪器一样，仍然应当避免骤冷骤热，以防炸裂。加热时必须在器皿底部垫上石棉网使之受热均匀。

2）计量仪器

用于量取液体体积的玻璃仪器，其材质要求不在于耐受温度高低，而在于热膨胀系数的大小。仪器在出厂时都经过标定，上面都有刻度线表示体积，一般是毫升标度。具体种类和使用方法见1.3节。

3）储物仪器

用于盛放药品、样品、溶液等的器具，实验室常见的有各种试剂瓶、用于盛装样品的称量瓶。

干燥器(详见表 7-22)是特殊的储物器，下部放有干燥剂，并配有磨砂口的盖，磨口面涂有少量凡士林，盖上后密闭得很好，保证干燥器内有效的干燥环境。一些必须保持干燥的物品如易潮解的药品、称量瓶等，可放置在搁板上干燥。打开干燥器时必须一手稳住器身，另一手持盖顶小球水平推开器盖。注意拿稳器盖，以防掉落打碎。

4）专用仪器

在反应装置、反应过程中有特殊用途的仪器，如各种漏斗、抽滤瓶、冷凝器、气体干燥瓶(详见表 7-21)、比色管，以及黏度测量计等可以独立使用的仪器。

5）其他仪器

表面皿、蒸发皿、点滴板等若干难以明确归类的仪器。它们在实验中常作为辅助仪器。

1.1.2　仪器的洗涤

仪器附着物一般来说主要有灰尘、可溶性物质、不溶性物质以及一些有机物质和油污等。因此，根据实验要求以及仪器上所黏附的污物的性质、沾污的程度通常有以下两类洗涤方法。

1. 水洗法

水洗法包括冲洗和刷洗。可溶性污物和灰尘可直接用水冲洗，污物被溶解而除去。振荡可以加速溶解。其操作方法是先向仪器中注入不超过容器 1/3 容积的水，手持器颈用力来回振荡，保持器底振幅大于器颈，注意不能把水洒出(图 1-1)，而后把水倾出。如此反复冲洗数次直至洗净。

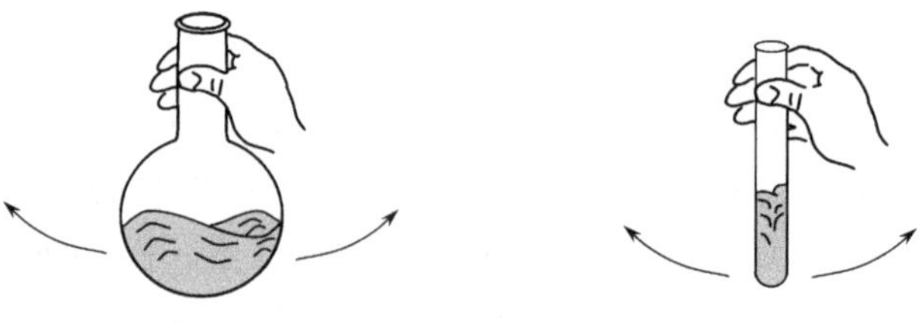

图 1-1　振荡冲洗

仪器内壁污物不易用水冲时，可用毛刷对器壁进行摩擦，将污物刷洗去除。实验室备有不同规格的仪器刷，使用时根据仪器的形状、大小选择刷子。凡端头无直立竖毛的秃头毛刷不可使用。洗涤方法如图 1-2 所示。刷洗后，再用水连续冲洗、振荡几次。

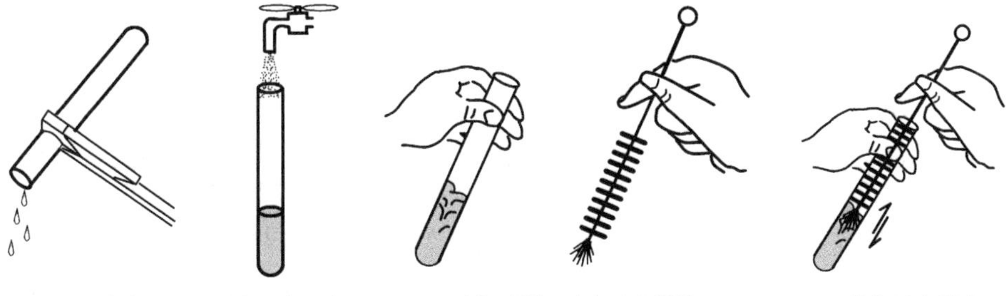

(a) 倒掉废液　(b) 注入少量水　(c) 选好毛刷，确定手拿部位　(d) 往复柔力刷洗

图 1-2　刷洗试管

对于水不溶(如油脂等有机物)及用水也刷洗不掉的污物，应当用去污粉或洗涤剂来加强洗涤。最常用的是用毛刷蘸取肥皂液、洗涤剂或去污粉来刷洗，然后用水冲洗。

2. 洗液法

对于用上述方法都无法洗净的仪器，或所用仪器容积精确、形状特殊、不能用刷子刷洗的仪器(如容量瓶、移液管、滴定管等)，或进行精确的定量实验时对洁净程度要求较高的仪器，需要考虑选用适当的洗液进行清洗。

1) 常用洗液

铬酸洗液是一种有毒洗液，因其具有强酸性、强氧化性、强腐蚀性，能够消化多种污物而成为实验室最常用的洗液。配制时取 20 g 重铬酸钾研细，溶于 40 mL 水中，搅拌下缓慢加入 360 mL 浓硫酸即可，用于除油垢或还原性污物。用后的铬酸洗液应倒回原瓶，重复使用，直至溶液的颜色变成绿色后，则失效不能再用。

失效的铬酸洗液可以再生。其方法是：将失效洗液加热浓缩，冷却至室温后，以 1 L 浓缩液加 10 g 高锰酸钾粉末的比例，边加边搅拌至微紫色为止，再加热至有三氧化硫出现，停止加热，稍冷后用玻璃砂芯漏斗过滤，滤液冷却后出现红色的三氧化铬沉淀，在此溶液中加入适量浓硫酸，使其溶解成洗液即可继续使用。

实验室常用的其他洗液见表 1-1。

其实，“洗液”是指能够利用化学反应清洗掉器皿污物的溶液，洗液洗涤的本质是化学洗涤。所以，针对具体问题，充分运用已有的化学知识来配制“洗液”是常有的事。例如，用石灰水煮沸洗脱沉积有硫磺的仪器，用 $Na_2S_2O_3$ 溶液洗涤难溶银盐和装过碘溶液的试剂瓶等。

表 1-1　实验室一些常用的洗液

名　称	适用对象	配制方法
强酸洗液　盐酸洗液	碱性及大多数无机污物	浓盐酸和水各半
强酸洗液　硝酸洗液	重金属离子沉积物	50%硝酸
强酸洗液　混酸洗液	微量的金属离子	1∶1 或 1∶2 的盐酸与硝酸
碱性高锰酸钾洗液	油污及其他有机污物	高锰酸钾 4 g 溶于水中,加入 10 g 氢氧化钠,加水稀释至 100 mL
氢氧化钠洗液	油污	10%氢氧化钠
氢氧化钠-乙醇洗液	油污和某些有机物	120 g 氢氧化钠溶于 150 mL 水中,加入 95%乙醇至 1 L
有机溶剂	溶解有机残留物	汽油、丙酮、乙醇、二甲苯、乙醚等

除以上常规洗涤方法外,化学实验室中还有一些特殊的洗涤方法,如用过热水蒸气清除器皿表面吸附的气体分子,高温灭菌或灼烧可除去器皿表面微生物和有机污染物等。超声波清洗器更是一些复杂、贵重仪器洗涤的必需手段,只要将用过的仪器放在配有合适洗涤剂的溶液中,接通电源,利用超声波产生的振动,即可将仪器清洗干净,既省时又方便。

2) 基本操作

一般而言,洗液有浸泡法和直接洗涤法两种使用方法。

(1) 浸泡法。适用于不急用的、污物厚重难除去的玻璃仪器。当然,被洗涤的仪器还应当较短,能够放入洗液缸中。为了加速污物的消化和溶解,可以视情况采用冷或热浸泡,如上述氢氧化钠洗液,往往将洗液倒入待洗仪器中加热至沸。

(2) 直接洗涤法。往仪器中注入少量洗液(其用量约为仪器总容量的 1/5),然后将仪器倾斜并慢慢转动,使仪器内壁全部被洗液润湿。反复操作,使洗液在内壁流动几圈后,把洗液倒回原瓶。如还有污物未洗净,可再注入少量新鲜洗液,如此反复洗涤。最后用自来水冲洗,再用少量蒸馏水淌洗两三次。对沾污较严重的仪器可用洗液浸泡一段时间或用微热的洗液洗涤,效率更高。

洗液一方面可以清洗器皿污物,另一方面其本身也是器皿的污染物。所以,有时需要用另一种洗液再洗。例如,上述碱性高锰酸钾洗液浸泡后有二氧化锰析出,常用乙二酸洗液再洗。

3) 精密量器的洗涤

移液管、酸式(碱式)滴定管等是用于定量分析的量器,对洗涤的要求很高,一般均需经过洗液洗涤、自来水冲洗和蒸馏水淌洗两三次的洗涤程序。

洗液洗涤移液管前,先用自来水冲洗一次,然后插入洗液中,用 1.3.1 节的取液方法，用洗耳球将洗液慢慢吸至约 1/4 管容积处，用食指按住管口，将移液管横放后松开，边缓缓转动边使管口降低，让洗液流布全管，然后将洗液放回原瓶。再用自来水冲洗、蒸馏水淌洗，最后用洗瓶吹洗外壁，用滤纸擦去管外的水。

洗液洗涤酸式滴定管时，先关好活塞倒入洗液。两手分别拿住滴定管上下两端无刻度部分，平端，边转动边向管口倾斜，使洗液流遍全管。完成后竖立滴定管，打开活塞让洗液从下端尖嘴放出后流入洗液瓶。必要时重复操作一次。

碱式滴定管的洗涤方法与酸式滴定管基本相同，只是为了防止铬酸洗液腐蚀乳胶管，可先取下带尖嘴的乳胶管，换上一小段带玻璃棒的橡皮管，按洗酸式管的方法进行洗涤。再将滴定管内大部分铬酸洗液倾倒出后，换回尖嘴乳胶管，快速并不断改变方向用手指捏乳胶管玻璃球，洗液则流遍玻璃球的四周，使玻璃球下方各处均洗到。

为了避免水冲稀试剂，造成分析数据不准确，在使用前还应用少量的将要移取或盛装的溶液淌洗器壁两三次，称为润洗，参见 1.3.1 节和 1.5.2 节。

使用洗液时，应注意以下几点：

(1) 为节省洗液和时间，洗涤前应尽量把仪器内残留液体、固体倒掉。

(2) 应根据洗液的性质，尽量重复使用，如确已失效，则不能继续使用。

(3) 大多数洗液都具有强烈的腐蚀性，会灼伤皮肤、破坏衣物，使用时应特别小心。不能将毛刷伸入洗液中。若不慎将洗液洒在皮肤、衣物和桌面上，应立即用大量水冲洗。

(4) 铬酸洗液中的 Cr(Ⅵ)有毒，清洗残留在仪器壁上的洗液时，第一、二遍的洗涤水不能直接倒入下水道，应统一回收处理。简单的处理方法是向废液中加入硫酸亚铁，使 Cr(Ⅵ)还原成无毒的 Cr(Ⅲ)再排放。

(5) 凡能用其他方法洗涤干净的仪器，就不要用洗液洗，以便降低成本和减少危险性。

3. 仪器洗净的检查

仪器洗净的物理标志是清洁透明、倒置时水沿器壁流下能形成均匀水膜而不挂水珠，如图 1-3 所示。否则，必须重新洗涤。已洗净仪器的干燥须用下面介绍的方

(a) 洗净：水均匀分布，不挂水珠　　(b) 未洗净：器壁挂水珠

图 1-3　仪器洗净的检查

法，绝不可用布或纸擦拭洗净的仪器内壁，以免布或纸上掉下的纤维沾污仪器。

另外，仪器的洁净度应当根据实验要求来确定，这是实验者的经验和基本功。例如，做分析实验的仪器在经过以上洗涤之后，都需要用蒸馏水冲洗两三次，每次蒸馏水的用量要少，遵循“少量多次”的原则，注意节约用水。

1.1.3 仪器的干燥

实验室中经常用到干燥的仪器，尤其是在有机实验中，水是大多数有机反应的有害杂质，极微量的水都有可能完全阻止反应，这些反应的成败往往取决于仪器的干燥程度，因此洗净的仪器还需干燥。通常根据仪器类型、使用迫切性以及对无水的要求选择干燥的方法，其中最重要而基本的原则是量器具一律不能用加热的方法干燥，以免影响体积的准确度。一般而言，实验室有以下五种干燥仪器的方法。

1) 晾干

适用于量器具和不急用的仪器。洗净后倒置在干净的实验柜里或仪器架上让其自然干燥。

2) 烘干

适用于非量器且可一次快速干燥多件仪器。常用的有电烘箱和红外灯干燥箱，前者可以烘干较大仪器，后者只能烘干小件仪器。仪器放进去之前应尽量把水倒净，倒置在烘箱架上，倒置不稳的仪器要平放，且应尽可能使开口朝下。温度控制在 105 ℃左右。打开循环风扇可以加快烘干速度。

3) 吹干

适用于急用的或某些严格要求无水的实验所用的仪器。把仪器倒套在玻璃仪器气流烘干器上，开启冷风或热风吹干。对于较大件的仪器，也可以用电吹风吹干。

4) 烤干

适用于急用且可加热或耐高温仪器(如烧杯、蒸发皿、试管等)的干燥。烤之前应将仪器的外壁擦干，烧杯、蒸发皿等一般放在石棉网上小火烘烤。试管则可直接用酒精灯小火烤干：用试管夹夹住试管，手持试管夹，始终保持试管口朝下底朝上，向下倾斜，以免管口的水珠倒流而使试管炸裂。从试管底部开始加热，逐渐下移向管口，并不断地来回翻转试管，以赶掉水蒸气。

5) 溶剂脱水干燥

适用于不能加热的量器、特殊形状(如毛细管)或急用的仪器。常用的溶剂有乙醇、丙酮及二者体积比为 1∶1 的混合液。先将仪器水尽量沥干，加入一些具有挥发性且与水可以互溶的有机溶剂，倾斜并转动仪器，使器壁上的水与有机溶剂充分混合，然后倒入回收瓶，少量残留在仪器壁上的含水溶剂很快挥发而使仪器干燥。吹风可使溶剂挥发得更快。挥发性有机溶剂的蒸气易燃、易爆，因此，必须注意安全。

必须指出，器皿洁净程度的要求与实验精度是正相关的。因而，应当根据反应原理、实验目标来分析干扰因素和仪器洁净要求，从而选择适宜的清洗、干燥方法，力求兼顾科学性和经济性。

【思考题】

1-1　观察比较实验室中的玻璃陶瓷仪器专用去污粉和家用洗衣粉有何不同，并根据其性质讨论去污粉的洗涤原理。哪些仪器不能用去污粉洗涤？

1-2　为什么说倒置时挂水珠的仪器仍然没有洗净？

1-3　使用铬酸洗液应注意哪些问题？新配制的铬酸洗液应是什么状态和颜色？观察实验室的铬酸洗液，看是否已经失效。

1-4　观察实验室中的仪器刷，思考如何根据仪器的不同来选择使用。

1-5　向教师索取几件待洗涤的玻璃仪器，思考应该用什么方法洗涤和干燥，并实际操作。

1-6　对照实物，阅读超声波清洗器的使用方法，并尝试用它来清洗仪器。

1-7　为什么移液管、滴定管等计量仪器用加热的方法干燥会影响体积的准确度？可以先加热浸泡洗涤再晾干吗？

（周娅芬）

1.2　化学试剂的取用与粗略量取方法

化学试剂是化学实验中最基本、最常用的实验材料，化学试剂的取用是化学实验者应掌握的最基本操作。在本节的学习中不仅应当反复练习，牢固掌握各种试剂的正确取用方法，而且要充分理解这些基本操作与实验原理的密切关系，即把试剂取用与实验的反应原理、装置原理和操作原理联系起来，养成良好的试剂取用习惯。

1.2.1　概述

1. 试剂取用在化学实验中的意义

（1）正确的试剂取用方法是取得良好实验结果的根本保证。无论实验设计得如何科学、先进，对实验原理理解得如何透彻，不正确的试剂取用方法和技术造成的试剂污染都有可能导致实验的失败。所以只有采取正确的方法取用试剂才能保证试剂的纯度、用量的准确度，从而保证实验现象正常、正确地显现。

（2）正确的试剂取用方法是实验室安全的需要。化学试剂具有的毒性、腐蚀性、易燃、易爆等性质使其成为实验室人身伤害的重要因素。而且,实验室人员集中,取用试剂一般近距离操作,错误操作引发化学伤害的安全隐患异常严重。因此,养成正确的试剂取用习惯是保护他人也是保护自己。

(3) 正确的试剂取用方法是降低环境污染的要求。试剂是实验室最根本的化学污染源,只有严格按反应原理确定试剂种类和取用量,才能尽量减少废液、废渣,从而减少对环境的污染。

化学试剂的取用可分为准确取用和粗略取用两种。准确取用固体试剂时,根据实验要求一般用天平(台秤、分析天平和电子天平)进行;准确取用液体试剂在实验室通常用量筒、量杯、移液管等专用量具来进行。有关准确取用试剂的方法在后面的章节里将详细介绍。本节重点介绍和学习固体、液体试剂的粗略取用和估量方法。

2. 取用试剂的一般要求

实验室中分装化学试剂时,一般将固体试剂装在广口瓶中,液体试剂或配制的溶液盛放在细口瓶或带有滴管的滴瓶中,见光易分解的试剂或溶液盛放在棕色瓶内。每一试剂瓶上都必须贴有标签,以标明试剂的名称、规格或浓度及日期,在标签外面涂上一薄层蜡来保护它。取用试剂的一般要求是:

(1) 取用试剂前应看清试剂瓶上的标签。取用时,先打开瓶塞倒放在实验台上。如果瓶塞顶不是扁平的,可以用食指和中指将瓶塞夹住(或放在清洁的表面皿上),绝不可以将其横置在桌上,以免沾污。取后要及时盖好瓶塞,否则试剂可能因接触空气而变质,或因吸水、蒸发而使溶液的浓度改变,特别是很容易把瓶塞“张冠李戴”,使药品受污染而失效。药瓶要放回原处,以保持实验台整齐、清洁。

(2) 取用试剂要注意安全,特别是取用具有强腐蚀性和易燃、易爆的试剂时更要谨慎。取药时不能用手接触药品,严禁将鼻子凑到容器口闻试剂的气味,更不能尝试剂的味道。

(3) 取药量要严格按照实验设计规定的用量,不要多取,这样既能保证取得好的实验结果,又能节约试剂,避免浪费和污染。过量投入试剂会影响实验结果,甚至造成人身伤害。

(4) 不慎多取的试剂不能倒回原瓶中,以免使原瓶中的试剂受污染,应按要求倒入指定的容器中供他人使用,不允许私自带出实验室。

1.2.2 固体试剂的估量和取用

在非定量的化学实验中,对试剂的用量通常没有很准确的要求,不必用天平称量或用量具量取,估量即可。

实验中常遇到要求取“少量”固体试剂的情况,这里的“少量”一般指黄豆至绿豆大小的量，用药匙小头取一匙即可。遇到实验中要求取“米粒”、“绿豆或黄豆”大小体积的固体等，则按叙述的大小取之即可。

1）取用固体试剂要用清洁、干燥的药匙

实验室常用的药匙有塑料、骨质(角质)、金属及瓷质等几种。其中以瓷质的最好，因为它不被药品腐蚀，而且容易擦洗，但易碰碎。药匙的两端为大小两个匙，分别取用大量固体和少量固体。应专匙专用，用过的药匙必须洗净、擦干后才能再使用。

2）固体试剂的定量取用

要求取用一定质量的固体试剂时，可将试剂放在干燥、光滑的纸上称量。对于具有强腐蚀性或易吸潮的固体药品，必须将药品放在表面皿或玻璃容器内称量。

3）粉状固体试剂的取用

往试管(特别是湿的试管)中加入粉末状固体试剂时，可用药匙或将取出的药品放在对折的纸片上，伸进平放的试管约 2/3 处，然后直立试管，使药品全部倒入试管底部，如图 1-4 所示。若取用两种以上需要混合的粉末状试剂，应在玻璃片或表面皿(或烧杯)里混匀后，再放入试管里，以保持试剂的纯度和保证实验的安全。切忌在纸上混合。例如，若在纸上混合氯酸钾和二氧化锰，万一有纸毛混入，则在加热时有可能引起爆炸。

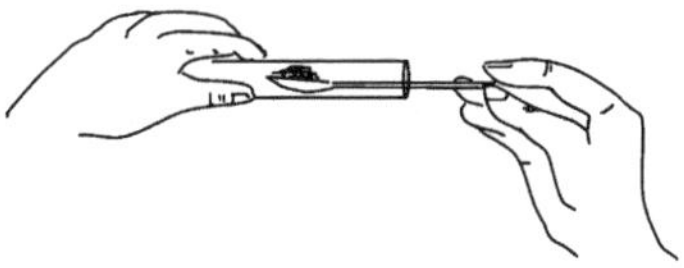

(a) 用药匙往试管里送入固体试剂

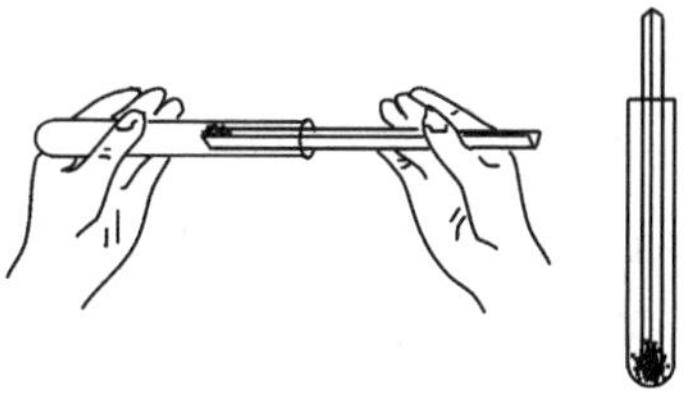

(b) 用纸槽往试管里送入固体试剂

图 1-4　粉末固体试剂取法

4）块状固体试剂的取用

取用块状的试剂时常用镊子或药匙。取用时，应将试管倾斜，使其沿管壁慢慢地滑下去，不得垂直悬空投入，以免击破管底。当固体较大时，可在洁净、干燥的研钵(详见表 7-28)中捣碎，研钵所盛固体的量不能超过研钵容量的 1/3～2/3，然后再取用。

5）特殊固体药品的取用

特殊固体药品主要是指易燃、易爆、具有强腐蚀性和有毒的固体药品。这些药品的取用应根据药品的性质选用不同的方法。例如，钾和钠的化学性质比较活泼，所以通常都把它们储存在煤油里。取用时要用镊子将其从煤油里取出，放在玻璃片上用小刀切割。切割时应特别注意安全，尤其是钾。因为钾与空气接触时，表面会生成一层过氧化钾,过氧化钾是强氧化剂,而金属钾是强还原剂,若不小心,使刚切的金属钾与钾表面的过氧化钾接触,两者剧烈反应将会引起猛烈的爆炸。同时在切割时还要注意避免接触到水,也不能用手接触钾或钠。另外,白磷的取用也要小心谨慎,由于它在空气中易燃,通常将其保存在水中,在取用时常要将其切小,而且切割要在水中进行。

1.2.3　液体试剂的估量和取用

估量液体试剂一般采用经验法,如试管取液,可事先用量筒量取一定量的水注入干燥试管中来估计体积。少于 1 mL 多采用滴管取液,也是事先用滴管向一个干燥的量筒中滴加水,滴至已知体积后求得平均每滴的体积,以后即可据此取用。必须注意:不同的液体由于黏度不同,用同一支滴管滴出的每一滴液体的体积会有差异。另外,在使用滴管时必须垂直握持,否则每滴液体的体积也会有所不同。

1)从细口试剂瓶中取用

从细口试剂瓶取用液体试剂时用倾注法。先将瓶塞倒放在桌面上,把试剂瓶上贴有标签的一面握在手心中,逐渐倾斜瓶子,使试剂沿着洁净的试管壁流入试管或沿着洁净的玻璃棒注入烧杯中,以防试剂飞溅伤人。加入试管中的试剂量要控制在试管容量的 1/4 或 1/3 内。取用所需要的量后在接收容器上靠一下,再逐渐竖起瓶子,以免遗留在瓶口的液滴流到瓶的外壁。悬空倾倒试剂以及瓶塞底部与桌面接触的操作都是错误的。

2)从滴瓶中取用少量试剂

从滴瓶中取用少量试剂时,应用滴瓶中的滴管。取用时提起滴管,使管口离开液面,用手紧捏滴管上部的橡胶头,赶出滴管中的空气,然后把滴管伸进滴瓶中,放松手指,吸入试剂,再提起滴管垂直地放在试管口或烧杯的上方,将试剂逐滴滴入。滴加试剂时,滴管要垂直,以保证滴加体积的准确。从滴瓶中取用试剂时应注意以下几点:

(1)滴加试剂时绝对禁止将滴管伸进所用的接收容器中,以免接触器壁而沾污试剂。

(2)滴瓶上的滴管只能专用,不要插错滴瓶,因此取完后应立即将滴管插回原来的滴瓶中,不得乱放,以免试剂被污染。

(3)装有药品的滴管应保持橡胶头在上,不能平放或滴管口向上斜放,更不能将橡胶头朝下,以防液体试剂流入橡胶头而腐蚀橡胶头,污染试剂。

3)特殊液体药品的取用

特殊液体药品种类繁多,如有毒的液溴、苯,易燃的乙醚、乙醇,强挥发性的盐酸、硝酸,腐蚀性的硫酸等。许多特殊液体还具有多种危险性质。总的来说,易燃试剂取用现场应禁止火源,挥发性试剂取用应在通风橱里进行。有毒、腐蚀性试剂严禁接触人体。强氧化试剂不得与还原物质,特别是纸张、火柴等接触。例如,液溴既有很强的挥发性又有很强的腐蚀性,通常是在液溴的上面加水储存,以减少液溴的挥发。因此,在取用液溴时需要在通风橱里进行。操作时还要特别小心,将接收器的口靠在储存液溴的瓶口上,用长滴管吸取液溴后迅速地移入接收器中,避免在空气中暴露和与手接触。切忌从瓶口直接倾倒,那样会把瓶内的液溴蒸气倒出。

【思考题】

1-8　取用固体和液体试剂时应注意哪些事项？为什么？

1-9　什么情况下用估量法取用试剂？如何粗略地估量化学试剂？

1-10　从滴瓶中取用试剂时应注意什么？

1-11　用滴管取用液体试剂时,如果滴管不是垂直滴加液体,会出现什么问题？

（周娅芬）

1.3　量液器的使用及校正

在科学研究和生产实际中常用到液体试剂,取用液体时,往往用某种量液器量取一定体积的液体,即用体积来反映用量,因为体积乘以密度即为其质量,因此液体量取准确与否直接影响实验结果的准确性。

量取液体的基本玻璃仪器包括:量筒、量杯、移液管、吸量管、容量瓶以及刻度试管、刻度离心试管和自动加液器等,移液管、吸量管和滴定管属于流出的量具,量筒、量杯和容量瓶则为量取液体的量具。不同的实验目的,量取液体的要求不同,所以在选择量液器时要考虑其量程和精确度,根据试剂或实验本身的特点和要求进行选择。

1.3.1　量液器及其使用

1. 量筒和量杯

量筒和量杯是化学实验室中最常用的度量液体的仪器,有各种不同的容量规格,如 5 mL、10 mL、25 mL、50 mL、100 mL、250 mL、500 mL、1000 mL 等,可根据不同需要选用。例如,需要量取 8.0 mL 液体时,为了提高测量的准确度,应选用 10 mL 量筒(测量误差为$\pm$0.1 mL),如果选用 100 mL 量筒量取 8.0 mL 液体体积,则至少有$\pm$1 mL 的误差。因此切勿用大容量的量杯和量筒量取小体积,这样会使精度下降。

量杯和量筒是一种精度要求不太高的量取液体体积的度量仪器,但一般来讲,量筒比量杯精度高一些。

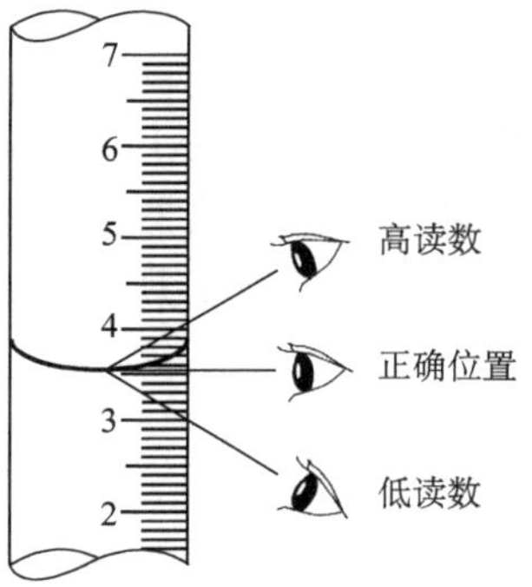

图 1-5　量器刻度的读法

量取液体时,应让量筒放平稳,且停留 15 s 以上,待液面平静后,使视线与量筒(杯)内液体的弯月面最低处保持水平,偏高或偏低都会因读数不准而造成较大的误差(图 1-5)。

量杯和量筒的使用方法和注意事项参见表 7-12。

2. 移液管和吸量管

移液管和吸量管(详见表 7-15)是用于准确移取一定体积液体的量出式玻璃量器。移液管是中间有一膨大部分(称为球部)的玻璃管,膨大部分标有它的容积和标定时的温度。球部上和下均为较细窄的管颈,上端管颈刻有一条标线,亦称单标线吸管。常用的移液管有 2 mL、5 mL、10 mL、25 mL、50 mL 等规格。吸量管是具有分刻度的玻璃管,亦称分度吸量管,用于吸取所需的不同体积的液体。常用的吸量管有 1 mL、2 mL、5 mL、10 mL 等规格。应该了解,吸量管只是为了量取小体积,吸量管吸取溶液的准确度不如移液管,所以,如果需要量取 5 mL、10 mL、25 mL 等整数较大体积的液体,则应该用相应大小的移液管。

移液管和吸量管的使用方法:

1) 润洗

用拇指和中指持洗耳球柄,食指按压洗耳球上方排出空气,右手拇指和中指拿住移液管标线以上部分,无名指和小指辅助控制移液管。将洗耳球对准移液管口,将管尖伸入溶液或洗液中,放开左手食指吸取液体,待吸液吸至移液管球部 1/4 处,移出移液管,荡洗后弃去溶液。如此反复润洗三次。润洗很重要,它是保证移出溶液与待吸溶液处于同一体系浓度状态的关键。吸量管的润洗操作与此相同。

2) 取液

移取溶液时,移液管下部的尖端插入溶液中 1～2 cm。当液面达到刻度以上时,移去洗耳球,立即用右手的食指按住管口,将移液管下口提出液面,管的末端仍靠在盛溶液器皿的内壁上,稍微放松食指,用拇指和中指轻轻捻转管身,使液面平稳下降,直到溶液的弯月面与标线刚好相切时,立即压紧管口,使液体不再流出。取出移液管,用干净滤纸片吸去移液管末端外部的溶液,然后将其移入接液器皿中,使管的末端靠在器皿内壁上。此时移液管应垂直,接液器皿稍倾斜,松开食指,让管内溶液自然地全部沿器壁流下。流完后等待 10～15 s,取出移液管。注意,如果吸量管管口上刻有“吹”字,使用时末端的溶液必须吹出,不得保留。

使用移液管和吸量管的注意事项:

(1) 使用前需用移取液润洗两三次,在取溶液时一定不要使溶液流回,以免稀释溶液。

(2) 移取溶液时，管尖不宜伸入太浅，以免液面下降后造成吸空，也不应伸入太深，以免移液管外部附有过多的溶液。

(3) 用干净滤纸片擦去移液管末端外部的溶液时，滤纸片决不能接触管口。

(4) 放出液体时，除吹出式吸管外，残留在管尖的液滴均不能借外力使之移入容器。

3. 容量瓶

容量瓶(详见表 7-13)是常用的测量液体体积的一种容量器皿。它是一种细颈梨形的平底玻璃瓶，带有玻璃磨口塞或塑料塞，可用橡皮筋将塞子系在容量瓶的颈上。颈上有标度刻线，一般表示在 20 ℃时液体充满至标度刻线时的准确容积。它主要用来配制准确浓度的溶液，常和移液管配合使用，有 10 mL、25 mL、50 mL、100 mL、200 mL、250 mL、500 mL、1000 mL、2000 mL 等各种规格。

容量瓶的使用方法：

(1) 检漏。在瓶中加水至标度刻线附近，塞紧塞子，左手拿瓶，右手顶住塞子，将瓶倒立 2～3 min，观察瓶塞是否有漏水或渗水现象。若不漏也不渗，则将瓶塞旋转 180°再塞紧，重复上述操作，仍不漏也不渗，则此瓶可用。

(2) 洗涤。依次用硫酸-重铬酸钾洗液、自来水、蒸馏水将容量瓶及塞子洗净。

(3) 将称好的固体放在洁净的烧杯中，倒入少量水或其他溶剂使其溶解，然后转移到容量瓶中[图 1-6(a)]。定量转移溶液时，右手拿玻璃棒，左手拿烧杯，使烧杯嘴紧靠玻璃棒，而玻璃棒则悬空伸入容量瓶口中，棒的下端应靠在瓶颈内壁上，使溶液沿玻璃棒和内壁流入容量瓶中。烧杯中溶液流完后，将玻璃棒和烧杯稍微向上提起，并使烧杯直立，再将玻璃棒放回烧杯中。然后，用洗瓶吹洗玻璃棒和烧杯内壁，再将溶液完全转入容量瓶中。如此重复多次，保证样品完全转移到容量瓶中。然后加水至容量瓶的四分之三左右容积时，用右手食指和中指夹住瓶塞的扁头，将容量瓶拿起，按同一方向摇动几周，使溶液初步混匀。继续加水至距离标度刻线约 1 cm 处，等 1～2 min 使附在瓶颈内壁的溶液流下后，再用细而长的滴管滴加水至溶液弯月面下缘与标度刻线相切(也可用洗瓶加水至刻度，勿使滴管接触溶液)。无论溶液有无颜色，其加水位置均以使溶液弯月面下缘与标度刻线相切为标准。当加水至容量瓶的标度刻线时，盖上干的瓶塞，用左手食指按住塞子，其余手指拿住瓶颈标线以上部分，而用右手的全部指尖托住瓶底边缘，将容量瓶倒转，使气泡上升到顶，振荡混匀溶液。然后将瓶直立过来，再将瓶倒转，使气

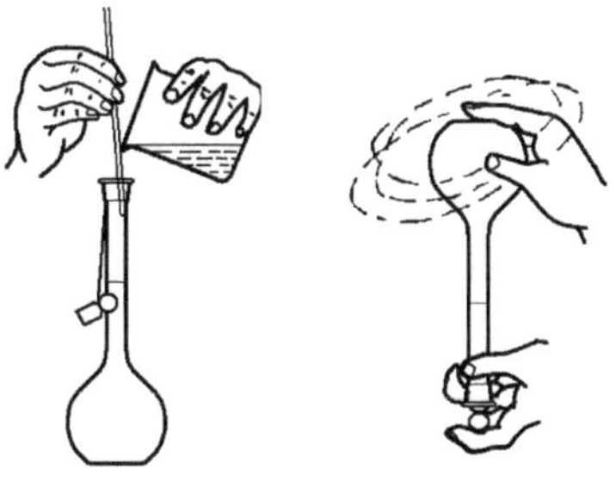

(a) 溶液转移　(b) 振摇混匀

图 1-6　容量瓶及其使用

泡上升到顶部,振荡溶液。如此反复10次左右[图1-6(b)]。

使用容量瓶的注意事项:

(1) 不要将其玻璃磨口塞随便取下放在桌面上,这样会沾污瓶塞或搞错。应用橡皮筋或细绳将瓶塞系在瓶颈上。

(2) 不要选择标度刻线位置距离瓶口太近的容量瓶,标线离瓶口太近,不便混匀溶液,则不宜使用。

(3) 吹洗、转移溶液的操作一般应重复五次以上,以保证定量转移。

1.3.2 量液器的校正

实验室中使用的玻璃量器都具有刻度和标称容量,各种量器上标出的刻度和容量,称为在标准温度20 ℃时量器的标称容量。而它们的实际容量与标称容量之间总有或多或少的差值,因为在玻璃仪器的使用过程中,随温度变化发生胀缩,或由于不正确的洗涤方式造成量器刻度不准确,如果实验对精度的要求很高时,有必要对所用的滴定管、移液管以及容量瓶等进行校准。

通常校准量液器的方法有两种,即绝对校准法(也称称量法)和相对校准法。

(1) 称量法。用分析天平称量被校量器中量入或量出的纯水的质量 m,根据纯水的密度 ρ 计算出被校量器的实际容量:

$$V = m/\rho \tag{1-1}$$

(2) 相对校准法。利用两种容器之间存在的一定的比例关系进行校正。经常配套使用的玻璃量器如移液管和容量瓶采用相对校准法更为方便和实用。

【思考题】

1-12 怎样洗涤吸量管和移液管?水洗干净的移液管在使用之前为什么要用待吸溶液润洗?

1-13 用移液管取用溶液时,移液管下端应伸入液面下什么位置为宜?为什么?

1-14 怎样保证溶液从烧杯中定量转移至容量瓶?

1-15 所有的量液器是否可以放在烘箱中烘烤干燥?为什么?

(蒋晓慧)

1.4 溶液的配制方法

溶液在科研和生产中有着重要意义,绝大多数化学反应都是在溶液中进行的,因此溶液知识非常重要。按照溶剂的不同,可将溶液分为水溶液和非水溶液;根据溶液使用的需要,可将溶液配制成一般(或粗略)溶液和精密溶液。不同研究目的对溶液浓度的准确性要求不同。例如，一般的定性无机化学反应或有机反应对溶液的准确性要求要低些，而定量化学分析所用的溶液需要的准确性非常高。此外，不同准确性的溶液对反应的结果也有较大的影响。

1.4.1　质量分数

溶质的质量分数溶液是以溶质的质量分数表示溶液的浓度，溶质质量分数是指溶质质量与溶液质量之比。质量分数一般用百分比表示。这里所指的溶液也不局限于液体。试样和试剂的纯度也经常用质量分数来表示。

配制一定质量分数的溶液时，首先要计算出所需溶质的质量和溶剂的体积。这类计算的原则是溶质在稀释前后其质量不变。

溶质的质量(m)、溶液的质量(M)、质量分数(x)之间的关系是

$$m = Mx$$

$$V = (M - m)/d$$

式中，V 为溶剂的体积；d 为溶剂的密度。

例如，配制 16%的氢氧化钠水溶液 1000 g，则需要氢氧化钠的质量为 1000 g ×16% =160 g，溶剂水的体积为(1000－160)g÷1g · mL^{-1}＝840 mL。即在天平上称取 160 g 氢氧化钠放入烧杯中，在搅拌下慢慢加入 840 mL 蒸馏水，搅拌溶解后冷却到室温即成。

溶质是液体时，要配制一定质量分数的溶液相对而言稍微复杂些，需要根据溶质和溶剂的密度分别算出所需溶质和溶剂的体积。这类计算的原则是溶质在稀释前后其质量不变。

溶质的体积 $V_1 = Mx$/溶质的密度，溶剂的体积计算与上述基本相同：$V_2 =$ $(M - Mx)$/溶剂的密度。

如果溶质本身是溶液，其质量分数为 a，则所需溶质的体积应为(Mx/溶质的密度)/a。所需要溶剂的体积为($M - Mx$)/溶剂的密度。

体积分数浓度溶液的使用比较少，其配制方法比较简单。例如，300 mL 60%的乙醇溶液，即需要无水乙醇 300 mL×60%＝180 mL，水为 300 mL－180 mL＝120 mL。

体积分数是 100 体积溶液中所含溶质的体积数，体积分数溶液只有溶质是液体或气体时使用，这里所指的溶液可能是液体或气体。液相或气相色谱仪中广泛使用体积分数，如采用 10%的异丙醇和正己烷作为流动相，表示用 10 体积的异丙醇和 90 体积的正己烷配成的溶液作为流动相。

体积分数溶液如不以 100 体积溶液为单位可以简化为体积比例溶液。例如，10∶1 的石油醚∶乙酸乙酯溶液则需要取 10 体积石油醚和 1 体积乙酸乙酯混合即可。体积比例浓度溶液在柱层析和色谱中广泛使用。

1.4.2 物质的量浓度溶液及其配制

物质的量浓度在化学中使用非常广泛，利用物质的量浓度能非常迅速地计算出一定物质的量溶液的体积，这在化学反应中非常方便。物质的量浓度是用 1 L 溶液中所含溶质的物质的量(单位是摩尔)来表示的。例如，1 L 硫酸溶液中含有溶质硫酸 1 mol(98 g 硫酸)，则其溶液浓度是 1 mol · L^{-1}。

1) 由固体物质配制物质的量浓度溶液

同配制质量分数浓度溶液一样，配制物质的量浓度溶液也需要知道溶质的质量和溶剂的体积。

例如，准确配制 1000 mL 1 mol · L^{-1}氢氧化钠物质的量浓度溶液。在分析天平上准确称取 1 mol 即 40 g 氢氧化钠放在干净的烧杯中，加适当量的溶剂水溶解。冷却到室温下将溶液转移至 1000 mL 容量瓶中，用少量蒸馏水洗涤烧杯，洗涤液也转移至容量瓶中(确保溶质完全转移至容量瓶)。最后加入蒸馏水至容量瓶刻度线，将容量瓶盖上摇匀即成 1 mol · L^{-1}的氢氧化钠溶液。然后将溶液转移至试剂瓶中，贴上标签备用。实验步骤为：

计算质量→称量→溶解→移液→洗涤→振荡→定容→摇匀→(储存)

实验所用主要仪器是天平、烧杯、容量瓶和试剂瓶等。

在配制溶液前，须先将容量瓶洗净待用。在分析天平上称好的溶质用适量溶剂(本例是蒸馏水)溶解在一个小烧杯中，然后将烧杯中的溶液小心地沿玻璃棒转移到容量瓶中，再从洗瓶中挤出少许水淋洗烧杯和玻璃棒，并将淋洗液也用同样方法转移到容量瓶中。最后加入蒸馏水至标线处，开始时可加得快些，到液面快到标线处时改用滴管小心滴入，至液面凹处与标线相切时即完成，切不可超出标线。如果溶质溶解时放热，则在烧杯中溶解后要放置冷却到室温才能转移到容量瓶中，在最后加水至标线时也要等到容量瓶中溶液冷却到室温时才能进行。

2) 用较浓的溶液配制较稀溶液的方法

计算出配制准确浓度溶液所需已知浓度溶液的用量(体积)，用移液管或吸量管准确移取所需溶液至一定体积的容量瓶中，再加蒸馏水至标线处，摇匀后倒入试剂瓶中，贴上标签待用。

1.4.3 标准溶液的配制

1. 配制的一般方法

标准溶液是化学分析中重要的溶液，所谓标准溶液即指配制好后可以放置一段时间，其浓度保持恒定，可以用来滴定分析其他物质的溶液。由于标准溶液在配制中本身易吸收空气中的二氧化碳，或配制标准溶液的溶质如酸、碱、EDTA 等其化学式本身所含结晶水等不固定，因此标准溶液须首先配制成一定浓度的溶液，再用基准物质进行标定。本节主要以酸碱标准溶液为例讨论标准溶液的配制，其他溶液的配制和标定在相关章节进行讨论。

常用的酸标准溶液主要有盐酸或硫酸标准溶液。由于盐酸不与大部分酸碱指示剂作用，盐酸盐绝大部分溶于水，稀盐酸也相对比较稳定，因此广泛用来配制酸标准溶液。但是盐酸溶液尤其在浓度比较大时受热有一定的挥发性，因此在需要用过量的酸标准溶液和试样加热煮沸处理时，硫酸标准溶液就是最好的选择了。

碱标准溶液一般用 NaOH 和 KOH 来配制，尤以 NaOH 应用广泛，碱标准溶液容易与空气中的 CO_2 反应而造成浓度的改变[用 $Ba(OH)_2$ 可以配制出不含 CO_2 的碱标准溶液]，也能与玻璃器皿作用，因此碱标准溶液最好用塑料容器盛放，并隔绝空气。一般情况下，可以用带有软木塞或橡皮塞的玻璃瓶储存碱标准溶液。

基于浓盐酸、浓硫酸和碱的化学性质，直接用它们配制标准溶液就不现实了，酸碱标准溶液的配制先是配成近似浓度的溶液（0.01～1 $mol \cdot L^{-1}$），然后再用基准物质进行标定。

试剂要成为基准物质必须具有 5 个重要特征：①组成严格符合其化学式；②纯度足够高，级别一般在优级纯以上；③性质稳定，在化验室保存条件下不会吸潮或与空气成分反应，可以长期保存；④按反应式定量地参加反应，不发生副反应；⑤有较大的相对分子质量，在配制标准溶液时可以减少称量误差。因此，基准物质可直接配制标准溶液，也可用于标定其他非基准物质的标准溶液。

一般常用的基准试剂有：三氧化二砷、金属铜、氨基磺酸、重铬酸钾、邻苯二甲酸氢钾、碘酸钾、氯化钠、碳酸钠、乙二酸钠、氟化钠、金属锌、乙二酸、硝酸银等。

2. 准确浓度溶液的获得

根据不同精确性的要求和配制方法，溶液分为粗略浓度和准确浓度两类。

一般准确浓度溶液是用“间接法”获得的。用已知浓度的标准溶液滴定粗略浓度的溶液，根据滴定和被滴定物质的性质选择滴定管和指示剂，通过二者反应后指示剂的颜色改变确定终点，记录所消耗滴定物质的量，计算出被滴定物质的准确浓度，所以这种溶液准确浓度的获得是间接计算得到的。

由于有些溶液不稳定，在实验室存放时间太长容易发生浓度改变，所以要求经常标定并计算其准确浓度。

1）酸准确浓度溶液的标定

作为基准物质，必须要求其化学式能真实表示其化学结构，用作标定酸标准溶液的基准物质有无水碳酸钾和硼砂。无水碳酸钾在使用前须在 180 ℃干燥 2～

3 h,然后盛放在干燥器中备用。无水碳酸钾与盐酸发生的标定反应如下：

$$K_2CO_3 + 2HCl \xlongequal{} H_2O + 2KCl + CO_2 \uparrow$$

反应在化学计量点时,溶液 pH 为 3.89;指示剂可用甲基橙或者甲基红,但必须注意空气中二氧化碳的影响,终点附近要剧烈振摇,也可以采用加热驱除二氧化碳,必要时进行校正。

硼砂化学式为 $Na_2B_4O_7 \cdot 10H_2O$,在空气能失去结晶水,为了确保其化学式与其组成一致,使用前将商品硼砂在蒸馏水中低于 50℃重结晶,晶体在相对湿度为 60%～70%的空气中干燥 24 h 以上,然后保存在密闭的器皿中待用。硼砂与盐酸发生的标定反应如下：

$$Na_2B_4O_7 + 2HCl + 5H_2O \xlongequal{} 4H_3BO_3 + 2NaCl$$

终点 pH 为 5.1,常用的指示剂为甲基红。

2) 碱准确浓度溶液的标定

碱溶液可用基准物质邻苯二甲酸氢钾或乙二酸直接标定,同时也可以用上述标定的标准酸溶液进行间接标定。邻苯二甲酸氢钾由于以下特点而成为标定碱溶液的常用基准物质:①易纯化,在空气中不和水形成水合物,容易保存,使用时只需在 125 ℃干燥 2 h 即可;②与碱反应时物质的量之比为 1∶1,同时由于其相对分子质量较大,称量误差相对较小。若碱的溶液为 0.1 $mol \cdot L^{-1}$,终点时溶液为弱碱性(pH=9.1),可用酚酞作指示剂。

乙二酸也可以标定碱溶液,其化学式 $H_2C_2O_4 \cdot 2H_2O$,在空气中相对稳定,不会失去结晶水。终点时溶液为弱碱性,可用酚酞作指示剂。

【思考题】

1-16　配制 400 g 20%的硝酸溶液(浓硝酸的相对密度为 1.49, 浓度为 90%)需要浓硝酸和水各多少毫升?

1-17　实验室用 2.4 g 氢氧化钠,可以配制 60%的氢氧化钠溶液多少克?

1-18　用容量瓶配制一定浓度的溶液时,若眼睛从容量瓶标线上方看,则所配制实际溶液的浓度和预定溶液浓度相比,误差为正误差还是负误差?

1-19　若用具有强烈腐蚀性的试剂如氢氧化钠或在溶解过程中能放出大量热量的试剂如浓硫酸配制一定物质的量浓度的溶液,需要注意哪些问题?

1-20　为什么不能用氢氧化钠和浓硫酸直接配制标准溶液而要采用标定的方式间接配制?

1-21　基准物质必须具备哪些条件?

(刘全忠)

1.5　常用滴定方法

滴定一般包括滴定准备、操作程序及方法两个主要部分。

1.5.1 滴定管的类型和准备

1. 滴定管的类型

常用滴定管(详见表 7-24)一般分为两种:下端带有玻璃旋塞的刻度玻璃管称为酸式滴定管;无活塞的刻度玻璃管称为碱式滴定管,其特点是下端连接一段乳胶管,内置一玻璃球以控制滴液流速,乳胶管下端再连接一个尖嘴玻璃管。由两种滴定管结构特点可知,酸式滴定管主要用于盛放酸类溶液或氧化性溶液,而碱式滴定管不能盛放与乳胶管发生反应的氧化性溶液,如 $KMnO_4$、I_2 等,主要用于盛放碱类溶液。

除常用的 50 mL 容积的滴定管外,还有容积为 25 mL 的滴定管,其最小刻度为 0.1 mL,因此读数可以估计到小数点后第二位,一般读数误差为±0.02 mL。此外还有容积为 1 mL、2 mL、5 mL、10 mL 的半微量、微量滴定管,最小刻度为 0.05 mL、0.01 mL 或 0.005 mL。滴定管有无色和棕色两种,棕色用于盛放见光易变质的溶液。

2. 酸式滴定管准备

(1) 检查活塞与活塞套是否配套。

(2) 清洗。应进行充分清洗,一般用自来水冲洗,零刻度线以上部位可用毛刷蘸洗液刷洗,零刻度线以下部位则采用洗液淌洗,淌洗过程中,双手平托滴定管的两端,不断转动滴定管,使洗液润洗滴定管内壁。操作时管口对准洗液瓶口,以防洗液洒出。洗完后,一部分洗液由管口放出,少部分洗液由出口管排出,这样可将管尖部分的死角充分洗净,再用自来水、蒸馏水洗净,最后将外壁擦干。洗净后的滴定管内壁应被水均匀润湿而不挂水珠。

(3) 酸式滴定管使用前应检查活塞转动是否灵活,然后进行试漏。方法是:先将活塞关闭,在滴定管内充满水,将滴定管垂直夹在滴定管架上,放置 2 min,观察管口及活塞两端是否有水渗出,将活塞转动 180°,再放置 2 min,观察是否有水渗出。若前后两次均无水渗出,活塞转动也灵活,即可使用,否则应将活塞取出,重新涂凡士林后再使用。

(4) 为了使活塞转动灵活并克服漏水现象,需将活塞涂凡士林。方法如下:首先取下活塞小头处的橡皮圈,取出活塞,用滤纸将活塞和活塞套擦干,然后用手指蘸少许凡士林在活塞的两头涂上很薄的一层。凡士林涂得太少转动不灵活,且易漏水;涂得太多,活塞孔易被堵塞。注意在涂抹时不要将凡士林涂在活塞孔上下两侧,以免旋转时堵塞活塞孔。最后将活塞插入活塞套中,按紧,活塞孔应与滴定管平行,并向同一方向转动活塞柄,直到活塞中油膜均匀透明,再套上小橡皮圈。如发现转动不灵活或活塞上出现纹路,表示凡士林涂得不够;若有凡士林从活塞缝内挤出或活塞孔被堵,表示凡士林涂得太多。在上述情况下都必须把活塞和活塞套擦干净后,将其插入热水中温热片刻,然后打开活塞,使管内的水突然流下,将溶化的油脂冲出,或将一根直径小于出口管尖的细铁丝插入,转动后取出。将管尖插入热的洗涤液或有机溶剂中,此时附在壁内的凡士林随即溶解,稍待片刻后用自来水洗净。活塞重新涂凡士林后,用小橡皮圈套好,以防脱落而破损,影响滴定操作。

3. 碱式滴定管的准备

(1) 清洗。碱式滴定管的洗涤方法与酸式滴定管相同,在需要用洗液洗涤时,可取下乳胶管,用橡胶头堵塞碱式滴定管下口进行洗涤;若需用洗液浸泡,可将玻璃球往上捏,使其紧贴在碱式滴定管下端,然后直接倒入洗液浸泡。在用自来水或蒸馏水清洗碱式滴定管时,应特别注意玻璃球下方死角处的清洗,所以在捏乳胶管时应不断改变方位,使玻璃球四周都被洗到。

(2) 使用前应检查乳胶管和玻璃球是否完好,乳胶管是否已老化,玻璃球大小是否合适。若玻璃球过大,不易操作,溶液流出速度太慢;玻璃球过小,易漏液,应予更换。

1.5.2 滴定操作程序及方法

1. 操作溶液的装入

摇匀的操作溶液应直接倒入滴定管中,不得用其他容器(如烧杯、漏斗等)中转。倾倒时,右手前三指持滴定管上部无刻度处,稍微倾斜,左手拿住细口瓶慢慢倾斜,使试剂缓缓沿滴定管内壁流下。先用操作溶液将滴定管润洗三次,第一次约10 mL,大部分可由管口放出,第二次、第三次各约5 mL,可以从出口管尖放出。在润洗过程中,一定要使操作液洗遍全部内壁,并接触管壁1～2 min。若是酸式滴定管,每次要打开活塞冲洗出口管尖,并尽量放出残留液;若是碱式滴定管,应注意玻璃球下方的洗涤。

2. 排气

装好标准溶液后,应检查滴定管尖嘴处是否有气泡(酸式滴定管有时活塞孔中暗藏着气泡,需要从出口管放出溶液时才能看见;碱式滴定管则需观察出口管尖内是否有气泡或有未充满的地方),如有气泡,在滴定中会逸出,影响溶液体积的准确测量。对于酸式滴定管,可用右手持滴定管无刻度部分使其倾斜约30°,左手迅速打开活塞使溶液冲出,而将气泡带走。若气泡仍未排出,可用手握住滴定管,用力上下抖动滴定管,若仍不能使溶液充满,可能是出口管未洗净,须重洗。对于碱式滴定管，左手拇指和食指拿住玻璃球所在部位并使乳胶管向上弯曲，出口上斜，挤压玻璃球，使溶液从尖嘴快速喷出，即可排出气泡，然后一边捏乳胶管一边把乳胶管放直。注意放直后再松开拇指和食指，否则出口管仍会有气泡。

3. 读初值

排除气泡后加入标准溶液或操作液，使液面在“0”刻度上，再调节到 0.00 mL 刻度处，如液面不在 0.00 mL 刻度处，应记下初读值。

读数时，视线在弯月面下缘最低处，且与液面成水平(图 1-5)。深色溶液可读液面两侧的最高点，视线应与该点成水平。若为乳白板蓝线衬背滴定管，应当取蓝线上下两尖端相对点的位置读数。注意初读数与终读数采用同一标准。

由于滴定管读数不准确而引起的误差，常常是定量分析误差的主要来源，所以在滴定前应进行多次读数练习。为了正确读数，应注意以下几点：

(1) 每次滴定最好都从“0.00”开始，或从接近“0”的任一刻度开始，这样可以减少滴定误差。

(2) 必须读到小数点后第二位，即估计到 0.01 mL，正确掌握估计 0.01 mL 读数方法很重要。例如，液面在两小刻度之间时，即为 0.05 mL；若液面在两小刻度的三分之一处，即为 0.03 mL 或 0.07 mL；若液面在两小刻度的五分之一处，即为 0.02 mL等。

(3) 读数时必须静置 1～2 min，待液位稳定不变才读，同时要检查管壁是否挂水珠，管尖内是否有气泡，尖嘴处是否有液滴。

(4) 滴定管垂直夹在滴定管架上，也可以用手拿滴定管上部无刻度处。

(5) 限于无色或浅色溶液。

(6) 为了便于读数，可使用读数卡。对于无色或浅色溶液，可选择黑色读数卡，读数时，将读数卡衬在滴定管背后，使黑色部分在弯月面下约 1 mm，弯月面的反射层即全部为黑色，读此黑色弯月面下缘的最低点。反之，深色溶液可采用白色读数卡。

4. 滴定操作

滴定时站、坐端正，自然放松，避免身体晃动。

1) 酸式滴定管的使用

使用酸式滴定管时，左手握滴定管，其无名指和小指向手心弯曲，轻轻贴着出口管，用其余三指控制活塞的转动，但要注意不要向外拉活塞以免推出活塞造成漏液，也不要用力向内扣住活塞，以免造成活塞转动困难。

2) 碱式滴定管的使用

使用碱式滴定管时，仍用左手握管，拇指在前，食指在后，其余三个手指辅助夹住出口管。用拇指和食指捏住玻璃球所在部位,往一旁(左右均可)捏乳胶管,使溶液从玻璃球旁空隙处流出。必须注意:不要用力捏玻璃球,也不要使玻璃球上下移动,不要捏玻璃球下部的乳胶管;停止加液时,应先松开拇指和食指,最后才松开无名指和小指。

3)滴定操作

滴定操作可在锥形瓶或烧杯内进行。

在锥形瓶中进行滴定时,用右手的拇指、食指和中指拿住锥形瓶,其余两指辅助在下侧,使瓶底离滴定台 2～3 cm,使滴定管下端伸入瓶口内约 1 cm,左手握住滴定管,按前述方法滴加溶液。注意右手摇动锥形瓶时,应微动腕关节,使溶液向同一方向做圆周运动。左右旋均可,但瓶口不能接触滴定管,溶液亦不得溅出。滴定时,左手不能离开活塞,而任溶液自流。快到滴定终点时,要一边摇动锥形瓶,一边逐滴、半滴滴入。要观察滴落点周围颜色的变化,不要去看滴定管上刻度的变化。开始时滴定速度可稍快,即 3～4 滴 · s^{-1},使滴定液成点不成线。接近终点时,应一滴一滴加入,即加一滴摇几下,再加,再摇。最后是每加半滴摇几下锥形瓶。用酸式滴定管时,可轻轻转动活塞,使溶液悬挂在出口管嘴上,形成半滴,用锥形瓶内壁将其沾落,再用洗瓶吹洗,使附着的溶液全部流下,然后摇动锥形瓶,继续滴定至准确到达终点为止。用碱式滴定管时,加半滴溶液时应先松开拇指与食指,将悬挂的半滴溶液沾在锥形瓶内壁上,再放开无名指和小指,同酸式滴定管操作。

在烧杯中滴定时,首先调整好滴定管的高度,使其下端伸入烧杯内 1 cm 左右。滴定管下端位置应在烧杯中心左后方处,右手持搅拌棒搅拌溶液时应做圆周运动,但不得接触烧杯壁和底部。在近终点的半滴操作中用搅拌棒下端承接悬挂的半滴或一滴溶液于烧杯中混匀,注意搅拌棒能接触液滴而不能接触管尖。左手及终点操作类似锥形瓶中的滴定。

5. 读终值

按读初值的方法读取终点数据。

6. 结束

滴定结束后,滴定管内剩余溶液应弃去,不得倒回原瓶,随即洗净滴定管,并用蒸馏水充满全管备用。

(陈忠兰)

实验 1　常用玻璃仪器的洗涤与干燥，固、液试剂的取用

一、实验目的

（1）练习并掌握常用玻璃仪器的洗涤和干燥方法。

（2）练习并掌握固、液试剂的取用和加热方法。

二、预习要求

实验前预习 1.1 节、1.2 节的内容，并回答下列问题：

（1）玻璃仪器常用的洗涤和干燥方法有哪些？根据什么原则进行选择？

（2）如何判断玻璃仪器是否洗干净？

（3）使用铬酸洗液时应注意什么？

（4）取用固、液试剂时应注意哪些事项？

三、实验仪器与试剂

仪器：实验室提供的待清洗的玻璃、陶瓷仪器。

材料：$CuSO_4 \cdot 5H_2O$ 晶体、NH_4Cl（0.1 $mol \cdot L^{-1}$）、pH 试纸。

四、实验内容

1. 检查仪器

对照 7.2.3 节，认识常用仪器，熟悉其名称、用途，了解使用注意事项。

2. 洗涤仪器

（1）用自来水洗刷发给个人使用的所有仪器。

（2）用去污粉洗刷干净两支试管、一个小烧杯和一个锥形瓶，并交给指导老师检查。

（3）用铬酸洗液洗干净一个容量瓶和一支酸式滴定管（注意洗液用后倒回原瓶），然后交给指导教师检查。

3. 仪器的干燥

（1）用酒精灯小火烤干上面洗净的一支试管、一个小烧杯，交给指导老师检查。

（2）将上面洗净的另一支试管和锥形瓶在气流烘干器上干燥。

（3）将其余已洗净的仪器合理地置于柜内，晾干备用。

4. 用水练习估量液体的方法

(1) 用滴管向量筒中滴加自来水至 1 mL,看 1 mL 相当于多少滴。

(2) 用量筒取 1 mL、2 mL、5 mL 自来水,分别加入三支小试管中,对比观察各占试管体积的几分之几。

5. 固体试剂的取用和加热

在干燥试管内放几粒 $CuSO_4 \cdot 5H_2O$ 晶体,按固体试剂的加热方法加热,待所有晶体变为白色时,停止加热。当试管冷却至室温后,加 3~5 滴水,注意颜色的变化,用手摸一下试管有什么感觉。

6. 液体试剂的取用和加热

在试管中加入 NH_4Cl 溶液,用 pH 试纸检验其 pH,加热后再用 pH 试纸检验其 pH,观察 pH 试纸颜色的变化,冷却后仍用 pH 试纸检验,观察颜色又有何变化。

五、思考题

(1) 在洗涤试管和烧杯时,为什么不可以使用无直立竖毛的秃头毛刷?

(2) 带有刻度的计量仪器为什么不能用毛刷刷洗?如何洗涤计量仪器如容量瓶、移液管、滴定管?

(3) 用洗液洗涤时,绝不允许将毛刷放入洗液中,为什么?

(4) 烤干试管时为什么要始终保持试管口略向下倾斜?带有刻度的计量仪器为什么不能用加热的方法干燥?

(5) 在试管中加热固体和液体试剂时有哪些注意事项?

(周娅芬)

第2章 化学实验室常用仪器与使用

学习指导

物质在变化中的各种物理量可以反映物质世界的客观规律，因而各种物理量参数的测定是化学实验研究中重要的科学依据。本节介绍实验室常用的时间、电学参数的测试仪器、测量方法，以及仪器仪表的分类，电源和安全用电常识。涉及的内容有普通物理、电工学、电子学、电化学等，希望结合学过的化学知识，思考这些参数在描述物质及其反应变化过程中的作用以及如何在实验中正确选择、使用仪器采集数据。

本章将重点学习分析天平的使用方法和温度的测量及温度计的校正，学习气体钢瓶的认识和使用方法。这些都是在第1章基本操作的基础上，进一步从质、量和数的角度对化学物质的变化及其规律的测量。这是化学科学研究的深化，同时也要求必须以更加严谨的科学态度和精益求精的科学精神去对待和学习这些内容，逐渐养成认真、细致、严谨、求实的科学作风。

2.1 实验仪器仪表

2.1.1 概述

物质性质、组成、结构、变化中的各种物理量反映了物质世界的客观规律，是化学实验研究中随时采集的科学数据。运用现代测量手段从分子、原子、电子等层次研究物质的物理、化学行为，探究其组成、结构、性能间的关系，都离不开仪器仪表。例如，温度是表征物体冷热程度的物理量。任何一种化工生产过程都伴随着物质的物理和化学性质的改变，都必然有能量的转化和交换，而热交换则是这些能量转换中最普遍的交换形式。此外，有些化学反应与温度有着直接的关系，如某些化学反应过程在未达到反应温度以前是根本不能进行的。在化工生产过程中，为了有效地进行生产操作和自动调节，需要对工艺生产中的压力、流量、物位、温度、物质成分等参数进行自动测量。用来测量这些参数的仪表称为化工测量仪表。

仪器仪表作为人类认识物质世界、进行科学研究和工程技术开发的最基本的工具应用广泛，覆盖了人类活动的所有领域，而且随着高分子化学、分子生物学、生命科学、临床医学、药学、材料、环境监测与控制等高新科技的发展，正从传统的化学成分分析、物理检测、机械测量、天文地理观测、工业生产过程自动控制、产品质量测控等应用领域，向更广阔的领域拓展。以科学仪器中的分析仪器为例，分析仪器正在经历一场革命性的变化，传统的光学、热学、电化学、色谱、波谱类分析技术都已从经典的化学精密机械电子结构、实验室内人工操作应用模式，转化为光、机、电、算（计算机）的一体化、自动化的结构，并正向智能系统发展（带有自诊断、自控、自调、自行判断决策等高智能）。以信息技术为代表的高新科学技术的突飞猛进，使科学仪器的工作原理、设计思想、设计方法发生了明显的变化，主要表现在以下几个方面：

（1）生物、化学传感器包括新型传感技术在分析仪器中的应用。将生物芯片技术、新型化学传感技术、智能传感器技术应用于分析仪器的研制。

（2）微分析技术即分析仪器的微型化和微量化，如微控技术、微加工技术、微检测技术等。

（3）成像技术，包括广义成像、纳米级超高分辨成像、信息处理，具体的领域包括核磁共振技术、图像自动分析及综合技术、成像光谱技术等。

（4）仪器的联用技术。通过信息分离、专用软件接口技术，实现多种科学技术间的联用，实现复杂系统的痕量成分分析、结构分析、形态分析等综合分析。例如，色谱-质谱联用、色谱-光谱联用等。多台仪器、多个实验室结合的综合分析管理系统也已经被应用。

仪器仪表的发展趋势是传统的仪器仪表将仍然朝着高性能、高精度、高灵敏、高稳定、高可靠、高环保和长寿命的方向发展，新型的仪器仪表与元器件将朝着小型化（微型化）、集成化、成套化、电子化、数字化、多功能化、智能化、网络化、计算机化、综合自动化、光机电一体化等方向发展，占主导地位的作用是微型化、智能化和网络化。

1. 仪器仪表分类

按照国家新的国民经济分类标准，仪器仪表行业有 20 小类，按其应用领域和自身技术特性大致划分为几个大类，即工业自动化仪表与控制系统、科学测试仪器仪表、电子与电工测量仪器仪表、常用仪器仪表、各类专用仪器仪表、传感器与仪器仪表元器件及材料。

（1）工业自动化仪表和控制系统：主要指工业特别是流程产业生产过程中应用的各类检测仪表、执行机构与自动控制系统装置。这在国外一般简称为 PA、FA。PA 称为过程自动化，FA 称为工厂自动化。在过程自动化和工厂自动化里所用的仪表和控制系统都属于这一类。

自动化仪表（表 2-1）根据不同原则又可以进行相应的分类。例如，按仪表所使用的能源分类，可以分为气动仪表、电动仪表和液动仪表（很少见）；按仪表组合形式，可以分为基地式仪表、单元组合仪表和综合控制装置；按仪表安装形式，可以分为现场仪表、盘装仪表和架装仪表。随着微处理机的蓬勃发展,根据仪表是否引入微处理机(器)又可分为智能仪表与非智能仪表,根据仪表信号的形式又可分为模拟仪表和数字仪表。

表 2-1　自动化仪表分类

按功能	按被测变量	按工作原理和结构形式	按组合形式
检测仪表	压力	液柱式、弹性式、电气式、活塞式	单元组合
	温度	膨胀式、热电阻、热电偶、光学、辐射	单元组合
	流量	节流式、转子式、容积式、速度式、漩涡	单元组合
	物位	直流、浮力、静压、电学、声波、辐射、光学	单元组合
	成分	pH、色谱、红外、紫外、氧分析	实验室和流程
显示仪表		模拟和数字	
		指示和记录	
		自动平衡电桥,电位差计	
调节控制仪表		自力式	
		组装式	基地式
		可编程	单元组合
执行器	执行机构	薄膜、活塞、其他	执行机构和阀可进行各种组合
	阀	直通单座、直通双座、套筒、球阀、感阀、隔膜阀、偏心旋转、角形、三通、阀体分离	

(2) 科学测试仪器仪表:主要指应用于科学研究、教学实验、计量测试、环境监测、质量和安全检查等各个方面的仪器仪表。科学仪器可以细分为 14 个小类,即电子光学仪器、离子光学仪器、X 射线仪器、光谱仪器、色谱仪器、波谱仪器、电化学仪器、生化分离分析仪器、气体分析仪器、显微镜和成像系统、化学反应及热分析仪器、声学振动仪器、力学性能测试仪器(材料试验机)、光电测量仪器。其中,发展最快、应用最广的是各类光学仪器和分析仪器。

(3) 电子与电工测量仪器仪表:主要指低频、高频、超高频、微波等各个频段测试计量专用和通用仪器仪表。

(4) 常用仪器仪表:主要指供应用仪表及其他通用仪器仪表。供应用仪表平时接触很多,如家用电表、煤气表等。还有一些常用的将其抽出来归为这一类,像衡器、医疗仪器(主要指用于生命科学研究和临床诊断治疗的仪器)、计时仪器和部分常用的光学仪器。

(5) 专用仪器仪表:指农业、气象、水文、地质、海洋、核工业、航空、航天等各个领域应用的专用仪器。

现代仪器仪表虽然进行了大致分类,但实际上存在着许多交叉,如各类专用仪器仪表中许多都是科学仪器。

2. 仪表主要性能特征

1) 范围和量程

范围是指测量仪器的误差处在规定极限内的一组被测量的值,也就是被测量可按规定的准确度(精确度)进行测量的范围。量程是指测量范围的上限值和下限值的代数差。

2) 测量仪表的准确度

由于习惯,准确度常被称为精确度。在测量中,由仪表引起的误差称为仪表的误差。它也常用绝对表示法和相对表示法表示。

$$\text{绝对误差} = a - b$$

$$\text{相对误差} = \frac{a-b}{b}$$

式中,a 为测量仪表的示值;b 为标准仪表的示值。

常用仪表的准确度等级见表 2-2。

表 2-2 我国常用仪表的准确度等级

← 高	仪表准确度等级	低 →
0.005 、0.02 、0.05	0.1、0.2、0.35、0.5	1 、1.5、2.5、4.0
Ⅰ级标准仪表	Ⅱ级标准仪表	一般工业用仪表

必须注意:仪表的绝对误差在测量范围内的各点上是不同的。因此,我们常说的"绝对误差"指的是绝对误差的最大值。评价一台仪表准确与否,单凭绝对误差或相对误差是不够的,因为每台仪表的标尺范围(量程)不同。因而,两台仪表纵然有同一绝对误差亦可能有不同的准确度。

3) 测量仪表的恒定度

测量仪表的恒定度常用变差来表示。它是在外界条件不变的情况下,用同一仪表对某一参数值进行正反行程(由小到大和由大到小)测量时,仪表正反行程指示值之间存在的差值,此差值即为变差。

变差的大小用仪表测量同一参数值时正反行程指示值间的最大绝对差值与仪表标尺范围之比的百分数表示,即

$$\text{变差} = \frac{\text{绝对最大差值}}{\text{标尺上限值} - \text{标尺下限值}} \times 100\%$$

造成变差的原因很多,如传动机构的间隙、运动件的摩擦、弹性元件的弹性滞

后等。随着仪表制造技术的不断改进,特别是微电子技术的引入,许多仪表实现全电子化、无可动部件、模拟仪表改为数字仪表等,所以变差这个指标在智能型仪表中不再那么重要和突出了。

4) 测量仪表的灵敏度与灵敏限

测量仪表的灵敏度用仪表输出的变化量(如指针的线位移或角位移)Δa 与引起此变化的被测参数的变化量 Δx 之比来表示,即

$$灵敏度=\frac{\Delta a}{\Delta x}$$

仪表的灵敏限(也称始动灵敏度)是指能引起仪表指针发生动作的被测参数的最小变化量。

5) 测量仪表的反应时间

当用仪表进行测量时,可以看到这样一种现象:仪表指示的被测值总要经过一段时间后才能准确地指示出来,这是因为仪表本身存在一个"反应时间"。

第一种情形,当参数在 t_0 时刻突然变化后,仪表不能立刻指示出被检参数,而是慢慢增加,经过足够长的一段时间后,才指示出参数的准确值,如用玻璃温度计测量体温就是这种情形。

第二种情形,当参数在 t_0 时刻突然变化后,仪表指示迅速改变,但需经过几次摆动后,才指出参数的准确值,如用电流表测量电流时,即可见到此种情形。

一台仪表能否尽快反映出参数的变化情况是重要的指标,我们常把其称为仪表的动态特性。仪表的反应时间长短反映了仪表动态特性的好坏。

6) 复现性

测试复现性(重复性)是在不同的测量条件下,如不同的方法、不同的观测者在不同的检测环境对同一被检测的量进行检测时,其测量结果一致的程度。测量复现性作为仪表的性能指标表征仪表的特性尚未普及,但是随着智能仪表的问世、发展和完善,复现性必将成为仪表的重要性能指标。

3. 测量仪表的构成

测量仪表品种多,类型复杂,结构各异。但是,它们都肩负着共同的任务——测量出被测参数的值。所以,它们在构成上就有明显的共性。它们大致都由感受(测量)元件部分、中间传送(包括放大)部分和显示(包括变换成其信号)部分构成。各部分之间的关系如下:

被测参数→[感受元件部分]→[中间传送部分]→[显示部分]→测量值

在生产实际中,有的仪表把三部分组装在一起,如弹簧管压力表,也有的把三部分分别制成各自独立的仪表,如热电偶温度计,在这种情况下,人们又习惯把感

受元件部分称为“一次仪表”,把显示部分称为“二次仪表”。

实验室用仪器仪表与实际生产测量仪表有一些区别。例如,检测与过程控制仪表中的成分分析器,是一种定性和定量分析物质组成的仪器,能直接指示物质的成分和含量。从广义上讲,成分分析器也包括酸度、密度、黏度等性质的测量仪器,它有实验室用和工业自动分析用两种基本形式。后者用于工业生产工艺流程中,也称流程分析器,是在生产线上用的,与生产线连在一起。实验室用的科学测试仪器是独立的,它只是把样品拿到实验室在做试验的时候用。

化工生产实际中对仪表还有稳定性和可靠性的要求。

在规定工作条件内,仪表某些性能随时间保持不变的能力称为稳定性。仪表稳定性是化工仪表的一个性能指标。化工企业使用仪表的环境相对比较恶劣,被测量的介质温度、压力变化也相对比较大,在这种环境中使用仪表,仪表的某些部件随时间保持不变的能力会降低,仪表的稳定性会下降。衡量或表征仪表稳定性现在尚未有定量值,化工工业通常用仪表零点漂移来衡量仪表的稳定性。如果仪表投入运行一年中零位没有漂移,说明这台仪表稳定性好,相反,若仪表投入运行不到 3 个月零位就变了,说明仪表稳定性不好。仪表稳定性的好坏直接关系到仪表的使用范围,有时直接影响化工生产。仪表稳定性不好造成的影响往往比仪表精度下降对化工生产的影响还要大。

仪表可靠性是生产部门所追求的另一个重要性能指标。可靠性和仪表维护量是相辅相成的,仪表可靠性高说明仪表维护量小,反之仪表可靠性差,仪表维护量就大。对于化工工业检测与过程控制用的仪表,大部分安装在工艺管道和各类塔、釜、罐、器上,存在生产的连续性问题,并处在易燃易爆的环境中,这些恶劣条件给仪表维护增加了很多困难。考虑到生产安全和仪表维护人员人身安全,所以生产部门使用检测与过程控制仪表要求维护量越小越好,亦即要求仪表可靠性尽可能高。

2.1.2　仪器仪表的使用常识

1. 正确使用实验仪器仪表的常识

(1) 仪器、仪表应放置平稳,轻拿轻放,防震、防压;保持干燥和清洁,防潮、防酸雾、防有机溶剂。

(2) 使用之前应对照仪器仔细阅读说明书,正确识别和理解仪器面板上的各种符号、按钮,明确仪器性能、使用条件、操作程序与注意事项,特别是易损部位和零件。

(3) 检查电源、插头、开关,连接外部设备,接地,确认一切正常后才能插上电源、打开电源开关。

(4) 轻轻转动按钮,切忌用力过猛。

(5) 实验完毕，关闭仪器，拆卸并清洁之后将仪器妥善放置。

2. 仪器仪表的维护

仪器仪表一般都由电学或光学系统、机械传动零件和金属外壳构成，应装置在干燥、通风且无酸碱性、腐蚀性气体侵蚀的房间内。

1) 仪器的防霉、防雾

霉菌会使仪器尤其是仪器的光学系统受到损害，从而影响仪器的性能。霉菌一般在 12 ℃以下、40 ℃以上时，几乎停止生长，在 12～17 ℃时生长缓慢，而霉菌的孢子即使在−50 ℃以下也不致冻死，若在 170 ℃干热或 110 ℃湿热时则会死亡。可见，霉菌的生长是有一定条件的。所以只要设法破坏和控制霉菌的生长条件，就可以达到防霉的目的。

当发现生霉征兆(如霉孢、霉丝等)时，可用二甲苯、乙醚或无水乙醇和乙醚的混合液轻轻擦拭。

空气中的水汽、含油的水汽、溢散的气体以及附着在仪器上的“水雾”状液滴，都会对仪器和光学玻璃零件发生侵蚀作用。这是因为光学玻璃零件中氧化钠、氧化钾等碱金属氧化物的含量较高，化学稳定性较差，当与空气中的上述物质发生作用时，容易发霉生雾。因此，防雾也是维护仪器性能的重要措施之一。一般来说，只要保持仪器清洁，干燥防潮，就可以减少仪器的生雾机会。

2) 仪器的防锈

造成金属锈蚀的因素很多，其中最主要的是温度、湿度和酸、碱等雾气的影响。在空气中，由于金属受到氧气、潮气、二氧化硫或其他逸散腐蚀性气体的侵蚀，仪器的金属部件会慢慢失去光泽，产生锈蚀斑痕，严重时能损害仪器的精度，缩短仪器的寿命。

一般来说，温度越高，金属越易生锈。湿度越高，金属在大气中也越易生锈。随着金属种类的不同，不生锈的相对湿度也不同。这种能保持某种金属不生锈的相对湿度称为临界相对湿度，超过临界相对湿度时金属就会生锈。

不仅盐类、酸雾等对仪器能产生锈蚀作用，而且汗液(如手上的汗)也能锈蚀仪器。光学零件(透镜、棱镜、反射镜、光栅和测微器等)切忌用手触摸，落上的灰尘要用镜头软毛刷轻轻拂拭，或用吹气球吹净。

3) 使用仪器仪表时的注意事项

使用仪器仪表前，要详细阅读说明书，并对仪器仪表线路及其性能进行全面了解。

按照操作规程要求进行操作，不要随意按动、拨动旋钮。仪器发生故障时，要用通用仪器进行测试。判明故障后进行简单修理时，尽量避免大拆大卸，以免影响仪器仪表的精度。

仪器仪表不能曝晒于日光下，也不要在光照射下进行工作，这对装有光敏元件的仪器尤为重要。

2.1.3　实验室电源与安全用电

1. 实验室电源

1）概述

电源包括电子电源和化学物理电源。电源的任务就是为电器系统中的各种电路提供电能。实验室中使用的设备和实验电路种类比较多，电路的类型各异、功能有别，因此对电源供给也有不同的要求。

根据电源电压的高低，电源可以分高压电源和低压电源两种。高压一般是指36 V以上的电压，低压是指36 V以下的电压。一般认为36 V以下的直流电压是安全电压。

最容易获得的且最廉价的电能是220 V工频的交流电，因此多数的电器都被设计成为能够使用这种交流电，但是，电器中几乎全部的电子电路只能在特定电压的直流供电状态下工作。因此，这就带来了交流电(AC)与直流电(DC)之间的转化问题以及交流电压、直流电压的高低变换问题，按照电源的输入输出电量类型关系，可以把电源分为以下五种类型。

(1) 普通电源(AC/DC)：输入非稳定的220 V工频交流电，输出为较低电压的稳定直流电。

(2) 直流变换器(DC/DC)：输入非稳定的直流电，输出为稳定的更高电压或者更低电压的直流电。

(3) 交流逆变器(DC/AC)：输入非稳定的直流电，输出稳定的220 V工频交流电。此类电源常用在交通工具上，用来使蓄电池为常规电器设备(电视、录像机等)供电。

(4) 交流稳压器(AC/AC)：输入非稳定的220 V工频交流电，输出稳定220 V工频交流电。

(5) 组合电源：以上类型电源的组合，如应急电源UPS就是AC/DC电源与DC/AC电源的组合。

2）电源的基本参数

电子系统中常用以下参数描述电源特性，这些特性是选择电源、判断电路故障的基本依据。

(1) 电源性质：指交流电源和直流电源。以输出电压或电流是否有极性变化来区分，交流电源输出的电压波形为正弦波，具有固定的频率(周期)。直流电源的输出电压可以是一个稳定的电压值，也可能是一个随时间变化的波动电压，但不能具有极性变化。

(2) 电压幅度：指电源所输出电压的大小，通常以伏特（简称伏）为单位，单位符号是 V、kV（千伏）、mV（毫伏）、μV（微伏）。对于交流电源，电压幅度的描述通常还使用最大值、有效值和平均值。

(3) 输出电压频率：交流电源的基本参数。我国规定工业标准交流源为正弦波，频率是 50 Hz，周期为 20 ms。

(4) 输出电压极性：相对电压参考点提出的电压幅度性质的描述方法，分正、负两种，正极性的电压幅度大于零，负极性的电压幅度小于零。交流电源输出的电压幅度不断地在正负极性之间变化，直流电压则只存在一种极性。

(5) 电源功率：指所能提供的最大输出电流电压乘积。

3) 化学电源

化学电源又称电池，是一种能将化学能直接转变成电能的装置。化学电池品种繁多，按照使用性质可分为：干电池、蓄电池、燃料电池，按电池中电解质性质分为：碱性电池、酸性电池、中性电池。

衡量化学电源性能主要有：化学电源的容量、质能比（理论质量比能量）和寿命三个指标。容量是指 1 A 电流持续通过 1 h 所给出的电量。质能比是指 1 kg 反应物所转化的电能。寿命包括使用寿命、充放寿命和储存寿命，其中充放寿命是指二次电池的充放周期次数。

(1) 干电池。干电池也称一次电池，即电池中的反应物质在进行一次电化学反应放电之后就不能再次使用了。常用的有锌锰干电池、锌汞电池、镁锰干电池等。

锌锰电池是日常生活中常用的干电池，电池符号可表示为

$$(-)\ Zn \mid ZnCl_2, NH_4Cl(\text{糊状}) \parallel MnO_2 \mid C(\text{石墨})\ (+)$$

锌锰干电池的电动势为 1.5 V。因产生的 NH_3 被石墨吸附，引起电动势下降较快。如果用高导电的糊状 KOH 代替 NH_4Cl，正极材料改用钢筒，MnO_2 层紧靠钢筒，就构成碱性锌锰干电池，由于电池反应没有气体产生，内电阻较低，比较稳定。

(2) 蓄电池。蓄电池是可以反复使用、放电后能充电使活性物质复原，以便再重新放电的电池，也称二次电池。虽然其理论质能比是目前生产的电池中比较低的，但是其具有能反复充放电的特点而深受人们的欢迎。根据所用电解质的酸碱性质不同分为酸性蓄电池和碱性蓄电池。

酸性铅蓄电池的生产已有一百多年的历史，具有充放电可逆性好、放电电流大、稳定可靠、原料来源丰富、价格便宜等优点，但也存在比较笨重、防震性差、自放电较强等缺点。酸性铅蓄电池主要用于汽车和柴油机车的启动电源，坑道、矿山和潜艇的动力电源以及备用电源。

电池的构成如下：

$$Pb(s)|H_2SO_4(aq,b)|PbO_2(s)|Pb(s)$$

电极反应为

负极：　$Pb + HSO_4^- \longrightarrow PbSO_4 + H^+ + 2e^-$

正极：　$PbO_2 + 3H^+ + HSO_4^- + 2e^- \longrightarrow PbSO_4 + 2H_2O$

电池反应：$Pb + PbO_2 + 2H^+ + 2HSO_4^- \xlongequal{} 2PbSO_4 + 2H_2O$

正常情况下，酸性铅蓄电池的电动势是 2.1 V，随着电池放电生成水，H_2SO_4 的浓度降低，故可以通过测量 H_2SO_4 的密度来检查蓄电池的放电情况。

日常生活中用的充电电池属于碱性蓄电池。其体积、电压都和干电池差不多，携带方便，使用寿命比铅蓄电池长得多，使用得当可以充放电上千次，但价格比较贵。商品电池中有镍-镉(Ni-Cd)和镍-铁(Ni-Fe)两类，其电池反应如下：

$$Cd + 2NiO(OH) + 2H_2O \underset{充电}{\overset{放电}{\rightleftharpoons}} 2Ni(OH)_2 + Cd(OH)_2$$

$$Fe + 2NiO(OH) + 2H_2O \underset{充电}{\overset{放电}{\rightleftharpoons}} 2Ni(OH)_2 + Fe(OH)_2$$

反应是在碱性条件下进行的，所以称为碱性蓄电池。

(3) 燃料电池。燃料电池与前两类电池的主要差别在于：它不是把还原剂、氧化剂物质全部储藏在电池内，而是在工作时不断从外界输入氧化剂和还原剂，同时将电极反应产物不断排出电池。燃料电池直接将燃烧反应的化学能转化为电能，是一个敞开的电化学系统，与环境既有能量的交换，又有物质的交换。能量转化率高，可达 80%以上，具有节约燃料、污染小的特点。因此它在化学电源中占有特殊重要的地位。

燃料电池以还原剂(氢气、煤气、天然气、甲醇等)为负极反应物，以氧化剂(氧气、空气等)为正极反应物，由燃料极、空气极和电解质溶液构成。电极材料多采用多孔碳、多孔镍、铂、钯等贵重金属以及聚四氟乙烯，电解质则有碱性、酸性、熔融盐和固体电解质等多种。

以碱性氢氧燃料电池为例。它的燃料极常用多孔性金属镍，用于吸附氢气。空气极常用多孔性金属银，用于吸附空气。电解质则由浸有 KOH 溶液的多孔性塑料制成，其电池符号表示如下：

$$Ni \mid H_2 \mid KOH(30\%) \mid O_2 \mid Ag$$

电池的工作原理是：当向燃料极供给氢气时，氢气被吸附并与催化剂作用，放出电子而生成 H^+，而电子经过外电路流向空气极，电子在空气极使氧还原为 OH^-，H^+ 和 OH^- 在电解质溶液中结合成 H_2O。氢氧燃料电池的标准电动势为 1.229 V。氢氧燃料电池目前已应用于航天、军事通信、电视中继站等领域。

(4) 高能电池。具有高比能量和高比功率的电池称为高能电池。比能量和比功率是指电池的单位质量或单位体积所能提供的电能和功率。高能电池发展快、种类多。

锌银电池主要用于电子、航空、航天、舰艇、轻工等领域。扣式锌银电池早已为人们所熟悉,它具有质量小、体积小等优点,广泛应用于石英手表、照相机、助听器等小型、微型用电器具。它们的电极材料是 Ag_2O_2 和 Zn,所以称为银-锌电池。

以锂为负极的非水电解质电池有几十种,其中性能最好、最有发展前途的是锂-二氧化锰非水电解质电池,这种电池以片状金属极为负极,以电解活性 MnO_2 为正极,以高氯酸及溶于碳酸丙烯酯和二甲氧基乙烷的混合有机溶剂为电解质溶液,以聚丙烯为隔膜,电池符号可表示如下:

$$Li \mid LiClO_4 \mid MnO_2 \mid C(\text{石墨})$$

该种电池的电动势为 2.69 V,质量小、体积小、电压高、比能量大,充电 1000 次后仍能维持其能力的 90%,储存性能好,已广泛用于电子计算机、手机、无线电设备等。

2. 安全用电

化学实验室使用电器较多,违章用电常可能造成人身伤亡、火灾、损坏仪器设备等严重事故。表 2-3 给出了 50 Hz 交流电在不同电流强度时通过人体产生的反应情况。

表 2-3　电流强度与人体反应对照表

电流强度/mA	1～10	10～25	25～100	100 以上
人体反应	麻木感	肌肉强烈收缩	呼吸困难,甚至停止呼吸	心脏心室纤维性颤动,死亡

为了保障人身安全和实验的正常进行,一定要遵守实验室安全用电规则,注意事项如下。

1) 防止触电

不用潮湿的手接触电器。

电源裸露部分应有绝缘装置(如电线接头处应裹上绝缘胶布),所有电器的金属外壳都应接上地线。

不能用试电笔试高压电,使用高压电源应有专门的防护措施。

实验时,应先连接好电路再接通电源;实验结束时,先切断电源再拆线路。

修理或安装电器时,应先切断电源。

如有人触电,首先应迅速切断电源,然后进行抢救。

2）防止电器短路及发生火灾

使用的保险丝要与实验室允许的用电量相符，不得用其他导线代替保险丝。

不得乱拉电线、超负荷用电，要经常检查电气线路，防止老化、短路、漏电等情况。电线的安全通电量应大于用电功率。

室内若有氢气、煤气等易燃易爆气体，应避免产生电火花。继电器工作和开关电闸时易产生电火花，要特别小心。电器接触点（如电插头）接触不良时，应及时修理或更换。

如遇电线起火，立即切断电源，用沙或二氧化碳、四氯化碳灭火器灭火，禁止用水或泡沫灭火器等导电液体灭火。

电线、电器不要被水淋湿或浸在导电液体中。

线路中各接点应牢固，电路元件两端接头不能互相接触，以防短路。

3）电器仪表的安全使用

在将实验仪器与电源连接前应仔细阅读说明书，了解所使用实验仪器的电压、电流允许容量是否在电源提供的电压、电流容量范围之内，否则不安全或导致实验效果不佳。实验仪器使用交流电或直流电，应与电源提供相符。

实验仪器与电源连接时，极性之间的关系必须正确，不能错接（通常为保证连接中电极性的连接正确，在实验仪器和电源上都已标明极性）。还应将接线桩头、线极柱等接触物上的污垢除净，电器连接处要牢固，接触面积要足够大，以保证供电稳定。

在正式供电做实验之前，应检查线路连接是否正确，实验仪器和电源是否漏电，保护地线是否正常，有无短路、断路或接触不良现象，经检查后方可接通电源。

仪表量程应大于待测量，若待测量大小不明，应从最大量程开始测量。

在电器使用过程中如发现异常，如嗅到异味、不正常声响、局部温度升高或冒烟，应立即切断电源，并报告指导老师进行检查。

2.1.4　时间测量仪器

时间是一种能用周期性的物理现象来观察和测量的物理量。时间测量包括两个内容：时刻的测量和时间间隔的测量。时刻是衡量物质运动过程事件先后顺序的物理量；时间间隔是两个时刻之间间隔长短的物理量。

随着科学研究的不断深入和测量技术的迅速发展，人们的时间观念越来越强，科学测量的时间精度也越来越高。现在，以秒为时间的基本单位是国际单位制(SI)七个基本单位中精度最高的，已达到 10^{-14} 的数量级。在国际单位制中，时间的主单位为秒。秒的最新定义是：秒是在零磁场下，铯-133 原子基态的两个超精细能级之间的跃迁所对应的辐射的 9 192 631 770 个周期的持续时间。时间单位的定义不仅关系到计时仪的改进，而且也影响到其他六个国际单位的基准定义（如

1983 年国际计量大会重新定义 1 m 为真空中平面电磁波在 1/299 792 458 s 内进行路程的长度)。

在化学实验中,反应进行完毕所需时间,即反应的速率、反应随时间进程变化的现象如何等,都是化学反应研究中必须把握的基本问题,因此准确记录反应时间就成为化学反应研究需要的基础数据之一。

时间的测量仪器很多,如古代的圭表,近代的机械秒钟、石英钟,现在的原子钟等。实验室中常用的测时仪有秒表、数字毫秒计、原子钟、计算机计时器等。

1) 秒表

秒表有机械秒表和电子秒表两种。

机械秒表分单秒针和双秒针两种,由频率较低的机械振荡系统、锚式擒纵调速器、齿轮传动装置、有分度的表盘和指针系统组成,具有操纵秒表的启动、制动和指针回零的控制功能,利用摆轮游丝系统的振动来计算时间。

实验室常用的秒表是两个指针,长针为秒针,短针为分针,表盘上也相应有两圈刻度,分别表示秒和分的数值,秒针转一周为 30 s,分针转一周为 15 min。这种表可准确读到 0.01 s(现在市面上的秒表分度值有 0.1 s、0.2 s、0.01 s、0.02 s 四种)。注意机械秒表的指针跳跃式工作,所以最小刻度以下的估计值无意义。

秒表的上端有一柄头,用它旋紧发条、控制表的启动和停止。有的表在柄头旁边还有一个暂停装置。

使用机械秒表时,先顺时针用柄头旋紧发条,然后用手握住表体,用拇指或食指按柄头,按一下,表即走动。需停表时,再按一下柄头,秒针、分针同时停止,便可读数。第三次按柄头时,分针、秒针即返回零点,恢复原状。若有暂停装置,需暂停时,推动暂停钮,则表针立即停止。退回暂停钮时,表针继续走动,连续计时。

使用机械秒表应当注意:

(1) 使用前应检查秒针是否正好指向零点,如不准,则应记下差值,对读数进行较正。短时间(几十秒内)的测量,其误差主要来源于按表和读数的误差,其值约为 0.2 s。长时间的测量(>1 min),其误差主要是秒表自身存在的快慢误差,即秒表走时快慢与标准时间之差。需要长时间测量时,应用标准时钟对秒表进行校准。

(2) 使用时,发条不能旋过紧,否则会把发条旋断。

(3) 按柄头时,有一段空挡。在开动或停止秒表时应先按过空挡,做好准备。到正式按表时,秒表才会立即开动或停止,不然会因空挡而引起误差。

(4) 用完后,应让表继续走动,使发条完全放松。

(5) 轻拿轻放,切勿碰撞,避免震动造成的损坏。

(6) 不要与腐蚀性药品或磁性物质放在一起,应保存在干燥处。

电子秒表具有精度高、多功能、低功耗、简单结构和易维修的优点。

数字电子秒表由振荡器、分频器、计数器、译码器和显示电路组成。振荡器产生的毫秒信号输入计数器进行计数，并把累计结果以分、秒、毫秒的形式显示出来。振荡器是整个秒表的核心，它产生一个频率标准，其精度和稳定度基本决定了秒表的计时准确性。

磁控电子秒表是由液晶显示秒表改装而成的计时装置。磁控开关受到磁铁作用时，电子秒表开始计时，当磁控开关受到磁铁的第二次作用时，电子秒表停止计时，这时电子秒表显示出两次磁铁作用之间的时间。因此，如果在运动物体上装有磁铁，利用磁控电子秒表即可完成物体运动的计时定位。

电子秒表的使用包括两个过程：一是按钮过程，按钮有启动停止、响闹指示开关、音响开关和调整功能；二是状态选择，可作为计时日历、闹时和秒表三种功能选择。

2）数字毫秒计

数字毫秒计是用数字显示的电子计时仪器。它以石英晶体振荡分频作为时基脉冲，能产生稳定在 10 kHz 的电脉冲，即每秒内准确产生 10 000 个脉冲，然后通过这些脉冲在开始计数和停止计数的时间间隔推动计数器计数。一个脉冲计一个数，任何两个相邻脉冲时间间隔为 1/10 000 s，即 0.1 ms。所以通过计数器所计的数，就很容易测出从“计”到“停”的这段时间长短，并在数码显示器装置上直接显示出来。

数字毫秒计所使用的机件、机芯结构及外观都与上面提到的机械秒表不同，其精度得到很大提高。用数字式毫秒表计时，实际上是用标准的时间单位使被测时间整量化，并把它以数字形式显示出来。它是通过传感器(如光电门)将被测时间间隔变成电脉信号，经放大整形成为主控门的启动脉冲，由石英晶体振荡器产生并经过分频而得到标准时基脉冲，加到主控门的输入端直至停止脉冲使主控门关闭为止。显然，计数器的读数与被测的时间间隔成正比。显示器上的小数点和单位，可通过转换按钮(一般有 0.1 ms、1 ms 和 10 ms 三个键钮)调整。数字毫秒计还能把自动记录时间值保存在机内。

3）原子钟

原子钟是利用微观粒子超精(精细)结构能级之间的跃迁，产生高准确度和高稳定度的周期振荡现象。由石英振荡器输出一定的频率，经过受控振荡器得到稳定性高的信号，再经放大、分频、门控电路和液晶显示器，显示所测时间。

此外，常用的计时方法还有计算机计时器、示波器、高压脉冲发生器、频闪装置等，可根据测量要求和精确度选用合适的计时仪器。

2.1.5　电学测量仪器

化学反应中物理变化和化学变化总是紧密联系在一起的，特别是能量变化，如化学能与电能的转变。这些反应的研究离不开电流、电压的测试。实验室常用的基础电学测量仪器有试电笔、万用表、毫安表、毫伏表等。

1. 试电笔

试电笔又称测电笔、电笔。试电笔由笔尖金属体、电阻、氖管、笔身、氖管窗、弹簧和笔尾金属体组成。凡是要测试电线、用电器或电气设备是否带电，都可以使用试电笔。常见的试电笔有钢笔式(图 2-1)和螺丝刀式两种。

图 2-1　试电笔结构

1）试电笔的原理和使用

试电笔测试电压的范围通常为 60～500 V，当试电笔测试带电体时，只要带电体、电笔和人体及大地构成通路，并且带电体与大地之间的电位差超过一定数值(如 60 V)，试电笔之中的氖管就会发光(其电位不论是交流还是直流)，这就告诉人们，被测物体带电，并且超过了一定的电压强度。

试电笔内部有一只两个电极的灯泡，泡内充有氖气。一极接到笔尖，一极串联一只高电阻后接到笔的另一端。当灯泡两极间的电压达到一定值时，两极间便发生辉光，辉光的强弱与两极间的电压成正比。当带电体对地电压大于灯泡起始的辉光电压，而将笔的一端碰到它时，则另一端经过人体接地，所以能发光。电阻的作用是限制流经人体的电流，以免发生危险。

使用试电笔时，人手接触电笔的部位一定在试电笔顶端的金属，而绝对不是试电笔前端的金属探头。如果试电笔氖管发光微弱，切不可就断定带电体电压不够高，也许是试电笔或带电体测试点有污垢，也可能测试的是带电体的地线，这时必须擦干净测电笔或者重新选测试点。反复测试后，氖管仍然不亮或者微亮，才能最后确定测试体确实不带电。

2）使用试电笔时的注意事项

使用试电笔之前，一定要确知试电笔是否完好。最重要的是电笔的氖管是否完好，是否能正常发光。最可靠的方法是在带电开关或插座上预先测试一下，以此检查氖管完好与否。

应尽量使氖管背光并且使氖管窗朝向自己，这样的观察较准确。

有些用电器外壳可以感应带电，并且感应电压的数字较大，这时测试的电笔氖管也会发亮。遇到这种情况必须换另外的检测方法，以便确知是否会有触电危险。必须有充分理由和用准确方法弄清用电器或设备外壳带电性质，否则切不能贸然操作，以免造成严重后果。

3）巧用试电笔

试电笔除能测量物体是否带电以外，无其他仪器时还可以用它作以下用途：

(1) 辨别交流电和直流电。试电笔的氖管通电时，只有接负极的一极发光。在测试时如果电笔氖管中的两个极(管的两端)都发光，则是交流电。如果两个极只有一个极发光，则是直流电。

(2) 判断直流电的正负极。测试直流时，氖管发亮的一极是负极，不发亮的一极是正极。

(3) 判断直流是否接地。在对地绝缘的直流系统中，可站在地上用试电笔接触直流系统中的正极或负极，如果试电笔氖管不亮，则没有接地现象。如果发亮，则说明有接地存在。如发亮在笔尖一端，则是正极接地。如发亮在手指一端，则是负极接地。但带接地监察继电器者不在此限。

2. 万用表

1）指针式万用表的基本使用方法

万用表电路原理如图 2-2 所示。测试前，首先把万用表放置水平状态，观察其表针是否处于零点(指电流、电压刻度的零点)，若不在零点，则应调整表头下方的机械零位调整，使指针指向零点。

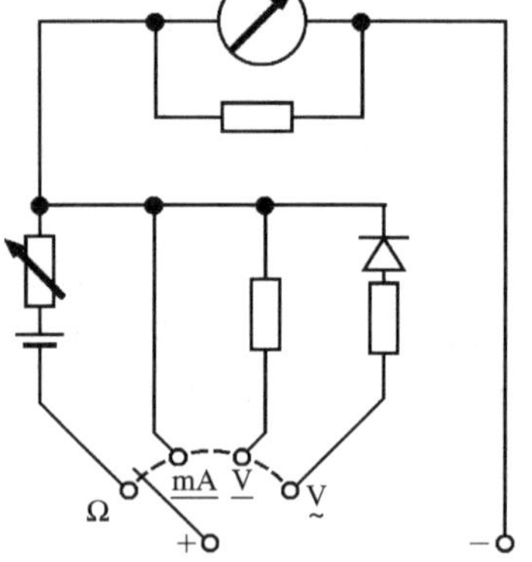

图 2-2　万用表电路原理

根据被测项，正确选择万用表上的测定量程范围。如已知被测量值的数量级，则选择与其相对应的数量级量程。如不知被测量值的数量级，则应从选择最大量程开始测量，当指针偏转角太小而无法精确读数时，再把量程减小。一般以指针偏转角不小于最大刻度的 30% 为合理量程。

2）电流测试

把万用表串联在被测电路中时，应注意电流的方向，即把红表笔接电流流入的一端，黑表笔接电流流出的一端。如果不知被测电流的方向，可以在电路的一端先接好一支表笔，另一支表笔在电路的另一端轻轻地碰一下，如果指针向右摆动，说明接线正确；如果指针向左摆动(低于零点)，说明接线不正确，应把万用表的两支表笔位置调换。

在指针偏转角大于或等于最大刻度 30% 时，尽量选用大量程挡。因为量程越大，分流电阻越小，电流表的等效内阻越小，这时被测电路引入的误差也越小。

在测大电流(如 500 mA)时，千万不要在测量过程中拨动量程选择开关，以免产生电弧，烧坏转换开关的触点。

3）电压测试

把万用表并联在被测电路上，在测量直流电压时，应注意被测点电压的极性，即把红表笔接电压高的一端，黑表笔接电压低的一端。如果不知被测电压的极性，可按前述测电流时的试探方法试一试，如指针向右偏转，则可以进行测量；如指针向左偏转，则把红、黑表笔调换位置，方可测量。

与上述电流测试相似，为了减小电压表内阻引入的误差，在指针偏转角大于或等于最大刻度的 30%时，测量尽量选择大量程挡。因为量程越大，分压电阻越大，电压表的等效内阻越大，这时被测电路引入的误差越小。如果被测电路的内阻很大，就要求电压表的内阻更大，才会使测量精度高。此时需换用电压灵敏度更高（内阻更大）的万用表进行测量。例如，MF10 型万用表的最大直流电压灵敏度（$100\ \mathrm{k\Omega \cdot V^{-1}}$）比 ME30 型万用表的最大直流电压灵敏度（$20\ \mathrm{k\Omega \cdot V^{-1}}$）高。

在测量交流电压时，不必考虑极性问题，只要将万用表并联在被测两端即可。另外，一般也不必选用大量程挡或高电压灵敏度的万用表。因为一般情况下，交流电源的内阻都比较小。值得注意的是，被测交流电压只能是正弦波，其频率应小于或等于万用表的允许工作频率，否则就会产生较大误差。

不要在测较高的电压（如 220 V）时拨动量程选择开关，以免产生电弧，烧坏转换开关的触点。

在测量大于或等于 100 V 的高电压时，必须注意安全。最好先把一支表笔固定在被测电路的公共地端，然后用另一支表笔碰触另一端测试点。

在测量有感抗的电路中的电压时，必须在测量后先把万用表断开再关电源。否则切断电源时，电路中感抗元件的自感现象会产生高压而可能把万用表烧坏。

4）电阻测试

测量时应首先调零，即把两表笔直接相碰（短路），调整表盘下面的零欧调整器，使指针指在 0 处。这是因为内接干电池随着使用时间加长，提供的电源电压会下降，在 $R_x=0$ 时，指针就有可能达不到满偏，此时必须调整 R_w，使表头的分流电流降低，来达到满偏电流 I_g 的要求。

为了提高测试的精度和保证被测对象的安全，必须正确选择合适的量程挡。一般测电阻时，要求指针在全刻度 20%～80%的范围内，这样测试精度才能满足要求。

量程挡越小，测试电流越大，否则相反。所以，如果用万用表的小量程欧姆挡 $R_{\times 1}$、$R_{\times 10}$ 去测量小电阻 R_x（如毫安表的内阻），则 R_x 上会流过大电流，如果该电流超过了 R_x 所允许通过的电流，R_x 会烧毁或把毫安表指针打弯。所以在测量不允许通过大电流的电阻时，万用表应置在大量程的欧姆挡上。同时量程挡越大，内阻所接的干电池电压越高，所以在测量不能承受高电压的电阻时，万用表不宜置在大量程的欧姆挡上。例如,测量二极管或三极管的极间电阻时,就不能把欧姆挡置在×10k挡,否则易把管子的极间击穿。只能降低量程挡,让指针指在高阻端。但前面已经指出电阻刻度是非线性的,在高阻端的刻度很密,易造成误差增大。

万用表作电阻表使用时,内接干电池的负极,黑表笔接干电池的正极。对于外电路,红表笔接干电池。

测量较大电阻时,手不可同时接触被测电阻的两端,否则人体电阻就会与被测电阻并联,使测量结果不正确,测试值会大大减小。另外,要测电路上的电阻时,应将电路的电源切断,否则不但测量结果不准确(相当再外接一个电压),还会使大电流通过微安表头,把表头烧坏。同时,还应把被测电阻的一端从电路上断开再进行测量,否则测得的是电路在该两点的总电阻。

使用完毕不要将量程开关放在欧姆挡上。

为了保护微安表头,以免下次开始测量时不慎烧坏表头,测量完成后,应注意把量程开关拨在直流电压或交流电压的最大量程位置,千万不要放在欧姆挡上,以防两支表笔短路时将内部干电池全部耗尽。

3. 毫安表、毫伏表

毫安表、毫伏表是用来准确测量低电流、低电压的测量仪表,其种类型号很多,实验室常用的是磁电式、内磁式结构的毫安表和毫伏表。磁电式电表是利用线圈通有电流后与磁钢产生的磁场之间的相互作用,使线圈受力带动指针偏转,其指针偏转角与通入线圈的电流成正比。如果转动线圈通入相反方向电流,则电表指针反转,所以在使用直流电表时必须注意“+”“-”极性。

使用毫安表、毫伏表时应当注意:

(1) 仪表使用时应放在水平位置,并尽可能远离直流强电流导线和强磁性物质。

(2) 接入仪表前应切断电源,按被测量电流选用相应的导线,将仪表可靠地接入线路中,并应注意接线的极性。对于电压表 12 mV、30 mV 两量程需使用 0.035 Ω的定值导线。

(3) 测量前仪表指针如不在零位,可利用表盖上的零位调节器将仪表的指针准确地调到标度尺的零位,并将转换开关转到相应于被测量值的量程上,以免仪表过载。

(4) 接通电源,调节被测量值进行测量,当指针小于上限量的 50%时,可减少被测量值到零,将转换开关转到较小的量程上,再增大被测量值重新测量。

(5) 将多量程的电流表旋钮旋至 0.5 mA(45 mV)挡,可配用 45 mV 定值分流器,扩大电流表的测量范围。

(6) 电流表应串联接入线路,同时在接入线路前必须对电路中的电流强度有所估计,以免过载而损坏仪表。

(彭 秧 赵建茹 李 玲)

2.1.6 电源控制设备

维持稳定的电学环境是保证实验仪器仪表正常工作的需要。

1. 精密直流电阻箱

电阻箱实际上是一种可以读数的可变电阻,根据实际需要,可以选择 0～0.9 Ω、0～9.9 Ω 和 0～99 999.9 Ω 挡位,通过调整旋钮的倍乘率选择所需要的电阻。

电阻箱的主要参数有:总电阻即电阻箱所能够提供的最大电阻,额定电流即电阻箱所允许通过的最大电流。准确度等级一般分为 0.02、0.05、0.1、0.2 等,若电阻的测量值为 R,则测量的基本误差限为测量值乘以准确度等级的百分比。

实验室常用的是旋转式可调电阻箱,如 ZX21 型、ZX36 型、ZX54 型等,它们都具有较低的零值电阻。变换范围 ZX21 型为 0.1～99 999.9 Ω,ZX36 型为 1～9999 Ω。

以 ZX21 型电阻箱为例,ZX21 型供直流回路用于调节阻值,也可用于不作精度要求的交流电路中,适合学校、科研和计量单位做电测量和其他实验。

ZX21 型旋转式电阻箱采用特殊变换开关结构,按 1、2、2、2、2 组合,连接于特殊转换开关装置上。通过改变开关电刷位置得到各种阻值,按阻值大小分别从四只接线柱上引出。整个电阻箱为密封式结构,内部元件采用高稳定锰铜合金线于瓷管和瓷片上作无感式绕制,并且经过人工老化处理,故具有稳定的阻值。

电阻箱应放在有遮蔽的房间内,空气温度为+5～+40 ℃,相对湿度在 80%以下,不应含有能引起腐蚀的有害气体。电路对外壳金属之间的绝缘电阻应不小于 100 MΩ。电路对外壳金属之间应能耐受频率 45～60 Hz、实际正弦交流电压 2000 V、1 min 试验不击穿、无放电现象。

使用电阻箱时,应旋转一下各组旋钮,使接触稳定可靠。

电阻箱在使用中,绝不准超过规定的最大允许电流值。

使用 ZX21 型电阻箱时,当只需要 0.1～0.9 Ω 或 9.9 Ω 的阻值变化时,则将接线接到“0”和“0.9”两接线柱,可免除电阻箱其余连接部分的导线电阻。

2. 调压器

调压器是一种将交流电压在规定数值内作连续性调变电压的装置,其主要功能是将某一电压值的交流电能转换为同频率的另一电压值的交流电能。实验室常用的是单相调压器。单相调压器实际上是一种自耦变压器，其输入端一般接 220 V 交流电源，输出端的电压可在 0～250 V 任意调节。

1）调压器工作的环境条件

环境空气温度－5～＋40 ℃。

调压器安装地点海拔不超过 1000 m。

当空气温度为＋25 ℃时，相对湿度不超过 90％。

电源电压波形近似正弦曲线。

安装场所无严重影响调压器绝缘的气体、蒸气、化学沉积、污垢及其他爆炸性和侵蚀性介质，无严重的震动和颠簸。

户内使用，不准并联使用。

2）调压器安全使用注意事项

电源的地线(中性线)应接至输入与输出的公共端。调压器外壳必须良好接地。

检查线路中的电压是否符合调压器规定的额定电压。使用调压器时，输出电压应从零逐渐增加，调至所需值。

工作电流不得超过额定值。

调压器输出电压的大小应由实验室较准确的电压表进行测量。手轮刻度盘上的指示值只能作为参考。

线圈与电刷接触的表面应经常保持清洁。不允许有水滴、油污、飞尘落入调压器内，需要定期停电除去积存尘土。

经常检查调压器的使用情况，当发现电刷磨损过多而失去可调节功能时，应调换同样尺寸和同样材料的电刷，然后再行使用；如发现线圈表面烧有黑色斑点，应用细纱布轻轻擦拭或用乙醇(90％)擦拭，直至斑点擦去为止。

调压器在每次使用完以后，应将手轮指针调回零位，并切断电源。

搬动调压器时，不可用手轮将整台产品提起移动。

3. 直流稳压电源

稳压电源是为电路或负载提供稳定输出电压的一种电子设备。直流电源是化学研究中经常需要的实验条件，如电解、电镀等。稳压电源由整流滤波电路、稳压电路、输出电压检测与输入电压切换三大部分组成。

整流滤波电路包括电源变压器、整流电路、滤波电路。它是将变压器次级输出的交流电压变成脉动的直流电压，然后经过滤波电路把脉动的波纹滤除，得到平滑的直流电压。

稳压电路包括稳压、电压调节、电流放大以及用于电流放大电路的过流保护四个部分。

根据直流稳压电源的电路结构，目前实验室常用的稳压电源有晶体管和集成电路两大类。

1）晶体管直流稳压电源

晶体管直流稳压电源有多种型号、规格，如 YJ27-D、WYJ-78、WYJ-9B、JWY-30B 和 JWY-30C 等。当输出电压由于输入电压或负载变化而偏离原来的电压值时，此变化的电压经过比较放大后控制调整器，使调整器电压产生相应的改变，最终使输出电压趋于原来值，起到稳压作用。负载电流在额定数值以内时，保护线路对整个电源不起作用；当过载或短路时，它能控制调整器使其输出电压为零，从而使负载和电源都得到保护。以 JWY-30C 型为例，主要技术指标如下：稳压输出，输出电压 0～30 V，连续可调；稳流输出，输出电流 1～3 A，连续可调；过载或短路时自动保护。

使用注意事项：

(1) 接通电源，应预热 5 min，根据使用要求，调节电压至需要值，调压时，“粗调”和“细调”要适当配合。

(2) 在使用过程中需变换“粗调”挡时，应首先断开负载，待输出电压调至所需值后，方可继续使用。

(3) 在工作过程中因短路过载等影响，电源输出处于保护状态时，应关闭电源并排除故障后再重新启动，保护状态即可解除。

注：在出现故障后，应关闭电源并排除故障后，再使负载正常工作，可按动“复原”开关，解除保护状态。

2）集成稳压器

常见的集成稳压器有三端正固定输出集成稳压器、三端正可调集成稳压器以及集成稳流电源。实验室常用的是三端正可调集成稳压器，它具有高稳定度、适应性强的可调输出。其外围电路只要两个电阻（电阻选用精度高、温度特性好的金属膜电阻），就可方便地得到不同输出电压。由于集成稳压器的型号较多，每种型号稳压器的具体使用方法详见各自说明书。

4. UPS 简介

UPS 是 uninterruptible power supply 的缩写，就是我们经常所说的 UPS 不间断电源。它是一种集数字和模拟电路、自动控制逆变器与免维护储能装置于一体的电力电子设备，是能够提供持续、稳定、不间断的电源供应的重要外部设备，广泛应用于精密仪器、医疗设备、通信系统、安全监控、网络系统、自动控制生产线等对电流稳定性要求较高的场合。

1）UPS 电源的类别

常见的 UPS 电源主要有在线式和后备式两种。

在线式 UPS 电源的供电方式是市电输入 UPS 电源后，被转换成直流电，直流电为电池充电，电池输出的电流通过 UPS 电源的逆变器转换为交流电，输出的交流电为设备供电。在线式的特点是：逆变器一直处于工作状态，电源的切换时间为零；输出的电压和频率稳定，多用在供电质量要求很高的场合；由于无切换，用起来可靠；由于在线式可以改善供电质量，所以其价格相对较高。

后备式 UPS 电源的供电方式是市电输入 UPS 电源后分为两路运行，一路为设备直接供电，另一路通过 UPS 电源将市电转换为直流电为电池充电。当市电发生故障，无电压输出或电压较大时，UPS 电源会自动切换，继续为设备供电，确保设备的正常工作不间断。后备式 UPS 电源的特点是：大多数后备式 UPS 电源的切换时间为 4～8 ms，对于一般的用户能够满足要求；在市电正常的情况下，市电直接为设备供电，所以其结构简单，价格便宜。

2）UPS 电源的正确使用与维护

UPS 不间断电源的电力来源是其所配的化学电源，所以 UPS 不间断电源工作的质量高低主要依赖其化学电源的性能以及正确使用和维护。使用中应注意以下七方面的问题：

（1）UPS 不间断电源在功率选配上要有适当的余量，充分考虑功率因素，所有用电设备的功率之和不得超过 UPS 电源功率的 80%。例如，为 800 W 的负载选配 UPS 电源，其功率应选购 1000 W 以上的。

（2）新购的 UPS 不间断电源在使用前要对电池进行补充电。因为 UPS 在销售过程中电池在不断地自放电，其容量有很大一部分被消耗了，如果不及时进行补充电，不仅会影响正常使用，还会缩短电池的使用寿命。电池补充电的方法是：将电池串联起来，根据电池使用说明书提供的具体方法进行充电。

（3）UPS 不间断电源在使用后要立即进行恢复充电，即使电池恢复到正常状态。充电方法是：恒定电压为 2.35～2.40 V，限制初始电流不得超过 0.25 A，在 25 ℃的环境下，全放电态的电池充足需要 18～24 h。如果未将电能放完，可以电流的持续不变为终止标志。

（4）UPS 不间断电源应避免频繁地开机、关机，最好长时间地处于开机状态。负载开机时应逐一进行，最好不要同时开机。

（5）UPS 电源在使用中，每月要检查一次浮充电压，单只电池的浮充电压低于 2.20 V 时，则应对整组电池进行均衡充电。长时间不用的 UPS 不间断电源要定时进行人为的强制工作，这样不但可以活化电池，还可以检验 UPS 不间断电源是否处于正常状态，并可以使操作人员熟悉 UPS 电源供电系统的使用。

（6）如果 UPS 电源的电池为非免维护式电池，还要经常检查溶液的密度及电液量，及时补加电解液或蒸馏水。

（7）要保持电池表面清洁卫生，防止灰尘通过电池的缝隙进入电池的电解液中污染电解液,使电池的性能恶化。

总之,UPS 电源的问题在很大程度上是电池的问题,只要正确使用电池,并经常对电池进行维护,就能使其保持良好的状态,保证 UPS 电源处于正常工作状态,使设备在安全的环境中工作。

（李　玲　彭　秧）

2.2 天平的种类及使用方法

称量是获得物质质量的唯一手段,是生产实践和科学研究中不可缺少的一种方法。天平是化学实验室最常用的称量仪器。由于对质量准确度的要求不同,需要使用不同的天平进行称量。常用的天平种类很多,根据天平工作原理,可分为杠杆天平和电磁力式天平。前者有托盘天平、电光天平等,后者有电子天平。下面将对化学实验室一些常用天平的结构、使用及维护进行逐一的介绍。

2.2.1 托盘天平的使用

托盘天平(药物天平)精确度不高,最大载荷为 200 g 的托盘天平能称准至 0.1 g(感量 0.1 g),最大载荷为 500 g 的托盘天平能称准至 0.5 g(感量 0.5 g)。但托盘天平称量迅速,实验室常在准确度要求不高的粗称时使用。

托盘天平的横梁架在天平座上,横梁左右有两个盘子,横梁的中部由指针与刻度盘相对,根据指针在刻度盘左右摆动的情况,可以看出托盘天平是否处于平衡状态。称量前,要先调整托盘天平的零点。将游码拨到游码标尺的“0”位处,检查托盘天平的指针是否停在刻度盘的中间位置。如果不在中间位置,可调节托盘天平托盘下侧的平衡调节螺丝。称量时,左盘放称量物,右盘放砝码。砝码用镊子夹取,10 g 或 5 g 以下质量的砝码,可移动游码标尺上的游码。当添加砝码到托盘天平的指针停在刻度盘的中间位置时天平处于平衡状态,此时指针所停的位置称为停点,零点与停点相符时,砝码的质量就是称量物的质量。

称量时,必须注意以下几点:

(1) 称量物要放在称量用纸或表面皿上,不能直接放在托盘上,潮湿的或具有腐蚀性的药品,则要放在玻璃容器内。

(2) 不能称量热的物品。

(3) 称量完毕应将砝码放回砝码盒中,将游码拨到“0”位处,使托盘天平的各部分恢复原状。

(4) 应保持台秤及桌面整洁。

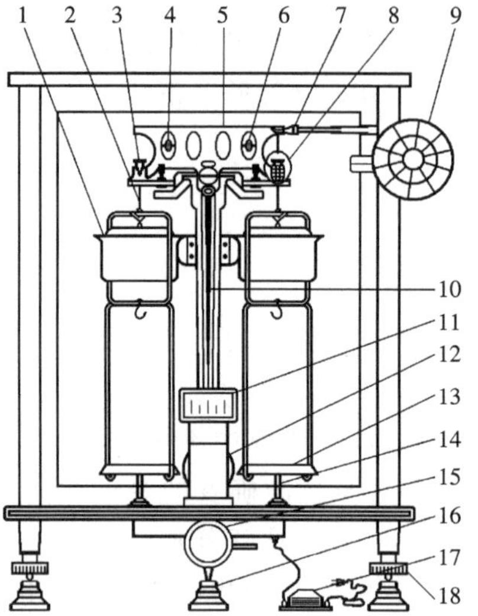

图 2-3 半机械加码电光分析天平

1. 阻尼筒;2. 挂钩;3. 吊耳;4. 平衡螺丝;5. 横梁;6. 平衡螺丝;7. 圈码钩;8. 圈码;9. 指数盘;10. 指针;11. 投影屏;12. 光源;13. 称盘;14. 盘托;15. 升降旋钮;16. 垫脚;17. 变压器;18. 螺旋脚

2.2.2 电光分析天平的使用

分析天平一般指能精确称量到 0.0001 g 的天平。电光分析天平是其中的一类。根据加码方式不同分为全机械加码(全自动)和半机械加码(半自动)两种。图 2-3 为半机械加码电光分析天平。

1. 电光分析天平的构造

天平装在由木框和玻璃制成的箱内,以防止气流、灰尘、水蒸气对天平和称量带来的影响。盒前有一个可以上下移动的玻璃门,一般是不开的,只有在清理和调整天平时才使用。两侧的边门供取放称量物和加减砝码时用,要随开随关,不得敞开。

天平配套的砝码装在专用盒内,而圈码是通过机械加码装置来加减的。半机械加码电光天平有一个砝码指数盘旋钮[图 2-4(a)],可以将 10～990 mg 范围内的圈码加到承受架上,但 1 g 以上的砝码仍需用砝码盒中的砝码。由于数值相同的砝码间的质量仍有微小的差别,因此数值相同的砝码上均打有标记以示区别。砝码按一定的次序在盒中排列,一般是采用 5、2、2′、1 的组合排列,即 50 g、20 g、20′g、10 g、5 g、2 g、2′g、1 g 等。

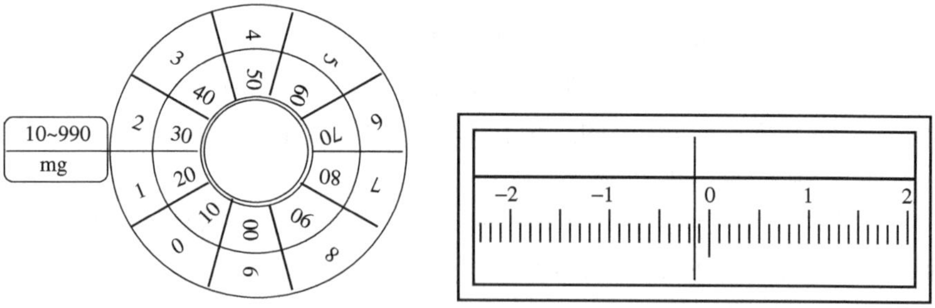

(a) 圈码的读数

(b) 投影标尺的读数

图 2-4 圈码及投影标尺的读数

2. 电光分析天平的使用

(1) 称前检查。在使用天平之前，首先要检查天平放置是否水平，机械加码装置是否指示 0.00 位置，圈码是否齐全，有无跳落，两盘是否空着，并用毛刷将天平盘清扫干净。

(2) 调节零点。天平的零点指天平空载时的平衡点。每次称量之前都要先测定天平的零点。测定时接通电源，轻轻开启升降枢，此时可看到缩微标尺的投影在光屏上移动。当标尺投影稳定后，若光屏上的刻线不与标尺 0.00 重合，可拨动扳手，移动光屏的位置，使刻线与标尺 0.00 重合，零点即调好。若光屏移到尽头刻线还不能与标尺 0.00 重合，则请指导老师通过旋转平衡螺丝来调整。

(3) 称量物体。在使用分析天平称量物体之前应将物体先在台秤上粗称，然后把要称量的物体放入天平左盘中央，把比粗称质量略大的砝码放在右盘中央，慢慢打开升降枢，根据指针的偏转方向或光屏上标尺移动方向来变换砝码。如果标尺向负方向移动即光屏上标尺的零点偏向标线的右方，则表示砝码的质量大，应立即关好升降枢，减少砝码后再称量。若标尺向正方向移动即标尺的零点偏向标线的左方，则说明砝码不足，反复加减砝码至称量物与砝码质量差不超过 1 g 时，再转动指数盘加减圈码，直至光屏上的刻线与标尺投影上某一读数重合为止。

(4) 读数。当光屏上的标尺投影稳定后，即可从标尺上读出 10 mg 以下的质量[图 2-4(b)]。有的天平标尺既有正值刻度，也有负值刻度。称量时一般都使刻线落在正值范围内，以免计算总量时有加有减而发生错误。标尺上读数 1 大格为 1 mg，1 小格为 0.1 mg。称量时的读数用公式表示为：称量物质量(g)＝砝码质量＋圈码质量/1000 ＋ 光标尺读数/1000。

(5) 称后检查。称量完毕，记下物体质量，将物体取出，砝码依次放回盒内原来位置，关好边门。圈码指数盘恢复到 0.00 位置，拔下电源插头，罩好天平罩。

3. 电光分析天平的维护

(1) 天平室应不受阳光直射，保持干燥，并不受腐蚀性气体的侵蚀。天平台应坚固而不受震动影响。

(2) 天平箱内应保持清洁，并定期放置和更换干燥剂(变色硅胶)。

(3) 称量前，应检查天平是否正常，是否处在水平位置。不要随意移动天平的位置。

(4) 应从左右两门取放砝码和称量物，称量物放在天平的左盘中央，砝码放在右盘中央，绝不允许超过天平的负载，也不能称量热的物体，称量湿的和腐蚀性的物体时应放在密封容器内。称量时要把门关严。

(5) 开启升降旋钮时一定要轻启轻放，以免损伤刀口，每次加减砝码、圈码或取放称量物时,一定要先关升降旋钮,加完后再开启旋钮,进行读数。称量结果必须立即记录在实验记录本上,不得记在其他地方。

(6) 当发现天平有毛病时,不要自己修理,应立即报告指导老师。尤其是初学者,随便修理可能引起更大的损坏。

(7) 砝码的使用和维护应做到:配套使用、镊子夹取、用毕归位、清洁完整。

2.2.3　电子天平的使用

图 2-5　电子天平

电子天平(图 2-5)是天平中最新发展的一类天平,已经大量进入化学实验室为学生使用。目前使用的主要有顶部承载式天平和底部承载式电子天平。最初研制的电子天平是顶部承载式,依据的是磁力补偿原理,它的梁是采用石英管制得的,此梁可保证天平具有极佳的机械稳定性和热稳定性。在此梁上固定着电容传感器和力矩线圈,横梁一端挂有称盘和机械的加码装置。称量时,横梁围绕支承偏转,传感器输出信号,经整流放大反馈到力矩线圈中,然后使横梁反向偏转恢复到零位,此力矩线圈中的电流经放大且模拟质量数字显示。

目前国内生产的 WDZK-1 上皿电子天平,最大载荷 2000 g,最小读数 0.1 g,数字显示范围 0～2000 g;QD-1 型电子天平,最大载荷 160 g,最小读数 10 mg,采用 PMOS 集成电路,具有上皿式不等臂式杠杆结构,有磁性阻尼装置,能在几秒内稳定读数;KZT 数字式快速自动天平,最大载荷 100 g,分度值 0.1 mg。除以上介绍的几种外,还有 MD200-1 型、SX-016 型、MD100-1 型、SKT-1 型等上皿式电子天平。

1. 电子天平的使用方法

(1) 轻按天平面板上的控制长键,电子显示屏上出现“0.0000 g”闪动。如果显示不正好是“0.0000 g”,则要按一下去皮按键(“T”或“TARE”键)调零。待数字稳定下来,表示天平已稳定,进入准备称量状态。

(2) 打开天平的侧门,将样品放到物品托盘的中央位置(化学试剂不能直接接触托盘)。关闭天平的侧门,待电子显示屏上的数字稳定下来,读取数字,即为样品的称量值。

(3) 连续称量功能,称量了第一个样品以后,若再轻按控制长键,电子显示屏上又自动重新返回“0.0000 g”显示,表示天平准备称量第二个样品。重复操作,即可直接读取第二个样品的质量。如此重复，可以连续称量，累加固定的质量。

(4) 称量完毕，取下被称物，如果不久还要使用天平，应暂不按"开/关"键，天平将自动保持零位，或者按一下"开/关"键(但不可拔下电源插头)，让天平处于待命状态，即显示屏上数字消失，左下角出现一个"o"，再称量时按一下"开/关"键即可。如果不再用天平，应拔下电源插头，盖上防尘罩。

2. 电子天平使用的注意事项

(1) 如果天平长时间没有用过，或天平移动过位置，应进行一次校准。其程序是：首先通电使天平预热 30 min，然后调整水平；按下"开/关"键，显示稳定后如不为零则按一下去皮按键("T"或"TARE"键)调零；稳定地显示"0.0000 g"后，按一下校准键("CAL"键)，天平将自动进行校准，显示屏上显示出"CAL"，表示正在进行校准。约 10 s，"CAL"消失，表示校正完毕，应显示出"0.0000 g"，如果显示不正好为"0.0000 g"，可按一下去皮键，即可进行称量。

(2) 电子天平的体积较小，质量较小，容易被碰撞移动而造成水平改变，影响称量结果的准确性。所以使用时动作要轻缓，防止开门或放置被称物时动作过重，并应时常检查水平是否改变，及时调整水平。

(3) 要避免可能影响天平示值变动的各种因素，如空气对流、温度波动、容器不够干燥等。热的物品必须放在干燥器内冷却至室温后再进行称量。药品不能直接放在天平盘上称量。

2.2.4 称量技术

1. 直接法

此法用于称取不易吸水、在空气中性质稳定的物质，如称量金属、合金、器皿等，可将粗称后的称量物置于天平盘的表面皿上直接称量。称量时先调节天平的零点至刻度"0"或"0"附近，把待称物品放在左盘的表面皿中，在右盘按从大到小、折半加入的原则加减砝码(1 g 以上)和圈码(10～990 mg)，使天平达到平衡，则砝码、圈码及投影屏所表示的质量(经零点校正后)即等于该物体的质量。例如，称量一物体时，天平的零点为－0.1 分度(相当于－0.0001 g)，称量达到平衡时，称量的结果为：砝码重 16 g，指数盘读数 360 mg，投影屏读数＋6.4 mg，则物体质量为 16.3664 g－(－0.0001 g)＝16.3665 g。

当用直接法称取固定质量的某试样时，应在左盘放已知质量的、洁净而干燥的表面皿或其他容器，右盘加上所需称取质量的砝码，用药匙将试样逐渐加到表面皿或其他容器中，直到天平平衡为止。

2. 减量法

此法用于称取粉末状或容易吸水、氧化、与 CO_2 反应的物质。一般使用称量瓶称出试样。称量瓶使用之前必须清洗干净,在 105 ℃左右的烘箱内烘干后,放入干燥器内冷却。烘干的称量瓶不能用手直接拿取,而要用干净的纸条套在称量瓶上夹取。

称量样品时,把装有试样的称量瓶盖上瓶盖,放在天平盘上,称准至 0.1 mg。从右盘减去称量范围低限质量的砝码,用左手捏紧套在称量瓶上的纸条,取出称量瓶,右手隔着一小纸片捏住盖顶,在接受容器口的上方约 2 cm 处轻轻打开瓶盖(勿使盖离开烧杯口或锥形瓶口上方)。慢慢地倾斜瓶身,一般使称量瓶的高度与瓶口相同或略低于瓶口,以防试样冲出太多。用瓶盖轻轻敲打瓶口上方,使试样慢慢落入烧杯中,当倾出的试样已经接近所需的量时,慢慢将瓶竖起,同时用瓶盖轻轻敲击瓶口,使附在瓶口的试样落入容器或称量瓶内,然后盖好瓶盖,这时方可使称量瓶离开容器的上方并放回天平盘再进行称量。最后,由两次称量之差计算取出试样的质量。

(耿志远)

2.3 温度的测试方法

自然界中的生物需要在一定的温度下才能生存,人类的活动可能改变地球表面的温度(如温室气体的排放使温度升高),化学反应更要控制在一定的温度范围内才能达到预期的目标。因此,温度的测量和控制具有重要的意义。

2.3.1 温度和温标

温度是物质内部分子热运动的具体反映,是物质冷热程度的量度,同时也是表述宏观物质系统状态的一个基本参数,具有强度性质即不具加和性。为了测量物质的温度,需要有一根能表示温度高低的“尺”——温标,如摄氏温标、华氏温标等。摄氏温标是在 101 kPa 下,以水的冰点(0 ℃)和水的沸点(100 ℃)为两个定点,定点间分 100 等份,每一等份为 1 ℃来确定的。华氏温标是以水的冰点为 32 ℉,沸点为 212 ℉为两个定点,定点间分 180 等份,每一等份为 1 ℉来确定的。由此可见,温标的确定要用某一物质的某种特性作为确定温标的基准点(或称参考点),基准点确定后还需要确定基准点的分隔,然后用外推或内插的方法求得其他的温度。近代常用的摄氏温标就是假设工作物质的某种特性(如水银的膨胀与收缩)与温度呈线性关系。但实际上,一般所使用的物质的某种特性与温度之间并非严格呈线性关系。因此,用不同的物质制作的温度计测量同一体系时,所显示的温度往往不相同。

鉴于上述缺点，1848 年开尔文(Kelvin)提出了热力学温标。它是建立在卡诺循环的基础之上的，与测温物质性质无关，是理想的、科学的温标。以冰的熔点 0 ℃和水的沸点 100 ℃为两个定点，其间分为 100 等份，填充温度计的介质为理想气体(实际上可以使用氢气制作定容氢温度计)。由盖-吕萨克定律得知，当理想气体的容积一定时，温度每增减 1 ℃，其压力增减 0 ℃时的 1/273.15。这样，到 −273.15时，理论上温度就等于零了，这是理论上的温度极限。以这一点作为零度的温标称为绝对温标(亦称为热力学温标)，以 K 表示。引用绝对温标可得理想气体的状态方程 $pV=nRT$。从此方程可以看出，只需将某一固定点的温度选定即可求得常数 R，而其他任何温度都可由状态方程确定。1954 年，第十届国际计量大会规定水的三相点的热力学温度为 273.16 K。

温度可以引起物质发生变化，而在一定的温度范围内，这仅是量变。因此，可以利用这种量变的程度来描述温度的高低，从而设计出不同的测温技术(表 2-4)。

表 2-4　测温技术与测温计

测温方式	类　别	原　理	典型仪表	测温范围
接触式	膨胀类	流体的热膨胀和物质蒸气压变化	玻璃液体温度计	−100～600
			压力式温度计	−100～500
		两种金属热膨胀差	双金属温度计	−80～600
	热电类	热电效应	热电偶	−200～1800
	电阻类	固体材料的温度-电阻变化	铂电热阻	−260～850
			铜热电阻	−50～150
			热敏电阻	−50～300
	其他电学类	半导体器件温度效应	集成温度传感器	−50～150
		晶体固有频率对温度变化	石英晶体温度计	−50～120
非接触式	光纤类	光纤的温度特性或传光介质	光纤温度传感器	−50～400
			光纤辐射温度计	200～4000
	辐射类	普朗克定律	光电高温计	800～3200
			辐射传感器	400～2000
			比色温度计	500～3200

2.3.2　水银温度计的结构与校正

实验室常用的是水银温度计。这是因为水银容易提纯，热导率大，比热容小，膨胀系数比较均匀，不容易附着在玻璃壁上，不透明而便于读数等。

1. 水银温度计的种类和使用范围

水银温度计有棒式温度计和双管温度计(封入温度计)两种。前者以将水银封入厚壁玻璃棒中,玻璃表面刻以刻度而成。后者以在透明玻璃管内部封入装有水银的毛细管和刻度板而成,它的价格高,易破损,但有耐湿度急骤变化、水银柱和刻度线的间隔小而易读的优点。

一般使用的水银温度计由−5 ℃至105 ℃、150 ℃、250 ℃、360 ℃等,每格1 ℃或0.5 ℃。

供量热学使用的水银温度计精度要求高,量程9~15 ℃、12~18 ℃、15~21 ℃、18~24 ℃、20~30 ℃等,每格0.01 ℃。目前广泛应用间隔为1 ℃的量热温度计,每格0.002 ℃。

分段温度计成套装,从−10 ℃到200 ℃,分支为24支,每支温度范围10 ℃,分格0.1 ℃,另外有−40 ℃到400 ℃,每隔50 ℃一支,分格0.1 ℃。

另外还有适应不同环境和使用要求的特种温度计,如2.3.4中图2-12所示的接触温度计,精密测量的贝克曼温度计(参见《化学基础实验(Ⅱ)》5.3.1节)等,使用时请参阅说明书。

测量时,温度计垂直插在欲测定的流体中,放置适当时间后读数。物体的温度不应因插入温度计而有所变化。读取温度时,眼睛必须在水银柱上端同一高度上。

温度计易损,要避免机械撞击(如代替搅拌等)及急骤的温度变化等。

2. 水银温度计的校正

水银温度计的缺点是长期使用后由于反复热胀冷缩和各部分受热不均,玻璃毛细管易发生变形而导致刻度不准,所以在精密测量中需要先对温度计进行校正。

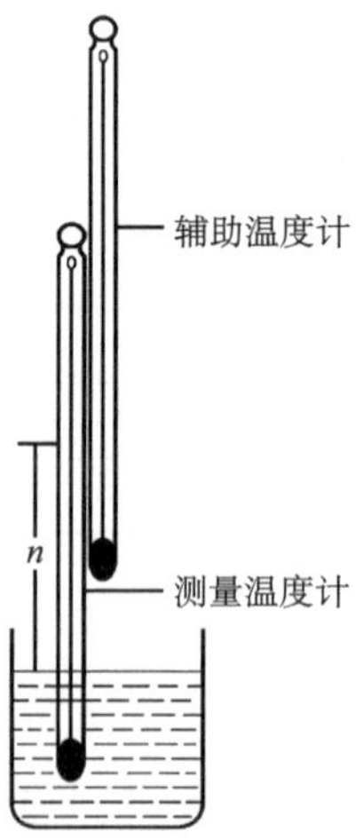

图 2-6 温度计露颈校正

对于要求高、需计量使用的温度计需要校准。其方法是与标准铂热电偶或热电阻,或与标准纯物质熔点作参比进行校准。此工作一般均需送技术监督部门进行。学生实验室使用的温度计一般只需要进行零点校正、读数校正和露颈校正。前两种校正参见实验5,下面讨论露颈校正。

水银温度计出厂标定时是将整支温度计浸没于标定介质中进行的,故称为全浸式,而实际使用中不可能把温度计全部浸没于被测介质中,所以要对温度计的露颈部分进行校正。校正方法如图2-6所示,并按下式进行计算

$$\Delta t = Kn(t_{观} - t_{环}) \tag{2-1}$$

式中，$K=0.00016$ 是水银对玻璃的相对膨胀系数；$t_{观}$ 为被校温度计上的读数；$t_{环}$ 为附在被校温度计上的辅助温度计的读数（辅助温度计的水银球应以置于观测温度计露在空气部分的水银柱中间为宜）；n 为测量温度计水银柱露在空气中以温度计度数表示的长度，称为露颈高度。利用式(2-1)可得出校正后的温度，即

$$t_{校}=t_{观}+\Delta t \tag{2-2}$$

（耿志远）

2.3.3 常用电学温度计

1. 电阻型

1) 传感器

电阻型温度测量仪器的传感元件统称热电阻，按材质可分为金属导体和半导体两大类。

金属热电阻目前大量使用的有铂、铜和镍三种。其传感原理是当外界温度升高时，金属内部原子晶格的振动加剧，从而使金属内部的自由电子通过金属导体时的阻碍增大，宏观上表现为电阻率变大，电阻值增加，即电阻值与温度的变化趋势相同，称为正温度系数变化效应（图 2-7）。

半导体热电阻由某些金属氧化物按一定的配方比例压制烧结而成，不同半导体材料的电阻随温度变化的规律也有差异（图 2-8）。MnO_2、$Mn(NO_3)_4$、CuO、$Cu(NO_3)_2$ 等材料为负温度系数（NTC）热敏电阻，阻值随温度升高而显著减小；NiO_2、ZrO_2 等化合物为正温度系数（PTC）热敏电阻；还有一些材料当温度超过某一数值后，电阻会急剧增加或减少，称为临界温度（CTR）热敏电阻。

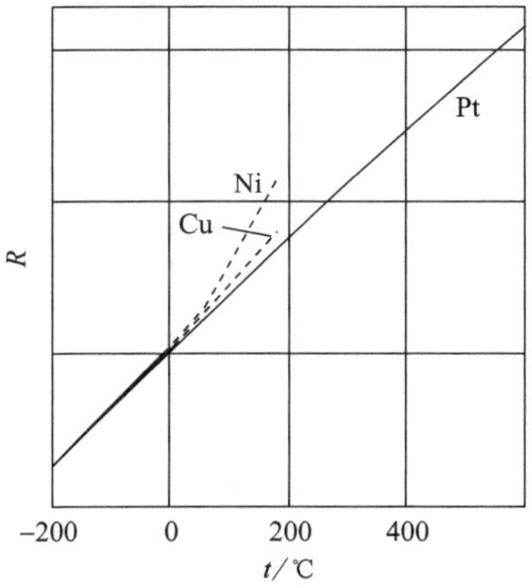

图 2-7　金属热电阻材料的电阻温度关系

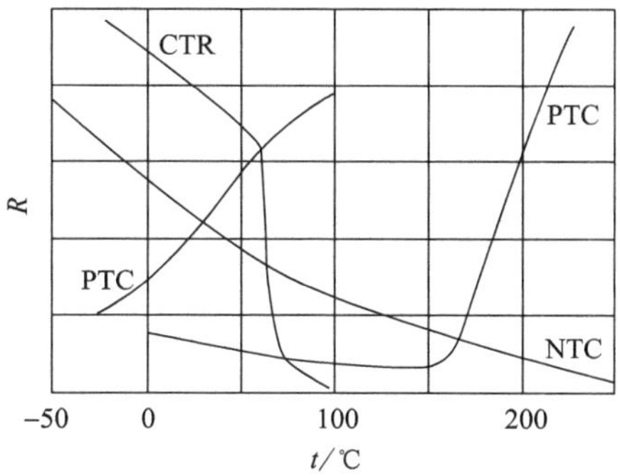

图 2-8　半导体热电阻温度特性

衡量材料电阻值随温度变化程度的指标为电阻温度系数，表达为温度变化1 ℃时导体电阻值的相对变化量。

用于制造热电阻的材料要求电阻率、电阻温度系数大，热容量、热惯性小，电阻与温度的关系最好近于线性。

热电阻测温的优点是信号灵敏度高、易于连续测量、可以远传、无需参比温度；金属热电阻稳定性高、互换性好、准确度高，可以用作基准仪表。

热电阻的主要缺点是需要电源激励、有自热现象(会影响测量精度)以及测量温度不能太高。半导体热电阻的 R-t 关系存在非线性，同一型号的电阻温度特性分散性很大，互换性差。

2）信号处理

目前的热电阻测温仪的信号处理系统都是采用的电桥，即把热电阻 R_t 接入电桥的一个桥臂，当热电阻发生阻值变化时打破电桥平衡，被检流计检出，根据仪器内设程序显示出温度值。

热电阻接入电桥的方式有两线制、三线制和四线制(图 2-9)。两线制存在引出线电阻随温度变化产生的附加误差；工业上多采用的三线制可以消除引出线电阻的影响；四线制不仅可消除引出线电阻的影响，还可消除连接导线间接触电阻及其阻值变化的影响，多用于标准铂热电阻的引出线上。

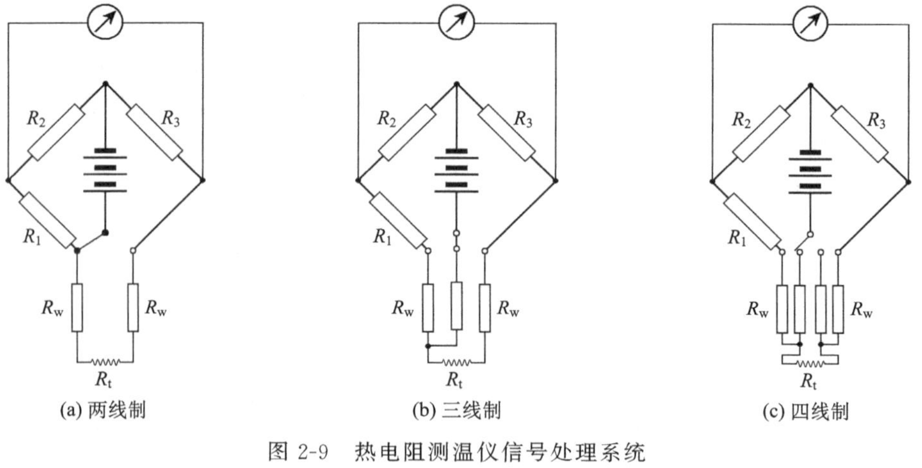

图 2-9　热电阻测温仪信号处理系统

2. 热电偶

将两种不同材料的导体组成一个闭合回路，如果两端接点的温度不同，回路中将产生电势，称为热电势。这个物理现象称为热电效应。这样的一对导体材料称为热电偶。

热电偶是应用最普遍、最广泛的温度测量元件，既可用于流体温度测量也可用于固体温度测量，既可以检测静态温度也能测量动态温度。热电偶一般用于测量 100～1600 ℃范围内的温度，用特殊材料制成的热电偶还可测更高或更低的温度。所以在火电厂主蒸气管、过热器管壁与高温烟气管等人力难以到达的地方都是采用热电偶测温的。热电偶最大的优势就是能够将感受到的温度信号直接转换成电势信号输出，便于测量、信号传输、自动记录和控制。

制作热电偶的材料要求：在使用温度范围内，物理、化学性能稳定；热电势和热电势率大，*E*-*t* 是单值函数关系，最好呈线性关系；电导率高，电阻温度系数小；热电性能稳定，易复现，同类热电偶互换性好；具有一定的机械强度；加工方便，价格便宜。常用热电偶相关参数见表 2-5。

表 2-5　工业用热电偶测温范围

名　称	分度号	测温范围/℃	适用气氛	稳定性
铂铑$_{30}$-铂铑$_6$	B	200～1800	ON	＜1500℃，优；＞1500℃，良
铂铑$_{13}$-铂	R	−40～1600	ON	＜1400℃，优；＞1400℃，良
铂铑$_{10}$-铂	S			
镍铬-镍硅(铝)	F	−270～1300	ON	中等
镍铬硅-镍硅	N	−270～1260	ONR	良
镍铬-康铜	E	−270～1000	ON	中等
铁-康铜	J	−40～760	ONRV	＜500℃，良；＞500℃，差
铜-康铜	T	−270～350	ONRV	−170～200℃，优

注：O 氧化气氛；N 中性气氛；R 还原气氛；V 真空。

应用上，把置于待测物体一端称为测量端，另一端则为参比端。为了增大温差电势，提高测量精确度，将几个热电偶串联成为热电堆使用，热电堆的温差电势等于各个电偶热电势之和(图 2-10)。

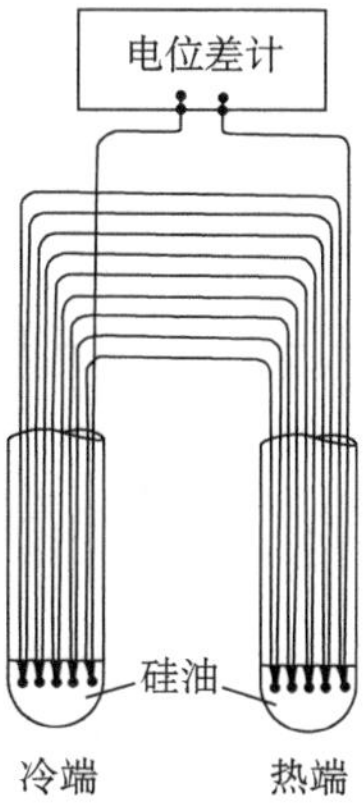

图 2-10　热电堆

热电偶的材料类型用分度号表示，主要有 S、R、B、N、K、E、J、T 等几种。其中 N、K、E、J、T 属于廉金属热电偶，S、R、B 属于贵金属热电偶。以参比端为 0 ℃、测量端不同温度下的电势(mV)列表，就构成该分度号热电偶的分度表。由于测温现场一般不能使参比端保持 0 ℃，所以必须进行校正才能得到待测物的实际温度。其校正方法如下：

设参比端(现场)温度为 t_1(℃)，测量端和参比端间的热电势为 x(mV)，根据公式

$$E(t,0)=E(t,t_1)+E(t_1,0)=x+E(t_1,0)$$

因为 $E(t_1,0)$可以直接从分度表中查得,则 $E(t,0)$很容易计算,反查分度表即可获知测量端的实际温度。

现在计算机尤其是微处理器和单片机已经普及,因而智能化测温仪能够自动校正,从而直接显示出待测物的温度。

(李天安)

2.3.4　恒温槽及其控温原理

物质的许多物理和化学性质如折射率、黏度、蒸气压、表面张力、化学反应速率等均与温度有关。许多化学实验都需要在一定的温度下恒温进行。获取恒温的方法很多,如利用物质相变温度的恒定性来控制温度,该法的最大限制是可选择的温度很有限。实验室中常用恒温槽(图 2-11)来控制温度维持恒温。主要是依靠恒温控制器来控制恒温槽的热平衡。当恒温槽因对外散热而使水温降低时,控制器就使槽内的加热器工作,待加热到所需的温度时,它又使加热器停止工作,这样就使槽温保持恒定。

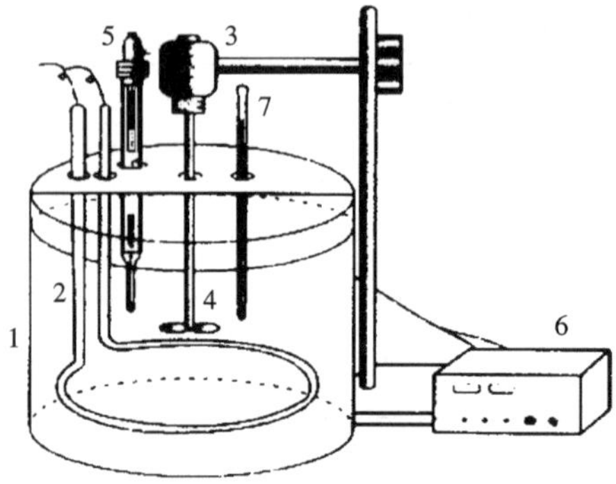

图 2-11　普通恒温槽装置图

1. 浴槽;2. 电热棒;3. 电机;4. 搅拌器;5. 接触温度计;6. 继电器;7. 精密温度计

恒温槽一般由浴槽、加热器、搅拌器、温度计、感温元件、恒温控制器等部分组成,现分别介绍如下。

1) 浴槽

通常采用玻璃槽以利于观察,其容量和形状视需要而定。浴槽内的液体一般用水。恒温超过 100 ℃时可采用油浴等(表 2-6)。

表 2-6　不同油浴的温度范围

介　质	温度范围/℃
乙醇或乙醇水溶液	−60～30
水	0～90
甘油、棉籽油、菜油	100～200
液体石蜡、汽缸油、硅油	70～300

2) 加热器

常用的是电阻丝加热棒。根据恒温槽的容量、恒温温度以及与环境的温差大小来选择电热器的功率。例如，容量 20 L、恒温 25 ℃的大型恒温槽一般需要功率为 250 W 的加热器，为了提高恒温的效率与精度，有时可采用两套加热器。开始时，用功率较大的加热器加热，当温度达恒定时，再用温度较小的加热器来维持恒温。

3）搅拌器

一般采用 40 W 的电动搅拌器，用变速器来调节搅拌速度。

4）温度计

常用 1/10 ℃温度计作为观察温度用。为了测定恒温槽的灵敏度，可用 1/100 ℃温度计或贝克曼温度计，所用温度计在使用前需进行标化。

5）感温元件

它是恒温槽的感觉中枢，是决定恒温程度的关键所在。感温元件的种类很多，如接触温度计、热敏电阻感温元件等。这里仅以接触温度计（又称为水银导电表）为例说明它的控温原理。接触温度计的构造如图 2-12 所示。它相当于一个自动开关，用于控制浴槽达到所需温度。控制精度一般为 ±0.1 ℃。它的下半部与普通温度计相仿，但有一根铂丝（下铂丝）与毛细管中的水银接触；上半部在毛细管中也有一根铂丝（上铂丝），借助顶部磁铁旋转带动内部螺丝杆转动可控制其高低位置。定温指示标杆配合上部温度刻度板，用于粗略调节所要求调节的温度值。当浴槽内温度低于指定温度时，上铂丝与水银柱（下铂丝）不接触；当浴槽内温度升到下部温度刻度板指定温度时，水银柱与铂丝接通。原则上依靠这种“断”与“通”，即可直接用于控制电加热器的加热与否。但由于电接点水银温度计只允许约 1 mA 电流通过（以防止铂丝与水银接触面处产生火花），而通过电热棒的电流却较大，所以两者之间应配继电器作为过渡。

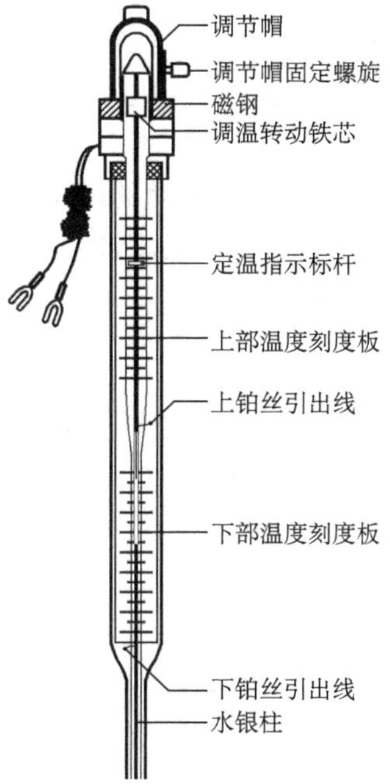

图 2-12　接触温度计

6）晶体管继电器

将接触温度计的两根导线接入晶体三极管的基极与发射极之间，由于基极电流甚小，不会因接触温度计的“通”与“断”而在水银面上引起电火花，使水银面氧化，并且通过晶体管的放大作用可在集电极与发射极之间流过较大的电流而启动继电器。

由于这种温度控制装置属于“通”“断”类型，当加热器接通后传热质温度上升并传递给接触温度计，使它的水银柱上升。因为传质、传热都有一个速度，因此出现温度传递的滞后，即当接触温度计的水银触及铂丝时，实际上电热器附近的水温已超过了指定的温度,因此,恒温槽温度必高于指定的温度。同理,降温时也会出现滞后状态。

由此可知,恒温槽控制的温度是有一个波动范围的,而不是控制在某一固定的温度,恒温槽内各处的温度也会因搅拌的优劣而不同。控制温度的波动范围越小,各处的温度越均匀,恒温槽的灵敏度越高。灵敏度是衡量恒温槽性能的主要标志,它除与感温元件、电子继电器有关外,还受搅拌器的效率、加热器的功率等因素的影响。

恒温槽灵敏度的测定是在指定温度下,观察温度的波动情况。用较灵敏的温度计(如贝克曼温度计)记录温度随时间的变化,最高温度为 t_1,最低温度为 t_2,恒温槽的灵敏度 t_E 为

$$t_E = \pm (t_1 - t_2)/2$$

灵敏度常以温度为纵坐标,以时间为横坐标,绘制成温度-时间的曲线来表示。如图 2-13 所示,曲线(a)表示恒温槽灵敏度较高;(b)表示加热器功率太大;(c)表示加热器功率太小或散热太快。(b)、(c)灵敏度较低。

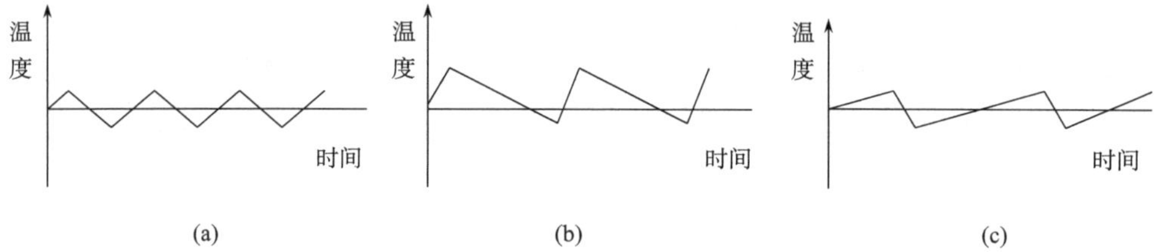

图 2-13 恒温槽温度-时间曲线

为了提高恒温槽的灵敏度,在设计恒温槽时要注意以下几点:

(1) 恒温槽的热容量要大些,传热质的热容量越大越好。

(2) 尽可能加快电热器与接触温度计间传热的速度。为此要使感温元件的比热容尽可能小,感温元件与电热器间的距离要近一些,搅拌器效率也要高。

(3) 作调节温度用的加热器功率要小些。

(耿志远)

2.4 高压钢瓶的颜色和使用方法

化学实验和化工生产中,常用到许多常温常压下为气态的物质,如 H_2、O_2、Cl_2、N_2 等。这些气体物质在常温常压下无固定的形状,密度、黏度都比固体和液

体小，还有流动性和扩散性，这就给它们的存储、使用和运输带来极大的不方便，不能用盛装固体或液体的常规容器盛装和运输气体，相反必须用相应的专门的容器盛装和运输。这种专门容器就是高压气体钢瓶。通常是把各种气体分别压缩装入各自的专用钢瓶中。

许多气体物质在常温常压下为气态，但被高压装入钢瓶之后却成为了液态，如氯、氨和石油气体等。有的甚至成为固态，如二氧化碳。

钢瓶是压力容器的一种，是指设计压力在 1～300 $kgf \cdot cm^{-2}$（1 $kgf \cdot cm^{-2}$ = 9.80665×10^4 Pa），容积不大于1 m^3，盛装压缩气体或高压液化气体的可重复充气的移动式气瓶，是较为普遍的一种压力容器。钢瓶亦称气瓶。

气瓶主体系由镇静钢、合金钢或优质碳素钢制造，主要结构包括：瓶体、护罩、底座、瓶嘴、角阀以及易熔塞、防震圈及填料等。

气瓶的特点是内装压缩气体或液化气体，部分内容物为易燃、易爆性介质，可重复充气、移动式工作。因此，如果产品质量不合格或保管、使用不当易发生爆炸性事故，危及人员、设备和财产的安全。所以气体必须装入各自专门的钢瓶中，不得混用和错用。

钢瓶按加工方法和设计压力的不同分为焊接钢瓶和无缝钢瓶，按内盛介质不同分为民用液化石油气瓶、普通工业气瓶和溶解乙炔气瓶，按设计压力分为高压（300 $kgf \cdot cm^{-2}$、200 $kgf \cdot cm^{-2}$、150 $kgf \cdot cm^{-2}$、125 $kgf \cdot cm^{-2}$）和中低压（80 $kgf \cdot cm^{-2}$、50 $kgf \cdot cm^{-2}$、30 $kgf \cdot cm^{-2}$、20 $kgf \cdot cm^{-2}$、10 $kgf \cdot cm^{-2}$）。高压气瓶必须是无缝结构，焊接气瓶用于盛装低压气体。

2.4.1 高压钢瓶的漆色和标记

为了使灌装和使用者容易区别和辨识各种专用高压钢瓶，世界各国都规定了统一辨识标记，如在大小、形状和油漆颜色上加以区分（表 2-7）。

表 2-7　我国气体钢瓶常用的颜色标记

气体类别	瓶身颜色	标字颜色	字　样
氮气	黑	黄	氮
氧气	天蓝	黑	氧
氢气	深蓝	红	氢
压缩空气	黑	白	压缩空气
二氧化碳	黑	黄	二氧化碳
氦	棕	白	氦
液氨	黄	黑	氨

续表

气体类别	瓶身颜色	标字颜色	字　样
氯	草绿	白	氯
乙炔	白	红	乙炔
氟氯烷	铝白	黑	氟氯烷
石油气体	灰	红	石油气
粗氩气体	黑	白	粗氩
纯氩气体	灰	绿	纯氩

2.4.2　高压气体钢瓶的使用

1. 气体钢瓶减压阀工作原理及使用方法

在化学实验中，经常要用到氧气、氮气、氢气、氩气等气体。这些气体一般是储存在专用的高压气体钢瓶中，使用时通过减压阀使气体压力降至实验所需范围，再经过其他控制阀门细调，使气体输入使用系统。最常用的减压阀为氧气减压阀，简称氧气表。

1）氧气减压阀工作原理

氧气减压阀的安装部位及工作原理如图 2-14 所示。

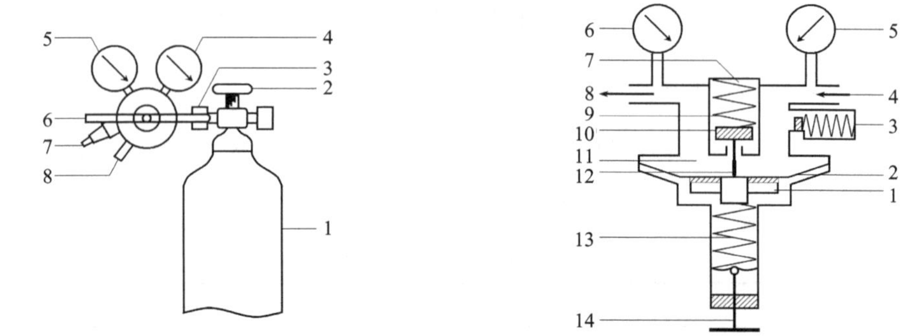

(a) 氧气减压阀安装在气体钢瓶上

1. 钢瓶；2. 钢瓶开关；3. 钢瓶与减压表连接螺母；4. 高压表；5. 低压表；6. 低压表压力调节螺杆；7. 出口；8. 安全阀

(b) 氧气减压阀工作原理

1.弹簧垫块；2.传动薄膜；3.安全阀；4.进口(接气体钢瓶)；5.高压表；6.低压表；7.压缩弹簧；8.出口(接使用系统)；9.高压气室；10.活门；11.低压气室；12.顶杆；13.主弹簧；14.低压表压力调节螺杆

图 2-14　气体钢瓶氧气减压阀

氧气减压阀的高压腔与钢瓶连接，低压腔为气体出口，并通往使用系统。高压表的示值为钢瓶内储存气体的压力。低压表的出口压力可由调节螺杆控制。

使用时先打开钢瓶总开关，然后顺时针转动低压表压力调节螺杆，使其压缩主弹簧并传动薄膜、弹簧垫块和顶杆而将活门打开。这样进入的高压气体由高压室经节流减压后进入低压室，并经出口通往工作系统。转动调节螺杆，改变活门开启的高度，调节高压气体的通过量并达到所需的压力值。

减压阀都装有安全阀。它是保护减压阀并使之安全使用的装置，也是减压阀出现故障的信号装置。当活门垫、活门损坏或其他原因，导致出口压力自行上升并超过一定许可值时，安全阀会自动打开排气。

2）氧气减压阀的使用要求

根据使用要求的不同，氧气减压器有多种规格。最高进口压力大多为 150 $kgf \cdot cm^{-2}$，最低进口压力应不小于出口压力的 2.5 倍。出口压力规格较多，最低为0～1 $kgf \cdot cm^{-2}$，最高为0～40 $kgf \cdot cm^{-2}$。

安装减压阀时应确定其连接尺寸规格是否与钢瓶和使用系统的接头相一致，接头处需用垫圈。安装前必须瞬时开启气瓶阀吹除灰尘，以免带进杂质。

氧气减压阀严禁接触油脂，以免发生火灾事故。减压器及扳手上的油污应用乙醇擦去。

停止工作时，应将减压器中余气放尽，然后拧松调节螺杆以免弹性元件长久受压变形。

减压器应避免撞击震动，不可与腐蚀性物质接触。

3）其他气体减压阀的使用要求

有些气体，如氮气、空气、氩气等永久性气体，可以采用氧气减压阀。但还有一些气体，如氨等腐蚀性气体，则需要专用减压阀。市售常见的有氮气、空气、氢气、氨、乙炔、丙烷、水蒸气等专用减压阀。

这些减压阀的使用方法及注意事项与氧气减压阀基本相同。但是，还应该指出：专用减压阀一般不用于其他气体。为了防止误用，有些专用减压阀与钢瓶之间采用特殊连接口。例如，氢气和丙烷均采用左牙螺纹，也称反向螺纹（反丝），安装时应特别注意。

2. 气体钢瓶的使用方法

（1）在钢瓶上安装配套的减压阀。检查减压阀是否关紧，方法是逆时针旋转调压手柄至螺杆松动为止。

（2）打开钢瓶总阀门，此时高压表显示出瓶内储气总压力。

（3）慢慢地顺时针转动调压手柄，至低压表显示出实验所需压力为止。

（4）停止使用时，先关闭总阀门，待减压阀中余气逸尽后，再关闭减压阀。

3. 使用气体钢瓶的安全储存、使用规则及注意事项

(1) 钢瓶应存放在阴凉、干燥、远离热源的地方(如阳光、暖气、炉火口),还应将其固定在稳固的支架、实验桌或墙壁上。氧气瓶和氢气瓶不准存放在同一个实验室内。可燃性气瓶应与氧气瓶分开存放,氧气瓶、可燃性气体与明火的距离不小于 10 m。

(2) 搬运钢瓶要小心轻放,一定要用特殊的担架或小车,同时钢瓶上的安全帽应旋紧,以便保护气门勿使其偶然转动,将钢瓶移放时绝对不能用手执气门,严防气瓶坠地或互相碰撞。

(3) 使用时应装减压阀和压力表。可燃性气瓶(如 H_2、C_2H_2)气门螺丝为反丝,不燃性或助燃性气瓶(如 N_2、O_2)为正丝。各种压力表一般不可混用,以防爆炸。

(4) 不要让油或易燃有机物沾染气瓶(特别是气瓶出口和压力表)。

(5) 开启氧气瓶总阀门之前,必须首先检查氧气表调压阀门是否处于关闭(调节螺杆到最松)状态。

(6) 开启总阀门时,不要将头或身体正对总阀门,防止万一阀门或压力表冲出伤人。

(7) 不可把气瓶内气体用光,剩余残压一般不应少于数百千帕,以资核对气体和防止其他气体进入,以防重新充气时发生危险。

(8) 使用中的气瓶每三年应检查一次,装腐蚀性气体的钢瓶每两年检查一次,不合格的气瓶不可继续使用。检查必须认真并规范填写检查表。

(9) 氢气瓶应放在远离实验室的专用库内,用紫铜管引入实验室,并安装防止回火装置。

为了便于实验室高压钢瓶的管理,钢瓶室有必要制定安全须知,贴挂在醒目的位置,以提醒师生及其他操纵人员注意。

事实上,国家已制定了相应的气瓶安全使用安全技术规程,如《中华人民共和国国家标准氯气安全规程》(GB 11984-89),国家标准局发布的《氢气使用安全技术规程》(GB 4962—2008)、《气瓶警示标签》(GB 16804—1997),国家劳动总局颁发的《气瓶安全监察规程》、国务院颁发的《化学危险品安全管理条例》等。

气瓶漏气检查也有相应的检验方法国家标准,如《气瓶气密性试验方法》(GB 12137-89)。

国家劳动部对气瓶的安全质量监督检验也有相应的规定,如《压力容器安全监察暂行条例》、《气瓶产品安全质量监督检验规则》、《气瓶安全监察规程》、《溶解乙炔气瓶安全监察规程》等,在此不详述。

【思考题】

2-1　气体灌装到钢瓶内后状态是否发生变化？

2-2　可燃性气体与助燃性气体不能混装同一钢瓶，那么可燃性气体与可燃性气体、助燃性气体与助燃性气体能不能混合装在同一钢瓶里？

2-3　气体钢瓶运输时减压阀是否应取下？

2-4　空瓶的瓶阀为什么也要旋紧？

（鲍正荣）

实验 2　分析天平称量练习

一、实验目的

（1）了解托盘天平和电光分析天平的构造。

（2）学习电光分析天平的正确使用方法。

二、预习要求

预习 2.2.1 节和 2.2.2 节，熟悉托盘天平与电光分析天平的基本构造、使用方法、步骤以及维护保养的有关要求。

三、实验原理

用天平进行称量一般可采用直接称量法和差减法。直接称量法用来称取没有吸湿性的样品，如金属片、合金片等。称量时将试样放在已知质量的干净且干燥的小表面皿上或硫酸纸上，一次称取一定质量的试样。差减法是由两次称量的差来计算出所称试样的量。

电光分析天平是精密仪器，称量时要认真仔细。称量操作的基本规定见 2.2.2 节。

四、实验仪器与试剂

仪器：托盘天平、电光分析天平、称量纸（于干燥器内干燥）、称量瓶。

试剂：氧化铜粉末（干燥）。

五、实验内容

1. 直接称量练习

分别取洁净、干燥的称量纸、称量瓶和约 1 g 氧化铜，先在台秤上粗称，然后在电光天平上准确称量。

2. 差减法称量练习

用差减法称取 1 g 氧化铜固体。在前面称量过的称量瓶里装入约 2 g 氧化铜固体。用一张宽 2 cm、长 10 cm 的纸条套住称量瓶,放在天平的左盘上,取下纸条,按上述称量方法准确称量盛有氧化铜固体的称量瓶总质量,设为 W_1。用纸条套住称量瓶从天平上取出,取下瓶盖,以瓶盖轻敲瓶口,倾出约一半氧化铜固体,放在另一干净容器中。盖上称量瓶,再准确称量,设此时称量瓶和氧化铜质量为 W_2,则倒出的氧化铜准确质量为 $W=W_1-W_2$。

注意,在加减砝码或圈码时,应按一定顺序加减才能使称量迅速。这种顺序称为对折法。例如,10 g 太重改为 5 g;如加 5 g 太轻,则改加 7 g 或 8 g;如加 8 g 还轻,则加 9 g;如果 9 g 重了,证明质量为 8～9 g,这时在 8 g 的基础上再加 500 mg 圈码……照此一步一步进行下去,直到光屏上的标线与标尺投影上某一读数重合为止。

3. 结果处理

先用实验室提供的沙子反复练习两种称量方式直至熟练。最后一次练习用氧化铜进行,数据记录在表 2-8。

表 2-8　实验 2 称量练习结果记录

(1)直接法称量结果计算			
称量物名称	称量纸	称量瓶	CuO
称量物质量/g			
(2)差减法称量氧化铜试样记录			
(称量瓶+试样质量)/g	$W_1=$	$W_2=$	$W_3=$
倾出试样质量/g	—	$W_1-W_2=$	$W_2-W_3=$
复核:二次倾出样总质量 $W_4=$			
试样减少质量 $W_1-W_3=$			

六、思考题

(1) 在放置待测物体或加减砝码时,应特别注意什么事项?

(2) 为什么要测定天平的零点?天平的零点和停点有何区别?

(耿志远)

实验 3　电子天平

一、实验目的

（1）了解 FA1004 型电子天平的构造及主要部件。
（2）掌握电子天平的基本操作。
（3）掌握实物称量的技术。

二、预习要求

阅读 2.2.3 节，了解电子天平的构造、称量原理、使用方法及注意事项。

三、实验仪器与试剂

仪器：FA1004 型电子天平、称量瓶、称量纸、试剂勺、小烧杯。
试剂：CuO。

四、基本原理

电子天平如图 2-5 所示，其称量是依据电磁力平衡原理。称量通过支架连杆与一线圈相连，该线圈置于固定的永久磁铁——磁钢之中，当线圈通电时自身产生的电磁力与磁钢磁力作用，产生向上的作用力。该力与称盘中称量物的向下重力达平衡时，此线圈通入的电流与该物重力成正比。利用该电流大小可计量称量物的质量。其线圈上电流大小的自动控制与计量通过该天平的位移传感器、调节器及放大器实现。当盘内物重变化时，与盘相连的支架连杆带动线圈同步下移，位移传感器将此信号检出并传递，经调节器和电流放大器调节线圈电流大小，使其产生向上之力推动秤盘及称量物恢复原位置为止，重新达线圈电磁力与物重力平衡，此时的电流可计量物重。

电子天平是物质计量中唯一可自动测量、显示甚至可自动记录、打印结果的天平，其最大称量和精度与前述分析天平相同，最高读数精度可达±0.01 mg，实用性很广。但应注意其称量原理是电磁力与物质的重力相平衡，即直接检出值是 mg 而非物质质量 m。故该天平使用时，要随使用地的纬度、海拔随时校正其 g 值，方可获取准确的质量数。常量或半微量电子天平一般内部配有标准砝码和质量的校正装置，经随时校正后的电子天平可获取准确的质量读数。

五、FA1004 型电子天平的使用方法

1. 主要技术参数

称量范围:0～100 g

读数精度:0.1 mg

再现性(标准偏差):0.0002 g　　线性误差:±0.0005 g

稳定时间(典型):≤6 s　　功率:15 W

2. 使用方法

(1) 开机,轻按"ON"键,天平进行自检,最后显示"0.0000 g"。

(2) 置容器于秤盘上,显示出容器质量。

(3) 轻按"TAR"清零、去皮键,随即出现全零状态,容器质量显示值已去除,即去皮重。

(4) 放置被称物于容器中,这时显示值即为被称物的质量值。

(5) 累计称量:用去皮重称量法,将被称物逐个置于秤盘上,并相应逐一去皮清零,最后移去所有被称物,则显示数的绝对值为被称物的总质量值。

(6) 加物:按住"INT"键不松手,可调置 INT-0 模式,置容器于秤盘上,去皮重。将被称物(液体或松散物)逐步加入容器中,能快速得到连续读数值。当加物达到所需称量,显示器最左边"0"熄灭,这时显示的数值即为用户所需的称量值。当加入混合物时,可用去皮重法,对每种物质计净重。

(7) 读取偏差:置基准砝码(或样品)于秤盘上,去皮重,然后取下基准码,显示其质量负值。再置被称物于秤盘上,视被称物比基准砝码重或轻,相应显示正或负偏差值。

(8) 下称:拧松底部下盖板的螺丝,露出挂钩,将天平置于开孔的工作台上,调整水平,并对天平进行校准工作,就可用挂钩称量挂物了。

六、注意事项

(1) 严格按上述操作步骤进行。

(2) 按钮时不可用力太大。

(3) 不得随意改变天平的位置,否则必须重新调水平。

(4) 称量易挥发和具有腐蚀性的物品时,要盛放在密闭的容器中,以免腐蚀和损坏电子天平。

(5) 用完后关好并罩好天平、切断电源。

七、思考题

（1）使用电子天平应该注意什么？

（2）电子天平在首次使用前显示零位是否便可直接称量，还是必须进行校准操作？为什么？

（3）有的人认为在电子天平量程范围内称量的物体越重对天平的损害越大，这种认识是否正确？

（王志华）

实验 4　量液器的校准

一、实验目的

（1）学习常用量液器校准的方法——绝对校准法和相对校准法。

（2）初步掌握容量瓶、滴定管和移液管的校准方法。

二、预习要求

阅读 1.3 节和 1.5 节，理解量液器的使用操作，了解影响密度的因素。阅读 2.2.2 节并复习实验 2 和实验 3，进一步熟悉天平的使用方法和维护保养要求。

三、实验原理

实验室中使用的玻璃量器都具有刻度和标称容量，它们都有一定的允许容量误差，当实验对精度的要求很高时，有必要对所用的滴定管、移液管以及容量瓶进行校准。

通常校准量液器的方法有两种，即绝对校准法（称量法）和相对校准法。

绝对校准时，由于水的密度受温度的影响，玻璃量器随温度变化发生胀缩，空气的浮力使质量发生改变，因此必须根据公式(1-1)计算量器的校正值。

例如某支 50 mL 移液管在 25 ℃放出的纯水质量为 49.842 g，查表 2-9，此温度下水的密度为 0.996 17 g · mL^{-1}，计算该移液管在 20 ℃时的实际容积

$$V_{20}=\frac{49.842\ \text{mg}}{0.996\ 17\ \text{mg}\cdot\text{mL}^{-1}}=50.03\ \text{mL}$$

则这支移液管的校正值为 50.03 mL－50.00 mL＝＋0.03 mL。

经常配套使用的移液管和容量瓶采用相对校准法更为重要。例如，用 10 mL 移液管取蒸馏水至干净且倒立晾干的 50 mL 容量瓶中，到第 5 次重复操作后，观

察瓶颈处水的弯月面下缘是否刚好与刻线上缘相切。若不相切，应重新作一记号为标线，以后此移液管和容量瓶配套使用时就用标准的标线。

注意事项如下：

(1) 校准不当所造成的误差可能超过允差或量器本身的误差。因而在校准时务必正确、仔细地进行操作，尽量减少校准误差。

表 2-9　不同温度下 1 L 水的质量

t/℃	m/g	t/℃	m/g	t/℃	m/g
10	998.39	19	997.34	28	995.44
11	998.33	20	997.18	29	995.18
12	998.24	21	997.00	30	994.91
13	998.15	22	996.80	31	994.64
14	998.04	23	996.60	32	994.34
15	997.92	24	996.38	33	994.06
16	997.78	25	996.17	34	993.75
17	997.64	26	995.93	35	993.45
18	997.51	27	995.69		

注：在空气中用黄铜砝码称量。

(2) 校准次数不能少于两次，且两次校准数据的偏差不得超过该量器允差的 1/4，并取其平均值作为校准值。

(3) 室温最好在 20 ℃±5 ℃，温度变化率不得超过 1 ℃ · h^{-1}。

(4) 量入式量具在校正之前要干燥。

四、实验仪器与试剂

25 mL 移液管、100 mL 容量瓶、50 mL 滴定管、50 mL 带磨口玻璃塞锥形瓶、分析天平。

五、实验内容

1. 滴定管的校准(称量法)

(1) 将已经洗净且外表干燥的带磨口玻璃塞的锥形瓶放在分析天平上称量，得空瓶质量 m，记录至 0.001 g。

(2) 将已经洗净的滴定管盛满纯水，调至 0.00 mL 刻度处，从滴定管中放出一定体积(V_0)，如放出 5 mL 的纯水于已称量的锥形瓶，盖紧塞子，称出“瓶＋水”的质量 $m_{瓶+水}$，两次质量之差即为放出之水的质量 $m_{水}$。用同法称量滴定管 0～

10 mL，0～15 mL，0～20 mL，0～25mL 等刻度间的 $m_{水}$。

（3）用实验水温时水的密度来除每次 $m_{水}$，即可得到滴定管各部分的实际容量 V_t。重复校准一次，两次相应区间的水质量相差应小于 0.02 g，求出平均值。

（4）计算校准值 $\Delta V=(V_t-V_0)$。以 V_0 为横坐标，ΔV 为纵坐标，绘制滴定管校准曲线。现将一支 50 mL 滴定管在水温 21 ℃校准的部分实验数据列于表 2-10。

表 2-10　50 mL 滴定管校正表

V_0/mL	$m_{瓶+水}$/g	$m_{瓶}$/g	m_{21}/g	V_{20}/mL	$\Delta V_{校正值}$/mL
0.00～5.00	34.148	29.207	4.941	4.96	−0.04
0.00～10.00	34.317	29.315	10.002	10.03	+0.03
0.00～15.00	44.304	29.350	14.954	15.00	0.00
0.00～20.00	49.395	29.434	19.961	20.02	+0.02
0.00～25.00	54.286	29.383	24.903	24.98	−0.02

注：水温 21℃，ρ=0.997 00g·mL^{-1}。

移液管和容量瓶也可用称量法进行校准。校准容量瓶时，不必用锥形瓶，且称准至 0.01 g 即可。

2. 移液管和容量瓶的相对校准

用洁净的 25 mL 移液管移取纯水于干净且晾干的 100 mL 容量瓶中，操作 4 次后，观察液面的弯月面下缘是否恰好与标线上缘相切，若不相切则用胶布在瓶颈上另作标记。以后实验中，此移液管和容量瓶配套使用时，应以新标记为准。

3. 操作练习

（1）配制 25 mL 10%的食盐水溶液，再用此溶液配制 10 mL 5%的食盐溶液和 50 mL 1%的食盐溶液。

（2）用 25 mL 移液管将储液瓶中自来水分 10 次转入 250 mL 的容量瓶中，观察液面位置是否与容量瓶的标线相切，从而确定自己的操作是否规范、准确。

（3）在 10 mL、25 mL 和 50 mL 的容量瓶中加入自来水至刻度，然后将它们对应转移至 10 mL、25 mL 和 50 mL 的量筒中，观察其刻度，为什么会有差异？

六、思考题

（1）校准滴定管时，锥形瓶和水的质量只需称准至 0.001 g，为什么？

（2）为什么需要将被校准容量瓶晾干？用于配制标准溶液的容量瓶是否也要晾干？

(3) 在实际分析工作中，如何应用滴定管的校正值？

(4) 分段校准滴定管时，为什么每次都要从 0.00 mL 开始？

(5) 试写出以称量法对移液管(单标线吸量管)进行校准的简要步骤。

(蒋晓慧)

实验 5　水银温度计的校正

一、实验目的

(1) 掌握水银温度计 0～95 ℃的读数校正方法和校正曲线的绘制。

(2) 掌握露颈校正方法。

(3) 了解水银温度计的零点校正。

二、预习要求

阅读 2.3.2 节，理解为什么要对温度计进行校正，思考是否每次使用前都要校正以及水银温度计的校正应注意哪些事项。

三、实验原理

1. 零点校正

用冰点仪进行零点校正，如图 2-15 所示。最简单的冰点仪是颈部下端套有一乳胶管的普通玻璃漏斗，并用夹子夹住乳胶管，如图 2-15(b)所示。漏斗内盛有蒸

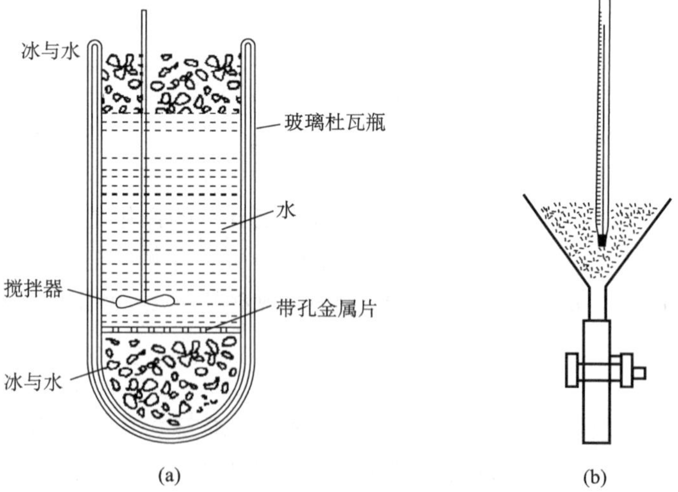

图 2-15　冰点仪(a)和简易冰点仪(b)

馏水制成的冰，冰要粉碎并压紧，并加少量预冷的蒸馏水淹没过冰层。多余的水从乳胶管放出。将已预冷至−3～−2 ℃的待校温度计垂直插入冰中，使零线高出冰面 5 mm 以下，10 min 后开始读数，每隔 1～2 min 读一次数，读数稳定后，以连续三次读数的平均值作为冰点的测定值。

2. 读数(示值)校正

由于毛细管不均匀、水银和玻璃膨胀系数的非线性关系造成的读数误差用此法校正。

选用二级参比(标准)温度计与被校温度计作比较(二级标准温度计一套共七支，刻度范围各为−30～−20 ℃、0～50 ℃、50～100 ℃、100～150 ℃、150～200 ℃、200～250 ℃、250～300 ℃)。校正时将参比温度计与被校温度计(全浸式)悬入水浴恒温槽中，两水银球应在同一水平面尽量接近的位置，恒温槽温度控制在被校温度上下不超过 0.1 ℃。待温度稳定 10 min 后，记录两温度计的读数，然后再调节恒温槽到另一被校正温度，重复上述步骤。测出 5～6 对校正数据，以被校温度计读数为横坐标，相应的参比温度计读数为纵坐标作图，即得被校温度计读数校正曲线。使用时用内插法即可查得各校正值。注意分段标定时应选用同一套标准温度计。

3. 水银柱露出待测体系部分(露颈)的校正

1) 被校温度计读数粗测

恒温槽预设好温度，打开电源使其稳定。将被校温度计插入介质合适的深度固定，待温度计读数稳定后读取温度 $t_{校}$ 和介质液面处的 t_0，并在 t_0 处作记号。注意：有时会在 0 ℃示数之下，此时可量取 0～t_0 处的距离，在该支温度计有刻度的地方比对折算为负值即可。

2) 放置辅助温度计

如图 2-6 所示放置辅助温度计。根据粗测，介质液面位于被校温度计的 t_0 处，在此处作标记；被校温度计显示介质温度为 $t_{校}$，则辅助温度计水银球中心位点应置于被校温度计的 $n/2=(t_{校}-t_0)/2$ 处。确定好位置后将辅助温度计与被校温度计捆绑在一起。

3) 读取数据

把捆绑好的温度计插入介质中，使被校温度计的 t_0 处刚好处于介质液面。待被校温度计稳定后读取 $t_{校}$ 和 $t_{环}$，按公式(2-1)计算 Δt，按公式(2-2)计算 $t_{校}$。

4) 露颈校正

按上述方法进行 2～3 个介质温度点的露颈校正。注：由于辅助温度计露出部分的平均温度并不很准确，故露出部分的误差校正也可以用各种测量范围的标准温度计加以比较。

四、实验仪器与试剂

普通温度计（0～100 ℃）、标准温度计（0～100 ℃）、恒温水浴槽、坐标纸。

五、实验内容

以领用的普通温度计作为待校温度计，对其进行读数校正和露颈校正，绘出读数校正曲线，计算露颈校正值。

六、思考题

（1）水银温度计为什么要进行校正？
（2）水银温度计主要应从哪几方面进行校正？

（耿志远）

实验 6　食用白醋中总酸度的测定

一、实验目的

（1）掌握滴定操作程序及移液管、容量瓶的使用。
（2）掌握强碱滴定弱酸的反应原理、指示剂选择及滴定过程。
（3）学习并掌握食醋中总酸度的测定方法。

二、预习要求

实验前须预习 1.4 节和 1.5 节，并思考如下问题。
（1）食醋中总酸度的测定中，如何选择指示剂？
（2）对测定中的蒸馏水有何特别要求？

三、实验原理

食用白醋的主要成分是乙酸（30～50 $mg \cdot mL^{-1}$），但还含有其他少量有机弱酸，若用 NaOH 标准溶液进行滴定，当 $c \cdot K_a \geqslant 10^{-8}$ 时弱酸都可以被滴定，因此，测定结果为白醋中的总酸度，但分析结果通常用含量最多的 HAc 表示，反应为

$$NaOH + HAc = NaAc + H_2O$$

化学计量点时，产物呈碱性，滴定突跃在碱性范围，故选用酚酞作指示剂。

四、实验仪器与试剂

仪器：50 mL 碱式滴定管 1 支、250 mL 锥形瓶 3 个、50 mL 量筒 1 个、25 mL 移液管 2 支、250 mL 容量瓶 1 个。

试剂：NaOH 标准溶液（0.1000 $mol \cdot L^{-1}$）、食用白醋、酚酞指示剂。

五、实验内容

1. 0.1 $mol \cdot L^{-1}$ HCl 和 NaOH 溶液的配制

首先计算配制 500 mL 0.1 $mol \cdot L^{-1}$ HCl 溶液所需浓盐酸的体积，然后用洁净的 10 mL 量筒量取该体积的浓 HCl 倒入 500 mL 烧杯中，加水稀释至 500 mL，摇匀，倒入磨口试剂瓶中，贴上标签备用。

计算配制 500 mL 0.1 $mol \cdot L^{-1}$ NaOH 溶液所需固体 NaOH 质量，迅速在台秤称取比计算量多 20%的 NaOH 于烧杯中，用煮沸并冷却后的蒸馏水快速洗涤两三次。每次加入 10～15 mL 水作洗涤液，以除去 NaOH 表面上少量的 Na_2CO_3，剩余的固体 NaOH 用水溶解后稀释至 500 mL，装入带橡皮塞的试剂瓶中，摇匀，贴上标签。也可通过取 NaOH 的饱和水溶液（12∶10）来配制 0.1 $mol \cdot L^{-1}$标液，这种方法也可消除 Na_2CO_3 的影响。

2. NaOH 溶液标定

准确称取在 105～110 ℃干燥至恒定质量的邻苯二甲酸氢钾（KHP）0.4～0.5 g 于 250 mL 锥形瓶中，然后加入新煮沸过的冷却蒸馏水 20～30 mL，小心摇动使之溶解，加 1～2 滴酚酞，用 0.1 $mol \cdot L^{-1}$ NaOH 溶液滴至溶液呈微红色，半分钟不褪色为终点，平行标定三份，记录每次耗用的 NaOH 溶液的体积。计算 NaOH 标准溶液的浓度。

3. 食用白醋中总酸度的测定

用洁净的移液管准确移取 25.00 mL 食用白醋于 250 mL 容量瓶中，用一定量蒸馏水稀释、定量、摇匀。

用另一支洁净移液管移取上述溶液 25.00 mL 于 250 mL 锥形瓶中，加 2～3 滴酚酞指示剂，用 NaOH 标准溶液滴定至微红色，30 s 内不褪色即为终点。记录所消耗 NaOH 的体积，平均测定三份，要求相对平均偏差小于 3%。

六、数据记录与处理

实验数据填入表 2-11 并计算样品总酸度。

表 2-11 实验 6 数据记录与计算

次数 / 记录与项目	Ⅰ	Ⅱ	Ⅲ
$c_{NaOH}/(mol \cdot L^{-1})$			
V_{HAc}/mL			
V_{NaOH}/mL	初: 终: 实:	初: 终: 实:	初: 终: 实:
$\rho_{HAc}/(g \cdot 100mL^{-1})$	$\frac{(cV)_{NaOH} \times M_{rHAc}/1000}{25.00 \times 25.00/250.00} \times 100$, $M_{rHAc}=60.05\ g \cdot mol^{-1}$		
$\bar{\rho}_{HAc}/(g \cdot 100mL^{-1})$			
相对平均偏差			

七、扩展实验:电导滴定法测定白醋的总酸度

1. 实验原理

在电导滴定中,将 NaOH 标准溶液滴加于被测 HAc 试液中,由于它们之间发生化学反应,所产生的新的反应产物与原反应物的电导不同,从而使整个溶液的电导随滴定剂的加入而变化,以溶液的电导为纵坐标,以加入 NaOH 的量(体积)为横坐标,绘制滴定曲线,找到其终点。

2. 实验步骤

首先于 50 mL 碱式滴定管中装入 NaOH 标准溶液,然后准确移取 5.00 mL 白醋于 250 mL 烧杯中,加入 100 mL 去离子水,放入搅拌子并置于电磁搅拌器上,插入电导电极,开启搅拌器测定其电导率。开始滴定之后,每加入 1.00 mL,测定一次电导率,共测定 20～25 个点,绘制滴定曲线,找到终点 V_{NaOH},平行测定三次,计算 HAc 含量($g \cdot 100\ mL^{-1}$)。

八、思考题

(1) 食用白醋在标定前为何要稀释?

(2) 移取食用白醋试样的移液管未经润洗,会对测定结果产生什么影响?

(3) 强碱滴定弱酸的滴定条件是什么?本实验属于哪种滴定类型?

(陈忠兰)

实验 7　电　解　水

一、实验目的

(1) 进一步练习低压直流电源的使用方法。

(2) 学习定量计算电解气体产物的方法，用绿色化学理念评价和选择较为理想的制备氧气和氢气的方法与途径。

二、预习要求

(1) 阅读 2.1 节，掌握用电仪器的使用方法；阅读 4.3 节、课外文献，理解气体制备方法的类型。

(2) 针对本实验的方法、原理、仪器、装置，归纳总结方法的特点。

(3) 运用所学知识评价该方法的作用及经济价值，提出自己的优选方案。

三、实验原理

$$2H_2O \xlongequal{\text{电解}} O_2\uparrow + 2H_2\uparrow$$

四、实验仪器与试剂

铁架台、水电解器、刻度试管(12 mm×100 mm)、水槽(直径 130 mm)、量筒(10 mL)两个、酒精灯。

五、实验内容

实验装置如图 2-16 所示。在小水槽(可用烧杯代替)中放入 5%的稀硫酸约

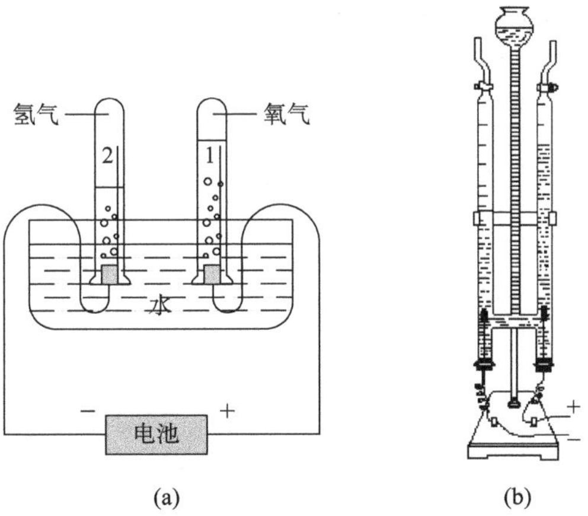

图 2-16　电解水

200 mL,分别用两个量筒(或刻度管)装满5%的稀硫酸作为气体收集管倒立于其中,固定在铁架台上。

用15 A电保险丝100 mm作阴、阳极材料,并用8 mm细乳胶管或自行车内胎气门芯管套紧阴、阳极保险丝中段,使其两头各露出10 mm。将阴、阳电极弯成“Z”字形,然后一头挂在水槽边上,另一头插入两支气体收集管管口,浸浴在电解液中。调整使两电极相距1～2 cm,固定。

接通直流电源,调节滑动变阻,使电流通过0.1 A,先通电一段时间不收集气体,然后再开始电解,收集气体,同时记录时间,收集到一定体积气体后,停止通电。读出并记下通电时间和收集管中气体的体积,记录于表2-12。如有图2-16(b)所示的水电解器则可直接使用。

表2-12　实验7数据记录与计算

实验次数	通电时间	阴极气体体积	阳极气体体积	体积比
1				
2				
3				
平均				

换算成标准状况的体积,检验两极收集的气体,推算水的组成和化学式。

注:氢气的密度为0.089 $g \cdot L^{-1}$,相对原子质量为1;氧气的密度为1.429 $g \cdot L^{-1}$,相对原子质量为16。

六、思考题

(1) 为什么电解水的电解液用的是稀硫酸?还可以用别的溶液吗?

(2) 为什么电解水要先通电电解一段时间再收集气体?

(3) 思考造成体积比误差的可能原因及解决办法。

(鲍正荣)

第3章　化学实验条件及控制

学习指导

化学反应在自然状态下自发进行的并不多，多数都需要人为地创造条件使其能够顺利地进行，特别是现代化学合成新材料、开发新药物和新能源等领域，更需要在十分苛刻甚至是超高温、超高压、微波、激光等极端条件下才能实现。化学实验实际上就是人们根据实验目的，利用化学仪器、设备，人为地控制实验条件，排除干扰，突出主要因素，在有利的条件下模拟化学现象、研究化学规律。所以，创造和控制实验条件对于化学学习与研究特别重要。

化学实验室常用的创造和控制实验条件的方法有改变（提高或降低）温度、改变压力（加压或抽真空）、改变物体颗粒的大小（分散或聚集，如溶解、粉碎或结晶）、改变电流强度或电压（电解、电镀）、改变光照强度（如微波、激光）和核辐射等。本章重点讨论实验室使用最多的加热与冷却、物质干燥、压强与真空技术，也学习固体试样的前期处理方法。

3.1　加热与冷却

有些化学反应特别是一些有机化学反应，往往需要在较高温度下才能进行；许多化学实验的基本操作，如溶解、蒸发、灼烧、蒸馏、回流等过程也都需要加热。相反，一些放热反应如果不及时除去反应所放出的热，就会使反应难以控制；有些反应的中间体在室温下不稳定，反应必须在低温下才能进行；此外，结晶等操作也需要降低温度以降低物质的溶解度，这些过程又都需要冷却。所以，加热和冷却是化学实验中经常遇到的。

加热与冷却的实质是以室温为参照系而进行的推动温度变化的操作，其目的是有利于反应的顺利进行。从技术上讲，加热与冷却都包括直接和间接两种方法。

3.1.1　加热

1. 加热装置及使用方法

在化学实验中，常用酒精灯、酒精喷灯、煤气灯、电炉、电加热套、电热板等作为加热仪器。

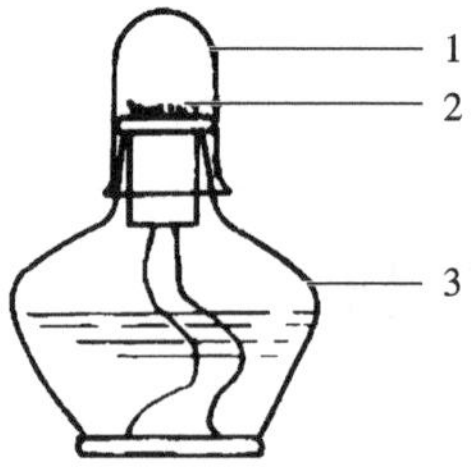

图 3-1　酒精灯

1. 灯罩；2. 灯芯；3. 灯壶

1）酒精灯

酒精灯由灯罩、灯芯、灯壶三部分组成，如图 3-1 所示。酒精灯一般是玻璃制的，其灯罩带有磨口，不用时将灯罩盖上，以免酒精挥发。酒精易燃，使用时必须注意安全。灯内酒精不能装得太满，不宜超过其容积的2/3。应该用火柴点燃，切勿用燃着的酒精灯直接去点燃，否则灯内的酒精会洒在外面，引起火灾。添加酒精时，应先将灯熄灭，然后借助漏斗将酒精加入灯内，熄灭火焰时用灯罩盖上即可，勿用嘴吹。酒精灯的温度通常为 400～500 ℃。

2）酒精喷灯

实验室中常见的酒精喷灯的结构如图 3-2 所示。使用时先在预热盘内注满酒精，然后点燃盘内的酒精，加热铜制灯管，待盘内酒精将近燃完时，打开空气调节器，用火柴点燃。由于酒精在灼热灯管内气化，并与来自气孔的空气混合，燃着时即可得到温度很高的火焰。

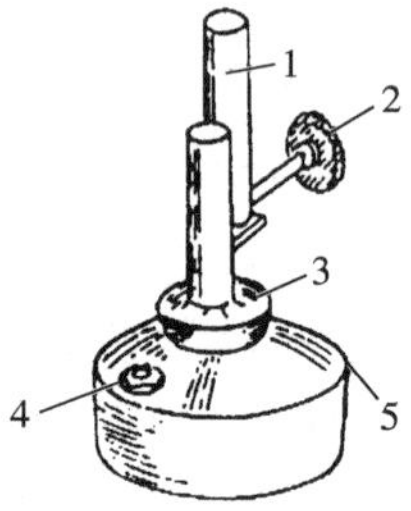

图 3-2　座式酒精喷灯

1. 灯管；2. 空气调节器；3. 预热盘；4. 壶盖；5. 酒精壶

使用喷灯时应先检查储罐中的酒精是否够用，不要在使用中途向储罐中添加酒精，因为外洒的酒精会引起火灾。在开启开关点燃管口以前，必须充分灼热灯管，否则酒精在灯管内不会全部气化，将有液体酒精从管口喷出，形成火雨，从而引起火灾。喷灯不用时，将开关关好。酒精喷灯的温度可达 700～900 ℃。

3）煤气灯

煤气灯是实验中最常用的加热器具，使用十分方便，它的样式虽多，但构造原理是相同的，由灯管和灯座所组成，灯管的下部有螺旋，与灯座相连，灯管下部还有几个圆孔，为空气的入口，如图 3-3 所示。旋转灯管，即可完全关闭或不同程度地开启圆孔，以调节空气的进入量。灯座的侧面有煤气的入口，可接上乳胶管把煤气导入灯内。灯座下面（或侧面）有一螺旋形针阀，用以调节煤气的进入量。

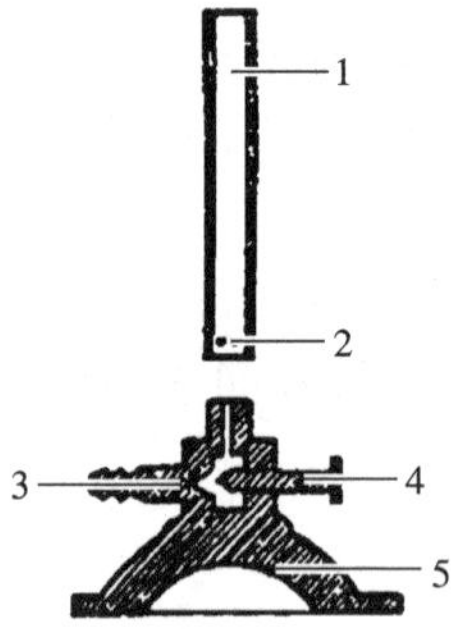

图 3-3　煤气灯

1. 灯管；2. 空气入口；3. 煤气入口；4. 针阀；5. 灯座

当灯管圆孔完全关闭时，点燃进入煤气灯的煤气，此时的火焰呈黄色（是碳粒发光所产生的颜色），煤气的燃烧不完全，火焰温度并不高。逐渐加大空气的进入量，煤气的燃烧就逐渐完全。

煤气火焰分三层。

(1) 焰心(内层):煤气和空气的混合物并未燃烧,温度低,约为 300 ℃。

(2) 还原焰(中层):煤气不完全燃烧,并分解为含碳的产物,所以这部分火焰具有还原性,称为还原焰。温度较焰心要高。火焰呈蓝色。

(3) 氧化焰(外层):煤气完全燃烧。过剩的空气使这部分火焰具有氧化性,称为氧化焰。温度在三层中最高。最高温度处在还原焰顶端上部的氧化焰中,为 800~900 ℃(煤气的组成不同,火焰的温度也有差异),火焰呈淡紫色。实验时,一般都用氧化焰来加热。

当空气和煤气的进入量调节得不合适时,会产生不正常的火焰。当煤气和空气的进入量都很大时,火焰临空燃烧,称为临空火焰。这种火焰不会持久,很快便会自行熄灭。当煤气的进入量很小,而空气进入量很大时,煤气会在灯管内燃烧而不是在灯管口燃烧,这时还能听到特殊的"嘶嘶"声和看到一束细长的火焰,称为侵入火焰 。它将烧热灯管,一不小心就会烫伤手指。遇到临空火焰或侵入火焰时,需关闭煤气门,重新调节和点燃。

煤气中的 CO 有毒,使用时要注意安全。一般煤气中都含有带特殊臭味的报警杂质,漏气时使人很容易觉察。一旦发现有漏气,应立即关闭煤气灯,查明漏气原因并加以处理。

4) 电加热装置

实验室中常见的电加热装置种类很多,常用的有电炉、电加热套、管式炉、马弗炉、电热板等。它们的加热元件是各种电热丝,这些电热丝中要求升温至 950 ℃,一般用镍铬丝;升温到 1300 ℃可用钽丝;升温到 1600 ℃可用硅碳棒;升温到 1800 ℃用铂铑合金丝;升温到 2100 ℃则用铱丝。

电炉根据功率的大小常有 500 W、800 W、1000 W、2000 W、…电炉的优点是加热面积大,受热均匀;温度的高低可通过调节电阻来控制,因此在实验中广泛使用。使用时必须注意防止电路短路,防止超越电路所允许的最大负荷,小心触电。严禁通电时操作加热物,不要把加热物品溅在电炉丝上,以免电炉丝损断。

电炉一般应放置在较厚的石棉砖、大理石板上,防止烤焦桌面;加热器皿应隔一张石棉铁丝网使受热均匀。

电加热套是玻璃纤维包裹着电炉丝织成的碗状电加热器。温度高低由控制装置调节,最高温度可达 400 ℃左右。它的容积大小一般与烧瓶的体积相匹配,从 50 mL 起,各种规格都有。加热有机物时,由于它不是明火,具有不易引起火灾的优点,热效率高。在有机实验中常用作蒸馏、回流等操作的热源。

管式炉(图 3-4)和马弗炉(图 3-5)都属于高温电炉,主要用于高温灼烧或进行高温反应。它们的外形不同但组成相似,均由炉体和电炉温度控制器两部分组成。加热元件是电热丝时,最高使用温度可达 950 ℃;如果用硅碳棒加热,最高使用温度可以达到1300 ℃左右。通常使用热电偶温度计。

管式炉有一管状炉膛,利用镍铬丝或硅碳棒来加热,炉膛中插入一根耐高温的瓷管或石英管,瓷管中再放盛有反应物的瓷舟。反应物可以在空气气氛或其他气氛中受热。

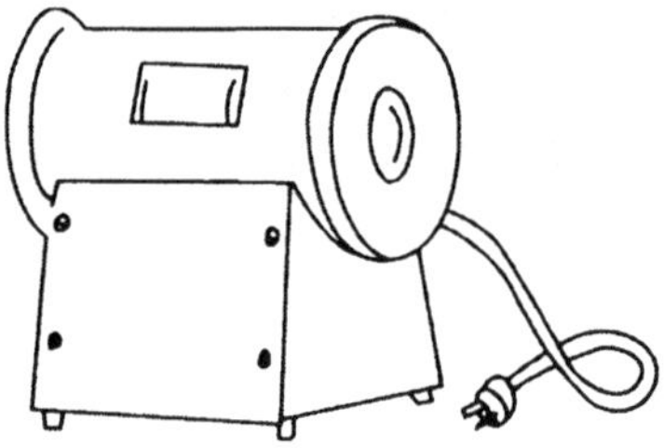

图 3-4　管式炉

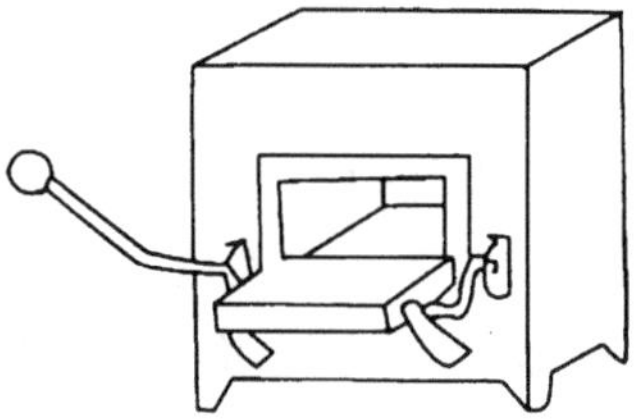

图 3-5　马弗炉

马弗炉的炉膛是一长方体,前有一炉门,打开炉门很容易放入要加热的坩埚。马弗炉内不允许加热液体和其他易挥发的腐蚀性物质。如果有灰化滤纸或有机物成分,加热过程中应适当打开炉门若干次以使氧气进去。

有时需要控制炉温在某一温度,只要把热电偶和一支接入电路的温度控制器连接起来,待炉温升到所需温度时控制器就把电源断开,使炉子的电热丝停止工作,炉温便停止上升。由于炉子散热,炉温刚稍低于所需温度时,控制器又接通电源,使电热丝工作而炉温上升。不断交替通电、断电,就可把炉温控制在某一温度附近。

电热板和一般的电炉使用方法大致相同,通常在板上铺一层细沙,烧杯等一些器皿可直接放在上面加热。

2. 加热操作

1) 直接加热

高温灼烧或对温度无严格要求,并且快速升温的实验往往采用将被加热的物体置于热源之中直接加热的方法。

2) 间接加热

当反应器皿或物质要求受热均匀时,实验室常用各种传热介质来间接加热,通常称为浴。

需要的温度不超过100 ℃时,可用煤气灯(或其他加热仪器)把水浴锅中的水煮沸,用热水或水蒸气来加热。水浴上可放置大小不同的铜圈,以承受各种器皿。水浴锅中的水不要超过其容积的2/3。加热时要随时补充水浴锅中的水,切勿蒸干。

实验室中也常用烧杯代替水浴锅,在烧杯中放一支架,可将试管放入,进行加热;在烧杯上放上蒸发皿,也可进行水浴蒸发浓缩。

比较先进的水浴加热装置是恒温水浴槽，它带有自动控温装置，使用起来方便得多。

当要求温度高于 100 ℃时，可使用油浴。用油代替水浴锅中的水即为油浴，温度可达到 100～250 ℃。油浴所能达到的最高温度取决于所用油的种类。不同油浴的温度范围详见表 2-6。要注意的是，油温升高会产生油烟，当达到燃点时还会着火。当发现油温过高而冒烟时，应停止加热。还应注意不要让水滴溅入油浴锅。

沙浴是一个充有一层均匀细沙的铁盘，用煤气灯或电炉加热，被加热的器皿放在沙上或部分埋入沙层中。若要测量沙浴的温度，可将温度计的水银球埋在靠近被加热器壁近处的沙中。一般的沙导热较慢，沙浴的温度不好控制，如果用铁沙代替，则传热效果较好，同时也便于控制温度。注意，谨防热火烧穿盘底，故以温火加热为宜。为防止盘底反射热能将盘下的桌面烤焦，需在桌面上铺上一块厚石棉板。

除水浴、油浴和沙浴外，还有空气浴、盐浴、硫酸浴、合金浴等，这里不再一一介绍。

实验室试剂、样品总是盛放在合适的器皿中加热。固体通常用酒精灯、煤气灯、电炉等直接加热。100 ℃以上易分解、变质或易挥发燃烧的溶液或纯液体一般用水浴加热。在较高温度下难以分解、变质、不挥发且不易燃烧的溶液和纯液体才可以在石棉网上用煤气灯（或酒精灯）加热，加热过程中要不断用玻璃棒搅拌，以防爆沸。

直接加热试管中的液体时应注意以下几点：

(1) 用试管夹夹持试管中上部，管口向上，略倾，不要用手拿着试管加热。

(2) 为了使试管各部分受热均匀，先加热中上部，再慢慢下移，要不时地上下移动，不要集中在试管的某一部位加热。

(3) 不要用管口对着自己和别人，以免液体局部受热喷出而伤人。

3.1.2　冷却方法

一些化学反应需要在低温条件下进行，而另一些化学反应需要传递出产生的热量，有的制备操作如结晶、液态物质的凝固等也需要低温冷却。在一般的无机化学实验中，常借助于流动的空气和冷水（自来水）带走热量而使体系温度下降，如常用的冷凝管。低于 0 ℃的实验采用冰水浴或具有制冷功能的恒温水槽，更低的温度则只得靠各种制冷剂来降温，较一般的制冷剂有冰和盐，此外还有干冰和有机溶剂、液氨、液态空气、液氮等，现一一进行介绍。

1) 冰和盐

将冰破碎成粗砂糖状，最好使用刨冰机破碎。刨的方法是沿着冰面方向操作，否则只能将冰弄碎但难以将冰刨细。

将粗沙状的冰和盐每次少量交替放入保温瓶中，放入后进行搅动，由于细冰会冻结成块，搅动时注意不要将瓶打破。

通常实验干燥用的氯化钙是无水盐，溶于水会放出大量的热，所以不能用作制冷剂。若将无水氯化钙与等量的水加热溶解后冷却至 30 ℃以下，则得 $CaCl_2 \cdot 6H_2O$，将其捣碎并和冰混合就可作为制冷剂。

用盐和冰作为制冷剂时，其理想的最低制冷温度见表 3-1，可是由于不能充分混合，要达到表中所列温度是困难的。例如，使用氯化钙时，若用 0 ℃的冰和室温下的盐相混合，最低只能达到－20 ℃，若用该制冷剂预先冷却冰和盐后再混合，则其制冷温度进一步降低直至接近表中的数值。

表 3-1　冰和盐的配比及其最低温度

盐	冰/%	盐/%	最低温度/℃
NH_4Cl	80	20	－15.4
NaCl	75.2	24.8	－21.4
$CaCl_2 \cdot 6H_2O$	41.2	58.8	－54.9

2）干冰和有机溶剂

先将干冰放入坚固的浅木箱中捣碎，为了不致引起冻伤，要戴上手套操作，再将捣碎的干冰装至杜瓦瓶内 2/3 处，逐次加入少量的溶剂，并用筷子很快搅拌成粥状。溶剂不宜一次加入很多，否则干冰的气化会把溶剂溅出。

这种制冷剂的温度随溶剂的不同而有些不同，如使用乙醇可达－86 ℃，乙醚可达－77 ℃，丙酮可达－86 ℃，但都在普通温度计的测定界限以下。

使用干冰和有机溶剂配成的制冷剂时，干冰会气化，要随时加以补充。这种制冷剂理应可以使用很长时间，但实际上由于干冰本身含有相当多的水分，而且空气中的水分也可以进入，这样溶剂中的水分增加，最终使溶剂变黏稠而难以使用。

3）液态空气与液氮

利用低沸点的液态气体可获得更低的温度，如液态氮可达－195.8 ℃，液态氧可达到－183 ℃，液态空气的温度居于二者之间，而液态氦的温度可达到－268.9 ℃。使用液态气体时应特别注意操作安全。液氧不要与有机物接触，以防止燃烧事故发生；为防止低温冻伤事故发生，操作时必须戴皮或棉手套和防护眼镜。一般低温冷浴也不要直接用手触摸制冷剂。

（耿志远）

3.2　物质的干燥

干燥就是清除物质中含的水分。根据被干燥物质中水分子的结合方式和物质本身性质的差异，物质干燥有物理干燥和化学干燥两种方法。物理方法主要通过机械挤压、离心分离以及加热等使水分脱离，而化学方法则主要靠化学吸附剂吸附水分来达到干燥的目的。7.2.2 节列举了实验室常用的干燥剂及其用法。

3.2.1　固体的干燥方法

固体试样的干燥方法大致可分为使用干燥剂的方法和通过机械挤压或加热的物理方法，为了提高干燥的效果，经常几种方法配合使用。

1. 物理方法

1）挤压法

简单的方法是在抽滤时用玻璃塞子等物的扁平部分挤压沉淀，也可将试样夹在数张滤纸间用手按压或压上重物使之干燥，还可以用压榨器压榨。若沉淀是大颗粒的晶体，则直接采用抽干的方法。

2）加热法

有的试样在很低的温度下会分解，所以要选择合适的加热温度。加热温度在 100 ℃以下的，可将试样放在水浴上的蒸发皿中，或放入水蒸气干燥器中。水蒸气干燥器是在两层器壁内部通热水进行间接加热。使用水浴或水蒸气干燥器时，要注意加热过程中不能断水。加热温度超过 100 ℃以上时，通常用电烘箱，但如要除去的溶剂是易燃的，决不能使用电烘箱。此外，还有吹热风进行干燥的方法，使用大小合适的吹风机较为方便，有条件的可使用热风干燥器，以及能够加热减压的真空烘箱。

2. 使用干燥剂的方法

1）干燥器法

这是实验室中最常用的方法。最常用的干燥器如图 3-6 所示。干燥器的下部装有干燥剂，其上放置一块带孔的圆形瓷板以盛放装固体的容器。干燥器的口上和盖子的边缘下面都带有磨口，在磨口上涂有一层很薄的凡士林、润滑剂等，这样可以使盖子盖得很严，以防外界的水汽进入干燥器内。欲干燥的物质若见阳光会发生变化，可用带色玻璃制造的干燥器。如能用真空泵抽掉干燥器

图 3-6　干燥器

内部的空气使其减压,则欲干燥物质所含水分比在常压下蒸发要快得多,从而能快速干燥,为达到这种目的所用的干燥器称为减压(或真空)干燥器。

搬动干燥器时,两手左右分开,用两只手的拇指压着盖的上缘,食指卡住干燥器口上的凸缘,方可搬动。严禁用一只手将干燥器抱在怀中,以免盖子滑落而打碎。打开干燥器时,以一只手轻轻扶住干燥器,另一只手沿水平方向移动盖子,以便把它打开后盖上。干燥器因长期放置而打不开时,可将整个干燥器均匀温热,用薄的铁片塞在缝中轻轻撬开即可。若减压干燥器的活塞转不动,可用蘸有温水的布包裹该部位,然后从活塞上慢慢加一些热水再扭动活塞。

温度很高的物体应待冷却后再放进去,放入后一定要在短时间内把干燥器的盖子打开一两次,这样做在于防止因干燥器内空气受热而增大压力将盖子冲动后,再冷却而使其中压力降低,从而使盖子难以打开。

当用水泵抽气使干燥器减压时,要注意水的倒流回吸。要使减压干燥器内部恢复常压,不能一下子将活塞全部打开,而要慢慢放进空气,否则干燥的试样会飞溅。此外,如果进入潮湿空气,会使干燥过的试样又吸湿,为此最好使空气通过氯化钙干燥管后,再进入干燥器。

干燥器中常用的干燥剂有浓硫酸、五氧化二磷、氯化钙、生石灰、氢氧化钠及氢氧化钾、氧化钡、硅胶。但一般常用硅胶,它吸湿性很强。市售的硅胶常混有氯化钴,在无水时为蓝色,吸湿后变为粉红色,当变为粉红色时就要更换。把更换的硅胶置于烘箱中烘干(变为蓝色)再生。

2)其他方法

不溶于乙醇及乙醚的物质可先用乙醇洗,然后用乙醚洗,蒸发掉乙醚就达到干燥的目的。这种方法宜用于移液管、滴定管等玻璃容器的干燥。

3.2.2　液体的干燥方法

1)蒸发或蒸馏方法

当要干燥的液体难以挥发时,经简单的蒸发或蒸馏,就能将水分等先蒸发出来。除去甘油中的水分就是一例。

2)使用干燥器的方法

要干燥的液体量少时,可与干燥固体一样,放置于内有适当干燥剂的干燥器中。

3)干燥剂直接干燥

将干燥剂直接加到所要干燥的液体中去。实验室常用无水盐类作这类干燥剂。加入干燥剂后不断进行振荡,可加快干燥速度,加温则效果更明显,但是温度要控制在干燥剂不至于又分离出水的程度。干燥完毕后,可用下述方法分离干燥剂:干燥剂吸收大量水成为溶液而分成两层时,可用分液漏斗分离;干燥剂还保留固体形状时，可过滤上层清液后再蒸馏。

不能使用固体干燥剂时，可将干燥的气体通过液体试样进行干燥。此法与气体的干燥法完全相反，但所用装置完全相同。所通气体绝对不能和被干燥液体发生作用。

3.2.3　气体的干燥方法

气体干燥方法可分为使用固体干燥剂的方法、使用液体干燥剂的方法以及液体与固体联合的方法。最重要的是选用合适的干燥剂，必须选择与所要干燥的气体不发生化学反应的干燥剂。一般说来，试样为中性时，选用氯化钙等中性物质；试样为酸性时，选用酸性干燥剂；试样为碱性时，选用碱性干燥剂，详见 7.2.2 节表 7-7。

（耿志远）

3.3　压强、真空及测量

物理学中的压力概念是指当一个作用力垂直作用于物体时，受力物体产生的形变。在化学热力学中，压力 p 是指大量气体分子与器壁碰撞，即单位面积上产生的力，它是气体分子作用的统计平均值。所以化学热力学中常研究的压力实际上是指气体的压强。

300 多年来，人们对压力概念的认识在不断地深化，并在实验和使用中积累了大量的资料。各国在历史上广泛采用各自不同的单位制，20 世纪中叶统一用国际单位制，其单位是帕(Pa)，$1\ \text{Pa}=1\ \text{N}\cdot\text{m}^{-2}$。但由于历史因素，在气象学、工程技术等领域的文献中常用一些其他单位来表示压力，如巴(bar)、毫米汞柱(mmHg)、标准大气压(atm)等。

真空是指压力小于 101.3 kPa(一个标准大气压)的气态空间。通常，人们说宇宙空间是没有空气的真空。“真空”一词，字面意思就是“完全空”、“空无一物”、“什么都没有”。但是，实地检测一下航天飞机轨道附近的空间，却发现那里仍然存在着稀薄的空气。即使是真空包装袋和暖水瓶瓶胆夹层里面，也不是什么都没有。无论采用什么办法，都无法使我们所说的真空真的是“没有一点空气”。我们所说的真空，不过是“空气极其稀薄的空间”罢了。可见，真空并不是真正的“空”，处于真空状况并非没有物质存在，它只不过比 101.3 kPa(一个标准大气压)低而已。这里就存在一个参照系和参照标准的问题，无论真空还是高压，其参照基准都是 101.3 kPa。所谓负压就是低于一个标准大气压的气体压力状态。

高压和真空都是非自然压力,实验室的高压和真空是通过专用设备(如压缩机和真空泵等)获得的。高压和真空的测量也是通过专门的仪表(如压力表和真空计等)来完成的。

3.3.1 压缩机

压缩机自1640年由德国研制成功到目前已有几百年历史。压缩机是一种将气体压缩从而提高气体压力或输送气体的机器。

常用的气体压缩机按结构形式的不同分为:往复式(活塞式、膜片式)压缩机、回转式(旋转式)压缩机、涡轮式压缩机、水环式压缩机、轴流式压缩机、喷射式压缩机及螺杆压缩机等各种形式。多年来,我国压缩机制造业取得了重大进步。例如,催化裂化装置用的主风机和富气压缩机、加氢装置用的循环氢压缩机、新氢压缩机、乙烯三大压缩机、化肥四大压缩机组等已大量应用在石化生产中,化学实验室应用最为广泛的是活塞式(往复式)压缩机。

现将实验室常用的活塞式压缩机的基本知识进行简单介绍。

活塞式压缩机是由电动机带动皮带轮通过联轴器直接驱动曲轴,带动连杆与活塞杆,使活塞在压缩机气缸内做往复运动,完成吸入、压缩、排出等过程,将无压或低压气体升压,并输出到储压罐内。其中,活塞组件、活塞与气缸内壁及气缸盖构成容积可变的工作腔,在曲柄连杆带动下,在气缸内做往复运动以实现气缸内气体的压缩。

压缩机的优点:适应较广泛的压力范围;热效率高、单位耗电量少、加工方便;对材料要求低,造价低廉;生产、使用、设计、制造技术成熟,装置系统较简单。

压缩机的缺点:转速受到限制;结构复杂、易损件多、维修工作量大;运转时有震动;输气不连续、气体压力有波动。

压缩机的排气量是压缩机的重要指标。采取以下几种方法可以有效地提高压缩机的排气量:

(1) 尽可能使余隙容积减小。

(2) 尽可能改善气缸的冷却状况,或者降低进气温度。

(3) 适当扩大气缸(或缸套)的内径(同时增大活塞的外径),用以增加行程容积,但同时考虑气缸的强度和活塞力是否允许等。

(4) 增加压缩机转速,能使压缩机排气量与转速成正比地增加,效果显著。但要考虑到增加转速的同时也会带来一些不利因素。例如,电机功率可能不够;气阀、活塞环及填料函等易损件寿命可能降低,检修频繁;运动机构惯性力增大;压缩机震动加剧等,因此在确定增加压缩机转速的方案之前需进行比较全面的分析和核算。

3.3.2 真空泵

凡能从容器中抽出气体，使气体压力降低的装置，均可称为真空泵。真空泵用于抽吸气体或蒸气，以获得真空。在化学工业与科学实验中，真空泵是常见实验装置。根据其结构的不同，真空泵可分为旋片真空泵、往复真空泵、罗茨真空泵、滑阀真空泵、液环真空泵、喷射泵等。为了达到一定的真空度，也有将两种或以上真空泵组合起来形成机组的。表 3-2 列出了国内广泛使用的部分真空泵和真空机组。

表 3-2　国内部分真空泵一览表

名　称	型　号	抽气速度	极限真空/Pa	配用功率/kW
旋片真空泵	2X(Z)型旋片式真空泵	0.5～70 $L \cdot s^{-1}$	6×10^{-2}	0.55～5.5
	XD、X 单级旋片真空泵	2.8～150 $L \cdot s^{-1}$	2×10^{-2}	0.37～15
	X 型单级旋片真空泵	30～150 $L \cdot s^{-1}$	6	4～11
往复真空泵	W 型往复真空泵	32～300 $L \cdot s^{-1}$	2000	4～30
		55～600 $L \cdot s^{-1}$	2000	5.5～45
罗茨真空泵	ZJ 型罗茨真空泵	30～5000 $L \cdot s^{-1}$	5×10^{-2}	0.75～55
		70～3000 $L \cdot s^{-1}$	5×10^{-2}	1.1～30
滑阀真空泵	H 型滑阀真空泵	8～600 $L \cdot s^{-1}$	1	1.1～55
		70～600 $L \cdot s^{-1}$	1	7.5～55
	2H 型滑阀真空泵	8～150 $L \cdot s^{-1}$	0.1	4～15
液环真空泵	2BE1、CBF 型水环式真空泵	2～450 $m^3 \cdot min^{-1}$	3.3×10^3	7.5～710
	2BE1 型双级水环式真空泵	5～320 $m^3 \cdot min^{-1}$	3.3×10^3	11～380
	2BV 型水环式真空泵	0.3～8.3 $m^3 \cdot min^{-1}$	3.3×10^3	0.81～15
	2SK 型双级水环式真空泵	0.4～30 $m^3 \cdot min^{-1}$	3.5×10^3	2.2～55
	S、SK 型水环式真空泵	0.67～25 $m^3 \cdot min^{-1}$	$(3.5\sim4)\times10^3$	1.5～55
	SK 型水环式真空泵	0.4～120 $m^3 \cdot min^{-1}$	$(8\sim15)\times10^3$	1.1～185
	SZ、SK 型水环式真空泵	1.5～27 $m^3 \cdot min^{-1}$	$(5\sim14)\times10^3$	5.5～75
	SK、2YK 型水环式真空泵	5～280 $m^3 \cdot min^{-1}$	10^4	22～380
	FSK 型水环式真空泵	3～9 $m^3 \cdot min^{-1}$	$(5\sim14)\times10^3$	7.5～22
	YL 型液环式真空泵	5～25 $m^3 \cdot min^{-1}$	9×10^4	30～132
真空泵机组	JZJ 型罗茨、旋片真空泵机组	30～1200$L \cdot s^{-1}$	$(1\sim5)\times10^{-2}$	1.3～26
	JZJ1 型罗茨、旋片真空泵机组	70～1200$L \cdot s^{-1}$	$(5\sim10)\times10^{-2}$	4.3～22.5
	JZJS 型罗茨、水环真空泵机组	70～600$L \cdot s^{-1}$	25～650	7～39.5

续表

名称	型号	抽气速度	极限真空/Pa	配用功率/kW
真空泵机组	JZJ1S 型罗茨、水环真空泵机组	150～600 $L \cdot s^{-1}$	25～650	9.7～24.7
	JZJH 型罗茨、滑阀真空泵机组	300～1200 $L \cdot s^{-1}$	10^{-1}	11.5～26
	2BW4 型水环真空泵成套机组	10～95 $m^3 \cdot min^{-1}$	10^3	45～185

目前实验室规范使用的是循环水式真空泵。在实验室中，真空泵主要用于以下四个方面。

(1) 真空干燥：真空泵与干燥箱连接，样品在真空干燥箱中能在较低温度下除去样品中的水分及难挥发的高沸点杂质，以免样品在高温下分解。

(2) 真空蒸馏：即减压蒸馏，可以降低物料的沸点，使其在较低温度下进行蒸馏，适用于在高温下易分解的有机物的蒸馏。

(3) 真空过滤：对于难以过滤的物料，真空过滤可以加快过滤速度。

(4) 精密测试：用于在稀薄气体条件下进行的实验，如质谱分析等。

另外，真空泵还可用于需要抽真空的实验，如管道换气等。

1) 真空泵的结构与原理

化验室内常用的真空泵是油封机械真空泵，真空度一般为 10^{-1}～1 Pa。这种泵有一个钢制的圆筒形定子，定子里有一个偏心的钢制实心圆柱作为转子，转子直径上嵌有带弹簧的滑片，当电机带动转子转动时，滑片在圆筒形的腔体中运转，使泵腔隔成两个区域，其容积周期性地扩大或缩小。将待抽的气体容器接在泵的进气口后，当泵腔空间增大时，吸入待抽气体，随着转子转动，气体被压缩而后从排气口排出。转子不断转动，吸气、压缩、排气过程不断重复进行，容器内气体不断减少，气压不断降低。

整个机件浸在盛润滑油的箱中，润滑油的蒸气压很低，能起到润滑、密封和冷却作用。

2) 真空泵的使用与注意事项

以油封机械真空泵为例，使用注意事项如下：

开泵前先检查泵内油的液面是否在油孔的标线处。油过多，在运转时会随气体由排气孔向外飞溅；油不足，泵体不能完全浸没，达不到密封和润滑作用，对泵体有损坏。

真空泵由电动机带动，使用时应使电源电压与电动机要求的电压相符。对于三相 (380 V)电动机，送电前要先取下皮带，检查电动机转动方向是否相符，勿使电动机倒转，造成泵油喷出。检查完后，再连上皮带。

不可直接抽可凝性蒸气，如水蒸气、挥发性液体以及腐蚀性气体（如 HCl、Cl_2 和 NO_2）等。为防止这些气体进入泵内，应在进气口前连接一个或几个净化器，根据实际需要内装无水 $CaCl_2$ 或 P_2O_5 以吸收水分，装石蜡油吸收有机蒸气，装固体 NaOH 吸收腐蚀性气体。

真空泵运转时要注意电动机的温度，不可超过规定温度（一般为 65 ℃）。不应有摩擦和金属撞击声。如有异常，应停机请专业人员检修。

停泵前，应使泵的进气口先通入大气后再切断电源，以防泵油返压进入抽气系统。为此，在进气口处最好接一个三通活塞，停机前使三通活塞处于既保持系统处于真空，又使泵体处于通大气的位置。

真空泵应定期清洗进气口处的细纱网，以免固体小颗粒落入泵内，损坏泵体，使用半年或一年后，必须换油。

3.3.3　压力计

在化学工业与科学实验中，过程的操作压力是一个非常重要的参数。压力测量仪器种类很多，现将实验室常用的液柱式压力计、弹簧管压力计作一简单介绍。

1. 液柱式压力计

液柱式压力计是利用液柱所产生的压力与被测介质压力相平衡，然后根据液柱高度确定被测压力值的压力计。液柱所用的液体种类很多，可以采用单纯物质，也可以用液体混合物，但所用液体在与被测介质接触处必须有一个清楚而稳定的分界面，也就是所用液体不能与被测介质发生化学作用或混合作用，以便准确地读数。同时所用的液体密度及与温度关系必须是已知的，液体在环境温度的变化范围内不应气化或凝固，常用的工作液体有汞、水、乙醇、甲苯等。

1）U 形管压力原理

U 形管压力计的结构如图 3-7 所示。它是一根弯成 U 形的玻璃管，在 U 形管中间装刻度标尺 3，读数的零点在标尺的中央，管内充满工作液体到零点处。支管 1 与支管 2 分别接通被测介质和大气。

如果被测介质是气体，可得到被测的压力 p_x 为

$$p_x = h\rho g$$

式中，ρ 为工作液体的密度，$kg \cdot cm^{-3}$；g 为重力加速度，$m \cdot s^{-2}$。

如果被测介质是液体，平衡时还要考虑被测介质的密度，被测压力为

$$p_x = h(\rho - \rho_x)g$$

式中，ρ_x 为被测介质的密度，$kg \cdot cm^{-3}$。

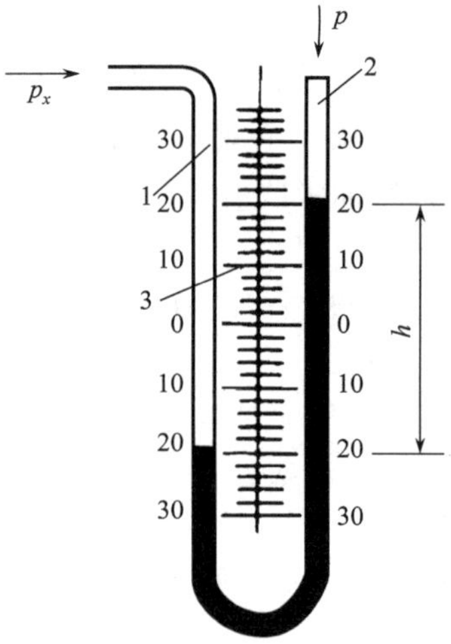

图 3-7 U 形管压力计

1. 支管;2. 支管;3. 刻度标尺

2) 液柱式压力计使用注意事项

液柱式压力计虽然结构简单、使用方便、测量准确度高,但耐压程度差、结构不牢固、容易破碎、测量范围小、示值与工作液体密度有关,因此在使用过程中必须注意以下几点:

(1) 被测压力不能超过仪表测量范围。有时因被测对象突然增压或操作不当造成压力增大,会使工作液被冲走。若是汞工作液被冲走,既带来损失又可能造成汞中毒的危险,在工作中要特别注意。

(2) 被测介质不能与工作液混合或发生化学反应。当被测介质与汞混合或发生反应时,则应更换其他工作液或采取加隔离液的方法。

(3) 液柱压力计安装位置应避开过热、过冷和有震动的地方。因为过热工作液容易蒸发,过冷工作液可能冻结,震动太大会把玻璃管震破,造成测量误差,有时根本无法指示。一般,冬天常在水中加入少许甘油或者采用乙醇、甘油、水的混合物作为工作液以防冻结。

(4) 由于液体的毛细现象,在读取压力值时,视线应该在液柱面上,观察水时应看凹面处,观察汞面时应看凸面处。

(5) 水平放置的仪表,测量前应将仪表放平,再校正零点。如果工作液面不在零位线上,可调零位器或移动可变刻度标尺或灌注工作液体等,使零位对好。

(6) 工作液为水时,可在水液中加入一点红墨水或其他颜色,以便观察读数。

(7) 在使用过程中保持测量管和刻度标尺的清晰,定期更换工作液。经常检查仪表本身和连接管之间是否有泄漏现象。

2. 弹簧管压力计

弹簧管压力计主要由弹簧管、齿轮传送机构、示数装置(指针和分度盘)以及外壳等几个部分组成。为了保证弹簧管压力计正确指示和长期使用,一个重要因素是仪表的安装和维护质量。在使用和安装时应注意下列各项规定:

(1) 仪表工作在正常允许的压力范围内,在静压力下一般不应该超过测量上限值的 70%,在波动压力时,不应该超过测量上限的 60%。

(2) 工业用压力表应该在环境温度为 −40～+60 ℃,相对湿度不大于 80%的条件下使用。

(3) 仪表安装处与测定点间的距离尽量短,以免指示迟缓。

(4) 在震动情况下使用仪表时需要使用减震装置。

(5) 测量结晶或黏度较大的介质时，要加装隔离器。

(6) 仪表必须垂直安装，无泄漏现象。

(7) 仪表的测定点与仪表的安装处应处于同一水平位置，否则将产生附加高度误差。必要时需加修正值。

(8) 测量爆炸、腐蚀、有毒气体的压力时，应该使用特殊的仪表。氧气压力表严禁接触油类，以免爆炸。

(9) 仪表必须定期校验，合格的表才能使用。

3.3.4　真空计

真空状态下气体的稀薄程度常以压强值表示，习惯上称为真空度。不同的真空状态，意味着该空间具有不同的分子密度。在现行的国际单位制中，真空度的单位与压强的单位均为帕斯卡(Pascal)，简称帕，符号为 Pa。

真空计是一种测量真空系统气体压力的仪器，其测量部分为真空规。真空规一般可分为绝对真空规和相对真空规两大类，前者如麦克劳(McLeod)真空规或称麦氏真空规，后者如热偶规、电离规等。热偶规或电离规与指示仪表组成的仪器即通常所称的真空计。绝对真空规目前多用于校正。在教学、科研和生产中常用相对真空规。在 $10^{-6}\sim10^{1}$ Pa 范围热偶规和电离规是使用最多的两种规管。

1. 热偶规

1) 热偶规工作原理

热偶规适用于测 $10^{-1}\sim10^{1}$ Pa 的低真空系统。热偶规核心部分为热丝和热偶丝，其附属设备为电源和用于热电势测量的毫伏表。

2) 热偶规的使用方法

(1) 工作电流的确定：热偶规管在启封之前的真空管一般为 $10^{-3}\sim10^{-2}$ Pa，具体数值在出厂时均有标示。将未启封的热偶规管通过缆线与复合真空计相接。将规管选择开关置于“热偶”处。通电预热 10 min，将热偶规状态选择开关置于“测量”处，调节热偶规加热电流旋钮，使表头指针恰好指在规管出厂时标示的压力处，并保持 3 min 不变，再将开关拨到“电流”位置。如此反复测量三次。此时表头上的电流示值即为该热偶规的工作电流值。该电流数值通常为 110 mA 左右。热偶规管使用一段时间后应定期校正。

(2) 规管安装：将规管启封，使规管启封口朝上，底座朝下，垂直安装于已使用的真空系统，接入方式可用适当长度的真空乳胶管或各种类型的插压密封座。对于玻璃系统可直接焊封上去。

(3) 真空度的测量：热偶规主要用于低真空的测量。在规管与真空系统连接好之后，将规管选择开关拨到“热偶”位置，接通总电源，仪器右上角的指示灯同时显示。调整加热电流旋钮至启封前所确定的工作电流值。然后将操作开关拨到“测量”位置,表头中间一行刻度值即为此时系统的真空度。

2. 电离规

电离规可以认为是一个特制的三极管,它适用于 10^{-6} ～ 10^{-1} Pa 的高真空系统。

当系统达到高真空(<1×10^{-1} Pa)时,才可以使用电离规进行测量。此时将规管选择开关拨到“电离”位置,接通电源,仪器进入工作状态。测量除气转换开关置于“测量”,电离规操作开关拨到“发射”位置,按下启动按钮,即能听到仪器内部继电器吸动声。此时电离指示灯点亮,表示电离规管已加热工作。调节灯丝发射电流旋钮,使表头指针至红线刻度“5”处,即发射电流为 5 mA。将电离规操作开关拨到“调零”位置,调节满调旋钮,使表头指示为零位。再拨到“满调”位置,并调节满调旋钮使表头指针至满刻度。如此反复三次,然后将操作开关顺时针拨到适当挡位,表头最外一行刻度值乘上该挡位的数量级,即为系统的真空度。

当系统压力低达 1×10^{-3} Pa 时,应对电离规管进行除气。将测量除气开关拨到“除气”位置,同时将操作开关灵敏度降低一挡。除气完毕,则将开关拨回“测量”位置。注意,除气时间不宜过长。

3. 复合真空计

复合真空计与热偶规及电离规配套使用。各种牌号产品的工作原理及面板开关大同小异,图 3-8 为 SG-3 型复合真空计控制面板。

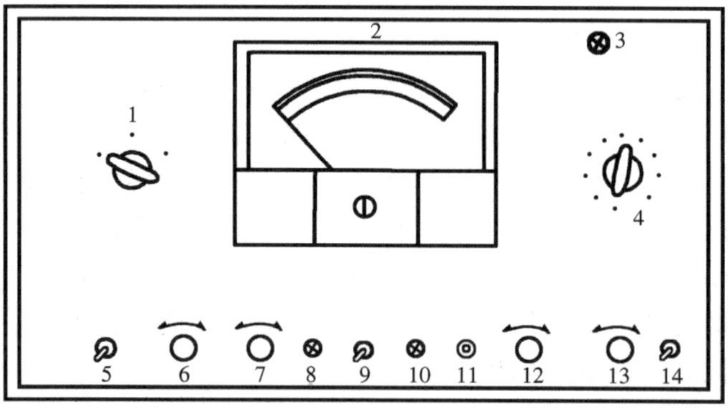

图 3-8 SG-3 型复合真空计控制面板

1. 热偶规状态选择开关;2. 指示表;3. 总电源指示灯;4. 电离规操作开关;5. 总电源开关;6. 热偶规加热电流旋钮;7. 热偶规满度调节旋钮;8. 热偶规工作指示灯;9. 热偶-电离规管选择开关;10. 电离规指示灯;11. 电离规启动按钮;12. 灯丝发射电流调节旋钮;13. 零调旋钮;14. 测量-除气转换开关

3.3.5　气压计

测定大气压力的仪器称为气压计，气压计的种类很多，实验室常用的有福丁(Fortin)式气压计和固定杯式气压计。现简单介绍如下。

1. 福丁式气压计结构原理

福丁式气压计是一种单管真空汞压力计，其结构如图 3-9 所示。

福丁式气压计是以汞柱来平衡大气压力。大气压力原来直接以汞柱的高度(mmHg)来表示。近来生产的新产品气压计以国际单位 Pa 或 kPa 来表示。在气象学上，也常用 bar 或 mbar 作单位。

福丁式气压计主要结构是一根长 90 cm、上端封闭的玻璃管，管中盛有汞，倒插入下部汞槽内，玻璃管中汞面上部是真空，汞槽下部用羚羊皮袋作为汞储槽，它与大气相通，汞不会漏出。在底部有一调节螺旋，可用来调节其中汞面的高度。象牙针的尖端是黄铜标尺刻度的零点，利用黄铜标尺上的游标尺，读数的精度可达 0.1 mm 或 0.05 mm。

从以上可看出，当大气压力与汞槽内的汞面作用达到平衡时，汞就会在玻璃管内上升到一定高度，通过测量汞的高度，就可确定大气压力的数值。

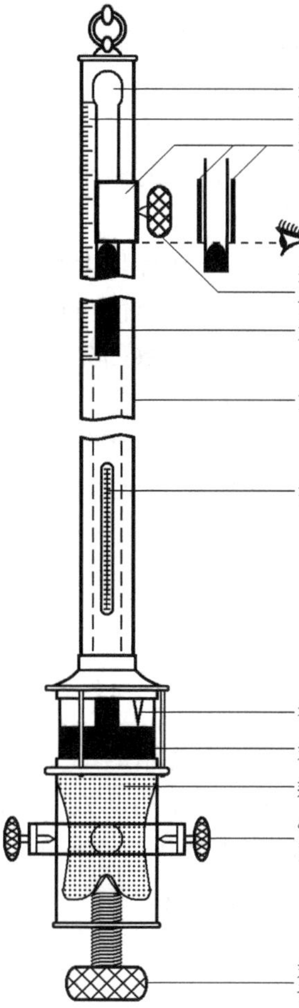

图 3-9　福丁式气压计结构

2. 气压计的使用方法

1）铅直调节

福丁式气压计必须垂直放置。在常压下，若与铅直方向相差 1°，则汞柱高度的读数误差大约为 0.015%。为此，在气压计下端，设计一固定环，在调节时先拧松气压计底部圆环上的三个螺旋，使气压计铅直悬挂，再旋紧这三个螺旋，使其固定。

2）调节汞槽内的汞面高度

慢慢旋转底部的汞面调节螺旋，使汞槽内的汞面升高，利用汞槽后面白瓷板的反光，注视汞面与象牙针间的空隙，直至汞面恰好与象牙针尖相接触，然后轻轻扣动铜管使玻璃管上部汞面弯曲正常，这时象牙针与汞面的接触应没有什么变动。

3）调节游标尺

转动游标尺调节螺旋，使游标尺的下沿边与管中汞柱的凸面相切，这时观察者的眼睛和游标尺前后的两个下沿边应在同一水平面。

4）读数

游标尺的零线在标尺上所指的刻度为大气压力的整数部分(mmHg 或 kPa)，再从游标尺上找出一根恰与标尺某一刻度相吻合的刻度线，此游标刻度线上的数值即为大气压力的小数部分。

5）整理工作

向下转动汞槽液面调节螺旋，使汞面离开象牙针，记下气压计上附属温度计的温度读数，并从所附的仪器校正卡片上读取该气压计的仪器误差。

（李　玲　孙都成）

3.4　固体样品的处理

物质化学研究使用的都是该物质的样品，也称试样。样品最重要的是具有代表性。由于固体的非流动性，往往成分复杂且非均一。因此，为了满足研究的要求，固体样品都需要进行不同的预处理。除了本节讨论的无机矿物类试样，第 5 章将主要讨论生物样品。

3.4.1　物理处理

物理处理是指利用机械、重(浮)力、电磁光等手段对固体物料进行破碎、均匀、富集等操作，以利进一步对样品进行分析和加工。物理处理最大的优点是样品直接反映了目标物质* 在物料中原有的化学形态，成本也较低，但对于目标物质含量(品位)太低、嵌布粒度细和结合形态复杂的物料，物理处理就显得有点力不从心。

1. 粉碎

生产上的固体物料如矿石、工业废渣常需要粉碎才能使用。粉碎不仅使样品物料变小，有利于改善反应界面，而且也是物料均匀化的措施。工业上使用粉碎机械(表 3-3)来粉碎物料，而且一般需经逐次粉碎(称为粗碎、中碎、细碎)才能够达到所需要的粒度。

---

* 是指该处理操作的作用对象，可能是有用的组分，也可能是杂质。

表 3-3　常用工业粉碎机械及其适用范围

类　别	工作原理	适用范围
颚式破碎机	劈碎＋击碎	粗碎
圆锥破碎机	压碎＋折断	粗碎、中碎、细碎
辊式破碎机	劈碎＋研磨	粗碎、中碎(软料)、细碎(硬料)
冲击破碎机	击碎	粗碎、中碎、细碎(脆料)
磨碎机	研磨	细碎

就机械原理而言，粉碎包括破碎和磨碎(图 3-10)。前者的产物大部分直径大于 5 mm，后者产物直径则多小于 5 mm，甚至更小。工作中，前者的粉碎部件相互不接触，物料在空隙中被粉碎，后者则可能相互接触。在矿山中，粉碎都是单独的、能耗最高的作业，接近选矿厂能耗的一半。

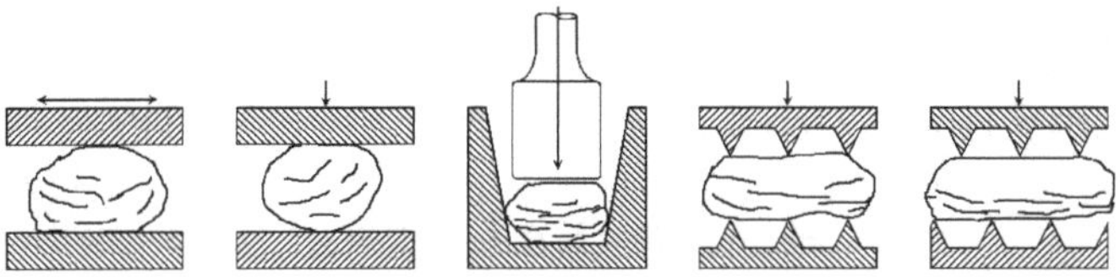

图 3-10　粉碎方式

实验室试样一般都是按照规定方法采集的样品，粒度大都处于细碎范围。因此，一般都可以用研钵(详见 7.2.3)捣碎样品。捣碎时也总是破碎与研磨并行。

2. 分级与缩分

无论是工业生产还是实验室，从大量物料中采集少量(甚至微量)样品的过程都必须依据严格的操作程序才能保证样品的代表性。图 3-10 所示的虽然是工业上获取样品的程序，但其原理和方法对实验室研究同样适用。

1) 分级

所谓分级就是把颗粒大小不一的物料按粒度分成若干粒群的过程。实践中最常用的工具是筛(表 3-4)，因而这个过程也称为筛分。

表 3-4　工业用筛

类　别	筛分部件	适用范围
棒条筛	格条	粗料筛分
滚轴筛	带滚子或滚盘的转轴	给料＋筛分

续表

类　别	筛分部件	适用范围
旋转筒筛	封闭式孔板或筛网	湿式粗筛分
振(摇)动筛	筛网	各种粒度

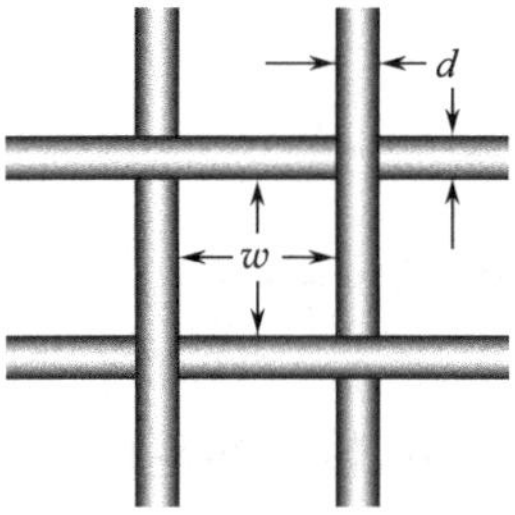

图 3-11　筛孔

实验室常用的分样筛是一系列外形相同、按筛网孔径由大到小重叠在一起的筛子，且上有盖、下有盛料盘组成。使用时物料放在最上层大孔径筛里，摇动筛分时，不同粒度的颗粒被相应孔径的筛拦截，从而自上而下由粗到细被分级。

筛的孔径大小传统上称为目。这是一个英制标准，是指在 1 in(英寸，1 in＝2.54 cm)的长度上排列的筛孔(含筛丝)的数目。显然，目数会受到筛丝直径的影响。因此，在我国的国家标准 GB/T 6005—2008 中，依据 ISO 565—1990，直接用科学的网孔大小 w 作为标准(图 3-11、表 3-5)。

表 3-5　实验筛网孔基本尺寸

w/mm	d/mm	w/mm	d/mm
1.000	0.56	0.710	0.450
0.500	0.315	0.355	0.224
0.250	0.160	0.180	0.125
0.125	0.090	0.063	0.045
0.045	0.032		

注：摘自 GB/T 6005—2008。

生产上，粉体物料则按照不同粒度重力差异来进行风力分级，最小粒径可达 0.5 μm，如刚玉、碳化硅粉体。

如果矿石中结构不均匀，粉碎时一部分硬而坚固的矿物粒度比较大，而其他较软和较脆的矿物粒度就小得多，这时筛分也可以实现分选，行业里称为选择破碎。

2) 缩分

样品的可靠性主要受五个因素影响：样品密度、目标组分含量、允许误差、样品粒度和均匀程度。这些也是决定取样量的因素。其中，前三项常是确定的，只有后两项可以通过操作来控制。从图 3-12 的程序可知，取样是一个逐步缩小总体的过程，称为缩分。在矿物学中，通常使用经验公式来确定每次缩分的程度：

$$Q=Kd^2$$

式中，Q 为样品的最低可靠质量，kg；d 为样品的最大颗粒直径，mm；K 为根据样品特性确定的缩分系数，可以由实验来测算，在矿物分析的专业书籍中也可以直接查得，常用的经验值为 0.5。

缩分时，样品需先行混匀。大量样品常采用堆锥法，工业上还使用专门的工具——二分器。二分器的盛样槽被横分成 $2n$ 等份，奇数格和偶数格的斜底分朝左右。送入盛样槽中的样品立即被一分为二，缩分比例为 1/2。

实验室常采用四分法(图 3-13)，每次的缩分比例也为 1/2，如此反复就可以获取所需的试样。

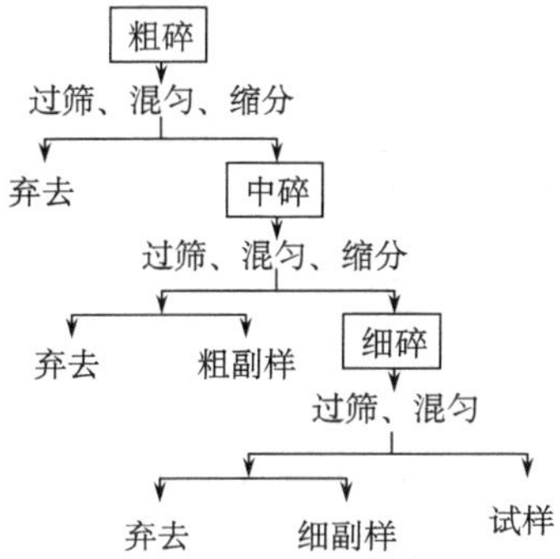

图 3-12　样品的缩分

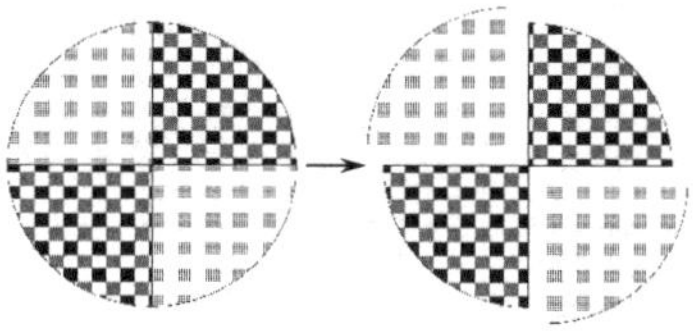

图 3-13　四分法缩分

3. 分选

分选是选矿业中的一个术语，是指利用颗粒的任何天然或人工的差异进行选别的过程。分选的目的是选出目标物质含量高的颗粒，淘汰含量低的，因而也是一个富集的过程。一般而言，分选一词主要用于固体颗粒物的物理选别。

重力分选简称重选，其原理是颗粒之间因密度差而在介质中沉降速度不同从而被选别。

$$V = \pm\sqrt{\frac{\pi d \mid \delta - \rho \mid g}{6\psi\rho}}$$

式中，d 为颗粒的直径；δ 和 ρ 分别为颗粒和介质的密度；ψ 为阻力系数；g 为重力加速度。$\delta-\rho>1$ 时，V 取正值；$\delta-\rho<1$ 时，V 取负值。

选矿业中常运用经验比值 $\left|\frac{\delta_2-\rho}{\delta_1-\rho}\right|$ 来评价选别的难易程度，其中 δ_1 和 δ_2 是轻重两种不同颗粒的密度。当比值大于 2.5 时分选容易，小于 1.25 时则分选困难。

为了有效选别，介质的密度应介于轻重颗粒的密度之间。水是生产上应用最广泛的重选介质。有时为了提高选别效果，采用氯化钙等无机盐类水溶液甚至四氯化碳等有机高密度液体作为介质，称为重介质分选。

浮选就是利用物料自身表面活性,或经药剂处理后获得疏水亲气(或亲油)特性,在相界面(水-气或水-油界面)聚集,或发生气泡吸附分离,达到物料富集和纯化的过程。由于浮选比重选适应面广,选别效率更高,已经发展出离子浮选、沉淀浮选和溶剂浮选三大类,富集系数通常达 10^4,在生产上应用非常广泛,有兴趣的读者请参阅专门文献。

随技术进步,分选的方法和选别精度都不断发展,除上述重选、浮选之外,还有磁选、电选、光色选等多种方式。

3.4.2 化学处理

化学处理是利用化学手段对物料中目标物质进行富集或提取等操作,从而得到化学精矿或直接加工成产品的过程。化学处理不嫌"贫"怕"杂",能得到富集度或纯度更高的样品,但一般成本较高,设备腐蚀大,废弃物处置困难。

1. 焙烧

焙烧是在适当气氛中用低于其组分熔点的温度加热固体物料,使目标组分自身或与炉气发生化学反应转变成适于后续处理作业所要求形态的过程。通常把焙烧前的物料称为生料,焙烧后的称为熟料,选矿业中称为焙砂。焙烧适宜处理低品位的复杂物料,而且可以对未经选别的物料直接处理。

焙烧方案的设计依据是后续作业的工艺要求和物料的性质。根据焙烧过程中目标组分的反应性质,一般可分为以下五种类型。

1) 氧化焙烧

以空气中的氧为氧化剂构造出的氧化气氛中,目标组分被氧化。

氧化焙烧硫化矿,形成相应的固态金属氧化物。

$$4FeS_2(\text{黄铁矿}) + 11O_2(673K) = 2Fe_2O_3 + 8SO_2 + 373.88\ kJ \cdot mol^{-1}$$

在严格控制条件并加催化剂的情况下,金属硫化物可以转变成可溶于水的金属硫酸盐。因此也称为硫酸化焙烧。

$$MS + 2O_2 = MSO_4$$

$$MO + SO_3 = MSO_4 \qquad M = Cu、Co、Ni$$

在焙烧过程中加入硫酸钠、氯化钠、碳酸钠等添加剂形成金属含氧酸钠是从矿物中提取钒、钨、铬等的重要方法。

$$4FeCr_2O_4(\text{铬铁矿}) + 8Na_2CO_3 + 7O_2 \longrightarrow 2Fe_2O_3 + 8Na_2CrO_4 + 8CO_2$$

因为焙砂的下一步工序往往是浸取,所以本方法也称加盐焙烧-浸取法。

2) 还原焙烧

在还原性气氛中焙烧,把金属氧化物矿物还原成金属单质是人类最早的冶金术。如果对还原气氛进行控制，可以把赤铁矿(Fe_2O_3)还原成磁铁矿(Fe_3O_4)。

$$3Fe_2O_3 + CO \longrightarrow 2Fe_3O_4 + CO_2$$

因为物料是由弱磁性的赤铁矿转变为强磁性的磁铁矿，也称为磁化焙烧。熟料更适合于磁选。

3）氯化焙烧

在一定的气氛和有氯气或固体氯化剂存在的条件下焙烧物料(金属氧化物、碳酸盐、硫化物)，生成可溶性固态的或挥发性气态的金属氯化物的过程称为氯化焙烧。

氯化焙烧是难选矿物原料预处理的重要方法，特别适宜于低品位、多组分、重有色金属矿料，早期主要用于贵金属的直接氯化，现应用相当广泛(表 3-6)。尤其是氯化离析，对铜和铜镍氧化矿的精选特别有利，而且 Sb、Bi、Co、Pb、Zn、Sn、Fe、Au、Ag、Pt 都可以发生离析反应。

表 3-6　氯化焙烧的各种工艺

分类依据		名　称	技术概要
温度	中温	氯化焙烧-浸出法	固态产物留于焙砂，再经水或其他溶剂浸出
	高温	氯化挥发法	气态产物于冷凝系统收集后再用化学法分离
还原剂	无	直接氯化焙烧法	金属与氯化剂直接在炉气中反应
	有(碳)	还原氯化焙烧法	炉气含氧量降低，促使难氯化金属形成气态产物
		氯化离析法	气态产物挥发的同时，单质在碳粒表面析出

4）热解焙烧

碳酸盐物料加热焙烧，碳酸根分解而形成相应的金属氧化物。热解后熟料品位提高，质地疏松，便于进一步粉碎和分选。

$$CaCO_3(\text{石灰石}) \longrightarrow CaO + CO_2\uparrow$$

$$3FeCO_3(\text{菱铁矿}) \longrightarrow Fe_3O_4 + 2CO_2\uparrow + CO\uparrow$$

5）转晶焙烧

转晶焙烧是通过直接或有添加剂的焙烧，使物料中目标组分的惰性晶形结构转化成容易加工形式的过程。

铝土矿是一大类组成、含量有差异的矿物，一般表达为 $Al_2O_3 \cdot 2H_2O$，实际上是一种化学稳定的晶体结构。焙烧铝土矿，目标组分可脱水生成氧化铝的各种变体。在 723 K 脱水生成 γ-Al_2O_3，强热到 1273 K 转变为 α-Al_2O_3。γ-Al_2O_3 既能溶于酸又能溶于碱，便于加工。α-Al_2O_3 性质稳定，不溶于一般酸碱盐，且硬度很大，俗称刚玉。

硅酸钠又称为水玻璃，由纯碱和石英砂按一定比例均匀混合，在 1400～1500 ℃进行焙烧熔融，熟料经水淬冷却形成玻璃料，趁热投入溶解槽内，再通入蒸气溶解，经沉降、浓缩而制得。

$$nSiO_2(\text{石英砂}) + NaCO_3 \longrightarrow NaO \cdot nSiO_2 + CO_2\uparrow$$

除用于样品的预处理，焙烧也是制备无机化合物的一种技术，参见《无机物制备》第 1 章。

2. 浸取

浸取是利用特定的溶剂把物料中的目标组分溶出形成溶液的过程。浸取的物料对象可以是原矿、物理分选的中矿、不合格精矿、化工和冶金过程的中间产品、固体废弃物等，也是处理难选矿的一种方法。为了提高浸取效果，粉碎、加热、搅拌是常用的措施，某些物料也可以预先焙烧。

浸取是一个较为复杂的处理过程，技术要求和成本一般也较高，因此，目标组分的选择性和浸出率、溶剂价格和耗量、设备要求和腐蚀、劳动保护和安全等都是评价工艺优劣的常用指标。

由于杂质也可以和溶剂反应而进入溶液或形成障碍物(如 $CaSO_4$)，目标物的价态、晶体结构等都会影响到化学反应活性，所以在选择浸取方法时需要谨慎，必要时要通过实验来确定。常见浸取方法见表 3-7。

表 3-7 常见浸取法

方法	溶剂	目标组分举例
水法	水	焙砂
酸法	硫酸	铀、钴、镍、锌、磷等氧化物
	盐酸	磷、铋氧化物，钨精矿脱铜、磷、铋等
碱法	碳酸钠	铀
	硫化钠	砷、锑、汞等硫化物
盐法	高铁盐	铜、铅、铋等硫化物
	次氯酸钠	钼硫化物
络合	氨水	铜、钴、镍
	氰化物	金、银等贵金属
生物	细菌	铜、铀、钴、锰、砷

目标组分的浸出过程涉及今后将要学习的诸多化学原理，因此此处只作简单介绍。

1）酸法

酸法浸取是最常用的方法。硫酸、盐酸、硝酸及亚硫酸等皆可作为溶剂，其中以硫酸使用最广。目标组分一般要求是氧化物、硫化物、碳酸盐、金属含氧酸的形式。

$$CuCO_3 \cdot Cu(OH)_2\text{（孔雀石）} + 2H_2SO_4 \longrightarrow 2CuSO_4 + 3H_2O + CO_2\uparrow$$

$$SrCO_3\text{（菱锶矿）} + 2HCl \longrightarrow SrCl_2 + H_2O + CO_2\uparrow$$

$$FeCr_2O_4\text{（铬铁矿）} + 4H_2SO_4 \longrightarrow Cr_2(SO_4)_3 + FeSO_4 + 4H_2O$$

2）碱法

尽管碱法浸取的应用范围远较酸法小，成本也较高，但因为此法的选择性更强，因此在一些特殊的场合更有效。碱法浸取常用的溶剂有碳酸钠、苛性钠和硫化钠水溶液。

$$Sb_2S_3\text{（辉锑矿）} + 3Na_2S \longrightarrow 2Na_3SbS_3$$

$$As_2S_3\text{（雌黄）} + 3Na_2S \longrightarrow 2Na_3AsS_3$$

$$FeWO_4\text{（钨铁矿）} + 2NaOH \longrightarrow Na_2WO_4 + Fe(OH)_2$$

3）络合法

络合法是使目标金属与络合剂形成复杂的、水溶性极好的络离子而进入水相的方法。由于不同金属在形成络离子的难易程度、稳定性方面差异较大，因此络合法的选择性较高。但络合剂的水溶性往往很好，一般又都是环境控制指标物，再加之成本问题，所以在设计络合浸取工艺时都需要考虑循环使用。

$$4Cu_5FeS_4\text{（斑铜矿）} + 80NH_3 + 4CO_2 + 37O_2 + 2nH_2O \longrightarrow 16[Cu(NH_3)_4]SO_4 + 4[Cu(NH_3)_4]CO_3 + 2Fe_2O_3 \cdot nH_2O$$

$$4Au + 8CN^- + O_2 + 4H^+ \longrightarrow 4[Au(CN)_2]^- + 2H_2O$$

3.4.3　废渣

从可持续发展的观点出发，各种来源的废渣是弃之成灾、用之为宝，是必须加以再利用的次生资源。当然，良好的预处理是利用的关键。可是，废渣的类型太多，必须根据具体的对象来设计预处理方法。

废渣的组分都非常复杂，除了极少数的废渣，如电厂烟气脱硫得到的石膏甚至比天然矿物都要纯，不需要进行任何处理就可以使用。从方便利用的角度看，废渣样品处理可以粗略地归为必须首先进行分选和不需要分选的两类。前者如生活垃圾、报废电器、零件等制成品，开发高效的分选方法和设备是当务之急。后者如大多数工、农业废渣。这里只讨论与化工有关的工业废渣（表 3-8）。

表 3-8 常见的化工废渣

来源	实例
物理选矿	煤矸石、脉石、各种尾砂
化学处理矿渣	制盐工业钙镁泥、铬盐生产废渣、金矿含氰浸渣、黄铁矿烧渣
废水处理	电镀废水处理沉淀、生活废水处理活性污泥
合成化工	失效脱色剂、失活催化剂、安氏法氰氢酸生产“两钙”渣(硫酸钙+碳酸钙)
燃煤	煤渣、粉煤灰、石膏

这类废渣一般来源于固态原料、辅料以及在生产过程中新形成的固态废渣。其共同特征是经过加工处理,堆放相对集中、颗粒较细、含有可溶物、常有相当的含水量、排放出来对环境危害大。对化工废渣样品进行预处理是研究开发针对性的处置方案所必须做的前期工作,通常的预处理程序如图 3-14 所示。

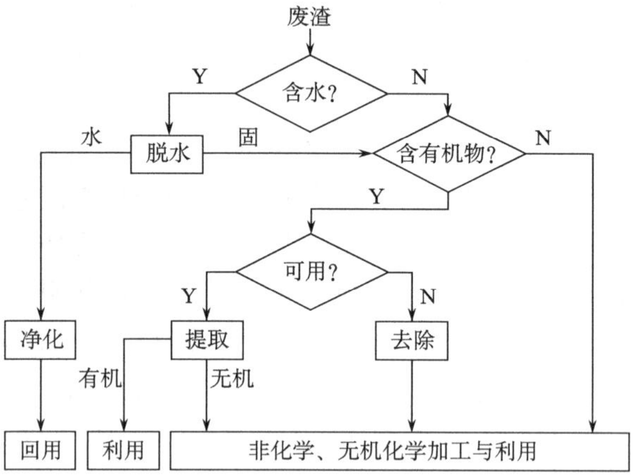

图 3-14 化工废渣预处理程序

【思考题】

3-1 观察实验室的分样筛,了解筛的使用,理解“40 目以下”、“40 目以上”和“40～60 目”的含义。

3-2 为什么样品粒度越小,最低可靠质量也越小?

3-3 为什么缩分不是一次性从总体中取出最低可靠质量的样品,而是每次缩分 1/2,多次后达到最终缩分比例?

3-4 沙里淘金依据的是什么分选原理?收集资料,看你能找出哪些分选方式。列表比较这些方式适宜于哪些物料。

3-5 查阅《化工产品手册》或《化工百科全书》,找出有哪些产品在生产过程中有“焙烧”工艺步骤,是哪种焙烧方式。

3-6　查阅第5题的书籍或其他资料，列表比较哪些无机化工产品生产过程中采用了“浸取”方法，尝试归纳出其中一种方法的化学原理、浸取效果、条件控制和适用范围。

3-7　利用假日在学校或度假地附近采集一种工业废渣，了解该工厂是如何处置该废渣的。查阅文献并运用所学知识，设计出资源化的实验方案，并在实验室实施。

（李天安）

实验8　面粉含水量和灰分的测定

一、实验目的

（1）掌握烘箱、高温电炉的使用，熟练掌握天平使用技术。

（2）了解谷物产品质量检定的常规手段。

二、预习要求

（1）查阅资料，了解电热鼓风干燥箱（烘箱）的使用和维护保养要求。

（2）阅读3.1.1节，了解实验室电加热设备马弗炉的结构、使用和安全保护措施。

（3）阅读4.1.3节，了解样品干燥和灼烧的方法。

本实验根据BG/T 12087—2008和BG/T 22427.1—2008设计。查阅资料看这两个标准曾经进行过哪些修订，试讨论进行此修订的意图。

三、实验原理

面粉比表面积大，易于吸潮和氧化而变质，所以含水量与食品的品质和质量关系密切。面粉除含有机物外，本身还含有矿质成分。同时，外界污染也会增加面粉中的灰分。因此，面粉产品的含水量和灰分都是质量检定的常规指标。

含有的水分包括游离水和结合水，用高于水的沸点的高温烘烤会使材料先后失去游离水和结合水，称为达到恒质，这时材料称量的质量不再减少。

矿质成分具有不燃烧、不挥发的性质，因此可以通过有氧燃烧去除材料中有机物后留下的灰分来表示。

四、实验仪器与试剂

分析天平、烘箱、高温马弗炉、干燥器、矮型大号称量皿、坩埚、酒精（喷）灯、市售面粉。

五、实验内容

1. 含水量的测定

取干净的空称量皿于130 ℃烘箱内烘30～60 min，取出置于干燥器内冷却至室温,取出称量。重复此操作,直至前后两次质量差不超过 0.005 g,即为恒量,记为 m_0。

精确称量 5.0000 g 面粉试样于此恒量称量皿中,使试样均匀分布在皿底,盖上皿盖,立即称量称量皿+试样的总质量 m_1。在整个过程中,应尽量减少称量皿在空气中的暴露时间。

迅速将盛有试样的称量皿放入已经预热到 130 ℃恒温的烘箱中,打开皿盖,斜靠在皿旁。当烘箱温度恢复到 130 ℃时开始计时,在 130～133 ℃条件下烘 90 min。

打开烘箱,盖上皿盖后取出,迅速放入干燥器中。称量皿不可叠放。

冷却 30～45 min 至室温,取出称量皿,在 2 min 内精确称量总质量 m_2。按下式计算试样含水量 X。

$$X_1 = \frac{m_1 - m_2}{m_1 - m_0} \times 100\%$$

2. 灰分的测定

将洗净的坩埚在马弗炉内于 900 ℃±25 ℃灼烧 30 min,干燥器中冷却至室温后称量得 m_0,精确至 0.0001 g。

迅速装入约 5.0000 g 样品于坩埚中,不要压紧,称量,记为 m_1。

按 4.1.3 节的方法在酒精灯或马弗炉口碳化。炭化结束即刻放入马弗炉,升温至 900 ℃直至全部灰化。一般约需 1 h。

打开炉门,将坩埚在炉口稍冷至 200 ℃后转移到干燥器中冷却至室温。干燥器中坩埚不得超过四个。

立即精确称量坩埚质量 m_2,按下式计算原始样品灰分。

$$X_2 = \frac{m_2 - m_1}{m_1 - m_0} \times 100\%$$

六、思考题

(1) 什么是恒量?在本实验中哪些步骤是为了形成恒量?

(2) 实验中为什么要用干燥器盛放样品容器?如果没用干燥器,本实验的 X_1 和 X_2 会有什么变化?

(3) 你认为使用烘箱和马弗炉的操作要点分别有哪些?

(4) 你认为本实验有哪些地方会带来人身伤害?如何预防?

(李天安)

第4章 化学实验基本技术与方法

学习指导

固-液分离和液-液分离是实验室中分离和提纯物质的常用技术手段，广泛用于化学、生物、环境、材料等研究领域。在固-液分离的实验中，掌握正确而规范的操作方法是十分重要的，它直接影响分离提纯的质量和产量。本章重点介绍与固-液混合体系形成有关的搅拌、蒸发（浓缩）、结晶与重结晶、蒸馏、减压蒸馏、共沸蒸馏、分馏和萃取，以及固-液两相分离和液-液分离的基本原理和操作方法。要求通过实验练习掌握和了解各种操作方法的原理，结合化学制备实验，在具体实验中能综合运用这些方法。

气体是一类重要的化学物质，在化学实验和生产、生活中经常用到，因此，学会一些常见气体的实验室制备、收集、纯化和干燥方法是十分必要的，也是一项重要的实验综合运用技能。大一学生在中学学习过一些简单的气体制备方法，已经有了一定的气体制备知识和技能基础。大学还将进一步学习更多的气体制取、纯化、收集和存储技术。因此这里应在复习中学气体制备方法和技术的基础上，结合大学后继课程的需要，系统地学习气体制备、收集和纯化的有关知识和技能，为继续学习各种气体物质的性质及用途作准备。由于中学条件的差异，大部分大一同学学习气体制备实验时没有亲自动手系统操作。因此，大学基础化学实验要求学生加强动手能力的训练和培养。

化学实验装置的设计是解决具体化学问题和生产上化学问题的必经之路，它是化学知识应用于社会生产实践，培养创新精神，形成分析问题和解决问题能力的首要环节。化学工作者必须知道为什么要设计装置和怎样设计装置，学习和掌握玻璃仪器的加工、组合、装配等具体的技术和方法。

4.1 常用固-液分离方法

4.1.1 固-液混合体系的形成

1. 固-液混合体系

1）概述

常见固-液混合体系有以下几类：

(1) 固态不溶物分散在液相中。其特征是因固体在液体中溶解度很小而形成的非均相不相溶体系,如泥土分散在水中、水体中的无机和有机悬浮物等。

(2) 溶液中的溶质发生化学反应形成细小的沉淀。调节溶液的 pH、加入可以与溶质形成难溶物的离子、加入能在溶液中形成有吸附能力的物质,可以促进混合体系的形成。

(3) 过饱和溶液形成的母液-结晶体系。形成这种体系的溶质的溶解度一般较大,结晶前是均相体系,经浓缩或冷却形成过饱和状态时有结晶析出,它是不同溶解度溶质的分离、可溶性物质的提纯、晶体制备等过程中常用的方法。

但是应当指出,固-液混合体系中的液相不一定是水,固相也不一定是无机盐,特别是在工业生产上。

2) 沉淀

沉淀反应是形成固-液混合体系的重要反应,由于沉淀反应进行速度快、纯度高、分离设备简单,且干燥、包装、运输方便,所以在工业上许多化工产品都以此原理生产。溶质转化成沉淀的机理可以简单归纳如下:

(1) 加入物可与溶质反应生成难溶物,如 $Ba^{2+} + SO_4^{2-} \xlongequal{} BaSO_4\downarrow$。

(2) 盐类水解,如 $Al^{3+} + 3H_2O \xlongequal{} Al(OH)_3\downarrow + 3H^+$,由于形成的 $Al(OH)_3$ 胶体能吸附水里悬浮的杂质,因而铝盐可以作为絮凝剂处理污水。

(3) 改变介质环境,使溶质形成难溶物。例如,改变 pH,调节溶液 pH 至等电点以沉淀氨基酸,这是多种氨基酸、蛋白质等常用的分离方法。

(4) 加入能破坏胶体稳定的物质,形成沉淀。例如,乙醇使蛋白质变性,加入中性电解质沉淀蛋白质等。

进行沉淀操作时,左手拿滴管滴加沉淀剂溶液。滴管口应接近液面,勿使溶液溅出。滴加速度要慢,接近沉淀完全时可以稍快。与此同时,右手持搅拌棒充分搅拌,但需注意不要碰到烧杯的壁或底。

检查沉淀是否完全的方法是静置,待沉淀下降后,于上层清液液面滴加少量沉淀剂,注意观察是否出现浑浊现象。

3) 凝聚和絮凝

凝聚和絮凝常用于非均相体系中悬浮状态胶体粒子的沉降。其处理过程一般是将一定的化学试剂预先加入悬浮液,改变胶体粒子的分散状态,破坏其稳定性,使其聚集成可分离的絮凝体,再进行分离。

凝聚是指在某些电解质作用下,破坏胶体粒子的分散状态,使胶体粒子聚集的过程。凝聚剂主要是一些电解质。由于大部分被处理的物质带负电荷,因此工业上常用的凝聚剂大多为阳离子型,分为无机盐类、金属氧化物类。

常用的无机盐类凝聚剂有 $Al_2(SO_4)_3 \cdot 18H_2O$(明矾)、$AlCl_3 \cdot 6H_2O$、$FeCl_3$、$ZnSO_4$、$MgCO_3$ 等,常用的金属氧化物类凝聚剂有 $Al(OH)_3$、Fe_3O_4、$Ca(OH)_2$ 或石

灰等。

絮凝是指使用絮凝剂(通常是天然或合成的高相对分子质量聚合电解质)在悬浮粒子之间产生架桥作用而使胶粒形成粗大的絮凝团的过程。

常用的絮凝剂有两类:①天然聚合物,多糖类物质、海藻酸钠、明胶等;②人工合成聚合物,聚丙烯酰胺类衍生物、聚苯乙烯类衍生物、聚丙烯酸类等。

影响絮凝效果的因素很多,主要是絮凝剂的相对分子质量、絮凝剂用量、溶液pH、搅拌速度和时间等。

4) 助滤剂

助滤剂是一种具有特殊性能的细粉或纤维,它能使某些难以过滤的物料变得容易过滤。工业生产中有时需加入此类物质以提高过滤速度和滤液质量。

助滤剂的使用方法有两种:①在过滤前先在过滤介质表面预涂(铺)一层助滤剂;②助滤剂按一定比例均匀加入待过滤的料液中。

常用的惰性助滤剂有硅藻土、珍珠岩、混合助滤剂(硅藻土或珍珠岩与石棉)、纤维素和活性炭等。

5) 破乳

将乳状液破坏以达到两相分离的过程称为破乳。例如,原油脱水、从污水中除去油珠、从牛奶中提取奶油等。根据分散相和连续相的性质,可采用不同的方法实现破乳。离心破乳是用离心力将两相分离;若乳化剂是离子型表面活性剂,则可在高压电场中使带电液珠移向一侧,称为静电破乳;利用超声波加速液珠间的聚集,也是一种破乳手段。但在工业上更普遍的破乳方法是加入一种称为破乳剂的物质,以破坏吸附在油-水界面上的乳化剂,使其失去乳化能力。常用的破乳剂多是表面活性剂,它有很高的表面活性,能将界面上原来的乳化剂赶走以取而代之,同时它的分子具有分支结构,不能在界面上紧密排列成坚固的吸附膜,从而使乳状液的稳定性大大降低。例如,由环氧乙烷与环氧丙烷共聚而成的聚醚表面活性剂,就是一种常用的原油破乳剂。对于以固体粉末作乳化剂的乳状液,加入润湿剂(也是一类表面活性剂)使粉末粒子被一相完全润湿,从而脱离界面而进入该相之中,使乳状液破坏。

以下是一些常用的破乳方法。

(1) 长时间静置:将乳浊液放置过夜,一般可分离成澄清的两层。

(2) 水平旋转摇动分液漏斗:当两液层由于乳化而形成界面不清时,可将分液漏斗在水平方向上缓慢地旋转摇动,这样可以消除界面处的“泡沫”,促进分层。

(3) 用滤纸过滤:对于由于有树脂状、黏液状悬浮物存在而引起的乳化现象,可将分液漏斗中的物料用质地致密的滤纸进行减压过滤。过滤后物料则容易分层和分离。

(4) 加乙醚:密度接近 $1\ g \cdot mL^{-1}$ 的溶剂在萃取或洗涤过程中容易与水相乳

化，这时可加入少量的乙醚，将有机相稀释，使之密度减小，容易分层。

(5) 补加水或溶剂，再水平摇动：向乳化混合物中缓慢地补加水或溶剂，再进行水平旋转摇动，则容易分成两相。至于是补加水还是补加溶剂更有效，可将乳化混合物取出少量，在试管中预先进行试探。

(6) 加乙醇：对于有乙醚或氯仿形成的乳化液，可加入 5～10 滴乙醇，再缓缓摇动，可促使乳化液分层。但此时应注意，萃取剂中混入乙醇，由于分配系数减小，有时会带来不利的影响。

(7) 离心分离：将乳化混合物移入离心分离机中，进行高速离心分离。

(8) 加无机盐及减压：对于乙酸乙酯与水的乳化液，加入食盐、硫酸铵或氯化钙等无机盐，使之溶于水中，可促进分层。另外，将乳化部分取出，小心地温热至 50 ℃，或用水泵进行减压排气，都有利于分离。对于由乙醚形成的乳化液，可将乳化部分分出，装入一个细长的筒形容器中，向液面上均匀地撒上充分脱水的硫酸钠粉末，此时，硫酸钠一边吸水一边下沉，在容器底部可形成水溶液层。

2. 搅拌

搅拌的功能在化学实验中除“混匀”之外，还有加速物质溶解、提高反应物分子间的接触机会以加快反应。在实验室中通常是用玻璃棒搅拌。

1) 在烧杯中的搅拌

在烧杯中进行混合物的混匀时，应使搅拌棒在烧杯中绕圈搅动，搅动时要注意不要使搅拌棒与烧杯壁相撞击，以免敲破烧杯。也不允许用搅拌棒在烧杯底把固体物质捣碎，以免捅破烧杯。

2) 在试管中的搅拌

在试管中混匀物质时，若试管中溶液较少，可直接用振荡的方法混匀。振荡方法：用右手的拇指、食指、中指握持试管的上端，无名指和小指弯向掌心，用一定的腕力来回甩动试管，不能上下振动，更不能用拇指堵住试管口去振荡试管。

当试管里溶剂和溶质较多不便于振荡溶解时(超过试管的 1/2)，可以用玻璃棒插入试管中旋转搅动，也可以上下搅动。但要小心，不要捅破试管底。

3) 使用电磁(动)搅拌器进行搅拌

适用于一些需要时间长或需在密闭条件下进行的搅拌。电动搅拌器是利用电机带动搅拌棒的转动来达到搅拌混匀的目的。一般适用于非均相反应，使用时应注意接上地线，不能超负荷，轴承每学期加一次润滑油，经常保持电动搅拌器的清洁干燥，还要防潮、防腐蚀。

磁力搅拌器是通过磁场的不断旋转变化带动容器内搅拌子随之旋转，一般都有控制转速和加热装置。用优质磁钢和聚四氟乙烯制成的搅拌子代替搅拌棒，使用时将一个搅拌子放在溶液中，开启仪器，电机转动，搅拌子在转动的磁场中同步转动,从而达到搅拌的目的。如搅拌同时需要加热只需打开控温开关,使仪器进入加热控温状态,设定好所需温度即可。

3. 蒸发

为了使溶质从溶液中析出晶体,可以用加热蒸发的方法浓缩稀溶液以利结晶。蒸发应当根据物质对热的稳定性来选用酒精灯、煤气灯、酒精喷灯直接加热或用水浴间接加热。一般沸点较高、不易着火的溶剂可直接用火加热,沸点较低、容易着火的溶剂一般采用水浴加热。

蒸发常在蒸发皿中进行,因为它的表面积较大,有利于溶剂加速蒸发,其装置如图 4-1 所示。

图 4-1　蒸发

加入蒸发皿中的溶液不能超过总容积的 2/3,以防液体溅出。如果需蒸发的溶液较多,一次盛不下,可随溶剂的不断蒸发继续添加液体。蒸发皿的外部不能有水,以防在加热时炸裂。加热时可用搅拌棒不断地搅拌,以促使溶剂蒸发。当物质的溶解度较大时,应加热到溶液表面出现晶膜时,才停止加热。当物质的溶解度较小或高温时溶解度较大但室温时溶解度较小时,因为降温后容易析出晶体,所以不必蒸发至液面出现晶膜就可以冷却。

加热以后的蒸发皿如要从三脚架上或铁圈上取下,应放在石棉板上,不能直接放在冷的台面或瓷盘上,因为冷热不均或骤热骤冷都会使蒸发皿炸裂。

4. 结晶

晶体从溶液中析出的过程称为结晶,析出了晶体的溶液则为母液。结晶是物质分离的重要手段之一。通常有下列四种方法。

(1) 热饱和溶液冷却(等溶剂结晶):适用于溶解度随温度升高而增加的体系;同时,溶解度随温度变化的幅度要适中。

(2) 部分溶剂蒸发法(等温结晶法):适用于溶解度随温度降低变化不大的体系,或随温度升高溶解度降低的体系。

(3) 真空蒸发冷却法:使溶剂在真空下迅速蒸发,并结合绝热冷却,是结合冷却和部分溶剂蒸发两种方法的一种结晶方法。

(4) 化学反应结晶:加入反应剂产生新物质,当该新物质的溶解度超过饱和溶解度时,即有晶体析出。

实验室中常用蒸发浓缩法和冷却法。对于溶解度随温度改变而变化不大的物质(如氯化钠),可采用蒸发溶剂的方法使固体溶质从饱和溶液中析出,为了获得较多的晶体,应在结晶析出后继续蒸发。对溶解度随温度下降而明显降低的物质,可采用冷却的方法获得晶体,即冷却热的饱和溶液,使溶质从溶液中析出。实际操作中,通常把蒸发浓缩和冷却二者结合起来使用。某些结晶水合物在不同温度下析出时,所带结晶水的数目会不同,制备此类化合物时应注意满足其结晶条件。

有时杂质的存在影响化合物晶核的形成,常见在化合物溶液虽已达到过饱和状态,但仍不易析出结晶而呈油状物存在。为促进化合物较快结晶,可采取以下措施:用玻璃棒摩擦器壁或加入小粒晶体(称为晶种)加速晶体析出。晶体析出的颗粒大小与沉淀类型和沉淀条件有关。为了得到较纯的晶体,应当注意控制反应的条件:

(1) 溶液的饱和度不能过大,以免晶体间隙中包含更多的杂质。

(2) 在热溶液中进行,不断搅拌,可以防止局部过浓,使晶体均匀纯净。

(3) 如果是晶形沉淀,将结晶和母液一起放置一段时间,可以使晶体更加纯净。

5. 重结晶

若要得到较高纯度的晶体,可采取重结晶的方法。即在所得的晶体中,加入尽可能少的溶剂,使其溶解成近饱和溶液,再次结晶、分离。视对纯度的要求如此反复,就可以得到非常纯的晶体了。

在进行重结晶时,选择理想的溶剂是一个关键,理想的溶剂必须具备下列条件:

(1) 不与被提纯物质发生化学反应。

(2) 在较高温度时能溶解大量的被提纯物质,而在室温或降低温度时,该物质的溶解量减少。

(3) 对杂质的溶解度非常大或非常小(前一种情况是使杂质留在母液中不随提纯物晶体一同析出,后一种情况是使杂质在热过滤时被滤去)。

(4) 容易挥发(溶剂的沸点较低),易与结晶分离除去。

(5) 无毒或毒性很小,便于操作。

6. 结晶的干燥

抽滤和洗涤后的结晶表面还吸附有少量溶剂,为了保证结晶的纯度,需用适当的方法除去溶剂并进行干燥。有时重结晶后的有机产物需要通过测定熔点来检验其纯度,在测定熔点前,晶体也必须充分干燥,否则熔点会下降。干燥方法很多,可根据重结晶所用的溶剂及结晶的性质来选择。常用的方法有如下三种。

(1) 自然晾干:若产品不吸水,可将抽干的固体物质转移到表面皿上铺成薄薄的一层,再用一张滤纸覆盖以免灰尘沾污,然后在室温下放置,一般要经几天后才能彻底干燥。

(2) 烘干：一些对热稳定的化合物，可以在低于该化合物熔点或接近溶剂沸点的温度下用红外灯或烘箱烘烤等方式进行干燥。

(3) 用滤纸吸干：有时晶体吸附的溶剂在过滤时很难抽干，这时可将晶体放在两三层滤纸上面，再用滤纸挤压以吸出溶剂。此法的缺点是晶体上易沾污一些滤纸纤维。

4.1.2　固-液分离

工业中固-液分离技术常用的方法有两类。一类是过滤分离，固-液混合物的过滤是将其直接通过“过滤介质”（如筛、滤纸、滤布、膜等）进行固-液两相分离。液相或流动的滤液通过过滤介质，而固体颗粒被截留。另一类是由沉积或借助（重力、离心力）场力作用下的沉降进行分离，适用于固相和液相密度不同物料的分离。在一定的作用力条件下，液体中的固体颗粒能够下沉。与之相反的过程是浮选，即由于固体颗粒自身原因或因为吸附空气气泡而使“固体颗粒”密度降低，颗粒可穿过液体而上浮。一般当固-液两相密度差很小时，尽可能不要采用沉降方法进行固-液两相分离，除非密度差能增加，或通过离心力的作用来增加其所受到的力。

固-液混合物的可滤性和沉降速度是由悬浮物的分散状态决定的，后者同时受固-液两相表面状态的明显影响，因为它能影响混合物的稳定性和控制颗粒与颗粒间相互接触的状态。这些物系的性质可能与时间有关，因为有些悬浮液可滤性与沉降速度会随时间变化。

工业生产过程中固-液分离是从过滤、沉降或将这两种技术的结合中选择最适宜的技术。通常，沉降方法比过滤方法更为经济，特别是涉及大处理量、连续液体流的情况，重力沉降法被认为是首选。

实验室通常分离溶液与固体（为叙述方便暂且不区分沉淀和晶体）的方法有倾析法、过滤法、离心分离法等。

1. 倾析法

倾析法是将沉淀上部的溶液倾入另一容器中而使固相与液相分离。当固相的密度较大或颗粒较大时，将混合溶液静置，固相很快就沉降至容器底部或通过离心使固相沉降至容器底部时可用此法，其操作方法如图 4-2 所示。

图 4-2　倾析液体

如果需要对沉淀进行洗涤，只需向盛有沉淀的容器中加入少量的洗涤液，将沉淀和洗涤液充分地搅动均匀，待再次沉降后倾去溶液。如此反复几遍，即能将沉淀洗净。洗涤时要考虑沉淀的性质,选择适当的洗涤液,避免洗涤液使沉淀溶解。

2. 过滤法

过滤是在某一支撑物上放置过滤介质,注入含固体颗粒的溶液,使液体通过、固体颗粒留下,是化学实验中最常用的一种固-液分离的方法。根据不同情况有常压过滤、减压过滤和保温过滤三种过滤方式。

1) 常压过滤

常压过滤中最常用的滤器是贴有滤纸的漏斗。

(1) 滤纸的选择。实验室常压过滤所用的“过滤介质”一般是化学分析滤纸。化学分析滤纸以优质高级棉为原料,是一种纯洁度高、组织均匀、具有一定过滤速度和强度的纯棉纸张,广泛应用于科学研究、工业、农业、医药卫生和环保等部门作定性、定量分析和定性、定量色层分析及测试之用。定性滤纸和定量滤纸按过滤速度和分离性能不同分为快速、中速和慢速三大类。定性滤纸分为方形和圆形两类。方形为 60 cm×60 cm、30 cm×30 cm 等,圆形直径为 7 cm、9 cm、11 cm、12.5 cm、15 cm、18 cm、22 cm 等。定量滤纸为圆形,尺寸与定性滤纸相同。

实验中根据过滤的物质不同选择不同的滤纸。一般过滤无定形沉淀[如 $Fe(OH)_3$ 等]可选用疏松快速型滤纸;过滤晶形沉淀(如 CaC_2O_4 等)可选用中等疏松的中速型滤纸;过滤微细形沉淀(如 $BaSO_4$ 等)可选用组织最紧密的慢速型滤纸。

(2) 滤纸的折叠和漏斗的准备。滤纸的折叠有两种方法:第一种方法是将滤纸折叠,以尽量提高滤纸的有效过滤面积。折叠方法如图 4-3 所示。先把滤纸折成半圆形,再对折成圆形的 1/4,展开如图 4-3(a)所示。以 1 对 4 折出 5,3 对 4 折出 6,1 对 6 折出 7,3 对 5 折出 8,如图 4-3(b)所示。以 3 对 6 折出 9,1 对 5 折出 10,如图 4-3(c)所示。在 1 和 10、10 和 5、5 和 7、…、9 和 3 之间反向折叠,如图 4-3(d)所示。把滤纸打开,在 1 和 3 的地方各向内折叠一个小叠面,最后做成如图 4-3(e)所示的折叠滤纸。使用前,将折好的滤纸翻转并整理后放入漏斗中。注意:在每次折叠时,在折纹集中点处切勿重压,否则在过滤时滤纸的中央易破裂。

第二种方法是把滤纸整齐地对折,然后再对折成扇形。为保证滤纸和漏斗密合,第二次对折时不要折死,展开后呈圆锥形。圆锥形滤纸打开后,放入洁净而又干燥的漏斗中,使其刚好与漏斗的角度相吻合(普通漏斗的角度一般是 60°)。如果所用漏斗的角度大于或小于 60°,应当改变滤纸折成的角度,折成锐角或钝角,使之与漏斗密合为止。用手轻按滤纸,把第二次的折边折死,所得的圆锥形半边为三层,另一边为一层。取出滤纸把三层厚的外层撕下一角(撕下的滤纸保存在干燥的表面皿上,以备以后擦烧杯壁上残留的沉淀用)。用食指把滤

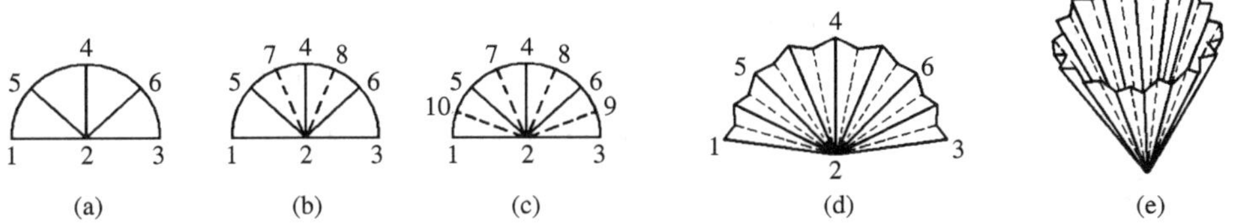

图 4-3　折叠式滤纸

纸按在漏斗的内壁上(放进漏斗的滤纸，其边缘应比漏斗的边缘略低)，用少量的蒸馏水润湿滤纸，再用玻璃棒轻压滤纸四周，把滤纸与漏斗壁之间的气泡去除，使滤纸紧贴在漏斗壁上。再向漏斗中加水使漏斗颈形成水柱，借助这段液柱的重力可起到抽滤的作用，加快过滤速度。若不能很好地形成水柱，可以用手指堵住漏斗下口，稍稍掀起滤纸一边，用洗瓶向滤纸和漏斗的空隙处加水充满，压紧滤纸边，松开手指即可。

(3) 过滤。将漏斗放在漏斗架或铁圈上，调整好漏斗架或铁圈的高度，使漏斗管的末端紧靠接收器内壁。采用"倾注法"过滤，即先把上层清液倾入漏斗，使沉淀尽可能留在烧杯内。主要步骤是：一手拿起烧杯置于漏斗上方，一手轻轻地从烧杯中取出搅拌棒，紧贴杯嘴，立于滤纸三层部分的上方，尽可能接近滤纸，但不要接触滤纸，慢慢将烧杯倾斜，尽量不搅起沉淀，将上层清液沿搅拌棒倾入漏斗中[图 4-4(a)]。注意，倾入漏斗的溶液最多加到滤纸边缘下 5～6 mm 的地方。过滤过程中漏斗颈的下端不能接触滤液。当暂停倾注时，将烧杯沿着搅拌棒慢慢向上提一段，同时缓慢扶正烧杯，待搅拌棒上的溶液流完后，将搅拌棒放回烧杯中(不要靠在烧杯嘴处)。整个操作必须在漏斗正上方进行。

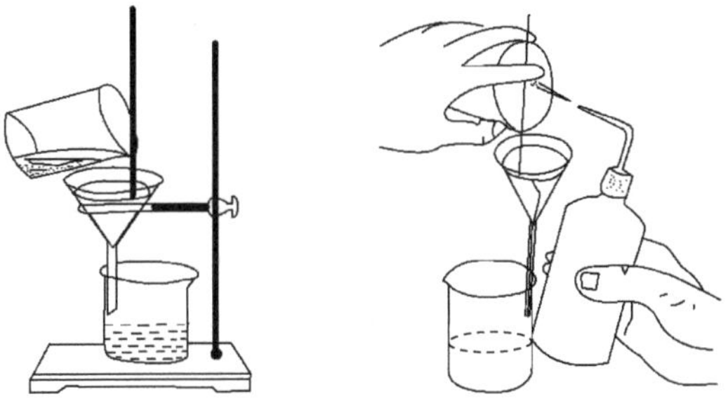

(a) 倾注法过滤　　(b) 沉淀转移　　(c) 洗涤沉淀

图 4-4　过滤与沉淀转移

过滤开始后，随时检查滤液是否澄清。如滤液不澄清，则必须另换一洁净的烧杯承接滤液，用原漏斗将滤液进行第二次过滤。如果是沉淀太细以至于发生穿滤，说明选用的滤纸纤维太疏松，可选择更慢速的滤纸重新过滤。沉淀穿透过的滤纸应保留，待洗涤沉淀时合并洗涤。

(4) 沉淀的转移。向盛有沉淀的烧杯中加入少量洗涤液（以漏斗一次能容纳量为度），搅起沉淀，立即将沉淀与洗涤液沿搅拌棒倾入漏斗中，尽可能地将沉淀都转移到滤纸上（可反复多次）。如沉淀未转移完全，特别是杯壁上沾着的沉淀，可进行如下处理：左手把烧杯拿在漏斗上方，烧杯嘴向着漏斗，拇指在烧杯嘴下方，同时，右手把搅拌棒从烧杯中取出横在烧杯口上，使搅拌棒的下端伸出烧杯嘴约 2 cm，然后用左手食指按住搅拌棒的较高位置，倾斜烧杯使搅拌棒下端指向三层滤纸一边，用洗瓶旋转着淋洗整个烧杯内壁，使洗涤液和沉淀沿搅拌棒流入漏斗中[图 4-4(b)]。

(5) 沉淀洗涤。沉淀洗涤可采用洗瓶吹洗。洗涤时，水流从滤纸上沿开始往下做螺旋形的移动，将沉淀冲洗到滤纸的底部[图 4-4(c)]。如果所用的洗涤液总量相同，则“少量多次”洗涤效果较好。

2) 减压过滤

减压过滤也称为抽气过滤。过滤装置连接方法如图 4-5 所示。

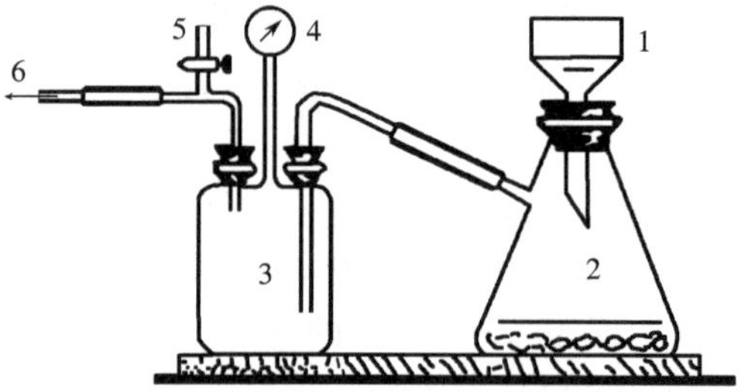

图 4-5　减压过滤

1. 布氏漏斗；2. 抽滤瓶；3. 缓冲瓶；4. 真空计；5. 减压阀；6. 真空泵

抽气使布氏漏斗液面与抽滤瓶内产生压力差，达到加快过滤的目的。减压过滤能使沉淀抽得较干，但不宜过滤颗粒太小的沉淀。实验室常用的抽气设备有水循环真空泵和油循环真空泵。

减压过滤的操作方法如下：

(1) 连接装配装置。注意缓冲瓶的长管和短管不能接错，防止水倒吸；布氏漏斗下端的斜削面应对着抽滤瓶抽滤管的方向，以利于滤液流下。

(2) 剪贴滤纸。遵循与常压过滤相同的原则选择滤纸，将滤纸剪成比布氏漏斗内径略小的圆形，以能恰好盖住瓷板上的所有小孔为宜（过滤强碱性或强酸性溶液时，应在布氏漏斗上铺玻璃布或涤纶布来代替滤纸）。先由洗瓶挤出少量蒸馏水润湿滤纸，微微开启水泵（或油泵），使滤纸紧贴在漏斗上，然后再进行抽滤。

(3) 过滤与洗涤。小心地把要过滤的混合物倒入漏斗中，使固体均匀地分布在滤纸表面。过滤时抽滤瓶内的滤液面不能达到支管的水平位置，否则滤液将被水泵抽出。因此当滤液快上升至抽滤瓶的支管处时，应拔去抽滤瓶上的乳胶管，取下漏斗，从抽滤瓶的上口倒出滤液后，再继续抽滤。为了尽量抽干漏斗上的沉淀，可用一个平顶的试剂瓶塞挤压沉淀。在布氏漏斗中洗涤沉淀时，应停止抽滤，用少量的洗涤剂缓慢通过沉淀,待滤液从漏斗下端滴下时,重新抽气,再把沉淀尽量抽干、压干。如此反复几次,就可以把沉淀洗净。

(4) 在抽滤过程中不得突然关闭水泵,防止倒吸。如欲停止,要先缓慢地开启缓冲瓶上的减压阀,使空气进入恢复常压,再关闭真空泵。

3) 保温过滤

如果某些溶质在温度降低时很容易析出结晶,但又不希望它在过滤时析出,这时就需要用保温漏斗(又称热过滤漏斗、热水漏斗)进行过滤,其过滤装置如图 4-6 所示。保温漏斗是把普通玻璃漏斗放在一个金属铜制的外套里,套里盛放热水,在外套的侧下方有封口的支管,在支管处可以用灯焰加热来保持热水的温度。在外套的上方有一注水孔,由此孔注入热水(约八成满)。为了防止漏斗颈析出结晶,热过滤用的玻璃漏斗以短颈的为好。

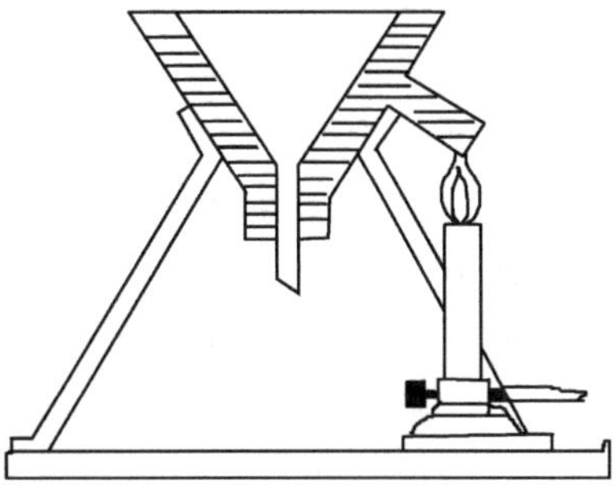

图 4-6　保温过滤

4) 玻璃砂芯滤器过滤

对于烘干后即可称量的沉淀,可采用玻璃砂芯滤器过滤。它包括微孔玻璃坩埚和微孔玻璃漏斗(图 4-7)。

图 4-7　微孔玻璃漏斗

微孔玻璃漏斗或坩埚的滤板由玻璃粉末在高温下熔结而成。按照微孔的孔径,由大到小分为 6 级:G1～G6(或称 1 号～6 号)。1 号的孔径最大(80～120 μm),6 号孔径最小(2 μm 以下)。一般用 4～5 号(相当于慢速滤纸)过滤细晶形沉淀;用 3 号(相当于中速滤纸)过滤一般晶形沉淀。微孔玻璃漏斗或坩埚不能过滤强碱性溶液,因它会损坏坩埚或漏斗的微孔。使用此类滤器时,需用减压抽气法过滤。

新的微孔玻璃滤器在使用前应以热盐酸或铬酸洗液先行抽滤,并立即用水抽洗干净。旧滤器使用前先用稀盐酸或稀硝酸抽滤,再用水抽洗干净。然后,在相当于烘干沉淀的温度下烘至恒量,以备使用。

过滤时,先倒溶液于滤器中,然后再开水泵。

转移沉淀和洗涤沉淀的方法与用滤纸过滤相同,但洗涤操作未完成前一定不要把沉淀抽干。当结束抽滤时,应先拔出抽滤瓶上的乳胶管,再关抽水泵,以免倒吸。

微孔玻璃滤器每次用毕必须及时洗涤干净。

3. 离心分离法

离心分离是利用比重力更强大的场力来促进颗粒和液体的运动，不但用于液-固分离还用于液-液分离。工业中离心分离主要分为两种类型：第一类用沉降原理和无孔转鼓或不开孔的圆锥形壳体来进行分离；第二类采用过滤的原理和开孔的转鼓进行分离。在过滤离心机中，离心惯性力提供了迫使母液穿过滤饼的压力。

在实验室，试管中少量溶液与沉淀的分离常采用离心分离法。实验室离心机常用的有手摇离心机和电动离心机两种。电动离心机操作方法如下：

(1) 将盛有混合溶液的离心管对称地放入电动离心机的套管内。放置前注意检查套管缓冲垫是否完好。关上离心机顶盖。盛有物料的离心管支数必须能保证在离心机内是对称的。如只有一支离心管的混合液需要分离，则要在它的对面放入同样大小的离心管，内装与混合液同样质量的水，以便保持平衡。

(2) 由低速逐步向高速启动离心机至设计转速，达到离心时间后则应逐步降低转速至停机，切忌强启骤停而损坏机器。停机后打开顶盖，取出离心管。

(3) 沉淀若需洗涤，可以加少量的洗涤液，用玻璃棒充分搅动，再进行离心分离，如此重复操作即可。

(4) 由于离心的作用，沉淀紧密地聚集在离心管的尖端，上方的溶液是澄清的，可用滴管将上面的清液吸出，插入的深度以尖端不接触沉淀为限，也可用倾析法将清液倾出。

4. 膜分离法

现代的膜分离技术主要是指用天然或人工合成的高分子薄膜及无机膜，以外界能量或化学位差为推动力，利用膜对不同组分选择透过性的不同，对双组分或多组分的混合体系进行分离、分级、提纯和浓缩的方法。膜分离法是当代新型高效分离技术，广泛地应用于能源、电子、石油化工、医药卫生、生化、环境、冶金、轻工、食品、重工业和人们生活等领域，已成为推动产业发展、改善人类生存环境、提高人们生活质量的共性技术。

膜分离与传统的分离技术比较，具有显著的特点和优点。

1) 膜分离技术的特点

(1) 能耗低。膜分离过程的能耗比较低，主要有两个原因。一是在膜分离过程中，被分离的物质大都不发生相变。其他分离过程如蒸发、蒸馏、萃取、吸收、吸附等都伴随从液相或吸附相至气相的变化，而相变化的潜热相当大。二是膜分离过程一般在室温附近的温度下进行，被分离物料加热或冷却的能量消耗很少。

(2) 分离效率高。与传统分离过程相比，膜技术因为分离组分的高选择透过性而具有更高的分离效率。另外，膜分离过程一般在常温或低温下操作，在处理热敏感物质的分离浓缩时尤其有效。

(3) 适用范围广。膜分离不仅适用于一般的有机物和无机物体系，而且在病毒、细菌到微粒的分离，以及一些传统分离技术难以处理的特殊溶液体系的分离中均可应用。例如，溶液中无机盐与大分子的分离，共沸物或近沸点物系的分离等。

(4) 分离设备简单，易于操作、维护。膜分离过程的推动力通常都是压力(如微滤、超滤、纳滤、反渗透等)或外直流电场(如电渗析)。因此设备装置简单、操作容易、维护方便，并且容易实现连续、自动控制。

(5) 对环境影响小。膜分离过程无化学变化，也不需添加过多化学药剂，使物料免受二次污染，不产生污染性排放物质，因此无化学后处理压力，有利于环境保护。

膜分离技术将会在越来越多的行业中使用，这就要求有更多性能优越的膜被研制出。高功能膜将会被越来越多的人所关注，如有机氟材料功能膜、离子膜、陶瓷膜、具有催化功能的分离膜等，这些都是将来膜发展的方向。

2) 过滤膜的类型

膜的过滤是固-液分离技术之一。例如，在水处理中，它是以膜孔把水滤过，将水中杂质截留。过滤膜除用作水处理以外，还常用于超纯水制造和海水淡化、粪尿处理、各种废水处理。在工业中可用于乳制品、半导体、食品、纸制品及药品制造等。

过滤膜以截留粒子粒径的大小分类，膜孔从粗到细分为微滤膜(MF)、超滤膜(UF)、纳滤膜(NF)和反渗透膜(RO)。MF膜孔径0.05 μm以上，或分离相对分子质量1000以上的物质，以去除胶体、高分子有机物为对象。NF膜分离的相对分子质量范围为100～1000，它去除的物质在UF与RO之间。RO膜分离数十相对分子质量的物质，以去除无机盐为对象。除以上四种以外，还有离子交换膜和气体渗透膜。

(1) 微滤。微滤是以多孔细小的薄膜作为过滤的介质，以筛分原理为根据的薄膜过滤。在压力作为推动力的作用下，溶剂、水、盐类及大分子物质均能透过薄膜，而微细颗粒和超大分子等粒子直径大于膜孔径的物质均被滞留下来，以达到分离的目的。微滤是目前膜分离技术中应用最广且经济价值最高的技术。

(2) 超滤。超滤是根据筛分原理，以一定的压力差为推动力，从溶液中分离出溶剂的操作。同微滤过程相比，超滤过程受膜表面孔的化学性质影响较大，在一定的压力差下溶剂或低相对分子质量的物质可以透过膜孔，而大分子物质及微细颗粒却被截留，以达到分离目的。超滤膜通常为不对称膜，膜孔径的大小和膜表面的性质分别起着不同的截留作用。超滤主要应用于浓缩大分子溶液的净化等。

(3) 反渗透。反渗透过程主要是根据溶液的溶解、扩散原理，以压力差为推动力的膜分离过程。它与自然的渗透过程刚好相反。渗透和反渗透均是通过半透膜来完成的。在浓溶液一侧,当施加压力高于自然渗透压力时,就会迫使溶液中溶剂反向透过膜层,流向稀溶液一侧,从而达到分离提纯的目的。反渗透过程主要应用于低相对分子质量组分的浓缩,如氨基酸浓缩(甘氨酸 HGB 3075—79)、乙醇浓缩(GB 679—65)等。其渗透压的大小与膜的种类无关,而与溶液的性质有关。

(4) 纳滤。纳滤也是根据吸附、扩散原理,以压力差为推动力的膜分离过程。它除了有本身的工作原理外,还具有反渗透和超滤的工作原理。纳滤又可以称为低压反渗透,是一种新型的膜分离技术,这种膜过程拓宽了液相膜分离的应用,分离性能介于超滤和反渗透之间,其截断相对分子质量为 200～2000。纳米膜属于复合膜,允许一些无机盐和某些溶剂透过膜。纳滤过程所需压力比反渗透低得多,具有节约动力的优点。它能截断易透过超滤膜的那部分溶质,同时又可能被反渗透膜所截断的溶质透过,其特有功能是反渗透和超滤无法取代的。纳滤膜具有良好的热稳定性、pH 稳定性和对有机溶剂的稳定性,因此现已广泛应用于各个工业领域,尤其是医药、生物化工行业的分离提纯过程。纳滤膜是现今最先进的膜分离技术之一。

3) 膜过滤方式

使用过滤膜装置不需凝絮化学处理,也不需蒸发分离作用,只需要压力使固-液分离,这是过滤膜处理的一大特点。过滤方式有两种。第一种是流动液体全部垂直地透过膜孔,将液体内杂质截留的全量过滤方式。第二种是流动液体的流动方向与膜面平等,形成液体与膜面成直角的透过膜孔,将液体内杂质截留的横流过滤方式。全量过滤方式适用于微滤和一部分超滤。横流过滤,由于液体在膜表面上流动,产生剪断力,减少在膜表面上因为杂质浓缩堆积的黏垢,适用于易于积垢的超滤、纳滤和反渗透过滤。

4) 滤后清洗

流体通过膜期间,其含有的杂质堵塞膜孔,使流体通过膜孔困难。为了恢复滤水效率,可采用以下四种方法进行过滤膜冲洗。

(1) 反冲洗:与过滤相反方向通过清水,使滞留于膜孔的杂质冲走。也可用空气冲洗法替代。

(2) 海绵球冲洗:只单独用于内压式管形膜,它是将海绵球通过管膜内部,使海绵球与管膜内壁摩擦,把抑留物冲走的方法。

(3) 空气泡冲洗:用空气泡搅拌力将附着膜壁的抑留物去除的方法,用空气泡搅动软质合成树脂中空系统的膜内壁,起到冲洗效果。

(4) 药剂冲洗:膜经过长期使用,杂质进入膜孔之中,用一般冲洗方法不能解决,可使用化学药剂清洗。化学药剂有苛性苏打、盐酸、次亚氯酸钠、柠檬酸及过氧化氢等。

4.1.3　干燥和灼烧

滤纸和沉淀的烘干通常在煤气灯或电炉上进行。从漏斗中取出带有沉淀的滤纸时，先用扁头玻璃棒将滤纸边挑起，向中间折叠，将沉淀包住，再用玻璃棒轻轻转动滤纸包，以便擦净漏斗内壁可能粘有的沉淀。然后把滤纸包转移到坩埚中，将滤纸包稍斜放，滤纸的三层部分应向上，使滤纸灰化较易。坩埚的外壁和盖先用蓝黑墨水或 $K_4[Fe(CN)_6]$溶液编号。烘干时，盖上坩埚盖，但不要盖严。

对于采用微孔玻璃漏斗(或坩埚)过滤的沉淀，可将滤器放在表面皿上，移入烘箱中烘干。干燥温度根据沉淀的性质确定。

炭化是将烘干后的滤纸烤成炭黑状。灰化是使呈炭黑状的滤纸灼烧成灰。炭化和灰化应由小火到强火，一步一步完成烘干、炭化、灰化，不能性急，不要使火焰加得太大。炭化时如遇滤纸着火，可立即用坩埚盖盖住，使坩埚内火焰熄灭(切不可用嘴吹灭)。着火时，不能置之不理，让其燃尽，这样易使沉淀随大气流飞散损失。待火熄灭后，将坩埚盖移至原来位置，继续加热至全部炭化(滤纸变黑)直至灰化。坩埚盖上如附有黑炭，应注意使其灰化。若在电炉上进行烘干、炭化和灰化，应注意温度不能太高，且这时坩埚是直立的，坩埚盖不能盖严，其他操作和注意事项同前。

灰化后，将坩埚移入高温炉中，盖上坩埚盖(稍留有缝隙)，进行沉淀的灼烧。将炉温升至指定温度(根据沉淀性质而定，并与灼烧空坩埚时一致)后保温灼烧，与空坩埚灼烧恒量的操作相同，将沉淀灼烧至恒量。若以煤气灯灼烧沉淀，则将坩埚直立于泥三角上，盖好坩埚盖，在氧化焰上以大火灼烧。

(彭　秧　赵建茹　李　玲)

4.2　常用液-液分离方法

液-液体系一般是指在当前特定条件下(温度、压力)保持液态的混合体系。不过，液-液体系有时很难与“溶液”截然区别，如液溴与水。所以，人们常常会把形成离子的溶质-水或能通过转化为沉淀、形成结晶来分离各组分的混合体系认为是溶液，而将非离子的、难以用固-液分离方法分离的溶质-介质体系(特别是有有机物参与时)认为是液-液体系，本节的讨论限于此。

根据组分之间的相溶性，液-液体系又可分为两大类：一是完全互溶的均匀体系，如石油及其燃料产品油；二是不互溶的非均匀体系，如食用油与水，这时，组分之间由于密度的差异往往形成分层。

4.2.1　互溶液-液体系的分离

互溶液-液体系中组分之间形成分子分散态，缺乏明确的界线，而且有时组分还非常多，用简单方法根本不能分离，如医用消毒酒精、石油等。一般而言，常用的互溶液-液体系分离方法有两类：一类是根据组分沸点差异的分离方法，即蒸馏和分馏；二是利用某些物质(如分子筛、树脂)对体系中特定组分的选择性吸附实现分离，这种方法也是目前精细化工中行之有效的技术，尤其对异构体的分离。本节仅讨论前一类方法。

1. 蒸馏

沸点是物质的特征物理常数，即液体饱和蒸气压与外界压强相等时的温度。此时，气化不仅发生在液-气界面，也发生在液体内部，其现象称为沸腾。蒸馏(distil)就是将混合体系加热，使其中低沸点的组分率先气化，再将蒸气冷凝液化，从而使两组分分离的方法。本方法无论在实验室还是工业生产都应用极其广泛。

利用蒸馏可将沸点相差较大(>30 ℃)的液态混合物分开。蒸馏混合体系时，沸点较低者先蒸出，沸点较高者随后蒸出，不挥发物留在气化器(如烧瓶)内，这样即可达到分离提纯的目的。

一般的蒸馏装置都应该包括四个组件，如图 4-8 的实验室装置所示。因被蒸馏物沸点高低的不同以及其他物性的差异，这些组件也略有不同。

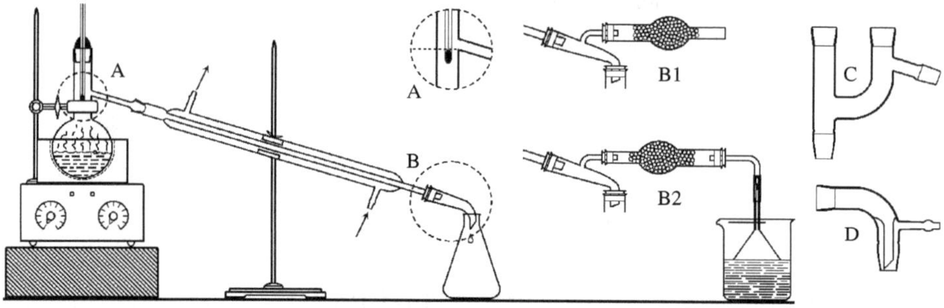

图 4-8　实验室蒸馏装置

(1) 热源：蒸馏沸点在 80 ℃以上者，可用空气浴、油浴；沸点在 80 ℃以下者，要用水浴。浴面的高度一般不得超过蒸馏瓶中液面 1 cm，浴温高于被蒸馏物沸点 20～30 ℃即可。沸点在 80 ℃以下，且易燃者应避免明火加热，如乙醚。

(2) 气化部分：蒸馏烧瓶、温度计。

(3) 冷凝管：沸点低于 140 ℃用直形水冷凝管，球形和蛇形水冷凝管的冷却效果好些，但分离效果差些，可根据实验要求进行选择。沸点高于 140 ℃，用空气冷凝管。如果馏出物是低沸点的挥发性物质，还需要通入冰水来冷却。

(4) 接收器：应视馏出物性质而定。沸点高（＞80 ℃），锥形瓶即可；沸点低（＜80 ℃），需用冰水浴冷却；易潮解，尾接管上应有氯化钙干燥管（图 4-8 B1）；易挥发、易燃，尾接管上应接一长乳胶管，通入下水道；有毒气放出时，则需有毒气吸收装置（图 4-8 B2）。

蒸馏须遵守如下所示的操作顺序，从左向右为实施蒸馏、从右向左为结束后拆除装置。

放置热源 ⇌ 安装气化器，注入混合液 ⇌ 安装冷凝器 ⇌

安装接收器 ⇌ 打开冷凝水 ⇌ 打开热源

在加热过程中，经常发生过热现象，即液体已经加热到或超过其沸点的温度时仍不沸腾。当继续加热时，液体会突然剧烈沸腾、冲入冷凝管甚至冲出瓶外，造成损失或着火，这就是暴沸现象。为了防止暴沸，需在加热前向蒸馏瓶内加入 2～3 粒沸石，其微孔中吸附一些空气，在加热时就形成液体的气化中心，可使瓶中液体平稳沸腾。若已加热到近液体沸点时，要加沸石，则需待液体稍冷后补加；若遇中途停止蒸馏，而冷后又需蒸馏时，需重新加入沸石。

2. 减压蒸馏

由沸点在 40～150 ℃液体组成的混合体系可以在常温、常压下按上述方法蒸馏分离，但对于某些高沸点、低熔点及热敏感有机化合物，在达到沸点前就有可能因受热发生不同程度的分解、氧化、重排等反应，因而这类物质可以用降低压力提高蒸气压的方法来蒸馏，称为减压蒸馏。与之对应，前述的常压蒸馏就称为简单蒸馏。

从图 4-8 可以看出，减压蒸馏的装置与简单蒸馏类似，所不同的有三点：①整个装置通常都用磨口玻璃仪器，以保证良好的气密性；②相当于图 4-8 A 的气化器接头换成了图 4-8 C 的克氏（Claisen）蒸馏头，相当于图 4-8 B 的接收器换成了图 4-8 D的形式；③必须有配套的真空系统（参阅 3.3 节）。

由于减压蒸馏是在内外压力不平衡的状态下进行的，因此，除了要求所有玻璃仪器都应有一定耐压强度之外，操作上也必须更加小心。减压蒸馏的操作顺序如下：

放置热源 ⇌ 安装蒸馏装置 ⇌ 打开冷凝水 ⇌

开启真空泵 ⇌ 调整压力 ⇌ 打开热源

3. 分馏

分馏（fractionate）是蒸馏的一种专门方式，是利用各组分沸点的细微差异实

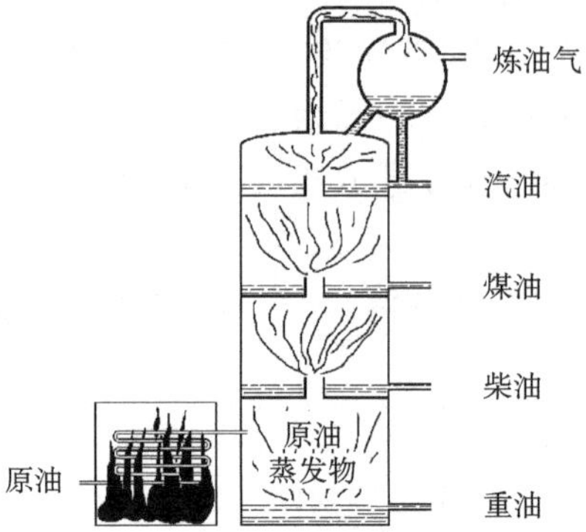

图 4-9　石油常压分馏示意图

现多组分同时精细分离的方法。为了精确地分馏出不同沸点的组分,其装置也比蒸馏复杂。图 4-9 是简单的示意图。实验室则使用玻璃制作的分馏管,其原理是馏出物在管内反复气化、冷凝而纯化。

分馏装置的核心组件是分馏塔。分馏塔各馏出点的温度依次降低,以便收集不同沸点的馏出产品。物质的分离纯度取决于相邻两个馏出点的温度降和距离,温降越小、距离越远则分离纯度越高。

在对馏出物纯度要求不太高的情况下,相邻两个馏出点的温降可以较大,距离也较近,所以得到的产品仍然是混合物,则这种产品就称为某沸程(就是温降)的馏出物,如石油炼制中的汽油、柴油、实验室所使用的石油醚等。

工业上为了分馏沸点较高的混合物常采用降低分馏塔内压强的方法,称为减压分馏。

4. 共沸蒸馏

在一定压力下,凡纯净物必有固定沸点,然而,具有固定沸点物质却不一定均为纯净化合物。这是由于特定比例的两种或两种以上组分的物质可以形成二元或多元共沸(恒沸)混合物。常见的共沸混合物见表 4-1。

表 4-1　常见的共沸混合物

混合物	沸点/℃	共沸物的组成/(%,质量分数)	共沸点/℃
水-乙醇	100～78.3	5∶95	78.15
水-乙腈	100～81.5	14.2∶85.8	76.0
水-乙酸乙酯	100～78	9∶91	70
水-正丙醇	100～97.3	58.3∶71.7	87
水-甲酸	100～100.7	23∶77	107.3
水-四氯化碳	100～76.8	4∶96	66
水-苯	100～80.5	9∶81	69.2
水-甲苯	100～110.6	20∶80	94.1

尽管共沸混合物的气相和液相具有相同的组成比例,不能用一般的蒸馏方法将其各个组分分开,但是可以用来除去混合物中的某一微量组分。共沸干燥就是

基于这一原理。

共沸干燥就是将一种既能与水形成共沸混合物又尽可能在冷却时与水不互溶的物质(如苯)添加到待干燥的物料内,然后将此固-液混合物进行蒸馏,借共沸蒸发把物料中的水分带出。如果利用图 4-10 的分水器承接馏出物,还可以观察物料是否已经干燥并计量含水量。

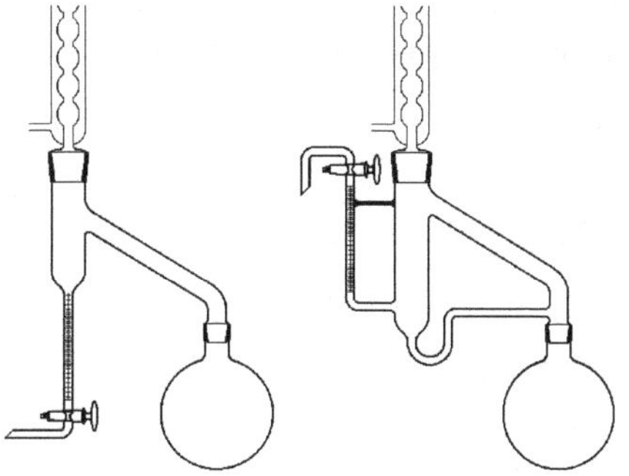
(a) 轻溶剂共沸干燥　(b) 重溶剂共沸干燥

图 4-10　共沸干燥装置

4.2.2　不互溶液-液体系的分离

组分间的分层使得不互溶液-液体系的分离甚为方便,往往利用密度差自然分层或通过离心等方法加速分层,再分别取出不同组分(层)即可。在工业生产上,自然分层分离成本最低,但所需时间长、容器大,所以,有时要辅以其他物理手段加速分层。管式离心机(图 4-11)就是一种借助离心力推动分层的液-液分离设备。离心管的转速一般高达 15 000 $r \cdot min^{-1}$,分离因数在 10 000 以上,不仅可以迅速使混合体系依密度不同分层,而且有利于破除因乳化等造成的分层障碍。

图 4-11　管式离心机原理

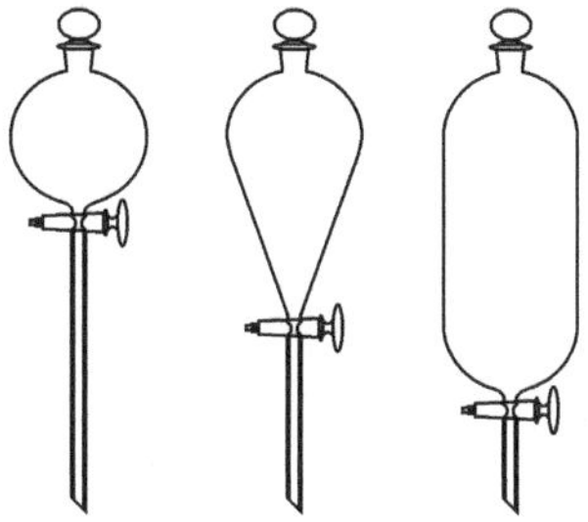
图 4-12　分液漏斗

1. 分液漏斗操作

在实验室里使用的器具是分液漏斗。常用分液漏斗有球形、梨形、筒形三种,如图 4-12 所示。从圆球形到圆筒形,其漏斗越长,振摇后两相分层所需的时间越长,分离得越彻底。因此,当两相密度相近时,采用圆筒形分液漏斗较合适,对于少量或半微量操作,则经常选用梨形分液漏斗,便于操作和观察。无论选用何种形状的分液漏斗,加入全部液体的总体积均不得超过其容积的 60%。

分液漏斗在使用前须先用橡皮筋或塑料线将玻璃塞和放液活塞分别与相应的承口部位绑住,以防不慎玻璃塞或活塞脱落摔坏。然后检查各磨口配合是否严密,不得有漏水现象,必要时可涂抹少量凡士林。

分液漏斗的操作程序如下:

1)进液

先关闭放液活塞,打开玻璃塞,避开分液漏斗上口的小孔,将待分离液体倒入,塞好玻璃塞,漏斗上口的小孔与玻璃塞上的侧槽错位合上。

2)振荡

分液漏斗横置,令其上口略朝下,右手握住活塞,其拇指和食指捏住活塞柄,中指在活塞座下,这样既便于灵活开关活塞,又能防止振荡时活塞芯转动或脱落。左手握住分液漏斗的上口颈部,左手掌压紧玻璃塞,防止玻璃塞松动漏液,如图 4-13(a)所示。振荡初始时要慢,旋转振荡,且每振荡 2～3 次就要开启活塞放气以平衡外压,如图 4-13(b)所示。放气时,用左手食指顶住玻璃塞,用右手拇指与食指慢慢旋开活塞,并注意指向无人、无火源处。再关闭活塞后继续振荡、放气,重复数次,便可达到洗涤或萃取的目的。

(a)　　(b)

图 4-13　振荡分液漏斗

3)分离液体

振荡完毕后,将分液漏斗放到铁环上静置,且玻璃塞侧槽对准漏斗口端小孔,同时在分液漏斗下端放置一个锥形瓶或烧杯(图 4-14)。注意,不能用手拿住分液漏斗下端,更不得手持漏斗静置或放液。待分液漏斗内的液体清晰分层后,将分液漏斗的下口贴紧下方的锥形瓶或烧

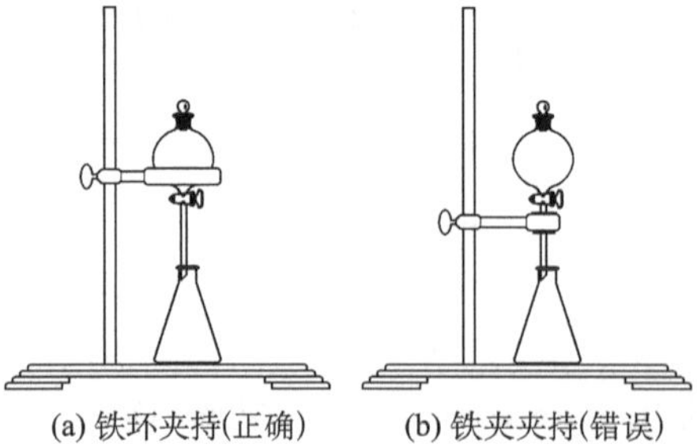

(a) 铁环夹持(正确)　　(b) 铁夹夹持(错误)

图 4-14　分液漏斗夹持静置

杯内壁，旋开活塞，让分液漏斗中的下层液体流下。若打开活塞，液体不流下则应检查上口小孔是否对准玻璃塞侧槽。当分液漏斗中上下两层液体的界面下降到接近活塞时，关闭活塞，稍加振荡并静置片刻，此时下层液体会略有增加，再小心放出下层液体。分液漏斗下层放出的是重组分的液体，中上层的轻组分须从上端口倒出。

4）清洗

分液漏斗用后，应用清水或洗液冲洗干净，玻璃塞和活塞处应垫上一小纸片，晾干。

实验室中分液漏斗不仅用于一般不互溶液-液体系的分离，更是物质常规萃取的必备工具，广泛用于物质提纯、富集等操作，如利用氯仿提取并富集水中的溴，利用有机溶剂从植物材料中提取香精油。有时还可以代替滴液漏斗在实验装置中用来滴加液体试剂，是控制和调节加量的部件。

2. 萃取

萃取是利用物质在不同介质中的溶解度差异将其分离、提纯或富集的方法，萃取效率可以用给定温度条件下被萃取物在两种溶剂中的溶解度比值来评价。这个比值称为分配系数。一般而言，只有当分配系数在 100 以上才能有效萃取。

选择萃取剂的首要原则是对被萃取物和杂质有良好的区别溶解度，以及与被萃取液不互溶，其次是要有适宜的密度和沸点，性质稳定，毒性小。一般来说，对难溶于水的有机物优先选用石油醚，对较易溶于水的物质用乙醚或苯，乙酸乙酯则适宜于很易溶于水的物质。由于乙醚几乎能溶解大多数有机物，沸点又低，因此乙醚是普遍使用的萃取溶剂。

1）液-液萃取

液-液萃取要求萃取剂与原溶剂形成尽可能不相溶的液-液体系，以便分离。

使用分液漏斗可以进行间歇萃取，但萃取效果较差，常需多次萃取才能达到要求。

借助图 4-15(a)、(b)的装置可以进行连续萃取。由于萃取剂是不断自动流回气化器，再经气化、冷凝、萃取而反复，所以即使被萃取物在萃取剂中的溶解度很小，也能被有效萃出。这种利用气化器和冷凝器来实现物质在反应装置内经液-气互变的反复循环称为回流。

2）固-液萃取

索氏(Soxhlet)提取器是常用的自动连续固-液萃取装置，其结构特点是利用回流和虹吸，使新鲜溶剂自动反复浸泡固体物料来提高萃取效率。萃取时，把破碎的物料装入滤纸筒后放入提取器中，滤纸筒的最终高度应不超过侧气

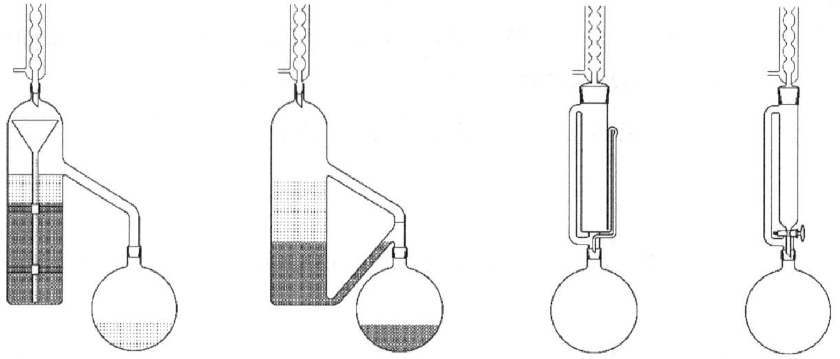

图 4-15　连续萃取装置

管上口,物料也应低于滤纸筒。按图 4-15(c)安装好装置,检查气密性后加热反复萃取,最后蒸馏回收溶剂即获得目标物质。索氏提取器不能萃取比溶剂轻的物料。

梯氏(Thielepape)提取器[图 4-15(d)]是另一种常用的手动连续回流固-液萃取装置。使用时,先在提取器中放一小片滤纸,以防物料堵塞活塞,再加入破碎的物料。每次当冷凝液完全浸泡物料时,打开活塞让溶液流回烧瓶。如此反复,最后回收溶剂即可。

3) 超临界萃取

物理学中,把加压能使气体液化的最高温度称为临界温度,把在临界温度时使气体液化的最低压力称为临界压力,而把超过物质的临界温度和临界压力的气体称为超临界流体(supercritical fluid, SCF)(参见《化学基础实验(Ⅱ)》图 2-13)。

SCF 是一种兼具气体和液体性质的特殊相态,利用 SCF 可以实现在常规条件下难以进行的生产。其中,应用最早、最广泛的是混合物的萃取分离。

SCF 萃取具有常规溶剂萃取所不具备的四大优势:①选择性强,物质按沸点由低到高的顺序溶解,因而可以分离非常相似的物质,如同系物;②无污染,不污染目标组分,且通过循环使用无排放;③常温操作,在常温条件下提取和分离热敏性和易氧化性的物质;④易控制,对溶质的溶解度有随 SCF 密度增大而增大的规律,因而可以通过调压或调温来调节萃取环境。

SCF 萃取是在高压下进行的,不仅需要专门的设备,而且应当注意操作安全。

生产上使用得最多的 SCF 是 CO_2。这是因为它具有四个特点:①化学性质稳定,不腐蚀设备,在流体状态下一般也不与目标组分发生化学反应;②良好的溶解能力;③成本低,CO_2 的临界温度为 304.1 K,临界压力为 7.39×10^6 Pa,节省动力，来源广、价格低；④安全。

在实际操作中，先将物料装入提取器，排空杂质气体后注入超临界流体（如 CO_2），用压缩机驱动使之反复循环，目标组分则不断地在高压的提取器里从物料中萃出、在低压的分离器中析出。整个过程只需控制提取器的压力，从而调节 SCF 的密度，实现针对性地萃取。

【思考题】

4-1　观察实验室里的分液漏斗并结合下面的提示思考其使用方法。

(1) 怎样检查分液漏斗是否漏水？练习用凡士林涂抹活塞，用橡皮筋绑住玻璃塞和活塞后练习振荡操作。

(2) 能否把活塞上涂有凡士林的分液漏斗放入烘箱内烘干？为什么？

(3) 为什么分液漏斗分液时，要先开玻璃塞，后旋开活塞，才能放出液体？

(4) 分液漏斗是根据什么原理分离液体的？两种不相溶的液体 A、B 同在分液漏斗中，根据什么判断 A 在上层还是下层？

(5) 下层液体应从哪里放出来？放出液体时，为了不要流得太快，应怎样操作？留在分液漏斗中的上层液体，应从何处转入另一容器中？

4-2　复习高三关于石油和石油产品一节的内容并查阅有关资料，了解石油的常压分馏和减压分馏的原理和方法，理解石油产品"沸程"的概念和形成的原因。

4-3　设计用蒸馏的方法从混合液中回收乙醇的装置，讨论该装置在安装和操作时的注意事项、产品质量控制方法和最终产品的极限质量。

4-4　超临界萃取法是许多植物芳香油（如香精）提取的先进技术。查阅资料，了解本方法的操作过程，分析其提取和目标组分分离原理。

（李天安）

4.3　气体的制取与纯化

化学实验中常需要制备各种气体，如 H_2、O_2、CO_2、CO、Cl_2、HCl、SO_2、NO、NO_2、NH_3、CH_4、H_2S、N_2、C_2H_4、C_2H_2 等。这些气体的制备由于各反应物的性质不同，所用的反应原理、制备方法、制备条件、仪器选择与组合、装置、操作要点、干燥、纯化、收集、检验、尾气处理及储存等一系列的方法和基本操作技能也各不相同。

4.3.1　实验室气体制备的原理

1. 实验室气体制备的特点

(1) 气体需求量不大。一般实验室制取气体仅满足学生实验或演示实验，所需气体用量常为 200～1000 mL，所以实验室制取气体多用少量化合物直接反应而获得，很少取自大自然或从天然物质中分离获取。

（2）反应条件要求不高。实验室制取气体虽然有时也需要适当加热、加压、稀释、浓缩或加催化剂等，但很少用到高温、高压等苛刻条件，所以实验室制取气体所用仪器设备也不需要特殊材料制作，往往是常规玻璃仪器或装置就能达到要求。

（3）无需长时间连续制取。由于实验室制取气体一般仅满足化学教学或小规模科研用，用量常常不大，制取时间一般较短。由此决定了所用仪器设备也无需太大或专门加工制作，仅常量或微型仪器和设备即可满足。

2. 常见气体制取反应原理

1）制备氧气

实验室制备氧气多由含氧化合物分解产生氧气，如用高锰酸钾和氯酸钾受热分解［图 4-16(a)］。

反应原理：

$$2KClO_3 \xrightarrow[\triangle]{MnO_2} 2KCl + 3O_2\uparrow$$

$$2KMnO_4 \xrightarrow{\triangle} K_2MnO_4 + MnO_2 + O_2\uparrow$$

$$2KNO_3 \xrightarrow{\triangle} 2KNO_2 + O_2\uparrow$$

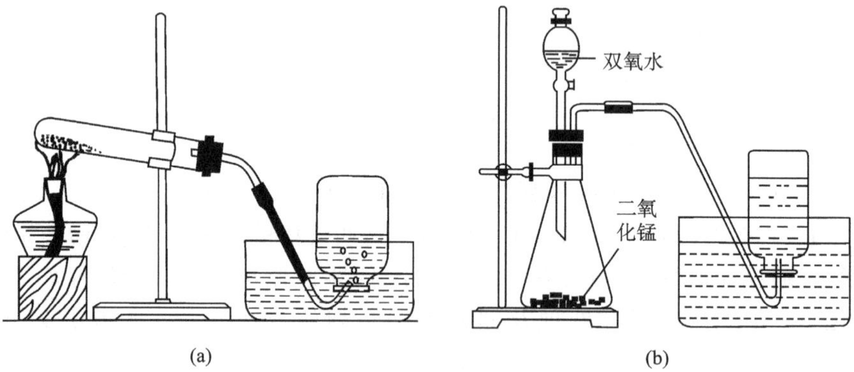

图 4-16　实验室制取氧气

再如过氧化氢分解［图 4-16(b)］。

$$2H_2O_2 \xrightarrow{MnO_2} O_2\uparrow + 2H_2O$$

2）制取氢气

实验室制备氢气一般用少量的活泼金属与稀酸反应。

反应原理：

$$Zn + H_2SO_4(稀) \longrightarrow ZnSO_4 + H_2\uparrow$$

$$Fe + H_2SO_4(稀) \longrightarrow FeSO_4 + H_2\uparrow$$

所用装置为启普发生器(详见表 7-23)或简易启普发生器(图 4-17)。

氢气制备也可以用 H_2O 电解产生 O_2 和 H_2，但此法能耗太高。

$$2H_2O \xlongequal{电解} O_2\uparrow + 2H_2\uparrow$$

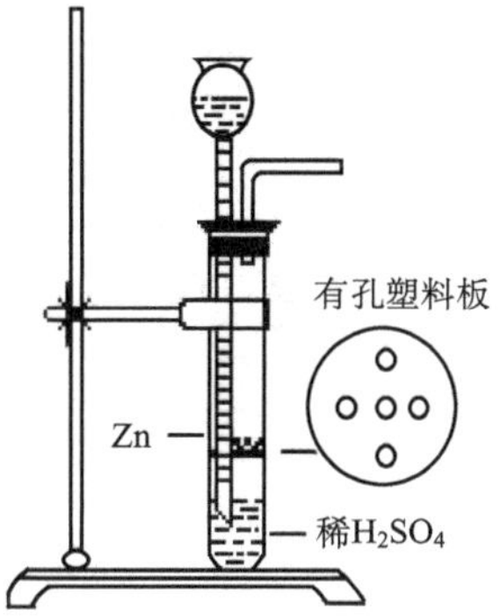

图 4-17　简易启普发生器

3）制取二氧化碳气体

实验室制备少量的二氧化碳气体主要用大理石或石灰石与稀盐酸反应获得。

反应原理：

$$CaCO_3 + 2HCl \longrightarrow CaCl_2 + CO_2\uparrow + H_2O$$

装置同氢气制备(图 4-17)。

4）制备氯气和氯化氢气体

实验室制备少量氯气多使用二氧化锰与浓盐酸加热反应(图 4-18)，或高锰酸钾与浓盐酸不加热反应制取。

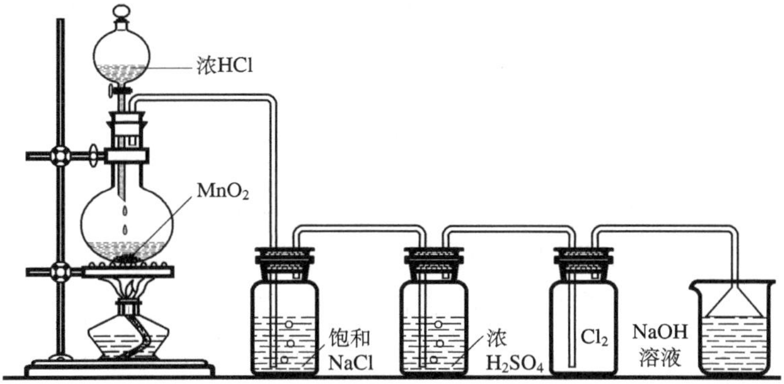

图 4-18　制备氯气装置图

反应原理：

$$MnO_2(s) + 4HCl(浓) \xlongequal{\triangle} MnCl_2 + Cl_2\uparrow + 2H_2O$$

5）制备氯化氢气体

制备氯化氢气体的装置与此类似，仍然选择浓硫酸为干燥剂。当碱金属氯化物与浓硫酸反应，在不加热或稍微加热时，就生成硫酸氢钠和氯化氢气体。若继续加热到 500～600 ℃，生成的硫酸氢钠再跟氯化钠反应生成硫酸钠和氯化氢。

反应原理：

$$NaCl(s)+H_2SO_4(浓)\xlongequal{\triangle}NaHSO_4+HCl\uparrow$$

$$NaCl(s)+NaHSO_4\xlongequal{\triangle}Na_2SO_4+HCl\uparrow$$

其他气体制备的反应原理见表 4-2。

表 4-2　其他气体制备的反应原理

气体名称	反应原理(化学方程式)
氨气	$2NH_4Cl+Ca(OH)_2\xlongequal[\triangle]{}CaCl_2+2NH_3\uparrow+2H_2O$ (不用 NaOH，因其在加热时对玻璃腐蚀严重)
H_2S	$FeS+H_2SO_4(稀)\xlongequal{}FeSO_4+H_2S\uparrow$
二氧化硫	$Na_2SO_3+H_2SO_4(浓)\xlongequal{}Na_2SO_4+SO_2\uparrow+H_2O$ $Cu+2H_2SO_4(浓)\xlongequal[\triangle]{}CuSO_4+SO_2\uparrow+2H_2O$
二氧化氮	$Cu+4HNO_3(浓)\xlongequal{}Cu(NO_3)_2+2NO_2\uparrow+2H_2O$
乙炔	$CaC_2+2H_2O\longrightarrow Ca(OH)_2+CH\equiv CH\uparrow$
一氧化氮	$3Cu+8HNO_3(稀)\xlongequal{}3Cu(NO_3)_2+2NO\uparrow+4H_2O$
乙烯	$C_2H_5OH\xrightarrow[170\ ℃]{浓\ H_2SO_4}CH_2=CH_2\uparrow+H_2O$

4.3.2　实验室制取气体的步骤与条件控制

制取气体首先组装好气体发生装置，第一步先检查装置的气密性，接着装药品，若只是固体物质，一次性装好后再固定装置；若是固体和液体两种，一般先装固体，安装好后加液体。开始反应后排尽空气收集，对收集的气体进行检验，验证是否是所需气体。若用排空气法收集，验证是否收满，若是氢气等可燃性气体还需验纯。结束时要考虑仪器的安全，如用高锰酸钾制取氧气，若用排水法收集，实验结束应先将导管移出水槽，然后移走酒精灯，防止水槽中的水回流到试管中，使试管炸裂。

1. 常见气体的收集方法

实验室使用的气体收集方法有向下排空气法、向上排空气法、排水取气法等，也有少数气体采用排别的液体取气的方法。

气体的收集方法一般取决于气体本身的性质，如易溶于水的气体不能用排水取气法，密度比空气大的气体不能用向下排空气法等。

1）向下排空气法

向下排空气法用于收集比空气轻的气体，如图 0-1 所示。具体操作是将集气瓶倒立，口朝下，导气管由下向上伸入瓶底。这种方法可用于收集 H_2、NH_3、CH_4 等气体。

2）向上排空气法

向上排空气法与向下排空气法正好相反，集气瓶正立实验台上，瓶口向上（图 4-18）。如气体无毒，则集气瓶只需盖上毛玻璃片，将毛玻璃片推开一条缝隙，导气管由上向下伸入瓶底即可。

向上排空气法用于收集比空气重的气体，如 CO_2、H_2S、Cl_2、HCl、SO_2、NO_2 等。

用排空气法收集气体时，瓶内气体是否已集满，可根据气体的特性进行检验。例如，收集二氧化碳时，可用燃着的木条伸到瓶口，若木条火焰熄灭视为已满。

为减少气体的扩散，使用向上排空气法时，应在瓶口盖上毛玻璃片；使用向下排空气法时，应在瓶口或管口塞一团疏松的棉花。排空气集气法操作较简便，但所收集的气体纯度不够高。

3）排水取气法

排水取气法适用于难溶于水或微溶于水气体的收集（图 4-16）。一般将开始排出的少量气体放掉，待气泡均匀排出后再予收集。排水法收集的气体纯度较高，且容易判断是否已盛满。可用排水取气法收集的气体很多，常见的有 H_2、O_2、NO、CH_4、C_2H_4、C_2H_2 等。

2. 干燥和净化

实验室制备的气体常带有酸雾和水汽，有时还有副反应生成的气态杂质，为了得到比较纯净的气体，酸雾可用水和玻璃棉除去，水汽可用浓硫酸、无水氯化钙或硅胶吸收，杂质可根据其性质选用特殊的相应试剂进行纯化处理。一般情况下使用洗气瓶（图 4-18，内盛水或浓硫酸等）或干燥管（图 4-8 B1/B2，内装无水氯化钙、玻璃棉或硅胶）等仪器。

气体干燥剂按状态可分为固体干燥剂和液体干燥剂两类，固体干燥剂通常放在球形干燥管内，液体干燥剂通常放在洗气瓶内。

按其酸碱性又可分为酸性干燥剂、中性干燥剂和碱性干燥剂三类。酸性干燥剂包括浓硫酸、五氧化二磷、硅胶等；中性干燥剂有无水氯化钙等；碱性干燥剂包括碱石灰、氧化钙、固体氢氧化钠等。各种干燥剂的性能和用途参见 7.2.2 节。

选用干燥剂应当综合考虑其与被干燥气体之间的化学反应性质。

被干燥气体和干燥剂的酸碱性应一致，即酸性气体(如 SO_2、CO_2、Cl_2 等)不能用碱性干燥剂(如碱石灰、固体 NaOH)干燥，只能用中性(如无水 $CaCl_2$)或酸性干燥剂(如浓 H_2SO_4、P_2O_5 等)。

被干燥气体和干燥剂之间不发生氧化还原反应。例如，H_2S 是酸性气体，浓 H_2SO_4 是酸性干燥剂，两者酸碱性一致，但 H_2S 和浓 H_2SO_4 发生氧化还原反应，所以不能用浓 H_2SO_4 干燥 H_2S。

3. 其他纯化处理

气体的纯化通常根据气体及所含杂质的性质，综合考虑净化方法。

纯化可根据制备实验中所用的试剂考虑可能出现的杂质气体，再选择适当的装置和纯化剂，逐一除去，以达到提纯的目的。例如，实验室制 Cl_2 时可能混有少量的 HCl 和水蒸气(都来自浓盐酸)，可使制得的气体依次通过分别盛有饱和食盐水、浓 H_2SO_4 的洗气瓶，前者除去 HCl 气体，后者除去水蒸气，从而达到净化的目的。再如，制取的 CO_2 中含有 O_2 时，可考虑将混合气体通过炽热的铜以反应掉 O_2，从而得到纯净的 CO_2。

要提纯甲烷，可使生成的气体通过高锰酸钾溶液，除去不饱和烃，再通过装有碘化钾固体的 U 形管，使丙酮生成配合物而除去。

4. 实验室气体制备的条件控制

实验室制备气体的反应并非都能在常温常压下自发进行。有的需要加热、加压，有的需要溶解、分散，有的需要催化剂才能反应。

1) 常温常压下物料直接反应

常温常压下物料直接进行反应就能制备的常见气体有氢气和二氧化碳等。锌粒或锌片与稀硫酸在常温常压下能反应制备氢气。石灰石或大理石与稀盐酸也能在常温常压下反应制备二氧化碳。电石与水直接反应制备乙炔。钠与水反应产生氢气。

2) 加热条件下的反应

有些气体的制备反应不能在常温常压下通过物料直接反应来制备，而需要加热才能顺利进行。例如，浓盐酸与二氧化锰反应制备氯气，氯化铵分解制备氨气，高锰酸钾分解制备氧气，无水乙酸钠与碱石灰生成甲烷等反应都需要加热。

3) 溶解、稀释、分散条件下的反应

实验室有些试剂由于本身的性状原因，需要溶解、稀释或分散后才能使气体的制备得以进行或易于操作。例如，用硫化亚铁与稀硫酸制备硫化氢，大块的硫化亚铁反应缓慢，不利于快速反应和收集，所以实验室常把硫化亚铁砸碎成细小颗粒，这样才有利于反应进行；氯化铵与亚硝酸钠反应制备氮气，在二者均为固体时受热分解得到的主要是氨气而不是氮气，二者在水溶液中受热分解就可以得到氮气；浓硝酸与铜片反应得到的常是二氧化氮，而改用稀硝酸与铜片反应得到的却是以一氧化氮为主的气体。

4）催化剂存在条件下的反应

许多反应即使在加热加压和分散稀释等条件下仍然难以实现，而必须在催化剂条件下才能反应。例如，氯酸钾分解制备氧气需要二氧化锰或氧化铜的催化作用，过氧化氢分解制备氧气也需要二氧化锰作催化剂。

5）综合条件存在下的反应

实验室也有少数种类的气体制备需要在多种条件综合存在的条件下才能进行。例如，氢气与氮气合成法制备氨气，就需要在加热和催化剂条件下才能进行，氯酸钾分解制备氧气实际上也是在催化剂和加热条件下才实现的。

4.3.3　工业气体制备原理

常用工业气体包括氧气、二氧化碳、氮气、氩气、氨气、氯气、乙炔气、氢气等。工业气体的制备方法较多，主要有空气液化分离精馏法（空分法）、化学反应法、变压吸附法、膜分离法等。现简介空气液化分离精馏法和化学反应法。

1. 空气液化分离精馏法

针对天然条件下稳定存在的气体，尤其是空气中存在的气体，一般采用空气液化分离精馏法。

空分法生产氧气的工艺流程大体是：吸收空气→二氧化碳吸收塔→压缩机→冷却器→干燥器→冷冻机→液化分离器→油分离器→气体储槽→氧气压缩机→气体充装。其基本原理是将空气液化后，利用空气中各组分沸点的不同在液化分离器中进行分离精馏，制取气体。

1）氧气

大型制氧机组的研究开发使得制氧能耗不断降低，并易于同时生产多种空分产品（如氮气、氩气及其他惰性气体等）。为了便于储存和运输，经液化分离器分离后的液氧，用泵输入低温液体储槽，再经槽车运至各深冷液化永久气体充装站。液氮、液氩也采用此法储存、运输。

2）氮气

工业氮气的主要生产方法有空分法、变压吸附法、膜分离法和燃烧法等。

空分法制取的氮气纯度高，能耗低。变压吸附法制氮技术是采用 5A 碳分子筛对空气中的组分进行选择性吸附，将氧、氮分离制取氮气，氮气产品压力高、能耗低，产品纯度能达到国家标准要求：工业氮≥98.5%，纯氮≥99.95%。

3）氩气

氩气是大气中含量最多的惰性气体，其制取方法主要是空分法。在制氧工艺中，将沸点为－185.9 ℃左右的馏分从液化分离器中分出即得液氩。

2. 化学反应法

对于天然条件下非稳定存在的气体，如氯气、二氧化碳等，常需要在较为苛刻的条件下提高化学反应速率来实现。

1）氢气

工业氢气的生产方法主要有矿物燃烧转化制氢、水电解制氢、通过半水煤气法制得氢。水电解制氢方法技术可靠、操作简单、维护方便、不产生污染、制氢纯度高，但其电能消耗大，成本较高，生产发展受一定制约，主要供应氢气纯度要求高且用量不太大的用户。但新技术的应用促进了水电解技术的改进，使水电解制氢技术的成本不断降低，电耗不断下降，有望成为“清洁能源”的最主要生产方法。目前，正在研究开发的制氢方法有电化学分解水制取氢气、光催化作用制取氢气等。

2）二氧化碳

二氧化碳的制取方法主要有生产石灰副产二氧化碳、酿酒发酵过程副产二氧化碳、重油和焦炭等燃烧产生二氧化碳、合成氨工业副产品二氧化碳等。目前，合成氨工业的原料大都为燃气、炼厂气、焦炉气和煤，其主要成分都是由不同氢碳比的烃类和元素碳构成，在高温下与水蒸气作用生成以氢气和一氧化碳为主体的合成气，一氧化碳经变换成为二氧化碳。二氧化碳的提纯方法有吸收法、变压吸附法、吸附精馏法和膜分离法。

3）乙炔气

乙炔的制取方法主要有电石水解法、甲烷或烃类的高温燃烧裂解法和等离子体裂解法。电石水解法工艺流程短，产品纯度高，但能耗较大。大多数溶解乙炔生产采用此法。根据乙炔的溶解特性，将乙炔气压缩充入溶剂中，并被储存在充满多孔填料的钢瓶内。丙酮作为一种极好的溶剂，在钢瓶内被填料吸附用于溶解和释放乙炔，它的作用是增大钢瓶的有效容积和降低乙炔气的爆炸性能。整体硅酸钙多孔填料的作用是均匀地吸附丙酮和阻止乙炔分解爆炸的传播。推广使用溶解乙炔气瓶，既方便使用和提高工效，又改善环境，节约电石消耗，但应保证钢瓶内多孔填料不受损伤或污染，丙酮溶剂的充装量应满足乙炔气充装所需要，这样才能保证安全可靠。溶解乙炔生产充装工艺流程是：粗乙炔气发生后经过化学净化，去除硫、磷等杂质，再经压缩和干燥，充装进入溶解乙炔气瓶内。

4）氨气

氨气的制取方法主要采用直接合成法。合成氨工艺流程是：在水煤气发生炉中往红热的焦炭上吹入空气和水蒸气，先得到氮气、氢气混合气体，然后用洗涤热交换、凝缩二氧化碳和吸收二氧化碳等生产工序制备原料气体。精制的混合气体经过过滤器、冷却器、氨分离器以及加热器送至合成反应器反应产生氨气，压缩液化，经分离器分离出液氨。

5）氯气

工业上用的氯气主要制取方法是电解饱和食盐水。纯度较高的氯气由电解熔融氯化物制备活泼金属时取得。利用空气或氧气可催化有机合成工业的副产品氯化氢，使之氧化而转化为氯气。

【思考题】

4-5　按照表 4-3 的线索，归纳实验室制备各种气体的方法和装置的特征。

表 4-3　实验室制备各种气体的方法和装置比较

方法与特征	有代表性的装置图	可制备气体的反应原理	可选择的收集方法	可选择的干燥剂或净化剂
固体加热分解				
液体加热分解				
固体与液体加热反应				
固体与液体不加热反应				
液体与液体加热反应				
固体与固体加热反应				
电解				
气体与气体反应生成另一种气体				

4-6　自行设计列表归纳比较实验室各种有毒尾气的处理回收和利用方法及所用到的原理。

4-7　自行设计列表归纳比较实验室各种气体的净化方法、原理及相应的标准。

4-8　请列表比较各种气体干燥剂的适宜和不适宜范围。

4-9　从绿色化学的角度评价优选制备氧气的理想方法。

（鲍正荣）

4.4　实验装置的设计与装配

实验装置是实现实验意图的手段。玻璃仪器因透明、易洗涤、可加热、耐腐蚀等性质广泛用于化学实验，由玻璃仪器装配的系统也就成为化学实验中最常用的装置。

4.4.1 装置设计的原则

众所周知,实验目标不同应有不同的装置,而且同一个目标也可以用不同的装置来实现。可以说,化学实验中最能综合反映实验者知识、能力、经验的就是实验装置设计。实验装置设计应遵循如下四项原则。

1）针对性

任何实验在开始之前都具有明确的目的,目的不同所依据的化学原理必然不同,目的相同也可以用不同原理实现(参见 0.2 节),所以,实验装置自然会大相径庭。通常,物质制备、性质(结构)分析或浓度(含量)检测的实验装置不会一样。例如,制备实验装置一般都包括反应器、控制器、净化干燥器、收集器、废气(物)处理器几个部分,各部分还需由连接器连为一体,就好比一条典型的化工生产线,各个化工单元一应俱全,丝毫也不含糊。所以,所谓的“通用性”实验装置都是有前提的或根据具体目的必须修改的。

2）科学性

这是实验装置设计的精髓。科学性一是指整个实验装置以及该装置规定的操作步骤、关键环节和注意事项是否符合物理、化学原理,是否能够反映客观事实和规律;二是指实验选择的技术可行、仪器现实、对象合理,是否符合当前科技发展水平和伦理标准。

3）安全性

实验中的事故和人身伤害有相当大一部分是由实验装置设计不合理所留下的安全隐患造成的。通常,化学实验中由于化学因素引起的危险性容易在反应原理分析时注意到,而诸如内压引起的爆炸、不耐热容器被加热引起的炸裂等物理因素往往容易被忽视。

4）先进性

可以用三个字来概括:明、简、易,即原理明白、现象明显、控制要领明确,装置简洁、操作简单、记录简便,仪器耗材廉价易得、装置易装易拆、易于减污和功能扩充。装置的先进性源于设计者对实验的综合分析和细致思维,是设计者创新素质的体现。

4.4.2 设计与装配的一般步骤

装置设计装配是实验准备阶段最主要的工作,是分析和解决问题的思维活跃过程,也是实验成败的关键。

1）工艺设计,确定各部件功能

根据实验目的确定反应原理,按照针对性和科学性原则设计出工艺流程图,确定各工艺步骤的功能。

2）根据功能，选择仪器

首先必须对反应原理进行详细分析，如反应产物的形态、反应物和生成物有无腐蚀性和无毒、反应是否需要加热和加热程度、体系是否需要通电、反应是否需要催化剂以及反应速率多种影响实验的因素等。然后按照科学性和安全性原则，详细分析如何实现并满足实验所需的条件和设计出实验所需的仪器，并绘制出部件草图，分析各部件容量以及相互之间的控制关系和连接方式。必要时应当重新审视或修改流程图，优化部件的选择，尽量做到简易性和先进性。完成实验装置设计图。

3）选择、搭配、加工连接部件

根据装置设计图领取仪器，必要时进行简单加工。现实中常会因为实验室没有设计图上的仪器或不能完全与设计相吻合而不得不变更理想中的选择。这是非常正常的。因为实验仪器和条件永远落后于科学研究的需要，任何新的实验和由此实验而发现的新的自然规律都是在“老”的仪器设备和实验条件的基础上实现的。克服困难完成实验是一个科学工作者最基本的科学素质。

4）连接各部件，固定

仪器的装配要按照装配的要求从下到上，从左到右逐件进行安装。拆卸时应按相反的顺序逐件进行拆卸。如需要用铁架台，要注意装置的重心要稳[比较图 4-19(a)和(b)的不同]。另外，铁夹的双钳应贴有绒布，或在仪器上缠上布条、纸条。夹持玻璃仪器要松紧适度，如果太紧，仪器在加热的情况下会发生热膨胀，使仪器损坏；如果太松，仪器容易脱落而损坏。

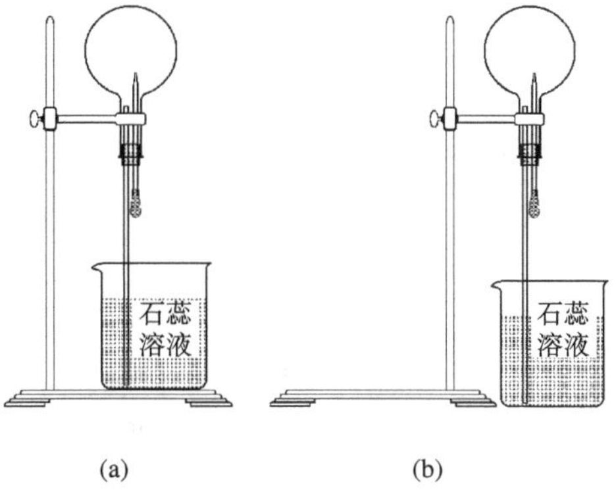

(a)　(b)

图 4-19　喷泉实验装置

实验装置在实验台上的放置形式关系到实验操作的方便性和安全性，也是影响观察实验现象的重要因素。一般说来，装置各部件应当按远高近矮、左高右矮、上轻下重、前动后静的原则摆放，并按反应从左向右进行的方向连接和固定，所有部件的轴线均在同一平面内，做到功能明确、从左到右、错落有致、安全美观。

5）装置检查

连接器各个结合部的密封，热源、电源、转动部件、各种减压、防堵塞、防溅出、防倒吸等部位的控制灵活性，火源、电源与试剂瓶之间的安全距离均须进行详细检查，保证装配完全正确，使装置达到宏观目的明确，微观滴水不漏的境界，确保实验的成功。

4.4.3 装配部件加工

实验以其发现、举证、创新和创造的功能在学科发展中起着举足轻重的作用。正因为如此,在实验改进、改革以及科学研究中的许多仪器往往买不到或买不全,依靠外加工也不一定能满足急需,这就需要自己动手设计、加工、装配一些部件、配件或代用品。另外,为了提高实验经费的利用率和应付急需,适当修复一些破损的实验仪器也很有必要。

1. 玻璃加工

玻璃管(棒)的主要加工技巧包括弯管、做头和拉制三类。

1) 截断

截断玻璃管(棒)一般包括锉痕、折断和熔光三个步骤。

(1) 锉痕:用锉刀的边棱或小砂轮在玻璃管(棒)需要切割的地方朝一个方向用力锉(不要往复锉)出一道凹痕。锉出的凹痕须与玻璃管(棒)垂直,才能保证断面平整。

(2) 折断:用双手握住玻璃管(棒),以拇指顶住凹痕的背面向前推,同时朝两边拉而折断。断面应平整。如先在凹痕处滴水再操作则效果更好。

(3) 熔光:锋利的新断面必须在火中烧熔使之光滑以免伤人,称为熔光。熔光的方法是将玻璃管(棒)断面端以 45°在灯焰上烧并不断来回转动,直至管口变成平滑为止。

2) 弯管

将截取的玻璃管弯曲成不同角度的曲玻璃管一般包括烧管、弯管两个步骤。

(1) 烧管:先将玻璃管在火上稍预热,然后双手持管,把要弯曲的部位放在火焰上边加热,同时不断缓缓地转动玻璃管使之受热均匀。加热至玻璃管发黄变软时即可从火中取出(不可在火中弯管)。

(2) 弯管:将变软的玻璃管取出来后,两手向上方,玻璃管的弯曲部分在两手中间的正下方,缓缓地将其弯成需要的角度。弯好后,待其冷却后才能撒手。120 ℃以上的角度可以一次弯成。较小的锐角可分几次弯成,先弯成一个较大的角度,然后在第一次受热部位的偏右、偏左处进行第二次加热和弯曲、第三次加热和弯曲,直到弯成所需的角度为止。

弯管的方法有吹气法和不吹气法两种。一般弯制角度较大的管子可以用不吹气法;弯制角度较小或直径较大的管子最好用吹气法(或分几次弯,每次弯一定的角度,每次加热的部位应稍有偏移,用积累的方式达到所需角度的弯管)。弯管的弯曲处管径应当与直管处一致,如果出现瘪陷、纠结、收缩等均会使管径变小,影响使用。

3）扩口、封头、熔接

（1）扩口：将要扩口的玻璃管以 40°斜插入火焰中加热，并不断转动。待管口灼烧至红热后，用金属锉刀柄斜放入管口内迅速而均匀地旋转玻璃管，将其管口扩开。或简单地将已烧软了的玻璃管口垂直地放在石棉网上，轻轻向下按，使其管口扩开。

（2）封头：将玻璃管要焊死的部位在火焰上烧软，离开火焰，缓缓地向两边将玻璃管拉细，接着在主细管的根部加热，使主细管折断而被焊死。一开始焊死处形成小乳头凸起，继续加热使凸出部分变软后，移出火焰并迅速用嘴小心吹它，直至回缩呈平滑状为止。

（3）熔接：将洗净干燥的待接管一端用湿的纸团或棉球堵死，用火焰尖将需熔接位置加热至呈红白色时离开火焰，迅速于开口端用力吹气，将烧熔的地方吹成薄泡，弄破泡的端部使成喇叭口，将两根管子的喇叭口同时加热至熔融后迅速对到一起，均匀转动，慢慢冷却即成。

熔接操作要领可以用十六个字来描述：质料相同，干净无垢，断面新鲜，准确快速。

4）拉管

先将玻璃管均匀加热软化，从火焰中取出，两手立即顺着水平方向边转动玻璃管边拉，直至需要的细度时，一手持玻璃管使之竖直冷却。

拉好的玻璃管即可按需要截取。如果是制作滴管，截得的两个尖嘴管经大头扩口、小头熔光，安上胶头即成。

2. 瓶塞加工

实验室常用的塞子有玻璃塞、橡皮塞和软木塞等。由于目前大多采用磨口仪器，软木塞已基本不用，橡皮塞偶尔在一些场合使用。

橡皮塞由于具有不易被酸碱腐蚀、型号齐全、加工容易、使用方便等优点，曾经在化学实验中广泛应用。但是，它易被强酸和某些有机试剂（如汽油、乙醚、苯、溴和丙酮等试剂）侵蚀而溶胀。因此，盛装或有这类试剂的实验不能用橡皮塞。使用时塞子的大小以能塞进仪器口 1/2 为宜。

在化学实验中，根据实验需要，常在塞子上钻孔以装配各种导管或温度计、搅拌棒等。钻孔的常用工具是电动台钻。

电动台钻省力，钻出的孔规则平滑。钻孔时左手一定要按紧塞子，不能使塞子移动，否则高速旋转的钻头容易伤手。在使用时，若实在按不住橡皮塞，要立即松开手，转动手柄，使钻头缓缓复位，再重新操作。由于台钻有一定的危险性，需要经过训练才能独立使用。

3. 配合

通常,加工玻璃管、瓶塞都是为满足整套实验装置的需要,一般充当装置的连接器。因此,加工好后需作简单装配成组件后才能装配到实验装置中。

1) 管塞配合

把玻璃管插入塞孔时,应先在插入端蘸上肥皂水或清水减小摩擦,然后用毛巾把玻璃管包住,左手持塞子,右手握玻璃管,稍稍用力向前转动,直到合适为止。操作时应当特别注意:

(1) 插入玻璃管时一定要用毛巾包住管子。

(2) 右手握玻璃管的位置一定要靠近插入端。

(3) 插弯成一定角度的曲玻璃管时,不要把住弯角处用力旋扭。

(4) 如果塞子孔径略小于玻璃管的外径,插入困难,可用圆锉稍作修理,把孔扩大后再插入。

2) 管管连接

仪器之间的玻璃导管常用橡胶管或乳胶管连接。所选用的乳胶管口径应略小于玻璃导管的口径,这样才能保证连接处的严密。连接时要先将玻璃管沾上水,然后将玻璃管边旋转边向乳胶管里套,一般要使玻璃管插入乳胶管内1～1.5 cm。如插进太短,不易保证严密,太长则装卸不便,又造成浪费。两导管之间连接的乳胶管如无特殊要求则越短越好,尽可能将两导管在乳胶管里接触在一起。

3) 气密性的检查

气密性检查是防止泄漏、保证实验顺利进行必不可少的前期工作。

检查仪器装置气密性的常用方法是液柱法,该方法的基本思路是:将整个被测试装置连接成一个封闭的体系,把唯一的出口(玻璃管)没入水中。水进入玻璃管形成液柱。例如,可以使体系某处微热发生气体膨胀,排出少量气体,停止加热后水就吸入玻璃管形成液柱。若液柱稳定一段时间则表示气密性良好。

图4-20(a)是用手温排气形成水柱的例子,图4-20(b)表示的是往漏斗中加入水,当淹没漏斗的下端后,用弹簧夹夹住乳胶管,继续往漏斗中加入水,使之形

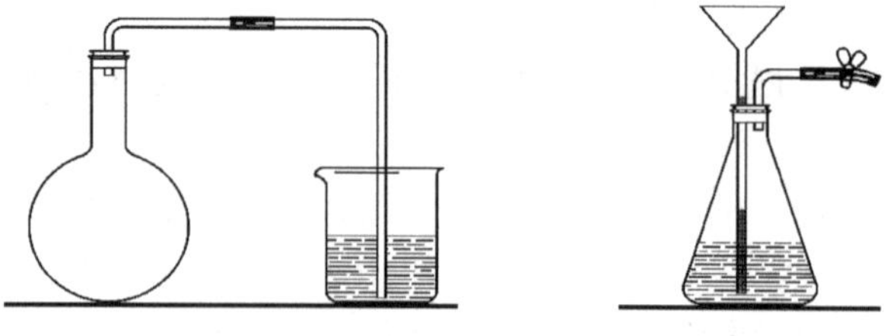

(a)　　(b)

图4-20　气密性检查(示液柱形成)

成一段水柱，如果在一段时间里水柱不下降，则装置不漏气，是密闭的，反之则不密闭。

【思考题】

4-10　实验装置设计的原则是什么？回忆中学化学课中曾制备过哪些气体。比较它们所用的方法和制备装置，分析各部分是如何适应功能要求的。

4-11　分析图 0-1 和图 4-18 装置中各部件的功能。比较相同功能的部件，解释两个系统选择不同器具的理由。

4-12　设计一套能制取氯气并同时进行性质实验的演示实验装置，讨论其中连接器加工要求、装置装配、气密性检查以及系统控制操作要领。

4-13　参观实验室中陈列的实物，分析启普发生器每一部分的功能、使用中的注意事项和适合于制备哪些气体，并根据本节讨论的装置设计四个基本原则用启普发生器设计一套气体制备及性质实验的实验装置和实验方案。要求画出所设计的实验装置图，并说明图中各个仪器的作用及实验操作方法。

4-14　阅读并查阅其他基础化学实验教材中关于玻璃管（棒）加工的内容，理解加工方法、安全注意事项和成品质量评价方法。到实验室看看有哪些玻璃管（棒）器具，加工质量如何。

4-15　结合说明书，观察实验室中电动台钻的结构和使用方法。开机空转，轻轻扳动手柄，让钻头上下移动，体会机器工作时的状态，并在木板上钻孔，思考应当如何安全使用。

（李天安）

实验 9　玻璃工操作

一、实验目的

（1）了解酒精喷灯的构造和工作原理，正确使用酒精喷灯。

（2）掌握基本的玻璃加工技术，会进行基本的玻璃管切断、熔烧、弯曲和拉制。

二、预习要求

阅读 3.1 节、4.4 节并查阅其他基础化学实验教材中对这两方面的操作描述，理解酒精喷灯的使用方法和简单玻璃加工的操作程序，并回答下列问题：

（1）怎样调节酒精喷灯使其正常工作？考虑使用过程中一般故障的排除。

（2）玻璃管和玻璃棒的加工原理、方法以及怎样进行加热处理操作？

（3）本实验过程中，如何防止烫伤、失火等相关的安全问题？

三、实验仪器与试剂

仪器与材料：酒精喷灯、玻璃管、玻璃棒、三角锉或砂轮片、镊子、石棉网、小木板。

试剂:灯用酒精。

四、实验内容

1. 酒精喷灯的使用

对照图 3-2,熟悉酒精喷灯的构造,试着松动火焰调节手柄,看是否灵活,理解它的工作原理和火焰的特点。

打开储罐旋盖,添加酒精,注意座式喷灯内酒精量不能超过储罐容量的 2/3。

在预热盘中添加酒精后点燃,上下移动空气调节手柄,使灯管火焰“呼呼”喷燃到最佳时,旋紧固定空气调节手柄。如果预热盘酒精燃尽灯管仍喷火,须待火焰熄灭后再加酒精预热。如果还是不能喷火,则须用探针疏通酒精蒸气出口后方可再次预热。所有加酒精的步骤均须等稍冷后进行,更严禁带火加酒精。

2. 基本的玻璃加工

1) 操作练习

利用废弃的玻璃管(棒),按照 4.4.3 节的描述进行如下练习。

(1) 截断并熔光。注意体会锉痕、折断和熔光的技术要领。熔光完成的灼热玻璃管应放在石棉网上冷却,不要放在桌子上,以免烧焦桌面,也不要用手摸,以免烫伤。

(2) 拉管。注意观察和体会烧管均匀、预热火候和拉制时的手法。

(3) 扩口。练习直接在石棉网上垂直加压扩口和用锉刀柄旋转扩口的方法。注意观察管口预热的火候和操作时的手法。

2) 玻璃工制作

在上述练习之后,取新的长玻璃管截取 15 cm、17 cm 各两段和 27 cm 玻璃棒两段为材料,完成如下制作。

用 15 cm 玻璃管分别制作 45°和 120°弯曲玻璃管各一根。适当扩大加热长度预热玻璃管,至加热段发黄变软时离开火焰,稍等 1～2 s,使各部分温度均匀,准确地把它弯成所需的角度。

用 17 cm 玻璃管制作两根滴管。经拉细和扩口操作分别制作滴管的小口端和大口端。注意制作小口端时,不能始终放在火焰中,否则管口直径就会收缩,甚至封死。

制作搅拌棒。玻璃棒一端熔光,另一端在适当位置用镊子夹住弯曲成教师指定的形状。

五、扩展实验

拉制毛细管的操作方法与拉制滴管类似,需要注意以下三点。

(1) 选取干净厚壁玻璃管。

(2) 要有足够的加热长度,且受热均匀。

(3) 拉伸速度均匀,动作干净利索。

六、练习

(1) 截出 5 cm、10 cm 和 15 cm 长的玻璃管(棒)各一根,并对其进行熔光处理。

(2) 将玻璃管弯成 90°、60°弯管各一支(用 15 cm 长的玻璃管,在 10 cm 处弯头)。

(3) 制作滴管 2 支(要求 17 cm 长)。

(4) 制作搅拌棒 2 支(要求 17 cm 长)。

七、思考题

(1) 座式和挂式喷灯的结构有何不同? 工作原理呢? 喷灯最容易出现的故障有哪些? 这些故障是否会发生危险? 如何排除故障?

(2) 玻璃管的加工过程中如何防止烫伤?

(3) 弯曲玻璃管时为什么会发生瘪陷、纠结、收缩等现象? 如何防止?

(4) 怎样才能拉制出端正、均匀的滴管小口端?

(李天安　樊小林)

实验 10　重结晶法提纯香兰素

一、实验目的

(1) 了解重结晶分离提纯固体物质的方法原理和步骤。

(2) 掌握试样溶解、结晶、抽滤和干燥等基本操作。

二、预习要求

(1) 预习 3.1 节和 4.1 节,熟悉加热、冷却、结晶和重结晶分离提纯固体物质的基本操作和步骤。

(2) 查阅固体物质提纯的常用方法、溶剂选择以及检测纯度的一般方法。

(3) 了解香兰素的工业制备、用途等方面的内容。

三、实验原理

重结晶是纯化固体化合物的重要方法之一。从反应中分离出的固体化合物往往是不纯的,其中常夹杂一些反应副产物、未作用的原料等。纯化这类物质的有效方法通常是用合适的溶剂进行重结晶。在热的溶剂中因为目标组分在较高温度下溶解度大,呈饱和状态,当降低温度时由于溶解度降低,溶液变成过饱和并析出结晶,从而使杂质全部或大部分留在溶液中,达到提纯的目的。

香兰素难溶于水而易溶于乙醇,在水或乙醇中均难以对其进行重结晶。但将水与乙醇按一定比例混合,香兰素可以实现在较高温度下溶解。当温度较低时,香兰素就会析出,从而达到提纯的目的。

四、实验仪器与试剂

仪器:2 个蒸馏烧瓶、电子天平、电炉、烧杯、滴管、量筒(10 mL)。

试剂:香兰素(固体粗品)、无水乙醇。

五、实验步骤

(1) 称取 2 g 左右香兰素两份,分别放入两个烧瓶中。在一个烧瓶中加入 10.0 mL 蒸馏水,另一个烧瓶中加入 10.0 mL 无水乙醇。

(2) 将两烧瓶放在沸水浴中加热,仔细观察两烧瓶内香兰素的溶解情况。

(3) 向往含无水乙醇的烧瓶中用滴管缓慢滴加蒸馏水,并认真观察。当溶液中恰好出现白色悬浊物时,停止加水,记下所加入的蒸馏水的用量。再加热一会儿,取出烧瓶,冷却 3～5 min 后,放入冰水中充分冷却,观察其中出现的现象。

(4) 将结晶出的香兰素转移至布氏漏斗抽滤,使结晶与母液分离,并用玻璃塞挤压,使母液尽量除去。打开安全瓶上的活塞,停止抽气。加少量冷水至布氏漏斗中,使晶体润湿,然后重新抽干,如此重复 1～2 次。

(5) 将产品移至培养皿中干燥,称量,计算回收率。

$$回收率 = 提纯后固体质量/提纯前固体质量 \times 100\%$$

六、思考题

(1) 重结晶所用的溶剂为什么不能太多,也不能太少？如何正确控制溶剂量？

(2) 停止抽滤后,发现水倒流入吸滤瓶中,这是什么原因引起的？

(李　玲)

实验 11　乙醇的蒸馏

一、实验目的

（1）熟悉乙醇蒸馏的原理和作用。

（2）初步掌握常压蒸馏装置的安装。

（3）掌握乙醇的常压蒸馏操作。

二、预习要求

预习 3.1.1 节和 4.2.1 节，掌握实验室加热的方法，理解沸点、共沸点的概念和影响的因素，熟悉蒸馏的概念、蒸馏装置的结构、安装和操作程序以及需注意的问题。

三、实验原理

一般而言，蒸馏主要用于以下三方面。

（1）分离和纯化液体有机化合物，一般要求被分离的液态有机化合物之间的沸点差在 30 ℃以上。

（2）测定纯净液态有机化合物的沸点（常量法）。

（3）在有机合成和天然有机物的提取中，回收有机溶剂。

四、实验仪器与试剂

仪器：蒸馏瓶（或圆底烧瓶和蒸馏头）、温度计、锥形瓶、直形水冷凝管、接液管、酒精灯、沸石。

试剂：灯用酒精（15 mL）。

五、实验装置

按图 4-8 安装实验装置。安装时应当注意：

（1）蒸馏瓶的瓶颈有长有短，在蒸馏低沸点液体时，最好选择长颈蒸馏瓶，而蒸馏高沸点液体时，宜选用短颈蒸馏瓶（为什么）。

（2）根据被蒸馏液体的沸点来选择温度计，被蒸馏液体的沸点必须在温度计的量程之内。安装温度计时必须保证温度计水银球的上限与蒸馏瓶支管口的下限水平（图 4-8 A）（为什么）。

（3）根据冷却介质不同，冷凝管可分为水冷凝管和空气冷凝管两类。被蒸液体沸点低于 140 ℃时用水冷凝管，而被蒸液体沸点高于 140 ℃（有的教材上指明 130 ℃）应用空气冷凝管。本实验采用水冷凝管。

(4) 根据形状的不同冷凝管有直形、球形和蛇形三种,本实验采用直形冷凝管(为什么)。

(5) 安装顺序一般为从下到上、从左到右,而拆卸仪器的顺序则相反。

六、蒸馏操作

仪器安装好后,按如下步骤进行蒸馏操作。

1) 加料

仪器装好后,取下温度计,通过长颈玻璃漏斗倒入 15 mL 灯用酒精于蒸馏瓶中(或在安装仪器之前,直接沿着面对支管口的瓶壁加入被蒸馏的液体,注意不能使液体从支管流出)。加入几粒沸石,塞好温度计,检查仪器的各部分是否漏气。

2) 加热

通入冷凝水,用酒精灯加热,注意观察蒸馏瓶里的现象。加热一段时间后,液体沸腾,蒸气逐渐上升。上升到温度计水银球时,温度计水银柱急剧上升。此时应控制火焰,使蒸气量不要过大。控制加热速度,控制馏出液滴以 1～2 滴 · s^{-1} 为宜。在整个蒸馏过程中,应始终保持水银球上有液滴。

3) 馏出液收集

蒸馏前准备两个锥形瓶作为接收器,一个收集温度稳定前的馏分,而另一个接收温度稳定后的馏分即被纯化的有机物。记下此时温度计的读数。待蒸馏瓶中约剩余 0.5 mL 液体时,停止蒸馏,记下此时温度计的读数,前后两次读数即为工业酒精——95%酒精的沸程。

4) 仪器拆除

蒸馏完毕,先停止加热,稍冷后停止通水,然后按与仪器装配时相反的顺序拆除,即先拆除接收器,然后依次拆下接液管、冷凝管、温度计和蒸馏瓶等。

注意:

(1) 常压蒸馏装置一定要保证与大气相通,否则对密闭体系加热会十分危险。

(2) 如果蒸馏时同时测定被蒸馏物的沸点,应使温度计水银球的上限和蒸馏瓶支管的下限在同一水平线上。

(3) 冷凝器的水必须下进上出。

(4) 控制馏出速度为 1～2 滴 · s^{-1}。

七、思考题

(1) 沸石的作用是什么? 为什么要在加热前加入沸石? 当重新蒸馏时,用过的沸石能否继续使用?

(2) 为什么蒸馏时最好控制馏出液的速度以 1～2 滴 · s^{-1} 为宜?

(3) 常量法测定液体的沸程可以判断该化合物的纯度,为什么?

(4) 如果液体物质具有恒定的沸点,能否认为一定是纯物质?为什么本次实验收集的是 95% 的酒精,而不是纯净的酒精?

(蒋晓慧)

实验 12　减压蒸馏

一、实验目的

(1) 了解减压蒸馏的原理和应用范围。
(2) 认识减压蒸馏的主要仪器设备。
(3) 掌握减压蒸馏仪器的安装和操作方法。

二、预习要求

(1) 阅读 3.3 节,了解改变实验体系压强所采用的方法以及相关量表的使用。
(2) 阅读 4.2.1 节,了解互溶液-液体系的实验室分离技术和相关设备、装置以及使用方法。

三、实验原理

液体的沸点是指其蒸气压等于外界压力时的温度,因此液体的沸点是随外界压力的变化而变化的,如果借助于真空泵降低系统内压力,就可以降低液体的沸点,这便是减压蒸馏操作的理论依据。减压蒸馏是分离可提纯有机化合物的常用方法之一。它特别适用于在常压蒸馏时未达沸点即已受热分解、氧化或聚合的物质。

市售的乙酰乙酸乙酯中常含有少量的乙酸乙酯、乙酸和水,由于乙酰乙酸乙酯在常压蒸馏时容易分解产生去水乙酸,故必须通过减压蒸馏进行提纯。表 4-4 列出了不同压力下乙酰乙酸乙酯的沸点。

表 4-4　乙酰乙酸乙酯沸点与压力的关系

压力/mmHg*	760	80	60	40	30	20	18	14	12
沸点/℃	181	100	97	92	88	82	78	74	71

* 1 mmHg≈133 Pa。

四、实验装置与试剂

装置:减压蒸馏装置。

试剂:乙酰乙酸乙酯(或苯甲酰、呋喃甲醛等)。

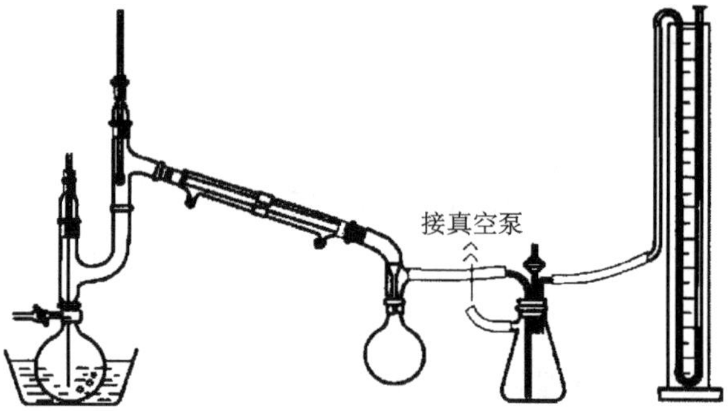

图 4-21 减压蒸馏装置图

五、实验内容

在 100 mL 蒸馏瓶中加入 20 mL 乙酰乙酸乙酯,按减压蒸馏装置图装好仪器。由于减压蒸馏是在内外压力不平衡的状态下进行的,因此,除了要求所有玻璃仪器都应有一定耐压强度之外,操作上也必须更加小心。

减压蒸馏的操作顺序如下:

放置热源→安装蒸馏装置→打开冷凝水→开启真空泵→调整压力→打开热源

通过上述减压蒸馏操作进行乙酰乙酸乙酯的纯化。常压下纯乙酰乙酸乙酯的沸点为 180.4 ℃,折光率 $n_D^{20} = 1.4192$。

六、思考题

(1) 减压蒸馏和常压蒸馏相比有哪些优缺点?

(2) 在什么样的情况下才用减压蒸馏?

(3) 在进行减压蒸馏时,为什么必须用热浴加热,而不能用火直接加热?为什么进行减压蒸馏时须先抽气才能加热?

(4) 当减压蒸完所要的化合物后,应如何停止减压蒸馏?为什么?

(5) 具有什么性质的化合物需用减压蒸馏进行提纯?

(6) 使用水泵减压蒸馏时,应采取什么预防措施?

(7) 使用油泵减压时,要有哪些吸收和保护装置?其作用是什么?

(李　玲　孙都成)

第5章　天然化合物的提取

学习指导

世界是由物质组成的，世界物质的各种形态都是在漫长的地质年代中自然演化形成的。所以，广义地说，世界上存在的一切生物、非生物都是天然化合物。不过，从学科认识和生产领域的角度讲，非生物的天然物往往归属于化学，特别是无机化工，而生物的组成物、代谢产物一般被认为是“天然化合物”。显然，这是针对人类“有用”的狭义的理解，也是本章讨论的范围。

从应用上讲，来自于生物的化合物主要有四大类：人类生存的必需物，包括糖类、油脂、蛋白质、维生素等；对人体生长和情绪起调节作用的物质，如生长激素、香料；对抗疾病的治疗性物质；工业原材料，如樟脑、蓖麻油、桐油、天然染料等。

天然化合物化学的研究吸引了成千上万化学家为之付出了艰苦卓绝的努力，阐明了这些成分的化学性质、结构、功能和生物体代谢的关系，发现了许多新的化学反应与方法，从而大大丰富了有机化学，促进了有机化学的发展，所以，初步掌握来自生物的天然化合物提取、精制的基本思路和一般技术，了解本领域近代新技术的发展方向正是学习本章的目的。

5.1　天然化合物的提取方法

天然化合物的分离、提纯和鉴定是一个十分活跃的领域。天然化合物有效成分结构、组成复杂，含量低。因此，提取都需要经历两个基本过程，即富集减量和纯化精制，而且资源鉴定和工业生产都离不开这两个过程。

提取的目的就是富集减量，就是把目标物从原材料中分离出来，从而提高目标物的浓度。最常用的方法用流体作为介质。

5.1.1　常规方法

1. 浸取法

浸取又称浸出、萃取，就是用溶剂将固体原料中的可溶性组分溶解，再进行固-液分离，提取原料可溶性目标物的过程。一般认为浸取包括渗透、溶解、扩散、分配等物理作用。所以，影响浸取效率的因素有材料粒度、浸渍温度和时间、介质浓度差以及溶剂性质。

溶剂选择的依据是相似相溶原则，选用对目标成分溶解度大、对非目标成分溶解度小的溶剂。其中，溶剂极性是一个最重要的考虑因素(表 5-1)。另外，在一定的场合下还需要兼顾沸点、互溶情况、介电常数、黏度、密度等因素。

表 5-1 常见的植物成分及其较适用的提取溶剂

成分的极性	植物成分类型	适用的提取溶剂
强亲脂性(极性小)	挥发油、油脂、蜡、脂溶性色素、甾醇、某些甙元、石油醚、己烷	石油醚、己烷
亲脂性	甙元、生物碱、树脂、有机酸、醛、酮、醇、醌、某些甙类	乙醚、氯仿
中等极性	单糖苷类	氯仿：乙醇(2：1)
	二、三糖苷类(黄酮苷)	乙酸乙酯
	寡糖苷类(皂甙、蒽醌苷)	正丁醇
亲水和强亲水性	极性很大的苷、糖类、氨基酸、某些生物碱盐	丙酮、乙醇、甲醇

水是最廉价、应用最普遍的溶剂。水的强极性能够溶出植物材料中的无机盐、相对分子质量不太大的糖类、氨基酸、蛋白质、有机酸盐、生物碱盐和甙。为了提高对目标物的溶解能力，有时还在水中添加辅助剂。酸性水有利于提取生物碱，碱性水有利于溶出有机酸、黄酮、蒽醌、内酯、酚。水浸取的缺点是易水解、难过滤、易霉变、难浓缩。

浸取法常用的具体装置和操作方法有煎煮、浸渍和渗漉。

(1) 煎煮即如熬制中药，提取液杂质多，实验室一般不用。

(2) 浸渍可冷浸或热浸，一般需多次用水或乙醇长时间浸泡。实验室多用烧杯、锥形瓶等作浸渍容器。此法虽简单，适宜提取热不稳定、易分解破坏的成分，但效率低、溶剂耗量大。

(3) 渗漉是先把材料粉用溶剂润湿后装填在渗漉筒中压实，再从顶部缓缓添加溶剂使之通过料层，底部收集浸出液。此法效率也不高，耗时耗溶剂。

2. 回流法

采用 4.2.2 节所述的方法加热回流可以大大提高浸取的效率，常用的装置如图 4-15(c)和(d)所示，其中的索氏提取器因具有自动完成回流过程的优点而被实验室广泛采用。

回流过程中浸泡物料的溶剂始终维持低浓度，且液温较高，所以目标物更加容易溶出。即使目标物在溶剂中溶解度不高，也能够因不断被溶出而提高浸取率。所以，省溶剂、高浸取率是回流法的显著优势；最大的不足就是能耗较高。

3. 蒸馏法

蒸馏法是使蒸气通过料层，借助气化热和气流加热物料，使目标成分气化并被带出，再冷凝分离的方法。

实验室和工业上最廉价的蒸馏介质是水，这时也称为水蒸气蒸馏，是由一般的液-液蒸馏技术拓展而来的。根据装置的不同，固体物料水蒸气蒸馏方法可以分为以下四种(图 5-1)。

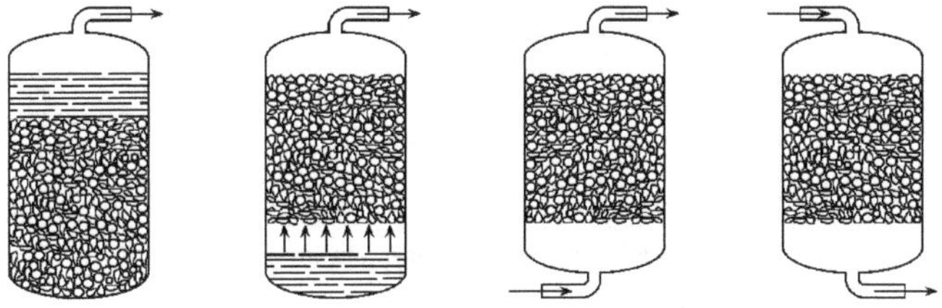

(a)　(b)　(c)　(d)

图 5-1　水蒸气蒸馏的四种方式

(1) 水中蒸馏[图 5-1(a)]：物料置于筛板或直接放入蒸馏锅，加水浸过料层，锅底加热。

(2) 水上蒸馏[隔水蒸馏，图 5-1(b)]：筛板上放置物料，锅内盛水而低于筛板，以水沸腾至蒸发时不溅湿料层为度。一般采用回流水，保持锅内水量恒定以满足蒸馏操作所需的足够饱和蒸气。

(3) 直接蒸气蒸馏[图 5-1(c)]：外来蒸气通过筛板下带孔环行管小孔喷出，上行穿过料层蒸馏。

(4) 水扩散蒸气蒸馏[图 5-1(d)]：与前三法蒸气流向相反，是近年国外应用的一种新颖蒸馏技术。水蒸气自上而下逐渐向料层渗透，一如渗漉，其水扩散和传质出的精油无需全部气化即可进入锅底冷凝器。蒸馏均匀、一致、完全，水油冷凝液较快进入冷凝器，因此所得精油质量较好、得率较高、能耗较低、蒸馏时间短、设备简单。

水蒸气蒸馏既可以从固体物料中蒸馏提取出目标组分，又可以作为混合液体物料的分离手段。水蒸气蒸馏的最大用途是提取温度性质较为稳定的天然植物香精油，如樟脑、薄荷油、桉树油等。加热时，随着温度的增高，物料中的精油和水均要加快蒸发，产生混合蒸气，其蒸气在冷凝器中得到香精油与水构成的互不相溶体系，经过油水分离即可得到精油产品。

实验室经典的水蒸气蒸馏装置如图 5-2 所示，属于水上蒸馏型，也有采取水中蒸馏方式的。

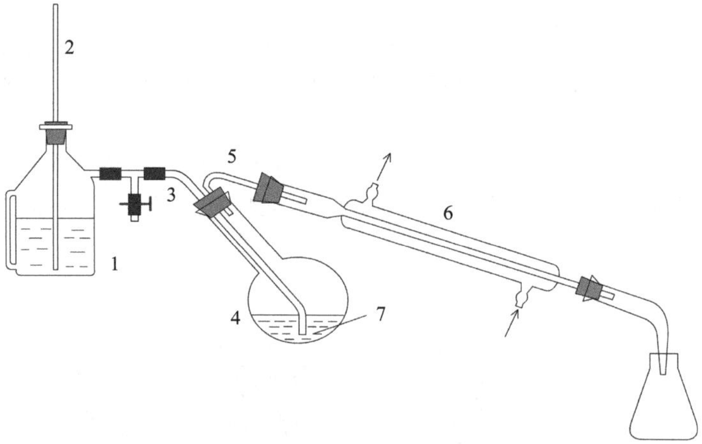

图 5-2　水蒸气蒸馏经典装置

1. 水蒸气发生器；2. 安全管；3. 水蒸气导管；4. 长颈圆底烧瓶；5. 馏出液导管；6. 冷凝管；7. 植物粉末

4. 升华法

如果目标成分具有升华性质可以用此法提取，如茶叶中的咖啡因、香樟木材中的樟脑、某些植物材料中的苯甲酸。本法操作简单，但物料容易焦化，效率好，收率一般不高。也有为防止目标物分解采用减压升华的。

由于天然物中能够直接升华的目标物不多，此法运用并不广泛。

5. 其他方法

对于本身就为液态的物料，如动植物体液、动物组织匀浆、液体发酵产物中的目标物，可根据各自的性质采用盐析、结晶、等电点沉淀、有机溶剂或除垢剂沉淀等方法获得粗提物，甚至可以直接使用更精细的纯化技术。

5.1.2　近代提取技术

1. 超临界流体萃取

超临界流体萃取(supercritical fluid extraction，SFE)技术是以超临界流体(参见 4.2.2 节)如 CO_2、NH_3、H_2O、C_2H_5OH、C_2H_6 等代替常规有机溶剂对天然化合物特别是中草药有效成分进行萃取和分离的新型技术，属于溶剂浸取法的延伸。

超临界流体是温度与压力均在其临界点之上的流体，性质介于气体和液体之间，有与液体相接近的密度，与气体相接近的黏度及高的扩散系数，故具有很高的溶解能力及优良的流动、传递性能，可代替传统的有毒、易燃、易挥发的有机溶剂。在超临界状态下，通过控制不同的温度、压力以及不同种类及含量的夹带剂，使超临界流体有选择地依次萃取出不同极性、沸点和相对分子质量的组分。超临界流体萃取技术广泛应用于中药生产，成功地从中药中提出挥发油、生物碱、苯丙素、黄酮类、有机酚酸、苷类、萜类以及天然色素等成分。该技术不仅提取效率高，还可应用于低含量成分、热不稳定及易氧化成分的选择性提取。

例如，利用超临界 CO_2 从咖啡豆中解除咖啡因、萃取啤酒花、萃取蛋黄油和生产蛋黄磷脂、超临界萃取天然香料等。

2. 超声波提取技术

超声波是指频率为 20 kHz～50 MHz 的机械波，需要能量载体——介质来进行传播。超声波提取是一种新型的物理提取方法，以其快速、高效及对营养物质影响较小的特点，逐渐引起人们的关注，在天然植物有效成分提取中得到很好的应用。超声提取技术主要是利用超声波的空化作用细化各种物质，加速植物细胞内有效成分的浸出和提取。此外，利用超声波的次级效应，如机械振动、乳化、扩散、击碎、化学效应等，也能加速欲提取成分的溶解、扩散和释放并使之充分与溶剂混合，加快提取过程的进行，提高天然化合物有效成分的提取率。与常规提取法相比，超声波提取速度快、时间短、收率高，且避免了高温加热对提取成分的影响，已被许多中药分析过程首选为样品处理的手段，并成功用于黄酮、生物碱、多糖和植物色素等天然化合物的提取中。

有人采用超声波法从大黄中提取蒽醌类成分。结果表明，超声波提取 10 min 比煎煮法提取 3 h 的提取率高。在复方首乌口服液的提取工艺中，对含有蒽醌苷类衍生物的何首乌、大黄、番泻叶采用超声波提取，从而避免了蒽醌苷类物质因久煎而破坏有效成分。

3. 微波提取技术

微波提取技术又称微波萃取技术，是一种最新发展起来的利用微波来提高萃取率的新技术。微波提供的能量一方面可加速植物组织的水解，有利于细胞内有效成分的释放流出；另一方面，微波所产生的电磁场还能提高被萃取部分成分向萃取溶剂界面的扩散速度，极大地提高了萃取速度，同时降低萃取温度，最大限度保证萃取的质量。微波提取技术具有选择性高、操作时间短、溶剂耗量少、有效成分得率高的特点，被应用于环保方面有机污染物的提取、中药及天然化合物的生物活性成分提取等方面。采用该技术提取的成分已涉及生物碱类、蒽醌类、黄酮类、皂甙类、多糖、挥发油、色素等。

4. 生物酶解技术

酶是催化特定化学反应的蛋白质、RNA或其复合体,是生物催化剂,能通过降低反应的活化能加快反应速率,但不改变反应的平衡点。绝大多数酶的化学本质是蛋白质,具有催化效率高、专一性强、作用条件温和等特点。生物酶解技术是近期发展起来并成功应用于中药工业的一项生物工程技术。天然植物中的有效成分通常包裹在由纤维素构成的细胞壁内,生物酶解技术选用适当的酶,如纤维素酶、果胶酶、蛋白酶等,通过酶反应能选择性地、较温和地破坏植物的细胞壁,加速有效成分的释放、溶解和提取,从而大幅度提高提取效率。同时,选用相应的酶还可将影响液体制剂的杂质如淀粉、蛋白质、果胶等进行分解去除,也可促进某些极性低的脂溶成分转化为糖苷类等易溶于水的成分而有利于提取。该法具有成分浸出率高、减少热敏成分降解、成本较低、无需特殊设备就能完成等优势,且有大规模工业化生产的潜力,已成功用于多糖、生物碱、皂甙、黄酮、萜类、挥发油、蛋白质及有机酸等多种生物活性成分的提取。

目前已利用生物酶解辅助提取技术提取黄连、黄柏、贝母、山豆根等中药中的生物碱,而且由于大多数生物碱结构中无苷键存在,不存在被酶水解的问题。例如,采用由黑曲霉菌株产生的纤维素酶辅助提取贝母总生物碱,比较未加酶和加酶两种工艺的有效成分提取率,发现贝母总生物碱收率由原来的0.0765%上升到0.1065%,提高了39.2%。

5. 半仿生提取法

半仿生提取法(semi-bionic extraction method,SBE)是近几年提出的新方法。它是将整体药物研究法与分子药物研究法相结合,从生物药剂学的角度模拟口服药物经胃肠道转运吸收的环境,采用活性指导下的导向分离方法,是为经消化道口服给药的制剂设计的一种新的提取工艺。半仿生提取法虽然也采用一定pH的酸性水和碱性水依次连续提取,但有别于传统的纯化学观点的“酸碱提取法”。前者的目的是提取含指标成分高的“活性混合物”,后者则是利用单体成分在不同pH下溶解度不同,从而使单体成分溶解或析出。有学者建议将半仿生提取法的提取温度改为近人体温度,在提取液中加入拟人体消化酶活性物质,使提取过程更接近于药物在人体胃肠道的转运吸收过程,更符合辨证施治的中医药理论。在对多个单味中药和复方制剂的研究中,半仿生提取法已经显示出较大的优势和广泛的应用前景。

5.1.3　技术集成

1. 综合技术

生物物料都是复杂体系，一般很难靠单一技术提取出目标物。因此，提取方案总是多种技术的集成。一般说来，采集的材料在提取操作之前往往需要物理前处理，如洗涤、切割、粉碎、干燥，这并不在此例。这里讨论的是化学处理方法。

提取方案的设计需要根据目标物的性质和在物料中存在的状态按照一定的技术原理，集成数种技术而获得具有整体功能的工艺程序。以下四种情况均需考虑技术集成。

(1) 干扰杂质物质过多。例如，植物叶片表面脱蜡、动物材料脱脂等。

(2) 目标物非游离。物料中的目标物常呈结合态甚至被其他结构保护，难以直接提取，如一般需先经发酵破坏细胞壁才能提取花粉内含物。低相对分子质量目标物常与蛋白、糖、脂形成复杂生物分子，水解破坏该化学键是提取的关键。例如，甾族化合物往往以甙元状态存在，都需要先经发酵或酸水解使之游离才能用疏水溶剂浸提，典型的如薯蓣皂甙。

(3) 目标物需保护。例如，蛋白质、核酸容易变性，除应当避免紫外光、强烈搅拌、过酸过碱等极端条件之外，往往还需要在体系中添加缓冲剂、抗氧剂、螯合剂、水解酶抑制剂等来加以保护。

(4) 目标物性质相近。物料综合利用是提高经济效益的重要思路，同一物料中多种目标物如果性质相近最好同时提取再分离。例如，用乙醇浸提新鲜绿茶叶，然后再依次分离可以得到叶绿素、胡萝卜素、咖啡因产品。

需要注意的是，如果目标物是药物或食品，在设计提取工艺时必须严格禁止使用有毒有害的溶剂和试剂。

2. 环境保护

从清洁生产的角度来看，物料经过正确的提取，能顺利得到预期的产物并没有完成资源合理利用的最终目标，因为提取所得在整个物料中仅是少量的，更大量的是残渣。

由于残渣都是有机物，最容易想到的当然是直接燃烧而无害化，可以作为锅炉的燃料或供暖、发电，中成药生产企业中常用此法来处理大量的药渣。

连续提取法显然是更好的办法。当物料中含有多种有用成分时应当联合或逐次地提取，尽最大可能利用资源。例如，中药材金银花产地加工企业利用收获季节大量的新鲜资源制备金银花香精、花青素和富含绿原酸的金银花浸膏，达到了资源的高效利用和污染减量化的双重效果。

最佳的办法是始终把物料作为初始资源看待,开发出连续、多层次的提取利用工艺,实现清洁生产。在肠衣加工企业,大量的小肠组织破碎和洗涤废水是优良的生化制药资源,可以从中提取各种酶——淀粉酶、麦芽糖酶、脂肪酶、蛋白酶以及抗凝药肝素钠和B族维生素,其形成的总价值甚至超过肠衣本身,达到了经济和环保双赢的目的。

5.2 产品的纯化

一般而言,通过上述提取技术获得的仅是粗产品,都需要进一步纯化精制。物理的离心、过滤只能除去有形杂质,更多的分子杂质需要专门的技术来去除。

5.2.1 常规手段

常规的纯化技术主要包括化学、物化和一般生物学方法,如盐析、结晶和重结晶、萃取、蒸馏、透析、超滤反渗析、层析(吸附层析法、分配层析法、凝胶层析法)、电泳、等电点沉淀、絮凝、离子交换、化学沉淀、化学亲和吸附等。

1) 沉淀法

可以有多种机制来推动沉淀的形成,如等电点、絮凝、难溶盐。既可以沉淀除杂,也可以沉淀纯化目标物。例如,中性乙酸铅或碱式乙酸铅在水或稀醇溶液中能与许多物质生成难溶的铅盐或络盐沉淀,而用于分离植物成分。中性乙酸铅可以沉淀有机酸、蛋白质、氨基酸、黏液质、鞣质、酸性皂甙、树脂、部分黄酮苷和花色苷等。碱式乙酸铅沉淀范围更广,除了上述能被中性乙酸铅沉淀的物质外,还可沉淀某些中性皂甙、异黄酮苷、糖类和一些碱性较弱的生物碱等。通常将铅盐沉淀滤出,然后将沉淀悬于水或稀醇中,通硫化氢气体或加硫酸钠等试剂进行脱铅,即可回收提取物。

2) 盐析法

在水提液中,加入无机盐至一定浓度或达饱和状态,可使某些成分在水中溶解度降低,从而与水溶性大的杂质分离,是蛋白质类物质纯化的常用手段。常作盐析的无机盐有氯化钠、硫酸钠、硫酸镁、硫酸铵等。

3) 结晶法

分离和精制固体成分的重要方法之一,是利用混合物中各成分在溶剂中的溶解度不同来达到分离的方法。具体操作是选用合适的溶剂,将混合物加热溶解,形成有效成分的饱和溶液,趁热滤去不溶的杂质,浓缩后或直接低温放置,使目标物大部分析出结晶而分离出。由于初析出的结晶总会带一些杂质,因此需要通过反复结晶即重结晶的方法,才能得到高纯度的晶体。结晶法所用的样品必须是已经用其他方法提得比较纯的样品。

4）萃取法

利用混合物中各成分在两种互不相溶的溶剂中分配系数的不同而达到分离的方法。混合物中各成分在两相溶剂中分配系数相差越大，则分离效率越高。如果在水提液中的有效成分是亲脂性物质，一般多采用亲脂性有机溶剂，如苯、氯仿或乙醚进行萃取；如果有效成分是偏亲水性的物质，在亲脂性溶剂中难溶解，就需要改用与水不相混溶而具有一定程度亲水性的有机溶剂，如乙酸乙酯、丁醇等萃取。例如，提取黄酮类成分，多用乙酸乙酯与水作两相萃取，提取皂甙则多选用正丁醇、异戊醇与水作两相萃取。

5）分馏法

对于完全能够互溶的液体系统，可利用各成分沸点的不同而采用分馏法。植物化学成分的研究工作中，挥发油及一些液体生物碱的分离即常用分馏法。一般说来，液体混合物沸点相差在 100 ℃以上，将溶液重复蒸馏多次即可达到分离的目的；如沸点相差在 25 ℃以下，则需采用分馏柱，沸点相差越小，则需要的分馏装置越精细。

6）层析法

层析是一种现代的物理化学分离、分析技术，尤其对于结构相类似的成分，一般结晶、沉淀、液-液萃取等方法难以得到较好的分离，采用层析法往往可获得满意的结果。层析法的基本原理是利用混合物中各成分对固定相和移动相亲和作用的差别而达到相互分离。利用吸附剂对混合物中各成分吸附能力差别进行分离的称为吸附层析；利用混合物中各成分在固定相（液体）和运动相中分配系数差别而进行分离的称为分配层析；利用离子交换剂作为固定相的称为离子交换层析；利用化合物与固定相形成氢键吸附的为聚酰胺层析；起分子筛作用的为凝胶层析。层析在柱上、薄层上、纸上进行的则分别称为柱层析、薄层层析、纸层析。此外，移动相为气体的称为气相层析；移动相为液体的称为液相层析。

5.2.2　近代纯化技术

近年发展的微波、超声波萃取、树脂吸附分离、敞滤、超滤、纳滤、亲和膜分离、泡沫分离、超临界流体萃取、分子蒸馏、双水相分离、反胶束萃取等新技术极大地推动了天然物质的提取和纯化，提高了精制的水平。

1. 膜分离技术

膜分离技术（membrane separation technique，MST）是利用天然或人工合成的具有选择透过性的薄膜，以外界能量或化学位差为推动力，对双组分或多组分体系进行分离、分级、提纯或富集的技术，包括超滤、微滤、纳滤和反渗透等。膜分离技术的应用原理近似机械筛，是以压力为推动力，实现溶质与溶剂的分离，溶剂

(水)和其他低相对分子质量溶质透过具有不对称微孔结构的滤膜,大分子溶质和微粒(如蛋白质、病毒、细菌、胶体等)被滤膜阻留,从而达到分离、提纯和浓缩产品的目的。膜分离技术具有过程简单、无相变、分离系数大、能耗低、分离效率高、无二次污染、可常温连续操作、可直接放大等优点,是一项新兴的高效分离技术。将该技术用于中药制剂的生产不仅可以推动中药现代化发展进程,同时还能提高我国中药的附加值,有利于中药制药工业的迅速发展。

据报道黄芩甙可从唇形科植物即黄芩中提取,采用超滤法从煎煮液中直接提取,产率可达 6.93%~7.68%,比传统工艺高出近一倍。麻黄碱、甜菊甙等采用超滤装置来提取,提取过程简单化,产品质量大为提高。金银花为常用的清热解毒药,其主要成分为绿原酸,相对分子质量为 354.3,采用截留相对分子质量为10 000的超滤膜进行分离,可除去其中的多糖、蛋白质等大分子杂质。有效成分收率由 67.8% 提高到 95.4%,比传统的醇沉法大幅提高。

2. 分子蒸馏技术

分子蒸馏技术(molecular distillation technology)不同于一般的常规蒸馏,它是没有达到气-液相平衡的蒸馏。常规蒸馏建立在气-液相平衡的基础上,根据蒸馏物质在气-液相组成不同进行分离,分离操作是在蒸馏物质沸点温度下进行的。分子蒸馏的分离建立在不同物质挥发度不同的基础上,分离操作在低于物料沸点的温度进行。物质的挥发度大小可以用分子运动自由程表示。液面的分子受热后接受足够的能量,就会逸出成为气体分子,逸出的气体分子在气相中会发生碰撞,碰撞结果是有一部分气体分子返回液面,在一定温度下,这个过程会达到动态平衡。

不同种类的分子,由于其分子有效直径不同,其自由程也不相同,即不同种类的分子逸出液面后不与其他分子碰撞的飞行距离是不相同的。分子蒸馏技术正是利用不同种类分子逸出液面(蒸发液面)后平均自由程不同的性质实现的。轻分子的平均自由程大,重分子的平均自由程小,若在离液面小于轻分子的平均自由程而大于重分子平均自由程处设置一冷凝面,使得轻分子落在冷凝面上被冷凝,而重分子因达不到冷凝面而返回原来液面,这样混合物就得到了分离。

分子蒸馏技术具有极大的优势。

(1) 分子蒸馏的操作真空度高、操作温度低。由于分子蒸馏是依据分子运动平均自由程的差别将物质分开,因而可在低于混合物的沸点下将物质分离。加之其独特的结构形式决定了其操作压强很低,一般为 0.13~1.33 Pa,这又进一步降低了物质的沸点,因此分子蒸馏可在远低于混合物沸点的温度下实现物质的分离。一般来说,分子蒸馏的分离温度比传统蒸馏的操作温度低 50~100 ℃。

(2) 受热时间短。在分子蒸馏器中,受热液体被强制分布成薄膜状,膜厚一般为 0.5 mm 左右，设备的持液量很小，因此，物料在分子蒸馏器内的停留时间很短，一般几秒至十几秒，使物料所受的热损伤极小。这一特点很好地保护了被处理物料的颜色和特性品质，使得用分子蒸馏精制的产品在品质上优于传统真空蒸馏法生产的产品。

(3) 分离程度高。分子蒸馏比常规蒸馏有更高的相对挥发度，分离效率高。这使得聚合物可与单体及杂质进行更有效的分离。特别适用于高沸点、热敏性及易氧化物系的分离，能降低高沸点物料的分离成本，极好地保护热敏性物料的特点和品质。

(4) 工艺清洁环保。分子蒸馏技术不使用任何有机溶剂，不产生任何污染，被认为是一种温和的绿色操作工艺。

（杨　睿　李天安）

实验 13　索氏抽提法提取花生仁中的粗脂肪

一、实验目的

学习索氏抽提法的原理与方法，掌握索氏抽提法基本操作要点及影响因素。

二、实验原理

油脂是高级脂肪酸甘油酯的混合物，种类很多，均可溶于乙醚、苯、石油醚等脂溶性溶剂中。本实验利用脂肪能溶于脂溶性溶剂这一特性，用脂溶性溶剂将脂肪提取出来，借蒸发除去溶剂，得到产物——脂肪。

花生中含有大约 50％的脂肪、25％的蛋白质、25％的维生素 B_1、维生素 B_2 和维生素 E 等多种维生素。用索氏抽提法提取的脂溶性物质除脂肪外，还有游离脂肪酸、磷酸、固醇、芳香油及某些色素等，故称为粗脂肪。同时，样品中结合状态的脂类(主要是脂蛋白)不能直接提取出来，所以该法又称为游离脂类定量测定法。

索氏提取器又称脂肪抽取器或脂肪抽出器，就是利用溶剂回流及虹吸原理，使固体物质连续不断地被纯溶剂萃取，既节约溶剂，萃取效率又高。索氏提取器是由提取瓶、提取管、冷凝器三部分组成的，提取管两侧分别有虹吸管和连接管，各部分连接处要严密不能漏气。提取时，将待测样品包在脱脂滤纸包中，放入提取管内。提取瓶内加入石油醚，加热提取瓶，石油醚气化，由连接管上升进入冷凝器，凝成液体滴入提取管内，浸提样品中的脂类物质。待提取管内石油醚液面达到一定高度，溶有粗脂肪的石油醚经虹吸管流入提取瓶。流入提取瓶内的石油醚继续被加热气化、上升、冷凝，滴入提取管内，如此循环往复，直到抽提完全为止。

三、实验仪器与试剂

仪器:索氏提取器、滤纸、研钵、漏斗、10 mL 量筒、电热调温磁力搅拌器。

试剂:石油醚(沸点为 30~60 ℃)、花生仁(去皮、研碎备用)。

四、实验内容

1. 准备

保证索氏提取器和烧瓶内干燥、洁净;将水浴锅的水事先加热。

取一张直径为 12.5 cm 的滤纸,折成筒状,再将其一端折起来封死,做成滤纸斗。

按图 4-15(c)安装好实验装置。

2. 提取

称取 8 g 花生粉,用药匙装入滤纸斗中,把滤纸斗的开口处折起来封死,防止样品泄出滤纸斗。调整滤纸斗的高度,使其放在抽提管中时低于虹吸管上弯头处约 1 cm。向干燥洁净的烧瓶内加入 60 mL 石油醚和几粒沸石,用水浴加热 1 h(约 12 次虹吸)。当最后一次提取器中的石油醚虹吸到烧瓶中时,停止加热。

冷却后,将提取装置改成蒸馏装置,用水浴蒸馏法小心加热回收石油醚,待烧瓶内仅剩下 1~2 mL 时,停止加热,在水浴上赶尽残留的溶剂。烧瓶中的残留物为粗脂肪,待烧瓶中的油脂冷却后,将其倒入一量筒内量取体积,计算油脂的提取率(粗油脂密度为 0.9 $g \cdot mL^{-1}$)。

3. 实验报告

描述本实验的过程,绘制提取装置图。

讨论本实验哪些地方会影响产品的收率。

计算:样品粗脂的含量(%)=(粗脂的质量/样品的质量)×100%。

五、注意事项

(1) 花生仁碾得越细提取速度越快,但太细的花生粉会从滤纸缝漏出,堵塞虹吸管或随石油醚流入烧瓶中。

(2) 滤纸斗的直径要略小于提取器的内径,其高度要超过虹吸管,但样品的高度不能超过虹吸管。

(3) 回流速度不能过快,否则冷凝管中冷凝的石油醚会被上升的石油醚蒸气顶出而造成事故。

(4) 蒸馏时加热温度不能太高,否则油脂容易焦化。

(5) 实验中使用的石油醚都是易燃试剂,务必注意安全。无论是操作还是回收溶剂,都要注意不得随意洒出。实验室内严禁明火。

(杨　睿)

实验 14　水蒸气蒸馏法提取植物芳香油

一、实验目的

利用水蒸气蒸馏法提取植物中挥发性芳香油。

二、实验原理

提取芳香油的常用方式有三种:蒸馏、压榨和萃取。

1. 水蒸气蒸馏法

水蒸气将挥发性较强的植物香油携带出来,形成油水混合物,冷却后混合物重新分成油层和水层。

2. 压榨法

柠檬、柑橘等材料蒸馏时会导致原料焦煳和有效成分水解,这些材料适用于压榨法。

3. 萃取法

将粉碎、干燥的原料用有机溶剂浸泡,使芳香油溶解在有机溶剂中,蒸发出有机溶剂得到芳香油,适用于不能用蒸馏法提取的材料。

香樟叶+清水→水蒸气蒸馏→油水混合物→分离油层→除水→香樟油

4. 樟脑物理性质

相对密度:0.990　　　　沸点:204 ℃ (477 K)

熔点:179.75 ℃ (452.9 K)　　　　溶解度(水):0.12 g · 100 mL^{-1}

三、实验仪器与试剂

仪器:水蒸气蒸馏装置、电热调温磁力搅拌器。

试剂:水、新鲜樟树叶研碎备用。

四、实验内容

(1) 取干净的香樟叶片，用剪刀剪成小块，称取 25 g 香樟叶片，放入 150 mL 圆底烧瓶中。

(2) 向烧瓶中加入热水(为了加快实验速度需预先准备)，以能完全淹没树叶片为好。

(3) 按图 4-8 安装好装置，图中的温度计位置用磨口玻璃塞塞住，顺序从左到右，从下到上。

(4) 检查装置是否安装完毕，有无漏气现象。打开冷凝水，点燃酒精灯，进行水蒸气蒸馏。

(5) 蒸馏时间不宜过长，一般实验 15～20 min 即可。蒸馏初期冷却水流速可小些，待有较多的水蒸气通过时，冷却水流速可适当大些(注意节约用水)。

(6) 待蒸馏瓶内液体沸腾，观察蒸气出来和冷凝的现象，少时可见冷凝管中有白色固体产品出现。观察冷凝管尾部有无液体流出。

(7) 仔细观察收集瓶中有无白色固体产品或油状物出现，此固体物或油状物即为香樟油。

(8) 用自来水将产品冲到烧杯中，捞出浮在水面的产品。

(9) 停止蒸馏，按 4.2.1 中 1. 蒸馏(4)描述的顺序拆除装置。

五、结果处理

1) 出油率的计算

$$出油率=(芳香油的质量 / 原料质量)\times 100\%$$

2) 记录实验现象并解释原因

3) 实验报告内容

(1) 描述本实验的过程并绘制装置图。讨论本次实验装置结构与功能、安装与控制中的要点。

(2) 与经典的实验室水蒸气蒸馏装置相比，本次实验简化了哪些地方？这种简化对于实验结果是否有影响？为什么？

(3) 你认为可以用什么方法收集产品？如此获得的产品是否很纯？如果不纯，可以用什么方法进一步提纯？你能否给出一个包括装置的设计方案？

六、注意事项

(1) 注意装置的气密性。

(2) 可以通过调节冷凝水流速来控制冷凝效果。冷凝不足，接收瓶温度高，产品不能析出；冷凝过强，产品大量凝结在冷凝管中，给产品收集带来麻烦。

(3) 不得让烧瓶烧干。

（杨　睿）

实验 15　超声波辅助提取茶多酚

一、实验目的

(1) 掌握超声波辅助提取茶多酚的原理及操作方法。

(2) 复习浸取、过滤、蒸发、抽滤、萃取等基本操作。

(3) 了解超声波辅助提取茶多酚的优势。

二、实验仪器与试剂

仪器：超声波清洗器(40 kHz)、旋转蒸发器、真空泵、恒温水浴箱、恒温干燥器、过滤及萃取的设备。

试剂：无水乙醇、氯化钙溶液(3 mol · L^{-1})、氢氧化钠溶液(1 mol · L^{-1})、盐酸(5 mol · L^{-1})、乙酸乙酯，以上均为分析纯。

材料：绿茶。

三、实验步骤

(1) 取 20 g 茶叶末放入 1000 mL 烧杯中，加入 70%浓度的乙醇，醇茶比 15∶1(mL · g^{-1})。用超声波提取，浸提温度 50 ℃，浸提时间 3 h，收集滤液即为含茶多酚的浸提液。

(2) 滤液经旋转蒸发器蒸发浓缩后回收大部分乙醇。加入 20 mL 3 mol · L^{-1}氯化钙溶液，在不断搅拌下加入 1 mol · L^{-1}氢氧化钠溶液调节 pH 为 7 左右。

(3) 溶液静置一段时间后用布氏漏斗抽滤。滤饼用 5 mol · L^{-1}盐酸溶液溶解，调节溶液的 pH 为 4 左右。将溶液加热至微沸并趁热过滤，滤液冷却后移入分液漏斗。

(4) 加入乙酸乙酯萃取 3 次(每次酯用量为 40 mL)，除去咖啡因，进一步纯化茶多酚。合并萃取液，用旋转蒸发器回收酯，得到茶多酚。

四、实验报告内容

(1) 描述本实验的过程。

(2) 如何计算茶多酚的浸提率及含量？

(3) 超声波提取茶多酚有哪些优势？

五、注意事项

(1) 如果提高浸提温度至 80 ℃,可适当缩短浸提时间。

(2) 茶多酚在弱酸性和中性条件下稳定,保存时应注意适宜的 pH 范围为 4～8。

(3) 旋转蒸发器回收酯时不可蒸得太干。

(杨　睿)

实验 16　茶叶中咖啡因的提取(微型)

一、实验目的

(1) 熟悉萃取、蒸馏的方法,认识升华-凝华现象。

(2) 理解条件控制在化学实验中的意义。

二、预习要求

阅读 4.2 节和本章,并查阅有关物质萃取,尤其是固体物质萃取的资料,理解萃取过程的原理、适用范围、操作程序、条件控制等技术要素。

查阅天然物质提取的资料,找出 4～5 种用萃取法提取的天然物,列表比较它们在装置、步骤、条件、纯度方面的异同。

查阅资料,了解获取咖啡因有哪些途径,从茶叶中提取咖啡因有哪些方法,试评价这些方法的优缺点。

三、实验原理

咖啡因是嘌呤的衍生物,其结构式如下:

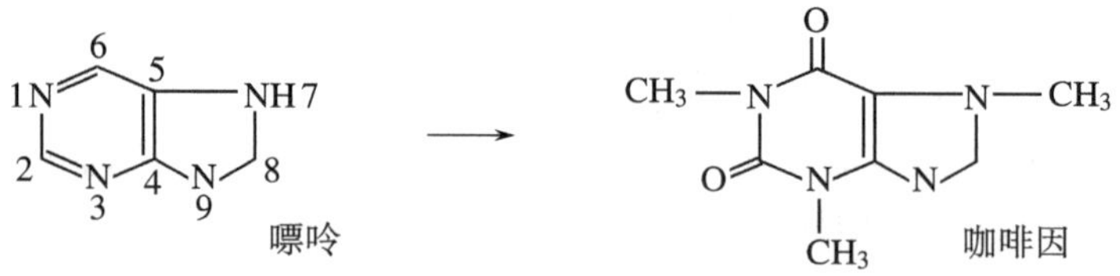

咖啡因是弱碱性化合物,故又称为咖啡碱,是茶叶中含量较多的一种生物碱,占 1%～5%,常用于鉴定真假茶。咖啡因易溶于氯仿(12.5%)、水(2%)及乙醇(2%)等。根据这个性质,可以用适当的溶剂来萃取。含结晶水的咖啡因是无色针状结晶,味苦,100 ℃时即失去结晶水,并开始升华,120 ℃时升华相当显著,至

178 ℃时升华很快，因而可以用升华来提纯。

除咖啡因之外，茶叶中还含有 11%～12%的丹宁酸（又名鞣酸）和不到 1%的色素等物质。

四、实验仪器与试剂

仪器：50 mL 烧瓶 1 个、恒压漏斗或空气冷凝管 1 个、回流管 1 个、水浴锅 1 台、调温电热套 1 台、蒸发皿 1 个、普通漏斗 1 个。

试剂：茶叶、95%乙醇、滤纸、生石灰粉。

五、实验内容

取恒压漏斗 1 个，底部放入一小滤纸片，以免茶叶堵塞漏斗口。称取 5 g 茶叶放入漏斗中。

烧瓶中加入 30 mL 95%乙醇，按竖式蒸馏装置将烧瓶、恒压漏斗、回流管装好。用水浴锅加热。当乙醇回流液将茶叶浸没时，打开漏斗活塞，将乙醇放入烧瓶，再关闭活塞。反复提取，直到茶叶颜色明显变浅或发白。此过程大约需要 2 h。

停止加热，改为蒸馏装置，回收提取液中大部分乙醇。

趁热将瓶中的残液倾入蒸发皿中，拌入 2 g 生石灰粉搅成糊状，在电热套上于 100 ℃边加热边搅拌直至蒸干，勿使水分全部除去。固体粉末为深绿色。冷却后，把皿内粉末轻轻刮至底部，形成均匀薄层。

用一个口径合适的玻璃漏斗罩在隔以刺有若干小孔滤纸的蒸发皿上，蒸发皿放在预热达 260 ℃的电热套上进行升华。

观察滤纸小孔已无白烟则升华完毕。小心取下漏斗，揭开滤纸，用刮刀将纸上和器皿周围的咖啡因刮下。

若蒸发皿残渣并未发黑，稍加拌和，在 300 ℃再升华一次。

实验大约需要 2.5 h。

六、实验结果评价

(1) 合并两次收集的咖啡因，称量，计算提取率。

(2) 取少量产品在熔点测定仪上测定熔点，评价产品纯度。纯咖啡因熔点为 234.5 ℃。

七、思考题

(1) 本项目的操作步骤和实验装置等可否再作改进以提高效率？例如，改为连续式提取。

(2) 为什么用乙醇提取出的产物被称为粗提物？查阅资料并结合其外观分析粗提物中还有哪些杂质，并讨论在升华纯化时杂质再次进入产品的可能性。

(3) 查阅资料，看看粗提物中的杂质中是否有有价值的物质，试着设计一个程序和相应的实验装置来实现多种有用组分的连续分离。

(4) 根据咖啡因的物理性质，是否可以用水来提取？如果可以，试讨论提取的实验装置、程序和粗提物的杂质构成，并试着做一做。

(李天安)

第 6 章　综合设计性实验

综合 1　由工业盐制备试剂级氯化钠

一、课前准备

提纯不仅是化学实验室经常性的工作，也是化工生产中必不可少的工序，关系到产品质量和经济效益。

查阅资料，了解粗盐中有哪些杂质，工业上采取什么方法去除而提高产品纯度直至达到试剂级，写出除去这些杂质的化学反应方程式。

查阅资料，了解工业生产上应用哪些操作手段来完成除杂工作，实验室中又用哪些技术来达到相应的目标。

查阅质量标准，了解氯化钠试剂产品的质量控制指标有哪些，用什么方法来检测这些指标。

总结本实验的原理和你希望达到的实验目的，把上述心得写入预习报告中。

二、实验仪器与试剂

仪器：天平、烧杯、布氏漏斗、吸滤瓶、蒸发皿、表面皿、漏斗、蒸馏烧瓶、比色管架、比色管、量筒、移液管、三脚架、石棉网、滴管、酒精灯、广口瓶、恒压滴液漏斗、温度计、玻璃棒、滤纸、pH 试纸。

试剂：粗食盐、$BaCO_3$（固体）、NaCl（化学纯）、饱和 $(NH_4)_2C_2O_4$ 溶液、NaOH(2 $mol \cdot L^{-1}$；6 $mol \cdot L^{-1}$)、硫酸（浓）、乙醇（95%）、Na_2CO_3(1 $mol \cdot L^{-1}$)、HCl(3 $mol \cdot L^{-1}$；6 $mol \cdot L^{-1}$)、$BaCl_2$(25%；1 $mol \cdot L^{-1}$)、KSCN(25%)、镁试剂。

三、实验内容

方案一

1. 粗盐溶解

称取 10.0 g 粗食盐，加入约 35 mL 水，加热搅拌使其溶解。

2. 除杂质

在粗食盐水溶液中，加入 0.5 g $BaCO_3$ 固体，在 90 ℃左右搅拌 20～30 min，取上层清液，用饱和$(NH_4)_2C_2O_4$ 检验 Ca^{2+}，若未除尽，继续加热搅拌至除尽为止。

用 6 $mol \cdot L^{-1}$ NaOH 调节上述溶液至 pH 为 11 左右。取其清液，用镁试剂在碱性条件下鉴定 Mg^{2+} 除尽后，加热，趁热过滤。

用 6 $mol \cdot L^{-1}$的盐酸调节溶液 pH 为 1～2。

3. 制备 NaCl 晶体

将上述溶液转移至蒸发皿中，微火蒸发浓缩至稠状，趁热抽滤，烘干。冷却到室温，称量，计算产率。

4. 纯度检验

取少量粗盐和产品，各分三份溶于试管中，组成三组对照溶液，分别检验 Ca^{2+}、Mg^{2+} 和 SO_4^{2-}。

在第一组溶液中各加入 2 滴 1 $mol \cdot L^{-1}$的 $BaCl_2$ 溶液。

在第二组溶液中加入 2 滴饱和的$(NH_4)_2C_2O_4$ 溶液。

在第三组溶液中各加入 1 滴镁试剂。

若提纯后的食盐溶液均无浑浊现象，且加入镁试剂无天蓝色，则表明符合要求。

方案二

1. 粗盐溶解

称取 10.0 g 粗食盐，加入约 35 mL 水，加热搅拌使其溶解。

2. 除杂质

在热的粗食盐水中，边搅拌边滴加 1 $mol \cdot L^{-1}$ $BaCl_2$ 溶液 1.5～2 mL，继续加热数分钟，使 $BaSO_4$ 颗粒长大，停止加热，待沉淀沉降后，向上层清液中滴加 2～3 滴 $BaCl_2$ 溶液，如果无浑浊现象，说明 SO_4^{2-} 已经完全沉淀，若发生浑浊，则继续滴加 $BaCl_2$ 溶液至沉淀完全为止。

趁热加入 1 mL 2$mol \cdot L^{-1}$ NaOH 溶液和 5 mL 1$mol \cdot L^{-1}$ Na_2CO_3 溶液至沉淀完全，过滤。

用 6 $mol \cdot L^{-1}$的盐酸调节溶液 pH 为 1～2。

3. 制备 NaCl 晶体

按图 6-1 安装好反应装置，检验并确定装置的气密性。

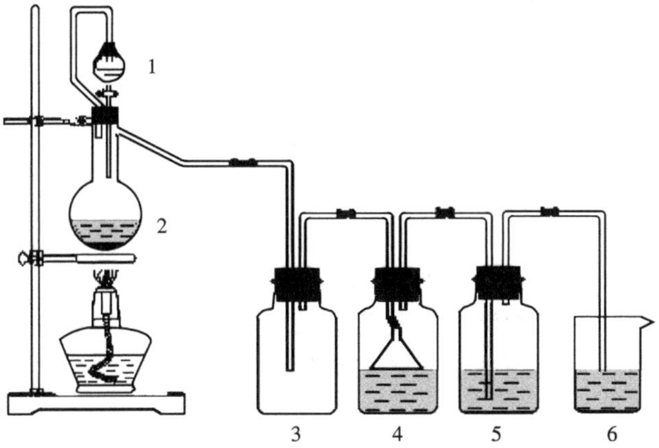

图 6-1　氯化钠精制方案二装置图

1. 滴液漏斗；2. 支管圆底烧瓶；3. 缓冲瓶；4. NaCl 饱和溶液；
5. 吸收瓶（40%NaOH 溶液）；6. 烧杯（稀 NaOH 溶液）

称取 20.0 g 化学纯 NaCl 加入蒸馏烧瓶中，往恒压滴液漏斗中加入 20 mL 浓 H_2SO_4。打开漏斗旋塞使浓 H_2SO_4 缓慢滴入蒸馏烧瓶中，调节火焰以控制气体的产生速度。

HCl 气体经缓冲瓶导入处理过的饱和 NaCl 溶液中，由于同离子效应 NaCl 晶体析出，未被吸收的 HCl 气体经吸收瓶处理，避免外逸。

待 NaCl 晶体不再析出时，将连接蒸馏烧瓶与缓冲瓶的乳胶管拔掉，停止通入 HCl 气体，减压过滤。用 95%的乙醇淋洗产品 2～3 次，烘干，称量，计算产率。

4. 纯度检验

1）Fe^{3+} 的限量分析

Fe^{3+} 的标准溶液色阶浓度为 $0.003\ mg \cdot 25\ mL^{-1}$，$0.009\ mg \cdot 25\ mL^{-1}$，$0.015\ mg \cdot 25\ mL^{-1}$（实验室准备）。

称取 3.0 g NaCl 产品，放入 25 mL 比色管中，加入 10 mL 蒸馏水使其溶解，再加入 2.00 mL 25%的 KSCN 溶液和 2 mL 3 $mol \cdot L^{-1}$ HCl 溶液，加蒸馏水稀释至刻度，摇匀。

将试样溶液与标准溶液进行比色，确定产品等级。

2) SO_4^{2-} 的限量分析

SO_4^{2-} 的标准溶液色阶浓度为 0.01 mg·25 mL^{-1},0.02 mg·25 mL^{-1},0.05 mg·25 mL^{-1}(实验室准备)。

称取 1.0 g 产品,放入 25 mL 比色管中,加入 10 mL 蒸馏水使其溶解,再加入 3.00 mL 25% 的 $BaCl_2$ 溶液、1 mL 3 mol·L^{-1} HCl 溶液及 5 mL 95%的乙醇,加蒸馏水稀释至刻度,摇匀。

将试样溶液与标准溶液进行比浊,确定产品等级。

四、思考题

(1) 食盐中有哪些杂质?如何用化学方法除去?

(2) 如何证明你所加的沉淀剂是足量的?

(3) 试描述由粗食盐制备试剂级氯化钠的原理。

(姚 虹)

综合 2 固体与液体反应制备气体

一、课前准备

(1) 复习中学有关氢气、二氧化碳、硫化氢等制备的各种方法。

(2) 阅读 4.3 节、课外文献,归纳总结固-液反应制取气体的类型、原理和装置。

(3) 写出固-液反应制取氢气、二氧化碳、硫化氢、乙炔、氯气、氯化氢、二氧化硫、一氧化氮和二氧化氮等气体的反应方程式,如果可以用多种反应来制取同一种气体,写出这些不同的反应方程式。

(4) 分析判断上述气体哪些可以用启普发生器作为反应装置来制取,列表比较这些反应的原理、所需仪器、药品,归纳总结本装置的特点和用途。

总结出本实验的原理和你希望达到的实验目的,把上述心得写入预习报告中。

二、实验仪器与试剂

仪器:铁架台、启普发生器、圆底烧瓶、锥形瓶、水槽、集气瓶、酒精灯、单孔橡皮塞、导气管。

参考装置:图 0-1、图 4-17、图 4-18、图 6-1。

试剂:锌粒、高锰酸钾、二氧化锰、铜片、亚硫酸钠、石灰石、大理石、硫化亚铁、氨水。

三、实验内容

1. 制备氢气

用玻璃丝挡住启普发生器的细颈处，取锌粒 4 g，放入启普发生器的球形容器里，装上排气活塞，检查启普发生器的气密性，向球形漏斗中倒入稀硫酸。将集气瓶装满水，用毛玻璃片盖住瓶口，倒立于水槽中。开启启普发生器的排气活塞。检验氢气的纯度，待纯净以后，收集两瓶氢气，关闭排气活塞，停止产生氢气。

2. 二氧化碳气体制备

用玻璃丝挡住启普发生器的细颈处，取大理石 4 g，放入启普发生器的球形容器里，装上排气活塞，检查启普发生器的气密性，往球形漏斗倒入稀盐酸。开启启普发生器的排气活塞，将产生的气体通入集气瓶中。用燃着的木条检验二氧化碳气体是否装满，待装满以后，用毛玻璃片盖住瓶口，停止反应。

3. 硫化氢气体制备

方法同 2，不同的只是将大理石换为硫化亚铁或硫化钠固体。要注意的是硫化氢气体有剧毒，尾气必须用氢氧化钠溶液吸收。

4. 氯气制备

在圆底烧瓶中加入少量二氧化锰粉末，塞紧带分液漏斗的双孔塞，检查使体系不漏气。往分液漏斗里装入 10 mL 密度为 1.19 $g \cdot cm^{-3}$ 的浓盐酸，打开分液漏斗向烧瓶中加入浓盐酸，缓慢加热圆底烧瓶使反应进行。将产生的氯气通入集气瓶中，塞紧集气瓶口的双孔橡皮塞，多余的氯气用氢氧化钠溶液吸收。待集气瓶装满黄绿色气体后，取下用毛玻璃片盖住瓶口。尾气继续用氢氧化钠溶液吸收。

四、扩展实验

(1) 用类似制备氯气的实验方法还可以做电石与水反应制乙炔、高锰酸钾与浓盐酸不加热反应制氯气、氯化钠与浓盐酸加热反应制氯化氢气体、亚硫酸钠与硫酸反应制二氧化硫气体、铜片与稀硝酸反应制一氧化氮气体、铜片与浓硝酸反应制二氧化氮气体、铜片与浓硫酸加热反应制二氧化硫气体等实验。

(2) 如果用产生的氢气直接填充气球，气压稍大点就会把稀酸压进长颈漏斗而使体系自动降压，所以启普发生器不适用，请自行设计一个装置来实现。

五、思考题

(1) 请进一步阅读文献资料，把本实验和资料介绍的内容进行比较，看固体与液体反应制备气体还有哪种方法和装置。

(2) 进一步阅读文献资料，比较扩展实验(1)中的各种气体制备有什么不同的要求和条件。

(3) 请思考分析本实验中除气体废弃物之外，还有没有液体或固体废弃物需要处理、回收和利用。怎么处理、回收和利用？

(鲍正荣)

综合 3　用绿叶制备叶绿素铜钠

一、课前准备

叶绿素铜钠盐是国家食品安全允许使用的食品添加剂。

查阅有关叶绿素产品应用的文献，了解叶绿素产品的用途、产品的来源、市场容量、国内产量、价格走势、产品发展以及国家有关的使用规定和质量标准。

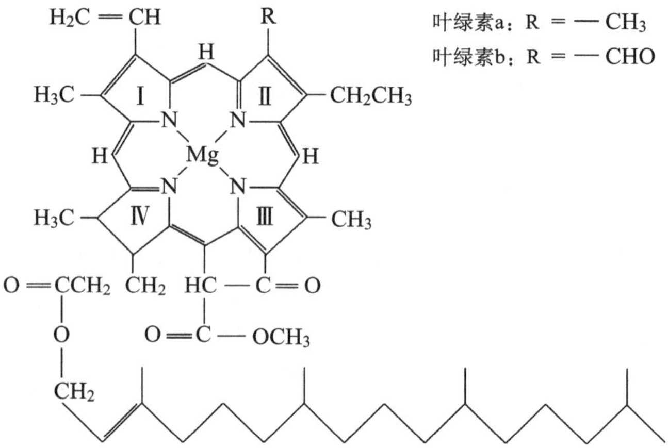

阅读 4.1 节、4.2 节和 4.4 节，结合本项目叙述，分析本实验装置各部分的功能和操作控制要求。

查阅资料，了解绿色植物细胞哪些内含物也可能在萃取操作时被带入萃取液，这些组分中哪些可能妨碍叶绿素产品的进一步纯化，分析评价本实验中哪些操作步骤具有除杂功能和除杂效率以及如何控制实验条件来提高收率和去除杂质。

总结出本实验的原理和你希望达到的实验目的，把上述心得写入预习报告中。

二、实验仪器与试剂

仪器：50 mL 圆底烧瓶、梯氏提取器[图 4-15(d)]或 20 cm 直形(空气)冷凝管 1 支、15 cm 冷凝管配胶管、分液漏斗、布氏漏斗配抽滤瓶、10 mL 移液管 1 支、洗耳球、50 mL 烧杯 1 个、电热调温磁力搅拌器。

试剂：石油醚、浓盐酸、结晶硫酸铜、氢氧化钠。

三、实验内容

1. 溶液配制

(1) 乙醇提取液：用滴管向 95%乙醇中逐滴加入饱和硫酸铜溶液直至出现浑浊，用 6 $mol \cdot L^{-1}$ 硫酸调节 pH 为 2～3。

(2) 皂化液：2%氢氧化钠水溶液。

(3) 酸化液：将浓盐酸稀释 3 倍。

2. 安装实验装置

采摘新鲜的绿叶，以含汁液少、较绿的为佳，洗净、剪碎、称量后装入梯氏提取器中，装填量应至少低于管上口 1 cm。称量剩余绿叶，扣减后得实际用量。

向 50 mL 烧瓶中加入 30 mL 乙醇提取液，按自下而上依次为烧瓶→梯氏提取器→15 cm 冷凝管的顺序安装好回流提取系统。其中，15 cm 冷凝管通入冷凝水。若选用 20 cm 直形(空气)冷凝管替代梯氏提取器，则内管中放入铜丝盘挡住物料。

3. 提取

(1) 加热回流，注意打开提取器活塞放液，直到绿叶颜色明显变浅或发白。随物料不同，此步骤需时 20～90 min。

(2) 停止加热，待烧瓶不再产生蒸气，改为蒸馏装置回收乙醇。当烧瓶中的液体少于 5 mL 时结束回收。

(3) 加皂化液于烧瓶中，使提取液 pH>10(约 20 mL)，装上回流管保温搅拌。在此期间，回收乙醇时形成的固形物逐渐溶解。此步骤大约需时 30 min。

(4) 抽滤。

(5) 滤液转入分液漏斗，加 10 mL 石油醚萃取，静置分层，上层石油醚应为浅黄色。分出下层水相，若醚层黄色较深，再重复萃取一次。

(6) 缓慢加入酸化液直到有墨绿色叶绿素酸析出，固形物的密度与水接近。此时 pH 约为 3。

(7) 过滤并用水洗涤，再用少量水将固形物冲至小烧杯中。

(8) 保温 80 ℃、搅拌，逐滴加入皂化液，控制 pH 为 10。此步骤大约需时 15 min。

(9) 过滤。水相放入烘箱，于 100～105 ℃烘干、研细，即得成品。

4. 实验报告

描述本实验的过程，绘制提取装置图。

根据表 6-1 中的示例，把实验现象和对现象的分析填入表中，并据此讨论哪些是本实验的关键步骤，它们是如何影响实验效果的。

计算产率，与你查的资料或其他实验组的结果进行比较，讨论产率差异的原因。

比较你查阅的其他资料，分析本实验在哪些步骤做了改变，这种改变是否有益。你认为是否可以再简化本实验的步骤？请说明理由。

表 6-1　综合 3 实验各步骤的分析

步　骤	实验现象	耗用时间	叶绿素的位置	叶绿素的状态	产品流失途径
开始	—	—	绿叶	天然状态	—
①	绿叶褪色		乙醇提取液	铜代叶绿素	未提取干净
②					
⋮					
⑨	墨绿色粉末		固形物	叶绿素铜钠	

四、注意事项

(1) 本实验所需时间长，一定要认真预习并抓紧时间，否则不能按时结束。

(2) 实验中使用的乙醇、石油醚都是易燃试剂，务必注意安全。无论是操作还是回收溶剂，都要注意不得随意洒出。实验室内严禁明火。

（李天安）

综合 4　碘盐中碘含量的测定

一、课前准备

查阅资料，了解碘缺乏和高碘会导致哪些病症。

阅读第 1 章各节，熟悉玻璃仪器洗涤、量器使用、化学试剂级别和取用、溶液配制、滴定操作的基本要求和方法。

查阅资料，了解碘量法的一般原理和反应条件，理解滴定度的概念。

写出在酸性溶液中，碘酸根氧化碘化钾析出单质碘以及用硫代硫酸钠标准溶液滴定测定碘离子含量的方程式。

总结出本实验的原理和你希望达到的实验目的，把上述心得写入预习报告中。

二、实验仪器与试剂

仪器：50 mL 碱式滴定管、250 mL 碘量瓶、10 mL 移液管、250 mL 容量瓶、分析天平。

试剂：硫代硫酸钠、碘酸钾、磷酸（$1\ mol \cdot L^{-1}$）、碘化钾溶液（$50\ g \cdot L^{-1}$）、淀粉溶液（$5\ g \cdot L^{-1}$）。

三、实验内容

1. 溶液配制

（1）$0.002\ mol \cdot L^{-1}$ 硫代硫酸钠标准溶液的配制：称取 6.3 g 硫代硫酸钠，1.0 g NaOH，溶于 250 mL 水中，储于棕色瓶，取上层清液，稀释 50 倍，得到溶液浓度约为 $0.002\ mol \cdot L^{-1}$，储于棕色瓶中，备用。

（2）碘酸钾标准溶液的配制：称取经 110 ℃±2 ℃烘至恒量的基准碘酸钾 0.3568 g，称准至 0.0001 g，加水溶解。转入 250.0 mL 容量瓶，稀释至刻度，此时溶液浓度为 $0.006\ 667\ mol \cdot L^{-1}$，用水准确稀释 20 倍，得到的浓度为 $0.000\ 333\ 3\ mol \cdot L^{-1}$。

2. 硫代硫酸钠标准溶液的标定

吸取 10.00 mL $0.000\ 333\ 3\ mol \cdot L^{-1}$ 碘酸钾标准溶液于 250 mL 碘量瓶，加约 80 mL 水、2 mL $1\ mol \cdot L^{-1}$ 磷酸溶液、5 mL $50\ g \cdot L^{-1}$ 碘化钾，立即用 $0.002\ mol \cdot L^{-1}$ 硫代硫酸钠标准溶液滴定，滴定至溶液呈浅黄色时，加入约 4 mL $5\ g \cdot L^{-1}$ 淀粉溶液，继续滴定至蓝色恰好消失为止。平行测定三次。

3. 试滴定

称取 10.0 g 加碘食用盐，置于 250 mL 碘量瓶中，加约 80 mL 水、2 mL $1\ mol \cdot L^{-1}$ 磷酸溶液、5 mL $50\ g \cdot L^{-1}$ 碘化钾，立即用硫代硫酸钠标准溶液滴定，滴定至溶液呈浅黄色时，加入约 4 mL $5\ g \cdot L^{-1}$ 淀粉溶液，继续滴定至蓝色恰好消失为止。

平行测定三次，按照以下方法计算结果。

（1）硫代硫酸钠标准溶液对碘离子的滴定度计算：

$$T_{I^-/Na_2S_2O_3}=\frac{C_{KIO_3}\times 216.9\times 10.0\times 1000}{V}$$

式中,$T_{I^-/Na_2S_2O_3}$为硫代硫酸钠标准溶液对碘离子的滴定度,$\mu g\cdot mL^{-1}$;V为硫代硫酸钠标准溶液的用量,mL;216.9为碘的摩尔质量,$g\cdot mol^{-1}$;10为碘酸钠标准溶液取样量,mL。

(2) 碘离子含量的计算:

$$w_{I^-}/(\mu g\cdot g^{-1})=\frac{T_{I^-/NaS_2O_3}\times V_{Na_2S_2O_3}}{10.0}$$

(3) 分别计算食盐样品含碘量,按下式计算相对偏差:

偏差=测量值-算术平均值

比较三次的相对偏差,如果超过0.3%需查找原因,再重新进行滴定。

4. 正式测试

在教师处领取编号固体样品,用3. 中的同样方法配制溶液并滴定,计算三次平行测定的含碘量,使相对偏差不超过0.3%。根据各编号测定数据撰写实验报告,交教师作为本实验成绩评定的依据。

四、思考题

(1) 试着查阅碘盐中碘含量的测定有哪些方法,各适用于什么样品的测定。

(2) 标定硫代硫酸钠的基准物质有哪些?标定时,为什么要加入过量的碘化钾和磷酸溶液?

(3) 为什么要等滴定到浅黄色时才加入淀粉指示剂?

(4) 查阅标准,了解加碘盐的合格标准。怎样判断产品是否合格?

(5) 查阅文献,尝试设计出用碘量法测定海带中碘含量的实验程序。

(孔 玲)

设计1 塑料电镀

一、实验目的

(1) 练习稳压电源和恒温水浴等用电仪器的使用。

(2) 了解塑料电镀的原理。

(3) 了解塑料电镀的工艺过程及工艺条件对镀层质量的影响。

二、实验原理

绝大部分塑料都是绝缘体，不能在塑料上进行电镀。若要电镀，必须对塑料制品的表面进行金属化处理，即用化学沉积镀的方法给塑料制件表面镀上一层导电的金属薄膜，使其能导电，再进行电镀。

塑料制件金属化的方法很多，如真空镀膜、金属喷镀、阴极溅射、化学沉淀等。比较行之有效的是化学沉淀法，因而它在化学工业生产中得到了广泛应用。

利用化学沉积法进行塑料电镀的现行工艺通常由下列各步组成：

塑料制件的准备→除油→粗化→敏化→活化→化学镀→电镀→成品检验

其中每个过程又有不同的方法和配方。

1. 除油

为了使塑料制件表面能很快地被水浸润，为化学粗化做好准备，其表面必须除油。除油的方法又有有机溶剂除油、碱性化学除油和酸性化学除油等，常用的是碱性化学除油法。

2. 粗化

在塑料表面造成凹坑、微孔等均匀的微观粗糙状况，以保证金属镀层与塑料表面具有较好的结合力。这一过程称为塑料件粗化处理，粗化的方法有两种：机械粗化和化学粗化。由于机械粗化有一定的局限性而很少使用，常用化学粗化。例如，对于 ABS 塑料，化学粗化处理一般用硫酸和铬酸的混合溶液来侵蚀，使塑料表面的丁二烯珠状体溶解，留下凹坑，形成(微观)粗糙表面，同时还增加了表面积(注：通过红外光谱检测发现化学粗化过的表面存在着活性基团—COOH、—CHO、—OH 等，这些基团的存在也会增加镀层与基体的结合力)。

3. 敏化

为了在下一道活化处理时通过还原反应，使塑料表面附着一层金属薄层，镀件需要敏化。敏化就是在经粗化后的塑料表面上吸附一层容易被还原的物质，最常用的敏化剂是氯化亚锡(注：现在认为敏化过程的机理是当塑料制品经敏化处理后，表面吸附了一层敏化液)，再放入水洗槽中。由于清洗水的 pH 高于敏化液，2 价锡水解：

$$SnCl_2 + H_2O = Sn(OH)Cl + HCl$$

$$SnCl_2 + 2H_2O = Sn(OH)_2 + 2HCl$$

$$Sn(OH)Cl + Sn(OH)_2 = Sn_2(OH)_3Cl$$

$Sn_2(OH)_3Cl$ 是一种微溶于水的凝胶状物质，会沉积在塑料表面，形成一层几纳米到几百纳米的凝胶层。

4. 活化

活化处理就是在塑料工件上产生一层具有催化活性的贵金属，如金、银、钯等，以便加速后面要进行的化学沉积速度。活化好坏决定化学镀的成败。活化的原理是让敏化处理塑料表面吸附的还原剂从活化液中还原出一层贵金属来。最常用的活化液是硝酸银型的。敏化过的工件浸入硝酸银溶液中时，发生如下反应：

$$Sn^{2+} + 2Ag^{+} = Sn^{4+} + 2Ag\downarrow$$

5. 化学镀

化学镀是利用化学还原的方法在工件表面镀上一层金属，使原来不导电的塑料表面沉积薄薄的一层导电的铜或银、镍层，便于随后进行电镀各种金属。化学镀是塑料电镀前处理的一道关键工序，切不可疏忽大意。常用的化学镀铜的原理是在硫酸铜溶液中加入碱。

$$CuSO_4 + 2NaOH = Cu(OH)_2 + Na_2SO_4$$

当溶液中同时存在酒石酸钾钠时，则会生成酒石酸铜络合物。

$$Cu(OH)_2 + NaKC_4H_4O_6 = NaKCuC_4H_2O_6 + 2H_2O$$

在溶液中加入甲醛后，铜的络合物被还原分解生成氧化亚铜。

$$2NaKCuC_4H_2O_6 + HCHO + NaOH + H_2O = Cu_2O + 2NaKC_4H_4O_6 + HCOONa$$

然后，工件上的催化银膜进一步使氧化亚铜或络离子中的 2 价铜离子直接还原为铜，形成覆盖工件表面的铜层。

$$NaKCuC_4H_2O_6 + HCHO + NaOH \xlongequal{Ag} Cu + HCO_2Na + NaKC_4H_4O_6$$

当塑料表面形成了一层有一定厚度的紧密的化学镀金属层后，就可以像金属电镀一样在其上面进行常规的电镀处理。

注意：并非所有塑料都能进行电镀，目前可镀的有 ABS、聚砜类、聚丙烯聚酰胺、聚甲醛、聚苯乙烯、聚乙烯等，最常用的是 ABS。

三、实验仪器与试剂

仪器：双路稳流稳压直流电源、恒温水浴锅、废旧塑料片、铬酐、量筒(50 mL、10 mL 各 1 个)、烧杯(150 mL、200 mL 各 2 个)、放大镜、镊子、阳极磷铜板、千分卡尺。

化学除油液：磷酸三钠(20 $g\cdot L^{-1}$)、碳酸钠(15 $g\cdot L^{-1}$)、白猫洗衣粉(5$g\cdot L^{-1}$)。

化学粗化液：重铬酸钾(120 $g\cdot L^{-1}$)、硫酸(500 $g\cdot L^{-1}$)、Al^{3+}(10 $g\cdot L^{-1}$)。

试剂：

(1) 敏化液：氯化亚锡(100 g·L^{-1})、盐酸(50 mL·L^{-1})、锡条 1 根。

(2) 活化液：硝酸银(15 g·L^{-1})、氨水(7 mL·L^{-1})。

(3) 化学镀铜液：酒石酸钾钠(43 g·L^{-1})、氢氧化钠(10 g·L^{-1})、硫酸铜(10 g·L^{-1})、甲醛(40%，100 mL·L^{-1}，化学镀前临时加入)。

(4) 酸性光亮镀铜液：$CuSO_4 \cdot 5H_2O$(200 g·L^{-1})、H_2SO_4(ρ=1.848 g·cm^{-3})60 g·L^{-1}、HCl(10%，1 mL·L^{-1})、KG-1 光亮剂(3～5 mL·L^{-1})。

四、实验内容

(1) 按上述配方配制好所需的各种溶液各 100 mL。

(2) 取一片工程塑料，测量并记录面积，然后放在 35 ℃的化学除油液中浸泡 30 min，取出洗净后放入 70 ℃的粗化液中粗化 1 h。粗化后，用放大镜观察粗化效果，效果良好之后，用水洗净，不挂水珠，放入常温的敏化液中敏化 5 min，取出用热水洗 10 min 以上，放入活化液中在室温下活化 10 min。镀件漂洗干净后放入化学镀铜液中在 25～30 ℃下处理至化学镀层完好，取出漂洗干净，用图 6-2 所示的装置镀酸性光亮铜。电镀时应让镀件带电下槽，在室温下，电流密度为 3 A·dm^{-2}左右。当镀层达一定厚度(约 20 min)，表面镀件光亮后，取出镀件，清洗后放入钝化液中钝化几秒钟后，洗净即可。

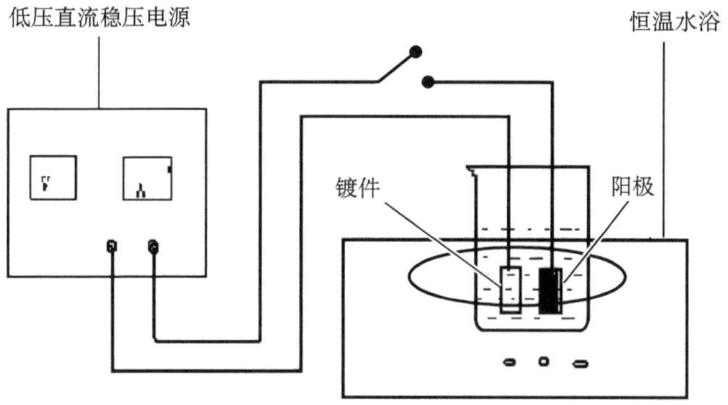

图 6-2　酸性光亮镀铜装置

五、注意事项

(1) 塑料前处理的每一步完成后必须先用自来水、后用蒸馏水漂洗干净，以免将污物带入下一步的溶液中而影响质量。

(2) 粗化时必须不断翻动工件并搅拌溶液才能得到好的结果。

(3) 镀层质量检验。目前国内还没有颁布塑料电镀件的质量标准,这里只涉及国内有关装饰性镀件检验的主要项目。

外观质量检验。一般包括:镀层的颜色、光洁度应均匀一致;不允许镀层有针孔、起泡、脱皮、龟裂和烧焦等现象;不允许镀件的表面有未洗净的各种盐类痕迹等,其方法一般是在光照下用肉眼检查。

镀层厚度的检验。对于不同用途的镀件,对镀层厚度要求不同,按电子工业部标准化研究所的规定,一般化学镀层厚度要求 0.2 μm,光亮酸性铜层厚度要求 20～25 μm。

检验方法有溶解法、重量法和直接测量法。本实验采用直接测量法。在镀件上选择一合适位置,用千分卡尺,测量镀前后的厚度变化,计算镀层厚度。

剥离强度检验。一般要求 0.35～0.5 $kg \cdot cm^{-1}$,美国 ASTMB 533～70 规定了具体测定方法:

冷热循环试验,目的是定性评价镀层的结合力。测试是基于塑料的热胀系数与金属镀层相差 6～7 倍,因而温度的任何变化都将会在金属和塑料界面上产生应力,当镀层结合力弱时就会遭到破坏。现行的冷热循环试验有多种不同的方法,如电子工业部提出的方法、德国塑料电镀工作者协会提出的方法。本实验采用国内工厂常用的一种快速检验法:使电镀塑料件在 100 ℃下用开水煮沸 20～25 min,然后转入 0～5 ℃的冷水浴中保持 3 min,要求中间转换的时间不超过 1 min。经一个循环后若镀层无起泡、脱层等现象则视为合格。

六、思考题

(1) 为什么要进行化学极化?如何掌握粗化的程度?

(2) 配制化学镀铜液时,甲醛为什么要在镀前临时加入?

(3) 电镀铜时为什么要用磷铜板作阳极?电流密度对电镀质量有何影响?

(鲍正荣)

设计 2　生物酶解技术提取硫酸软骨素

一、实验目的

(1) 学习并掌握生物酶解技术提取硫酸软骨素的方法。

(2) 掌握溶解、浸取、搅拌、萃取、沉淀、吸滤等基本操作方法。

二、预习要求

(1) 查阅文献,画出常见的几类硫酸软骨素的结构式。了解硫酸软骨素的物理、化学性质、生理活性以及可采用的提取方法。

(2) 查阅文献，了解不同动物体内所存在的硫酸软骨素的类型，确定适合本法的实验原料。该原料最好有本地特色，并易于获取。

(3) 参阅 4.4 节，完成生物酶解技术提取硫酸软骨素实验设计，内容包括材料的前处理、实验装置图、实验流程图及各步骤的原理和注意事项。

(4) 比较不同原料提取硫酸软骨素的产率和成本。

三、实验原理

硫酸软骨素(chondroitin sulfate，Chs)是一种黏多糖，属于高分子化合物，广泛存在于哺乳动物的软骨、喉骨、鼻骨和气管中，不同动物体内存在的硫酸软骨素类型不同。硫酸软骨素为白色或微黄色粉末，具有吸湿性，易溶于水而成黏度较大的溶液，难溶于甲醇、乙醇、乙醚、丙醇、丙酮和冰醋酸等有机溶剂，并且遇热不稳定，乙酰基易发生水解脱落，在酸性条件下更易水解成不同聚合度的低聚糖。

硫酸软骨素是由葡萄糖醛酸和氨基己糖交替连接而成的双糖聚合物，它通常与蛋白质结合成糖蛋白的形式存在，在适当的酶存在下，可促使其水解发生消去反应，连接硫酸软骨素与蛋白质中丝氨酸羟基的苷键断裂，即可以获得游离态的硫酸软骨素。

四、实验仪器与试剂

仪器高速粉碎机、超级恒温器、SHB-Ⅲ循环水式多用真空泵、低速离心机 LD5-10，其余的常用玻璃仪器自行列出。

试剂：鱼头(或牛喉骨、猪鼻软骨、猪气管、乌贼软骨等)、胰蛋白酶、胃蛋白酶、磷酸缓冲液、盐酸、乙醇、丙酮、三氯乙酸等。

五、实验内容

(1) 实验原料的前处理。

(2) 酶解。

(3) 分离(可采用过滤、萃取等操作)。

(4) 产品的纯化、干燥和保存。

六、思考题

(1) 用不同原料提取硫酸软骨素各有何特点?

(2) 硫酸软骨素有哪些用途?

(3) 为降低样品蛋白含量并提高样品有效成分含量，酶解过程需注意什么?

设计 3　工业废物中回收 $Cr(OH)_3$

一、实验目的与意义

铬是一种工业重要的金属，广泛用于耐火材料、特殊钢、化工原料。世界铬矿总储量超过 48 200 万 t，南非和哈萨克斯坦分别占 61%和 21%，津巴布韦、印度、芬兰共占 18%。我国是缺铬国。

产生工业铬废渣、废水的行业多，废物量大、毒性高，严重威胁生态环境和人类的健康。因此，回收利用既是减轻环境污染，又是缓和资源短缺的正确解决途径。

二、实验要求与内容

(1) 查阅文献资料，了解铬污染及其回收利用途径。

(2) 自行采集实验所需的废水或废渣。

(3) 完成实验设计，内容要求包括材料的前处理、装置图、过程控制说明、产品质量评价、成本核算方法。

三、思考题

(1) 本地有哪些铬污染源？这些污染物是如何处理的？这些处理方法在哪些方面还可以改进？

(2) 分析评价本方法和你的实验设计的成败（提示：适用范围、控制难易、成本-收益比、创新点、改进设想）。

（李天安）

设计 4　煤矸石的利用

一、实验目的

(1) 掌握固体样品的实验室粉碎、筛分、缩分、分选的程序和方法。

(2) 掌握固体样品焙烧-浸取的方法。

(3) 树立废弃物综合利用的观念。

二、预习要求

阅读 3.4 节并查阅资料，了解固体样品特别是煤样品物理、化学处理的一般程序，讨论工业精煤洗选的意义并绘制出工艺流程框图。

查阅煤矸石利用的文献资料，列表比较不同来源煤矸石的化学成分，比较煤矸石化工利用在样品处理、有用组分获取的工艺流程以及该工艺所排放的废弃物和处置方法方面的差异。

尝试设计一个能尽可能多地同时利用煤矸石有用组分的工艺流程，并说明各工艺步骤的原理。

三、实验原理

煤矸石是在成煤过程中与煤层伴生的一种含碳量较低、比煤坚硬的黑灰色岩石。煤矸石含碳量一般为 20%～30%，还含有氧化铝、二氧化硅和少量的氧化铁、氧化镁及某些稀有金属。因此，煤矸石是典型的“弃之成灾、用之是宝”的废渣，有必要开展综合利用。

一般而言，煤矸石的利用首先是用物理方法洗选回收精煤，对高硫煤还同时回收大部分硫铁矿，然后再化学处理，通过浸取或焙烧-浸取回收有用元素。由于铝和硅是矸石中含量最高的，一般都被优先考虑回收。

四、实验仪器与试剂

仪器：分样筛 0.400 mm（或 40 目）、研钵、500 mL 烧杯 1 个、100 mL 烧杯 2 个、100 mL 量筒 1 个、25 mL 瓷坩埚 2 个、漏斗、药物天平。

试剂：工业氯化锌。

五、实验内容

1. 精煤洗选回收

1）样品粉碎和筛分

将采集的大块矸石敲碎成小块，再用研钵磨碎，过分样筛。

2）缩分

取筛下物按四分法缩分，从最后一次得到的样品中称量出 50 g 试样。

3）洗选

选择如下方案之一进行洗选。如果希望比较两种方案的效果，可在最后一次缩分时保留两份样品，分别称量出 50 g 试样。

方案一　水洗选

在大烧杯中先用少量洗选液充分湿润煤矸石试样，再加入全部洗选液。充分搅拌后静置。

待体系形成清晰的三层后，用倾析法将上层精煤和中层水倾入漏斗过滤。

将滤液返回烧杯再洗选一次。

方案二　重介质洗选

配制 39%的氯化锌 200 mL 作为洗选液(d=1.8)。

在大烧杯中先用少量洗选液充分湿润煤矸石试样，再加入全部洗选液。充分搅拌后静置。

待体系形成清晰的三层后，用倾析法将上层精煤和中层水倾入漏斗过滤。

将精煤转移到烧杯中用冷水 1 次→热水 1 次→冷水数次洗涤，每次不少于 5 min，以除去氯化锌，直至洗涤出水滴加 2 滴 1%硝酸银溶液与洗涤用水的浑浊程度相当。

4）计算精煤回收率

把漏斗上的精煤在 50 ℃烘箱里干燥 2～3 h，然后在室温下放置 8 h 以上，使其达到空气干燥状态。

称量，计算精煤回收率。就耗用时间、操作难度、成本等方面评价两个方案的优缺点。

2. 铝和硅的回收——设计实验

1）要求

查阅资料，设计出从上述洗选煤矸石中连续回收铝（盐或 Al_2O_3）和硅（硅酸钠）的程序，并在实验室中实现。

提倡学生分成课题组，按照条件探索的整体方案，一人执行一个条件组合，然后数据集中统一分析，找出最优的实验条件。

2）提示

煤矸石中的这两种目标组分是惰性的，需要焙烧活化，所以焙烧的温度和时间选择是决定最终收率的关键。

六、实验结果评价

(1) 计算各种有用组分的总回收率，其中，铝以 Al_2O_3、硅以 SiO_2 计算。

(2) 对比文献中的工艺，讨论本设计程序的创新之处和存在的问题及其改进措施。

七、思考题

(1) 除 3.4 节之外，列表说明本实验还涉及哪些章节介绍的基础知识和操作。请选择 1～2 个知识点，讨论它们在本实验中的作用及其与其他知识点的关系。

(2) 查阅资料，试评价煤矸石的发电、填埋、建材（砖、水泥）、化工几种利用途径在技术投入、固定资产投入、流动资金投入、产品结构、市场容量、经济效益、二次污染等方面的优缺点。

(3) 本实验得到的铝和硅的产品都是基础化工原料。查阅资料，了解它们的下游产品有哪些，选择 1～2 个产品，了解它们的生产工艺，讨论是否可以在矸石资源回收的同时直接生产出这些产品。

（李天安）

第 7 章　数据与资料

7.1　规章与标准

7.1.1　实验安全规程

(1) 未充分准备、未完成预习或设计报告者不得进入实验室。

(2) 遵守纪律和制度，听从教师和实验室管理人员的指导和安排。

(3) 进入实验室首先须熟悉周围环境，明确总电源、气阀、水阀、药品等的存放处位置和使用方法，明确疏散口、通风机开关、消防和急救器材等的位置、标志和使用方法，并穿戴实验服。

(4) 实验室内严禁吸烟以及带入饮食、餐具等与实验无关物品。

(5) 认真清点、检查仪器，并学习使用方法及注意事项，严格照章使用，避免损坏仪器；一旦发现仪器故障，应立即停止使用，回忆操作过程和故障现象，及时报告；使用完毕须自觉填写登记表。

(6) 遵守药品领用、存放和使用规定，特别是易燃、易爆、腐蚀、有毒的药品；打开挥发性的药品如氨水、盐酸、硝酸、乙醚等药瓶封口时，应先盖上湿布，再开动瓶塞，以防溅出。未用完的药品应妥善收藏，危险药品须交实验室管理人员，养成规范放置药品、仪器的习惯。

(7) 按需按规范取用药品，不得随意过量；取用之后必须及时盖好原瓶盖，放回原处或指定地方；禁止使用不明确的药品，严禁随意混合药品和将实验室物品擅自带走。

(8) 严格按科学规律设计实验装置并检查装置的合理稳固性，严格按实验步骤操作，防止意外事故发生。

(9) 保持肃静，认真操作、如实记录，不得随意到处走动。

(10) 熟悉并养成安全使用水、电、气的习惯；节约药品、水电、耗材，不得动用他人仪器、材料，损坏仪器须自觉登记赔偿。

(11) 实验台上物品摆放整齐有序，随时保持整洁；实验废弃物应分类倒入指定容器。

(12) 发生意外事故时切忌慌张，应迅速判断事故性质，组织人员逃生和扑救(表 0-2、表 7-1、表 7-2)并报警。

(13) 实验结束，须关闭水、电、气源；拆卸装置，仪器放回指定地点，清洗玻璃仪器、清洁实验台和实验室；检查实验室内是否收拾妥当，经教师或实验室管理人员许可才能离开实验室。

（李天安）

7.1.2　消防标志与灭火器选用

1. 灭火器选用规定

表 7-1　灭火器选用规定

火灾种类	举　例	选用灭火器
A	含碳固体可燃物，如木材、棉、毛、麻、纸张等	水型灭火器、磷酸铵盐干粉灭火器、泡沫灭火器或卤代烷灭火器
B	可燃液体，如汽油、煤油、甲醇、乙醚、丙酮等	泡沫灭火器、碳酸氢钠干粉灭火器、磷酸铵盐干粉灭火器、二氧化碳灭火器、灭 B 类火灾的水型灭火器或卤代烷灭火器
C	可燃气体，如煤气、天然气、甲烷、乙炔、氢气等	磷酸铵盐干粉灭火器、碳酸氢钠干粉灭火器、二氧化碳灭火器或卤代烷灭火器
D	可燃金属，如钾、钠、镁、钛、锆、锂、铝镁合金等	扑灭金属火灾的专用灭火器
E	带电物体燃烧	磷酸铵盐干粉灭火器、碳酸氢钠干粉灭火器、卤代烷灭火器或二氧化碳灭火器，但不得选用装有金属喇叭喷筒的二氧化碳灭火器

2. 常用灭火器及其适用范围

表 7-2　常用灭火器

类　型	成分和作用原理	适用范围
酸碱灭火器	$2NaHCO_3 + H_2SO_4 \longrightarrow 2CO_2\uparrow + Na_2SO_4 + 2H_2O$	非油有机固体和电器的初起火灾
泡沫灭火器	$Al_2(SO_4)_3$ 和 $NaHCO_3$	适用于油类起火
CO_2 灭火器	液态 CO_3	适用于扑灭电器设备、小范围油类及忌水化学物品的失火

续表

类　型	成分和作用原理	适用范围
CCl_4 灭火器	液态 CCl_4	适用于电器设备、小范围的汽油、丙酮失火；不能用于扑灭活泼金属钾、钠的失火，因会强烈分解甚至爆炸；不能用于扑灭电石、CS_2 的失火，因为会产生光气一类的毒气
干粉灭火器	主要成分是碳酸氢钠等盐类物质与适量的润滑剂和防腐剂	扑救木材、纸张等固体物质，可燃液体、可燃气体和电器设备的初起火灾，对人畜无害
1211 灭火器	CF_2ClBr 液化气体	可燃液体、可燃气体及电器设备特别是精密仪器的初起火灾，对人畜无害

3. 部分消防标志

禁止烟火

禁止燃放鞭炮

禁止吸烟

禁止放易燃物

当心爆炸——爆炸物

当心火灾——易燃物

当心火灾——氧化物

灭火器

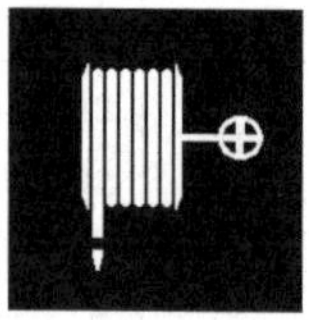
消防水带

（李天安）

7.1.3　部分国家标准

1. 规则与仪器

表 7-3　有关规则与仪器的部分国家标准

标准号	名　称
GB/T 13869—2008	用电安全导则
GB/T 13983-92	仪器仪表基本术语
JB/T 6843—1993	仪器仪表可靠性设计程序和要求
JB/T 6182-92	仪器仪表可靠性设计评审
JB/T 6214-92	仪器仪表可靠性验证试验及测定试验(指数分布)导则
GB/T 15464—1995	仪器仪表包装通用技术条件
JB 5517-91	光学仪器电气防护基本安全要求
JB/T 7461—1994	实验室仪器产品检验规则
JB/T 7439—1994	实验室仪器术语
GB/T 26497—2011	电子天平
JB/T 5520-91	干燥箱技术条件
GB 7667—2003	电子显微镜 X 射线泄漏剂量
GB 19815—2005	离心机安全要求
GB/T 28214—2011	实验室玻璃仪器 吸量管颜色标记

2. 气体标准

表 7-4　有关气体的部分国家标准

标准号	名　称
GB/T 3863—1995	工业用氧
GBT 14599—2008	纯氧、高纯氧和超纯氧
GB/T 3864—2008	工业氮
GB/T 8979—2008	纯氮、高纯氮和超纯氮
GB/T 3634.2—2011	氢气第 2 部分:纯氢、高纯氢和超纯氢
GB/T 3634.1—2006	氢气第 1 部分:工业氢
GB/T 4844—2011	纯氦、高纯氦和超纯氦
GBT 4842—2006	氩
GB/T 5828—2006	氙气
GB/T 5829—1995	氪气
GB 6819—2004	溶解乙炔
GB/T 4844.1—1995	工业氦气

7.2 实验室常识

7.2.1 化学品急性伤害的救护常识

表 7-5 化学品急救常识

伤害类型		症 状	急救处置措施
气体中毒	Cl_2、Br_2、HCl、H_2S、SO_2、NO_2	常伴有流泪、流涕、喷嚏、咳嗽、胸部压迫感等呼吸系统症状，进一步发生头疼、头晕、恶心等中枢中毒症状	迅速离开现场，到通风良好的地方呼吸新鲜空气
	CO、HCN	症状不明显，出现头晕无力时已十分严重	同上
酸灼伤	硫酸	轻者局部发红疼痛，中度者烧成水疱，边缘充血；重者皮肤及皮下组织坏死，烧成焦黑色，后期可结成灰褐色痂皮	饱和 $NaHCO_3$ 溶液或清水冲洗，出现水疱时需再涂以红汞或龙胆紫溶液
	硝酸	与硫酸相似，皮肤结痂呈灰黄色	同上
	盐酸	症状轻于硫酸、硝酸，皮肤发红，少有水疱或破溃	同上
	氢氟酸	症状显现迟缓，当稍有疼痛时，烧伤已到严重程度。表现为发痒、疼痛、湿疹和各种皮炎、肿胀，并迅速坏死向下深入形成溃疡，甚至深及软骨组织	迅速用稀氨水或清水冲洗，然后在伤口处敷以新鲜配制的20% MgO 甘油悬浮液或甘油-氧化镁混合药剂（2∶1）
	甲酸	5%～7%的甲酸溶液即能引起皮肤烧灼感、疼痛，甚至烧伤致破溃	清水冲洗，3%硼酸溶液涂敷
	乙酸	皮肤发红、疼痛，后结成灰白色痂皮	清水冲洗即可
	苯甲酸	刺激皮肤引发皮炎、湿疹等	同上
碱灼伤（碱金属碱类）		皮肤变白，刺痛，边缘红肿，起水疱甚至糜烂。强碱对皮肤的灼伤将在皮表留下疤痕	用水、柠檬汁、稀乙酸或 2%硼酸冲洗伤口
溴灼伤		剧烈痒痛，出现各种皮疹，如斑丘疹、脓疱疹等	立即用氨水-松节油-乙醇（体积比 1∶1∶10）混合液、10% $Na_2S_2O_3$、甘油清洗，再包扎
白磷灼伤		刺激眼黏膜引起结膜充血，角膜混浊；接触皮肤烧伤而破溃	眼黏膜损害用 2% $NaHCO_3$ 溶液冲洗；皮肤烧伤先用 5%硫酸铜溶液冲洗，再包扎
酚灼伤		皮肤发红、瘙痒或刺痛，后表面变白，起皱纹，甚至水肿，几天后表皮脱落。重者如不及时采取补救措施，则皮表变黑，组织坏死	先用 2% $NaHCO_3$ 溶液或生理盐水冲洗，然后用乙醇(0.3 $mol \cdot L^{-1}$)-$FeCl_3$(aq)混合液（体积比 4∶1）冲洗，再包扎

7.2.2　常用干燥剂的适用范围

1. 一般用于干燥液体有机化合物的干燥剂

表 7-6　用于干燥液体有机化合物的干燥剂

干燥剂	适用的物质	不适用的物质
五氧化二磷	卤代烷、烃类、卤代烃、二硫化碳	碱、酮、易于聚合的物质
氯化钙	醚、酯、卤代烃	醇、酮、胺、酚、脂肪酸
氢氧化钾	碱	酮、醛、酯、酸
硫酸钠	一般物质	
硫酸镁	一般物质	
硫酸铜	醚、醇、	甲醇
金属钠	醚、饱和烃	醇、胺、酯
硫酸钙	一般物质	
浓硫酸	卤代烷、卤代烃、饱和烃	醇、酚、碱、酮

2. 常用于干燥各种气体的干燥剂

表 7-7　气体干燥剂

干燥剂	气　体
氯化钙	氢气、氧气、氯化氢、二氧化碳、氮气、一氧化碳、二氧化硫、烷烃、烯烃、醚
五氧化二磷	氢气、氧气、氯化氢、二氧化碳、氮气、一氧化碳、二氧化硫、甲烷、乙烯
浓硫酸	氢气、氯气、二氧化碳、氮气、一氧化碳、甲烷、链烷烃
氧化钙	氨、胺类
氢氧化钾	氨、胺类
溴化钙	溴化氢
碘化钙	碘化氢

引自：李福金，王文江译．基础化学实验大全Ⅰ．北京：科学普及出版社，1985：177-178.

7.2.3 常用玻璃(瓷)仪器简介

表 7-8　试管介绍

仪　器	类　别	规　格	主要用途	使用方法
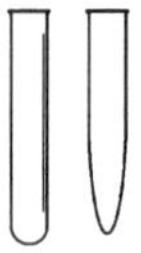	可加热容器(离心试管不可直接加热,防止炸裂)	(1)玻璃制品,分硬质和软质。有普通试管(包括有支管和无支管;具塞和无塞试管)和离心试管两种,二者又分为有刻度和无刻度两类 (2)有刻度试管和离心管的规格按容积通常分为 5 mL、10 mL、15 mL、20 mL、25 mL、50 mL 等 (3)无刻度试管的规格按管外径(mm)×管长(mm)来确定	(1)在常温或加热条件下用作少量试剂反应时的容器 (2)制取和收集少量气体 (3)进行溶解或小量蒸馏用 (4)离心试管主要用于沉淀分离	(1)为便于振荡和防止沸腾时溶液溢出,管内液体总量不能超过容积的 1/2,加热时不能超过 1/3 (2)为加快溶解或混合均匀,振荡时用手指夹持试管上端,靠腕力使试管底部来回甩动。绝不能用手指堵住试管口振荡以免污染 (3)加热前试管外面要擦干,防止有水附着受热不均,使试管炸裂。加热时要用试管夹夹持,以免烫手 (4)加热液体时,管口不要对着人,并将试管与桌面成 45°,扩大加热面防止爆沸;同时不断振荡,防止受热不均使试管炸裂。火焰上端不能超过管中液面,防止液体溅出伤人

表 7-9　烧杯简介

仪　器	类　别	规　格	主要用途	使用方法
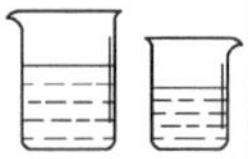	可加热容器	玻璃制品,分硬质和软质,一般型和高型,有刻度和无刻度等几种	(1)常温或加热条件下作大量物质反应器,反应物易混合均匀 (2)配置溶液。容量较大的可以代替水槽或作简易水浴等盛水用器	(1)所盛反应液体不能超过容器的 2/3,防止搅拌时液体溅出或沸腾时液体溢出 (2)加热前要将烧杯外壁及底部擦干,加热时烧杯底要垫石棉网。不能用空烧杯干烧,也不能用火焰直接加热。防止烧杯受热不均而破裂 (3)不可用烧杯长期存放化学试剂,也不可用烧杯作餐具、茶具。防止试剂变质并保证安全 (4)拿烧杯时,不能用手接触烧杯内壁,防止污染

表 7-10　锥形瓶简介

仪　器	类　别	规　格	主要用途	使用方法
	可加热容器	玻璃制品，分硬质和软质、有塞（磨口）和无塞、广口和细口等几种	常用作反应容器、接收容器、容量分析时作滴定容器（便于振荡）、蒸馏时作馏出液接收器，也可作少量气体发生器	(1)加热时先擦干外壁，要垫在石棉网上或置于水浴中进行加热，防止受热不均而炸裂 (2)用作反应器时，盛液体总量一般不超过容器容积的 1/3，防止振荡时液体溅出 (3)振荡时，用手指拿住锥形瓶的颈部，用腕力以手腕作支点，使锥形瓶做圆周运动，不能上下振动或左右摆动，防止液体溅出

表 7-11　烧瓶简介

仪　器	类　别	规　格	主要用途	使用方法
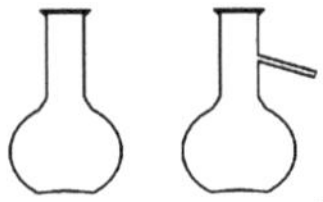	可加热容器	玻璃制品，分硬质和软质，有平底、圆底、长颈、短颈、细口和厚口几种	通常用于在加热条件下完成各种化学反应的反应器，有时也用于蒸馏，或用来装配制取少量气体的发生装置。平底烧瓶通常用来配制各种溶液或代替圆底烧瓶用于化学反应	(1)盛放液体总量一般不超过容器容积的 2/3，也不能太少。避免加热时液体喷溅或炸裂 (2)加热时，要擦干外壁并固定在铁架台上，不能直接用火焰加热，要垫上石棉网，防止受热不均而炸裂 (3)用作加热条件下的反应器或蒸馏时，一般用圆底烧瓶而不用平底烧瓶。因为平底烧瓶膨胀系数小，受热易破裂 (4)取用时不能拿支管，一定要拿烧瓶的颈部或球体部分，防止折断支管

表 7-12　量筒、量杯简介

仪　器	类　别	规　格	主要用途	使用方法
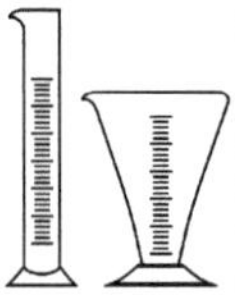	计量仪器	玻璃制品，按刻度所量度的最大容积分，常用的量筒有10 mL、25 mL、50 mL、100 mL、250 mL、500 mL、1000 mL等。量杯常用的有5 mL、10 mL、50 mL、500 mL、1000 mL等	主要用于量取一定量体积的液体(但量杯的精确度比量筒差)	(1)使用前先要弄清量筒的分度值和起始分度。分度值反映量器的精确度，起始分度并不从0开始，使用时需注意 (2)不能加热，更不能在量筒内配制溶液或溶解固体，以防止容积取量不准确或炸裂 (3)使用时，应将量筒竖直放在水平的桌面上。读数时，视线应与液面最凹点在同一水平面上，读取与液面弯月面相切的刻度值

表 7-13　容量瓶简介

仪　器	类　别	规　格	主要用途	使用方法
	计量仪器	玻璃制品，有白色和棕色两种。根据仪器的最大容积，常用的有25 mL、50 mL、100 mL、250 mL、500 mL、1000 mL等	常用于较精密地配制一定体积和浓度的溶液	(1)不能加热或放在烘箱里烘烤，以免温度高使容量瓶的容量增大，影响容量瓶的准确度；不能代替试剂瓶来存储溶液，以免溶液腐蚀容量瓶，影响容量瓶的准确度 (2)配制溶液时，先将固体放在烧杯里加水溶解后，使溶液冷至室温后才能转入容量瓶中。溶解时的热效应(或固体溶解不完全等)会影响溶液的准确度

表 7-14　称量瓶简介

仪　器	类　别	规　格	主要用途	使用方法
	计量仪器	玻璃制品，分高型和低型两种	用于准确称取一定量固体药品	(1)使用前应先洗干净、烘干(不能用火焰直接烤干)，在干燥器内冷却到室温后使用，避免污染或受热不均而炸裂 (2)不可用手直接拿取，应用结实干燥的纸条套在称量瓶的中上部位夹取，防止手指沾污，影响称量的准确性 (3)盖子是与磨口配套的，不能丢失、弄错，防止药品沾污和黏结。不用时应洗干净，配套存放，并在磨口处垫一纸条

表 7-15　移液管、吸量管简介

仪　器	类　别	规　格	主要用途	使用方法
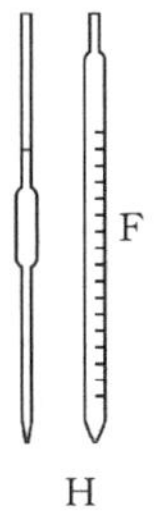	计量仪器	玻璃制品，分刻度管型和单刻度大肚型两种。常用的容积为 1 mL、2 mL、5 mL、10 mL、25 mL 和 100 mL 等规格	用于精确移取一定体积的液体	(1)不能加热，防止炸裂 (2)对于管口上无“吹出”字样者，使用时尖端液体不允许吹出，避免误差

表 7-16　表面皿简介

仪　器	类　别	规　格	主要用途	使用方法
	器皿类	玻璃制品，以直径(cm)表示规格	具有盖在烧杯上，防止加热时液体溅出或防止尘粒落入；自然晾干少量固体，与其他器皿组成气室或称量等用途	不能用火焰直接加热防止炸裂

表 7-17　抽滤瓶与布氏漏斗简介

仪　器	类　别	规　格	主要用途	使用方法
	瓶类	抽滤瓶为玻璃制品，以容积(mL)表示其大小。布氏漏斗为瓷质，以容积或口径(mm)表示其大小	配套使用，用于减压过滤，分离固体与液体物质	(1)不能用火加热，防止炸裂 (2)与布氏漏斗配合使用。漏斗所用胶塞要塞于抽滤瓶的 1/3，且要塞紧，确保密封性好

表 7-18　集气瓶简介

仪　器	类　别	规　格	主要用途	使用方法
	瓶类	玻璃制品，无塞，平扣面是磨砂的，并有毛玻璃片。按容积分常用的有 125 mL 和 250 mL	收集气体或用于做固体在气体中燃烧的实验	(1)不能加热，防止炸裂 (2)收集气体后，要用毛玻璃片盖住瓶口，直立在桌上，防止气体逸出 (3)做固体在气体中燃烧的实验时，集气瓶的底部应留少量水或放入少量沙子，防止熔融物滴落使瓶底受热不均而炸裂

表 7-19　试剂瓶简介

仪　器	类　别	规　格	主要用途	使用方法
	瓶类	玻璃制品，常用的有无色、棕色的，并有小口和广口两类	小口试剂瓶用于储存液体试剂，广口瓶用于储存固体试剂，棕色瓶用于储存见光易分解的或易变质的试剂	(1)不能直接加热，也不能盛装热溶液，防止炸裂 (2)瓶塞不能弄脏、弄混，防止试剂被污染 (3)暂时不用时须洗净，配套放置并在磨口处垫一片纸，防止黏结不易打开 (4)盛碱液的试剂瓶不能用磨口塞，应用胶塞，防止碱液与玻璃作用，使瓶塞打不开

表 7-20　滴瓶简介

仪　器	类　别	规　格	主要用途	使用方法
	瓶类	玻璃制品，分无色和棕色两种。常用的按容积分有 30 mL、60 mL、100 mL 等	盛放少量液体试剂，便于取用。棕色瓶用于盛放易分解或易变质的液体试剂	(1)不能盛装热溶液，也不能加热，防止炸裂 (2)为防止污染，滴管要专用，不能乱放、弄混、弄脏，用后放回原瓶中 (3)吸液时不能吸得太满，更不能吸液后倒置，防止试剂腐蚀橡皮帽 (4)吸液时，先取出滴管排除管内空气，再插入滴瓶内吸液，不能在瓶内反复捏挤橡皮帽，防止挤入空气与试剂反应或吸得过满 (5)为防止橡皮帽与玻璃管脱落，使用时应用中指和无名指夹住橡皮帽与玻璃管连接的颈部，用拇指和食指捏橡皮帽吸取或挤出试剂

表 7-21　洗气瓶简介

仪　器	类　别	规　格	主要用途	使用方法
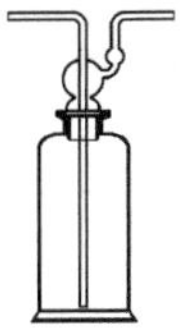	瓶类	玻璃制品	用于洗涤净化气体，反接可作安全瓶使用	(1)连接方法一定要正确，进气管一定要通入液体中才能达到洗气的目的 (2)洗气瓶里的洗液不得少于洗气瓶容积的 1/3，也不能超过容积的 2/3。反之，洗涤不彻底或洗涤液被气体冲出

表 7-22　干燥器简介

仪　器	类　别	规　格	主要用途	使用方法
	器皿类	玻璃制品，分无色、棕色，有常压、减压两种类型以及内径大小(mm)多种规格	干燥固体物料	(1)器沿与顶盖间磨口，涂以凡士林密封 (2)下部盛放干燥剂，上部放置物料容器 (3)器皿厚重，注意不要打破上盖

表 7-23 启普发生器简介

仪　器	类　别	规　格	主要用途	使用方法
	器皿类	玻璃制品，以容积(mL)表示规格，常用的有 500 mL	用于实验室制备常温下固体和液体反应生成的气体	只适用于不需加热的固体和液体反应，并且要求固体呈块状或粗粒状；在液体下浸泡仍有一定的强度；生成的气体难溶于水。固体如呈细粒状，漏入容器底就达不到随时取气的目的

表 7-24 滴定管简介

仪　器	类　别	规　格	主要用途	使用方法
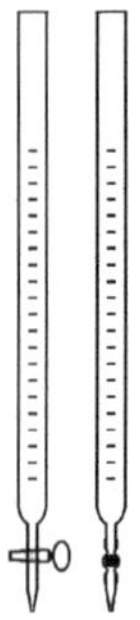	计量仪器	玻璃制品，分碱式和酸式两种。两者又分别有棕色和白色两类。常用的酸式、碱式滴定管，容积为 50 mL	专门用于容量分析滴定的较精密的仪器，也可以量取较准确体积的液体	(1)使用前，要进行试漏检查，以免降低实验的精确度。试漏时活塞不涂凡士林，注水到高标线，垂直静置几分钟，观察活塞是否渗水 (2)注入标准溶液后，应先排除滴定管尖端部分的气泡，以保证读数的准确性 (3)不能加热及量取热的液体，防止炸裂并避免读数不准确 (4)酸式滴定管与碱式滴定管不能互换使用，防止酸液腐蚀胶管，碱液使活塞粘连而损坏

表 7-25 蒸发皿简介

仪　器	类　别	规　格	主要用途	使用方法
	器皿类	瓷制品，也有玻璃、石英、铂制品，有圆底和平底之分，平底有柄的又称为蒸发勺。以口径(mm)或容积(mL)表示规格	主要用于实验室蒸发、浓缩液体	(1)能耐高温，但要防止骤冷骤热而炸裂 (2)蒸发溶液时一般应放在石棉网上，使之受热均匀，防止炸裂 (3)要蒸干涸时，应选用圆底的蒸发皿，其蒸发效率高

表 7-26　坩埚简介

仪　器	类　别	规　格	主要用途	使用方法
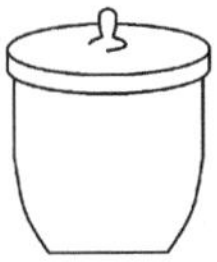	器皿类	瓷制品，也有石英、石墨、氧化锆、铁、镍、银或铂制品；常以容积表示规格	用于强热灼烧固体	(1)使用时放在泥三角上或马弗炉中强热，加热后用坩埚钳取下(出)，以防烫伤 (2)热的坩埚取下后不能直接放在台面上，应放在石棉网上，防止骤冷破裂或烫坏桌面

表 7-27　点滴板简介

仪　器	类　别	规　格	主要用途	使用方法
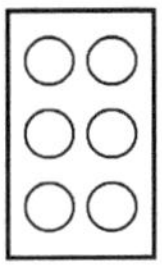	器皿类	瓷制品，也有玻璃制品	用于定性沉淀实验等	不能加热

表 7-28　研钵简介

仪　器	类　别	规　格	主要用途	使用方法
	器皿类	瓷制品，也有玻璃、玛瑙、石料、铁制品，以内径大小(mm)表示规格	常用于固体的捣碎和固-固、固-液的混合	(1) 按固体的性质选用不同的研钵 (2) 大块的物质只能压碎，不能敲碎。防止击碎研钵和杵，避免固体飞溅 (3) 放入研钵中的固体量不宜超过 1/3，以免研磨时把固体甩出 (4) 易爆物质只能轻轻地压碎，不能研磨，防止爆炸

表 7-29　普通漏斗简介

仪　器	类　别	规　格	主要用途
	漏斗类	玻璃制品，有长颈和短颈之分，以口径(mm)表示其大小	常用于装配滤纸将固体和液体分离开，也可作加液器

表 7-30　分液漏斗简介

仪　器	类　别	规　格	主要用途	使用方法
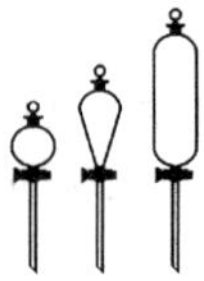	漏斗类	玻璃制品，有球形、锥形和筒形三种，以容积(mL)表示其大小	作为加液器，常与蒸馏烧瓶组合来装配反应装置，或用于分离两种密度不同且互不混溶的液体	(1) 不能加热，防止炸裂 (2) 使用前，要在活塞上涂一层薄薄的凡士林，防止渗漏 (3) 分液时下层液体从漏斗管流出，上层液体从上口倒出，防止分离物不纯 (4) 长期不用时，应在活塞处夹一张纸条，防止活塞粘连

(卢一卉　李天安)

主要参考文献

北京大学化学学院. 2002. 有机化学实验. 2 版. 北京:北京大学出版社

北京大学化学学院物理化学实验教研组. 2002. 物理化学实验. 4 版. 北京:北京大学出版社

蔡炳新,陈贻文. 2001. 基础化学实验. 北京:科学出版社

蔡会武,曲建林. 2007. 有机化学实验. 西安:西北工业大学出版社

蔡维平. 2004. 基础化学实验(一). 北京:科学出版社

崔学桂,张晓丽. 2003. 基础化学实验(Ⅰ)——无机及分析化学部分. 北京:化学工业出版社

范杰. 2001. 化学实验论. 太原:山西科学技术出版社

古凤才. 2010. 基础化学实验教程. 3 版. 北京:科学出版社

胡满成,张昕. 2001. 化学基础实验. 北京:科学出版社

金丽萍,邬时清,陈大勇. 2005. 物理化学实验. 2 版. 上海: 华东理工大学出版社

柯以侃. 2005. 大学化学实验. 北京:化学工业出版社

拉什顿 A,沃德 A S,霍尔迪奇 R G. 2005. 固液两相过滤及分离技术. 2 版. 朱企新,许莉,谭蔚,等译. 北京:化学工业出版社

李龙泉,林长山,朱玉瑞,等. 2001. 定量分析化学实验. 合肥:中国科学技术大学出版社

李铭岫. 2002. 无机化学实验. 北京:北京理工大学出版社

刘怀乐. 2001. 中学化学教学实证与求索. 重庆:西南师范大学出版社

南京大学. 2004. 无机及分析化学. 4 版. 北京:高等教育出版社

山东大学,山东师范大学,等. 2004. 基础化学实验(Ⅲ)——物理化学实验. 北京:化学工业出版社

司学芝. 2007. 无机化学. 郑州:郑州大学出版社

宋毛平,刘宏民,于敏灿. 2003. 有机化学实验. 郑州:郑州大学出版社

孙尔康,徐维清,邱金恒. 1998. 物理化学实验. 南京: 南京大学出版社

王俊儒. 2006. 天然产物提取分离与鉴定技术. 杨凌:西北农林科技大学出版社

王资主. 2006. 浮游选矿技术 北京:冶金工业出版社

吴泳主. 2001. 大学化学实验新体系. 北京:科学出版社

武汉大学. 2000. 分析化学. 4 版. 北京:高等教育出版社

武汉大学. 2001. 分析化学实验. 4 版. 北京:高等教育出版社

徐怀德. 2006. 天然产物提取工艺学. 北京:中国轻工业出版社

元英进等. 2002. 中药现代化生产关键技术. 北京:化学工业出版社

张开诚,李建芬,张瑞华. 2003. 实验化学教程. 武汉:湖北科技出版社

张一敏. 2007. 固体物料分选理论与工艺. 北京:冶金工业出版社